BESTACTIVITYBOOKS.COM

PREMIERE ÉDITION

Dépôt légal, Août 2021

Illustration Graphique Extra: www.freepik.com
Merci à Alekksall, Starline, Pch.vector, Rawpixel.com,
Dgim-studio, Upklyak, Macrovector
& Freepik.com Designers

Découvrez des Jeux Gratuits en Ligne

Disponible Ici :

BestActivityBooks.com/FREEGAMES

5 ASTUCES POUR DÉMARRER !

1) COMMENT RÉSOUDRE LES MOTS MÊLÉS

Les puzzles sont dans un format classique :

- Les mots sont cachés sans espaces, tirets, ...
- Orientation : Les mots peuvent être écrits en avant, en arrière, vers le haut, vers le bas ou en diagonale (ils peuvent être inversés).
- Les mots peuvent se chevaucher ou se croiser.

2) DONNEZ PLUS DE PIMENT AU JEU !

Un espace est prévu à côté de chaque mot pour noter de nouveaux termes, des traductions ou des observations.
Cette édition vous offre un **CARNET DE NOTES** très pratique à la fin du livre.

3) MARQUEZ CERTAINS MOTS

Vous pouvez inventer votre propre système de marquage. Peut-être en utilisez-vous déjà un ? Sinon, vous pourriez, par exemple, marquer les mots qui ont été difficiles à trouver d'une croix, ceux que vous avez aimés d'une étoile, les mots nouveaux d'un triangle, les mots rares d'un diamant, etc...

4) FACILE À DÉCOUPER !

Les jeux sont imprimés avec une marge extra large permettant de découper facilement la page du livre. Certaines personnes peuvent trouver plus pratique de les résoudre de cette façon.

5) VOUS AVEZ FINI TOUTES LES GRILLES ?

Allez à la section bonus **CHALLENGE FINAL** pour trouver un jeu gratuit à la fin de cette édition !

Simple et Rapide ! Découvrez notre collection de livres d'activités pour votre prochain moment **de détente** et de plaisir, **à juste un clic de distance !**

Trouvez votre prochain défi sur :

BestActivityBooks.com/MonProchainLivre

À vos marques, prêts... Partez !

Saviez-vous qu'il existe environ 7 000 langues différentes dans le monde ? Les mots sont précieux.

Nous aimons les langues et avons travaillé dur pour créer les livres de la plus haute qualité pour vous. Nos ingrédients ?

Une sélection unique de caractères faciles à lire, trois belles parts de divertissement, puis nous ajoutons une cuillère de mots difficiles et une pincée de mots rares. Nous les servons avec soin et un maximum de plaisir pour vous permettre de résoudre les meilleurs jeux de mots mêlés qui soient !

Votre avis est essentiel. Vous pouvez participer activement au succès de ce livre en nous laissant un commentaire. Nous aimerions vraiment savoir ce que vous avez préféré dans cette édition !

Voici un lien rapide qui vous mènera à la page d'évaluation de vos commandes sur Amazon.fr

BestBooksActivity.com/Avis50

Merci pour votre fidélité et amusez-vous bien !

De la part de toute l'équipe

Puzzle 1

```
M A A N A L Y S E T P É V F W D H
Q W G L E O X I R Y E L P L V G V
V L V S S B A S C P W É P C O Q E
D H U L S L C S U I F M T S A É Y
V R H N E Q H A S Q I E P D L T W
C O N T R A S T E U O N V L H A R
N I P Z E Q T O D E R T L U S N Z
Q O M T H M F C N D F Ê T E N G V
W P I E C L M E A N F I L U L Y M
T H S R É J D N I O T U E Y E U X
P T C G S K E Î V R F P Ç N U O Z
P E R S O N N A L I S É O V D H O
D Y I I T O R H N W C T N H A C Z
P E S K H H I C Z R P I K O R M K
Y V Z F M F V O K Y Z U M G G Y M
```

VU
NOIRS
ÉLÉMENT
TYPIQUE
LEÇON
SUCRE
CHAÎNE
BOL
GRADUEL
YEUX
ANALYSE
RONDE
ÉTANG
CHOU
CONTRASTE
PERSONNALISÉ
SÉCHERESSE
FÊTE
ASSIS
VIANDE

Puzzle 2

AVAIT
MÈRE
ÉPONGE
RÉPÉTITION
DESSINER
OBTENIR
SECRÉTAIRE
PAUVRE
HORAIRE
CITRON
ROBE
CHASSE
CLARIFIER
NOUVELLES
BATEAU
THÉ
PRÉPARER
FRONTIÈRE
MOUCHE
VISAGE

```
H O R A I R E G A S I V U A C K H
F R O N T I È R E S S A H C C W P
N O C Z I N I U L W X B P I N J V
W D K I L E T K E R V U A P G U N
A C V S J T X D G M T H É T L D D
E V N E U B D W N W O F Y A E C K
H C A R K O F G O G X U T L W A C
R N O I T I T É P É R I C I L D U
O O F A T M C C É Y T D F H K E E
B R H T B P R É P A R E R A E S N
E T M É N O U V E L L E S F U S J
D I J R C L A R I F I E R G A I L
M C C C M È R E Q F S S H B F N M
R Q K E D W C I H C S F X E G E J
H F B S S E Z F F B P Z H N K R N
```

Puzzle 3

N	H	J	I	U	U	F	T	S	P	M	E	T	N	I	R	P
B	R	A	I	S	O	N	G	F	N	P	Z	W	U	D	O	D
E	L	L	E	B	D	Z	S	R	K	M	J	N	F	E	Z	T
I	Q	A	Q	L	C	B	C	D	S	M	R	T	S	M	P	V
X	T	Y	N	B	W	Z	I	S	B	C	A	Q	Y	A	D	U
A	V	O	U	C	L	K	P	O	C	M	Y	U	L	I	K	P
P	O	U	S	S	É	L	F	Z	V	M	T	L	M	N	I	Z
G	R	O	S	E	I	L	L	E	P	O	L	I	L	D	C	Q
P	E	N	L	M	L	C	M	O	N	D	E	C	Z	É	I	I
D	R	S	Q	H	C	R	U	E	I	S	N	O	M	S	N	Y
E	I	H	K	T	I	E	V	O	O	Y	F	X	I	O	Q	L
H	P	R	U	Y	R	D	R	A	S	O	J	F	V	R	Z	U
O	S	Z	B	R	A	U	T	O	R	I	S	E	R	D	R	A
R	E	A	P	P	L	I	Q	U	E	R	V	U	C	R	R	Z
S	R	P	A	R	M	I	I	H	R	L	D	P	P	E	X	K

RAISON
PARMI
POUSSÉ
AUTORISER
MONDE
RYTHME
APPLIQUER
MONSIEUR
DEMAIN
DEHORS
PEUT
ELLE
RESPIRER
BLANC
POLI
CINQ
PRINTEMPS
SOUCI
DÉSORDRE
GROSEILLE

Puzzle 4

DOULEUR
ONZE
NOUVEAU
SOCIALE
PARTENAIRE
TULIPE
LONGUEUR
PAPILLON
NATUREL
ROUE
MERCREDI
IDENTIQUE
PARFAIT
MUR
PAR
TRANSMETTRE
QUANTITÉ
AUTRE
UNIVERSITÉ
ÉTUDE

U	N	I	V	E	R	S	I	T	É	A	N	F	R	Y	D	V
W	O	Z	L	U	K	L	L	D	H	W	U	É	T	U	D	E
W	L	Q	O	Q	S	T	U	L	I	P	E	T	V	P	T	T
C	L	E	N	I	O	I	O	K	M	M	D	G	R	C	F	O
N	I	R	G	T	C	A	K	H	T	A	P	Z	Y	E	E	B
R	P	I	U	N	I	F	M	M	R	S	U	I	W	F	W	H
K	A	A	E	E	A	R	Q	R	A	P	Y	V	M	N	P	Z
N	P	N	U	D	L	A	U	O	N	U	A	F	M	A	O	U
U	A	E	R	I	E	P	A	U	S	V	X	R	O	N	Z	E
A	V	T	H	H	X	S	N	E	M	Q	N	B	G	P	W	Q
D	P	R	U	X	K	U	T	U	E	Q	S	X	T	L	P	E
M	T	A	R	R	A	C	I	S	T	D	O	U	L	E	U	R
U	S	P	W	W	E	H	T	A	T	Y	P	K	S	H	H	L
R	H	Z	D	E	B	L	É	X	R	D	E	Z	Z	F	F	C
M	E	R	C	R	E	D	I	C	E	N	O	U	V	E	A	U

Puzzle 5

```
T N A F N E C H E R S D H M P X U
Ê H W S O P O É C C O J Q W R F R
R Y E R E L Û R B F L B F H O L P
R I G R Y X U A Q G D T C E F V B
A Q A K M S P P H C A V L S E K R
D S Y H E O O É F C T O U M S Y J
H W O V W P M S R W C C N I S W M
Y G V H A L N È K I V J E S I J U
C A B I N E P C T I E X S E O A U
F K D E P G M C U R U N È N N P W
H V A L E U R A R F E T C S N P C
U I Q U A W O U P E Q O C E E Z M
G N E Z P C W R F S X S U U L N F
W Q S R P É N A T N A T S N I Q T
A P P E L S V R S E N T I M E N T
```

PROFESSIONNEL
INSTANTANÉ
SUCCÈS
ACCÈS
CABINE
APPEL
ARRÊT
CHER
EXPÉRIENCE
VALEUR
BRÛLER
SÉPARÉ
SENS
ENFANT
SOLDAT
THERMOMÈTRE
LUNE
HIER
VOYAGE
SENTIMENT

Puzzle 6

SECOUENT
RAPPELER
ANNEAU
CASSIS
MEILLEUR
PLACARD
PÈRE
INDIVIDU
PRÉCIEUSE
RIRE
ANCIEN
BÂTON
SENSATION
MATÉRIEL
FEUILLES
PRIVÉ
ANCIENNE
FRAGILE
SEPT
COMPLEXE

```
R T J W C R W G W E M D P M F C L
N A T D R T I A M Z U N R E E F C
Z B P Y I F F R D N H O I I U B P
L O E P H V P G E L N I V L I B W
F P S Y E L I G A R F T É L L M M
H R W J X L E I R É T A M E L P G
P É L J E O E Q J I N S V U E È D
A C N A L Q B R Z N E N I R S R V
N I B V P B P K X D U E K S F E N
C E H D M G U C L I O S V X S I T
I U G N O T Â B S V C P F X Y A Y
E S A L C T K W A I E W K W R L C
N E P L A C A R D D S S M L W K X
C A N C I E N N E U A E N N A K J
O S S R C H H T D L Q D R M X Y M
```

Puzzle 7

Y	P	X	V	Y	H	P	C	O	N	V	A	I	N	C	R	E
R	R	Q	M	O	R	E	R	D	N	E	T	Y	A	Y	B	Q
Q	Ê	E	B	K	D	R	B	Â	T	I	M	E	N	T	U	N
W	T	N	I	Z	J	S	D	Y	H	E	H	N	B	J	L	Y
M	O	P	F	A	T	I	R	Y	W	U	X	K	U	A	C	P
R	N	N	K	T	A	L	W	E	L	B	H	P	I	H	R	N
H	S	O	E	X	U	E	I	G	I	L	E	R	G	N	R	C
R	É	Q	T	N	B	C	O	M	I	T	É	C	Ô	T	É	S
C	L	R	U	D	E	B	Z	B	R	A	M	V	Q	B	P	Y
F	A	H	O	A	N	H	T	U	O	C	M	H	N	L	H	P
S	R	L	R	N	R	D	K	P	H	I	G	T	H	Z	M	Q
O	G	I	B	J	J	T	U	Z	R	L	C	R	O	I	X	R
D	E	S	S	E	M	O	R	P	A	É	A	G	M	S	C	E
F	U	B	I	O	L	O	G	I	E	D	P	R	T	J	I	F
E	R	U	T	A	R	É	P	M	E	T	I	K	B	T	J	F

TEMPÉRATURE
NE
QUART
LARGEUR
BÂTIMENT
HÉRON
TENDRE
DÉLICAT
PROMESSE
PERSIL
CRABE
BIOLOGIE
CROIX
ROUTE
COMITÉ
RELIGIEUX
PRÊTONS
CONVAINCRE
CÔTÉS
AUBE

Puzzle 8

CIRCULAIRE
CAMPAGNE
MISÈRE
INDIQUENT
COMME
CHAUSSETTES
CLÉ
PARTIE
MURALE
FENÊTRE
LAIT
RÉGNER
MÉTÉO
LORS
CARTABLE
TÉLÉVISION
CONTRÔLER
JUPE
RELÂCHER
AMICAL

E	J	Q	C	T	É	L	É	V	I	S	I	O	N	D	E	S
K	P	U	A	K	C	C	B	G	J	V	L	D	É	N	L	Q
H	K	H	M	X	I	H	Q	S	S	I	R	Y	B	T	E	T
L	L	M	P	A	R	A	T	L	E	P	Q	P	D	N	É	N
F	S	K	A	M	C	U	C	P	D	B	T	K	F	K	X	M
M	Z	K	G	I	U	S	P	A	R	T	I	E	L	J	S	R
R	L	S	N	C	L	S	F	H	V	X	J	S	S	I	V	Z
E	C	A	E	A	A	E	C	C	O	N	T	R	Ô	L	E	R
L	M	A	I	L	I	T	O	M	U	R	A	L	E	R	P	H
Â	I	U	R	T	R	T	M	L	O	R	S	K	K	Z	U	I
C	S	G	B	T	E	E	M	C	U	Z	L	J	G	B	J	O
H	È	G	L	T	A	S	E	L	F	E	N	Ê	T	R	E	D
E	R	G	X	M	U	B	H	É	X	X	M	T	X	L	S	X
R	E	N	G	É	R	K	L	I	N	D	I	Q	U	E	N	T
N	D	C	C	P	K	D	D	E	R	W	S	U	Y	O	W	U

Puzzle 9

```
B A M U O B I H D I V E R T I R P
B R V V P B D W D H V Y M S P I R
P T N E M E L B A R O N O H S M O
O Z F R X K T I T E P C Q Q C X N
C A R R I È R E G P R E U V E L O
T N C N D K D C L E T U A H H S N
Q R J R E V I R P É A W U C C U C
H U È F R Z U E N R P M F K É F I
B E C S D W B M N É A I M H J T A
K L R S N Y M M Y P P F L E I O T
I H E W E S G O W S R L F U N X I
L Y S Q V O K C G E S M F M L T O
X C S E J W Y D V S Q V S A R E N
G E O Y N M V Z S É L L A T S N I
J C N V J Y V U E D N F G D Z V Q
```

LE
PREUVE
VENDREDI
COMMERCE
INSTALLÉS
PRONONCIATION
HAUTE
OBLIGEAMMENT
PRIVER
PILULE
TRÈS
HONORABLEMENT
DIVERTIR
CRESSON
LEUR
DÉSESPÉRÉE
HIBOU
CARRIÈRE
PETIT
ÉCHEC

Puzzle 10

MOINDRE
VÉLO
APLANIE
MIEUX
PRIVILÈGE
GINGEMBRE
JETER
SOMMET
ATHLÉTISME
ACHAT
EXAMINER
COCCINELLES
LAC
EXCITÉ
PROPRIÉTAIRE
ÉPÉE
INVERSER
ROI
ACHETER
FLEUR

```
A E O Y U C A Z J D O T Z X N S Z
S C D C H H F N E É P É T R S E V
W L H L B I M É T I C X E O M L P
Q J V E O T D S E N X G M I C L R
L X E U T A O I R E N I M A X E O
V É L O Y E L L L R Z E O B S N P
A C H A T M R A S D B I S Q Z I R
Q A R B C P C Z C N F F P L P C I
J A P C B U R C L I L W S J B C É
E G È L I V I R P O E B Q F T O T
V H L Q A E H H L M U U W B E C A
X P D J Z N V Q D Y R M I E U X I
Q R B Z X U I I N V E R S E R H R
G P Z L K I E E R B M E G N I G E
A T H L É T I S M E Y D U L C T R
```

Puzzle 11

```
P E U T Ê T R E C A N P S K E O W
S P N M L N W M O J H L Z E W O U
U R G E N C E A N I A I I U U T V
S Q E K X G V L F N A E U O H L Y
U O Q G Q S Y A I T L R H I H S E
P Z X L E T L D N O I S I L L O C
S S R J V G N I E D É F E N D R E
F Q G Q A R V E R I O M É M K M K
V F S A P E R C O N T I N U E R H
L E D Q I T C P I M M K Y O L A U
R I U O R N C D É V E L O P P E R
T O N L E E E G S C X H K K E T D
F R H G E V N L R H C O R D A D J
C J E W E N T L E I Y U Q L Z H G
D K N X X I T T V L I M D U F Y Q
```

PEUT-ÊTRE
REPAS
VEULENT
COLLISION
SEULE
CONFINER
LINGE
URGENCE
MÉMOIRE
VERSÉ
PIRE
CENT
CONTINUER
INVENTER
DÉVELOPPER
OUI
MALADIE
PLIER
HOUE
DÉFENDRE

Puzzle 12

COULEUR
INDUSTRIE
TORTUE
MAISON
CLIENT
MÉCANIQUE
ACCORD
VAGUE
GIGANTESQUE
CHAUDE
SOEUR
LÉGUMES
FÂCHÉ
SAVAIT
MODERNE
RICHE
CHOISIR
OCCASION
CONFORT
PARLER

```
D C C D B L P V G A Z O C K R J M
O C H L X B B R I C B C F Q M G W
Q S X O I H I N G C C A M P W V
O L Y T I E O L A O S A N W V I O
V A G U E S N P N R A S E Z N C V
M T Z Q D E I T T D V I W F V W X
M O R T U M W R E P A O R I Z Z F
É R B M A U P U S S I N U I H Q F
C T Z J H G A E Q H T O E D C É H
A U D I C É A O U A E S L A P H R
N E F Z I L Q S E C V I U W R C E
I M O D E R N E Q H M A O J P Â L
Q C O N F O R T K D M M C Y J F R
U N W U R M F N T P O L W O E Z A
E J A I N D U S T R I E C D Z Q P
```

Puzzle 13

```
D E H R R L C O M M E N C E R A L
E T B X R K S W V F M W D M T N U
P G I H D U H G W X U J X F H É F
U G U Y Q W O R J S V I Q S N M H
I I C V D L I U E T U A F M T O A
S L Y Y K N D E R R I È R E E N M
Q S E U Q È H T O I L B I B L E É
G A R D E R E C N E E D I P A R L
C O N D U C T E U R R A R O I R I
X B U R N A G R B E D W E R L E O
X G W C H A T I Q L N V L T I I R
E O S P U Y G D L L E J É E M P E
G L I S S E M E N T T G C V A G R
G Â T E A U H M I J É J U U F N Z
E M B B Q G P M B H Y S M P U P F
```

AMÉLIORER
ÉTENDRE
RAPIDE
DEPUIS
COMMENCER
DERRIÈRE
DIRECTEUR
CONDUCTEUR
PORTE
CÉLERI
CHAT
FAUTEUIL
GÂTEAU
ILS
FAMILIALE
PIERRE
GARDER
BIBLIOTHÈQUE
ANÉMONE
GLISSEMENT

Puzzle 14

MAUX
MARQUEUR
JAMBES
RÉSOUDRE
BALANCENT
EXIGENT
GRAVITÉ
LIMONADE
PAYS
INQUIÈTE
CANNELLE
CAPACITÉ
PROJET
MEUBLES
OIE
INSPECTER
MARIÉ
PRUNE
PANAIS
TRENTE

```
R N S X D D V D Y E N U R P C I X
U Y T V R K B F C X I F R Z A N M
E D A N O M I L B I S X T R N S J
U Q Q A P P A X I G C O G Y N P E
Q N C Q Y G V P W E I L W G E E Q
R P M A M R E S F N N J E T L C U
A É H G A O I E T T Q Y D R L T G
M R S N U T C B N N U C H E E E M
M L K O X L P M E U I R Y N B R M
F A U T U Z Z A C O È W Q T Y I W
T K R G W D R J N V T A D E C C I
I É T I V A R G A A E P R O J E T
E I D A É P F E L K I O L P A Y S
C A P A C I T É A C H S B L E E G
C Q C D E S E L B U E M F O C F O
```

Puzzle 15

```
C L S P H O H B I P W H M T A M O
S O D J Z Q C C S P O A J O R E J
S K M L Y Q K C K Z Y U W U È N A
T W G P E Q F Q U E R J R T N A E
V K E C R D M J W P X V M P E C L
S S B Z D E L Ê O P E E W F R E B
J L X M N G N I O R R R J I N E I
T A X B O A K D J Z O I F T F I T
U E B N F V C C R C E R T A I N S
K H B U N I H L I E H T U T T X E
N V N K O R U E T U A U Y R U Q M
W A U B C J S M Q Z N P G O C N O
D I V E R S E S D R A N I P É E C
W Z G L H K R E I N E C O Q X U I
E N V I R O N N E M E N T S E F M
```

CONFONDRE
ARÈNE
COMESTIBLE
POÊLE
MENACE
CERTAINS
PORTATIF
TOUT
COQ
NEUF
DIVERSES
AUTEUR
COMPRENDRE
ÉPINARDS
OCCUPER
EXÉCUTIF
POURPRE
ENVIRONNEMENT
REINE
RIVAGE

Puzzle 16

SEMBLENT
LIGNE
MEMBRE
BOUM
DÉCENNIE
BROSSER
POUSSER
INDÉPENDANCE
RECHERCHE
PIEDS
GOMME
RÉCUPÉRATION
PRIS
LIÉ
DROIT
USURE
MIGRER
COMMENT
QUATRE
PRUDENT

```
P G Z H Y D S Q H D U D W Z R P C
D R P N O I T A R É P U C É R I I
O R I E W P N C A C L I G N E E N
M L O S D O E W T E R T A U Q D D
G Z R I V U M K O N M B G Y C S É
L L Y D T S M N T N E L B M E S P
I P B E A S O C W I J D L N R C E
É I V L X E C J V E W R U L S E N
B U W F Q R U T S A D E Q R A J D
M I G R E R N Y H K A S Z M P X A
O D E I G R Q I P G P S M E L I N
R E C H E R C H E M M O G M N G C
I U L B P S N N L H U R L B Y Z E
B K V L V P X Q O Y O B Z R E K D
U O E P A U S U R E B Z R E Z P P
```

Puzzle 17

```
J O L I J V N J D Y E Q W S I I Z
C P T N O K V N H S D H A Y R N V
B O D U Q N Q J I A I O C E R U R
Y X U W D M P I C U U T L Â I T A
T B A R U O T E R T L A P U T I I
W C E Q B O I L X E F Q Q D A L E
X G A X V E N C O R I H O B B E R
R W K L O S E N R U O T C V L M D
K O O E Z N D O F W R E N T E U N
F G H H T A O G G O K J H G W L E
U M O C A S S M O S W U M C B Z R
X R É E L L E D M V B S I O P E P
A V O B V O L E R E A P R È S H P
T J D D V H B D H R R T F Q Q T A
Q U E B J U F G U J D S J C F B W
```

INUTILE
TOURNESOL
VRAIE
FLUIDE
SUJET
APPRENDRE
COURBE
EAU
POIS
APRÈS
IRRITABLE
RÉELLE
ONCLE
NOMMER
SANS
JOLI
TÂCHE
VOLER
SAUTER
RETOUR

Puzzle 18

BOÎTE
EXCEPTIONNEL
POIREAU
GAGNER
OBSERVER
BELETTE
OPPORTUNITÉ
LÉGAL
MORCEAU
BOUTIQUE
BAS
FONDRE
CANDIDAT
ELLIPTIQUE
FILLE
VRAIMENT
BANDE
CONFLIT
TOMBÈRENT
FINITION

```
J O R E V R E S B O R F M E F B C
P Q B T L R L É G A L O O X I A A
U A O T H L N I A P G N R C L N N
N É U E B S I Y G G X D C E L D D
C T T L Q B P P L N H R E P E E I
I I I E T Î O B T O Z E A T G M D
K N Q B P L R T U I C D U I A V A
O U U B G U L N Y T Q I Q O G R T
B T E J S A B M E I I U K N N A H
S R N H Y E P A E N K L E N E I B
T O M B È R E N T I V D T E R M O
Y P N S Z I C O N F L I T L O E J
E P A M P O R T Z K X V V D A N H
T O D M W P M D K R U K S V O T B
D V U F T A D R B R H W B U M Q G
```

Puzzle 19

```
G S K X B F H S C N E E F U C T R
É M A L W C E O U O X C A W O E V
N R E M U S É R W L U E S A L N B
É S V Y M C D C G Q U R S S O N P
R E X S Q O D I C O G Q O Z N U M
O C X M B U O E U W W O X N S Y A
S E C N M P B R R C E B N D N É X
I N D H K P J S P Z J N J I R E V
T T U L E V E D O S C W L P P C E
É R M V G V T X W È E R D J G B N
X E T U O T A M A R I A G E B A D
A D S W L C I L W P B K K O E T R
I M P O R T E R E S I L A C O L E
L F L P O D C M Z B H Z G G X M P
D I K Q H U K R J Z J H T A B L J
```

EN
LOCALISER
COLONS
COURONNE
OBJET
CENTRE
VENDRE
HORLOGE
GÉNÉROSITÉ
DOS
MAL
CHEVAL
PRÈS
MARIAGE
SORCIERS
RÉSUMER
IMPORTER
SEUL
ENNUYÉ
TOUTE

Puzzle 20

FOND
VA
MOUSTIQUE
AIDER
INTÉRESSANT
COTON
BIENTÔT
GÉNÉRAL
TROISIÈME
GÂTERIE
SÉQUENCE
ENTRÉE
MOT
RAPPORTER
CASQUETTE
ACCUEIL
PRÉSENTE
SCIE
THÉORIE
DÉFI

```
G X R I T K I F L A D I R U E J S
G Â E S C I E R T I I É V U Z P H
N F T R B M A H W D Z I F X Z N E
D T R E B Z C X R E X P O I V H U
U T O I R O T A O R J I H P G V B
N N P R S I G V S F O N D S É K I
E A P O B U E U W Q M T S M N Q E
U S A É P U V C X K U Y R E É W N
Q S R H T S G S E T N E S É R P T
I E N T S É Q U E N C E T R A D Ô
T R O I S I È M E L Z P S T L X T
S É T M O T J Q A U G M Q N E C U
U T O S J O B H Y A C C U E I L E
O N C U O F J F X W W N A D J R J
M I W W B V D A P Z O Q H H D Y M
```

Puzzle 21

```
E O N G L O N S O C E A F D T J D
K N P O P U L A I R E S D S E H K
Q P T J D Z Q Y T A W E P D U Z H
I R T R P R E S S É O F T O U V F
L U H U E C W R B Q E Y N O I I O
W U I E N T A F G V S U A C E R U
V B Z T Z J I W C E E F I E R I R
L O Y C Q B Q E U R L D D O V M N
X T I A H R K R N S U F U O M B I
D M Z X D T I Y Z E C T T H S É R
É V I E R H C N V R I Z É E G C C
H N S B R T S H I S T O I R E I R
N U M É R A T E U R R N C M Z L È
T R O U P E A U D S A O M V L E M
P R Ê T E N F J C H P M F H C R E
```

FOURNIR
ENTRETIEN
PRESSÉ
PARTICULES
ESPOIR
HISTOIRE
ÉTUDIANT
VOIX
POPULAIRE
CRÈME
IMBÉCILE
VERSER
PRÊTE
ÉVIER
NOM
ONGLONS
TROUPEAU
ACTEUR
NUMÉRATEUR
FIER

Puzzle 22

ET
SE
REQUIS
IDENTIFIER
VIDE
APPARIER
NORME
HÉSITER
HÉRISSON
COMPAGNON
LAITUE
DÉTAIL
BONJOUR
FROMAGE
ALORS
COMBINAISON
PROGRÈS
RISQUE
MODIFIER
CHAUD

```
C A P P A R I E R C M R O O C Z T
C H S G B V T L E O G E E N T R E
E O A Q I I A Y I M L S T L J P L
H B M U O D C U F B M I Z P U O J
N Z J P D E Y O I I Y X B A A A F
E Q P D A K F I D N I R R Q M J S
B K L A L G R R O A R E T I S É H
L A I T U E N U M I O I E K C Y P
M Z A B T G O O E S S F M M N K R
H B T I Y A S J N O R I D E X E O
P J É L F M S N S N O T U U X N G
Z G D M O O I O W Q L N J Q L Q R
N O R M E R R B C F A E E S E P È
B Q B V V F É D F F I D J I D R S
G D G B E Y H X G P M I B R N R Y
```

Puzzle 23

```
M X E G A L L I S R D N S C K X O
V A T Y R K L I T B I A I A L C S
V P S K F O E V N S R T D R O O K
R Y P Q Z B U M E K E A O A I N N
H Ô T E U J T P M S C T M C S F M
J K L V H E R T E P T I A T I É V
C V D Q M I I R N O I O N É R R L
J O U R R G V P É U V N A R B E F
B H N Z U É E V V C E X N I N N I
I J X Y J T V S É E S F A S L C E
Z K O Z I A I W C S V Y S T M E K
C O R P S R B S Y R L E Q I E Z K
R É S U L T A T Q P I X U Q K N S
M E R L E S X E H Q L M Z U N Q Q
R C C O M P R I S Z F D E E Y X L
```

VIRTUEL
DIRECTIVES
STRATÉGIE
COMPRIS
CORPS
ANANAS
CARACTÉRISTIQUE
MERLES
POUCES
NATATION
GROUPE
SILLAGE
ESCRIME
MASQUE
ÉVÉNEMENT
LOISIR
JOUR
HÔTE
CONFÉRENCE
RÉSULTAT

Puzzle 24

SOIGNÉ
RÉCEMMENT
VOLONTAIRES
MENTIONNER
ÉCOLE
INSENSÉE
QUOI
FLORAISON
ANNULAIRE
GUERRE
CONTRIBUER
GARS
HABITUDE
CULTUREL
SAMEDI
DÉTAILS
OISEAU
RUÉE
BERCEAU
FIXER

```
S D É T A I L S Q K F B X H K B L
D A B E U I V I W X I E F A J E P
R R M Y Z C C O Q T X X V I G R Q
E U N E L O C É L V E E J V X C M
U É S U D K V Z X O R L H W I E K
B E T L Q I S O I Q N I Y H O A N
I I N S E N S É E Q V T U N G U N
R G U E R R E D U T I B A H D M C
T A N N U L A I R E H É S I I O F
N C A E M E N T I O N N E R R R J
O I S E A U W P K O V G A U H E V
C U L T U R E L Q U O I G S M Y S
F R É C E M M E N T E O A H T A E
F L O R A I S O N J E S R T S V I
L S H E I F Q D H Y R Y S G G Z M
```

Puzzle 25

```
C  C  P  L  V  N  J  A  J  R  M  Y  P  G  N  A  S
A  N  R  Y  C  O  L  E  Y  K  Ê  Z  I  O  A  L  C
T  G  E  I  I  Ù  G  L  S  Y  M  L  L  Q  T  N  O
É  F  Y  F  S  N  K  Y  P  P  E  H  B  N  I  T  N
G  R  U  I  C  E  R  E  G  Z  È  J  U  C  O  S  S
O  E  N  T  N  Z  I  V  L  W  J  C  M  Q  N  P  E
R  C  N  N  G  T  Ê  R  O  F  R  J  E  X  A  T  R
I  O  E  E  Z  S  E  X  C  T  V  W  G  S  L  N  V
E  M  A  T  A  C  G  R  C  O  M  P  T  E  E  E  E
X  M  P  T  S  É  V  T  C  V  H  L  X  N  E  L  R
S  A  Y  A  C  N  U  T  Q  E  A  L  Y  R  U  O  W
J  N  C  U  B  A  N  E  N  N  P  B  S  T  L  N  G
T  D  B  Q  R  R  I  D  J  D  F  T  H  Y  Z  M  Y
B  E  E  U  Q  I  T  A  M  A  R  D  E  F  G  O  P
B  R  O  C  S  O  I  T  Z  T  U  H  J  R  Z  S  C
```

DRAMATIQUE
MÊME
IL
OÙ
ATTENTIF
ENNUYER
TAXE
ESPÈCES
INTERCEPTER
CRISE
SCÉNARIO
COMPTE
SOMNOLENT
FORÊT
CATÉGORIE
ONT
SANG
NATIONALE
RECOMMANDER
CONSERVER

Puzzle 26

ATTENDU
REVENIR
BEAU
ENCHEVÊTREMENT
RUTABAGA
DANGEREUX
LOUTRE
RÉALISER
CHANGEMENT
DIPLÔMÉ
PRÉSIDENT
HÔPITAL
POUDRE
OREILLE
GRISONNER
PERMETTRE
MERVEILLE
UTILISER
CHANDAIL
CHIOT

```
K  G  U  O  R  E  I  L  L  E  R  L  T  M  D  Y  M
E  R  K  T  Q  T  N  G  J  B  É  O  V  T  J  E  E
N  I  O  C  I  M  H  M  C  E  A  U  T  N  O  R  R
C  S  É  M  Ô  L  P  I  D  A  L  T  F  H  F  U  V
H  O  R  Q  G  H  I  M  T  U  I  R  O  E  M  J  E
E  N  U  G  U  N  K  S  T  Y  S  E  J  I  H  B  I
V  N  T  D  M  F  T  N  E  M  E  G  N  A  H  C  L
Ê  E  A  R  C  B  E  R  T  R  R  Q  F  X  M  C  L
T  R  B  S  C  R  C  H  A  N  D  A  I  L  L  Y  E
R  W  A  Z  B  J  I  A  E  R  E  V  S  U  C  J  V
E  E  G  A  T  T  E  N  D  U  H  P  C  V  Z  C  O
M  L  A  T  I  P  Ô  H  E  R  T  T  E  M  R  E  P
E  R  D  U  O  P  F  D  V  V  Z  O  H  M  U  B  K
N  Z  U  B  K  F  S  D  X  U  E  R  E  G  N  A  D
T  N  E  D  I  S  É  R  P  H  N  R  N  G  I  K  O
```

Puzzle 27

```
C P R O C E S S U S A Q S P A P A
W E G D P H M N J W M R Z P V I T
Z F R E N I S I U C S J I T S I D
T L K C H G S L D P E E D A L A M
U R I I L M A E R R L U I V T D M
V E A S H E C B E O V Q M K A U I
S H X I A O C O P D M I B K P S L
N C R O T H A G Z U D M X É A E I
X A E B C É D S S I I R R D B A T
O C P E X X É X Y T S E Y Q F É A
S I M P L I F I E R K H V H V W O I
A I G U I S E U R C U T Q E W Q R
G V D I N A P P R O P R I É S X E
E N T E N D R E H H I C J G X O X
U L U Q U J G F G U T B I G D P O
```

BÉBÉ
MALADE
AIGUISEUR
MILITAIRE
PRODUIT
CUISINER
SACCADÉ
BOIS
GOBELIN
PAPA
INAPPROPRIÉS
ENTENDRE
TRAITÉ
THERMIQUE
LUI-
PERDU
CACHER
CERCLE
SIMPLIFIER
PROCESSUS

Puzzle 28

COÛTEUSE
LUMIÈRE
ENVOYER
MARGUERITE
FUMÉE
MILLE
VICTIME
FOU
DINDE
SENTIR
MONTAGNE
SÛR
PHYSIQUE
ARCTIQUE
CURIEUX
TOLÉRER
SORCIÈRE
HORS
SÉCHÉ
CONCEVOIR

```
C Q L E D M L N M O T L R X Z W V
C B Q F I M I K B P Q B T T O J I
C S E H F T P L S O R C I È R E D
J O B R W E S Z L P H Y S I Q U E
R F Û Y W H X P L E U Q I T C R A
K Q G T K O N K U É H C É S S E T
E T I R E U G R A M Z D J D Z Y O
N S S I M U O F Q U C N I X H O L
G E Q O I P S F I F P Y S N W V É
A V X V T H M E H O R S E T D N R
T H T E C R Z J A Q Û Z N H Y E E
N W U C I P A Z M H S U T U Z H R
O G U N V C U R I E U X I A A B Z
M O N O L U M I È R E Y R V S W J
R Y B C Q T M H H X R S K T O Z J
```

Puzzle 29

```
C A M P A G N O L L C O H B L P X
K D D L J Z J O E C H R U A I H N
R S T Q L W P Y L J È B M I Q M R
É L É P H A N T L E R I I S N B M
N Q Z S U K É F I R E T D E J M V
A A Z M B H C C U O X E I R K A M
D T Q N P P W R G O T R T M G R W
Y W S I M I L A I R E C É S A D L
I O R S M S H X A T M O Q L E I K
N Q E S G E O X T U M M B X T V X
A K V U W D N V B J O M N T P C L
C Q G O I R E N F A P E Z D E I A
D U A P A R C R E R T N O C N E R
P E N S A N T H F T S C M V A D D
A S S U R E R L Y R P É M W J C S
```

COMMENCÉ
HUMIDITÉ
VERS
ORBITE
KÉFIR
AIGUILLE
POMME
POUSSIN
ÉLÉPHANT
VESTE
SIMILAIRE
CRAPAUD
ENNEMI
CAMPAGNOL
MARDI
CHÈRE
BAISER
PENSANT
ASSURER
RENCONTRER

Puzzle 30

LECTURE
OBÉIR
VILLE
BALANÇOIRE
LISTE
PIÈCE
CERF
ELFE
UTILISATION
FINANCIER
VENDEUR
DOUCHE
ENFIN
DEVRAIT
FAÇON
SERVIR
AUTOMATIQUE
FILS
PILOTE
INQUIET

```
T B C Z U Q N D C L T M U Q E Z A
U F G N B W H U H G H I C E R F U
H U H C Z O E N H W M S B F U D T
H U V K D C Y F X D C W E L T O O
V L Y V L G T I A R V E D E C U M
P E L I S T E N I F N E L V E C A
S I N M H G I A U I U F Y L L H T
P D È D R Y T N N L U A B M I E I
K D E C E I L C D S L Ç Y N P V Q
I B A A E U T I G E T O L I P O U
F U B M A B R E I E I N U M E B E
I S E R V I R R I N Q U I E T É C
L B A L A N Ç O I R E Q A E U I Y
S V R O U T I L I S A T I O N R D
W D P J K H I H B R Y Z H R T O M
```

Puzzle 31

```
D S À I D E N T I T É N F A E V K
I E L I T U P E R S O N N E H C S
H M U E N F S A B T P N H R P B S
A A Y X C A T L X B C K H N J K O
T T W L I M K L U E F X H N L X U
V O S B P È K E J M X E A F T J V
P P K O A Q M R P L A I S I R O E
X O W U A W I E P L A Q U E U R N
H P X I H E A X X K V S C Q E I T
O P P L W U C J M A Y O A M T G G
V I T L Q R M C V J E M P A C N K
E H N O L O O I N V L M J M A A O
N M I I X O O E D T S E I R F L D
T X Y R Z K I C O E P O S T I E R
G M R E U Q I N U M M O C P Â T E
```

LÀ
UTILE
BOUILLOIRE
VENT
PERSONNE
PÂTE
PLAISIR
POSTIER
HUMIDE
DEUXIÈME
IDENTITÉ
HIPPOPOTAMES
ALLER
SOMME
COMMUNIQUER
FACTEUR
PLAQUE
LOIN
SOUVENT
ORIGNAL

Puzzle 32

CONTENU
PÊCHE
PLUVIEUX
ÉMERGER
HAINE
DÉPRIMER
SURVEILLER
ACCUSER
FÉROCE
ADRESSE
MÉCANICIEN
PERDRE
GÉNÉRATION
ENSEIGNER
GROSSIER
ESTOMAC
SAUVAGE
ORTHOGRAPHE
ÉBULLITION
MUSÉE

```
O M S S E E F Q G R H G E D D G G
R E S U C C A P Ê C H E S S É R É
T P J V U Q G P U Z H M T A P O N
H É L Y Z C O Y R K Y S O U R S É
O M U U N E T N O C B R M V I S R
G E I P V B A V I N T O A A M I A
R R E L L I E V R U S O C G E E T
A G J M G A E S S E R D A E R R I
P E O I R D J U M É R F Y A T T O
H R B P H Y W T X S O D É L B R N
E M N O I T I L L U B É R R F O F
N E I C I N A C É M T M L E O N Y
I E N S E I G N E R K P P I P C Y
A D B G O K P S I V I Z G B O X E
H V Z X K O O J U M J X A L C J E
```

Puzzle 33

```
O B J E C T I F G A T P O S N G C
I E V L Z D J N R P B U O S R M B
P L A I N E S O I P K H Q F U G H
I C N N C T R T M A O Z S T U P T
N C O F C T G E P R E T U C S I D
T A I M U H R R E E I K R N H F S
R N T P B R A T R N A L V K S B J
O A C H X A I N M C B T A U D U C
D R A C T K T E C E D Q H A É Y Z
U I É X G J A Q U E C Y O O S S T
I R R Y G V X J M X U A E P A R D
R C O N C E N T R É X X D Z S T L
E M È I X I S E C N A C A V T W I
P P E I N T U R E U W C B H R T M
V M M R I R N O M B R E U N E F M
```

BAIE
DÉSASTRE
DISCUTER
GRIMPER
NOTER
COMBAT
CONCENTRÉ
CHANCEUX
RÉACTION
PLAINES
PEINTURE
CANARI
DRAPEAU
NOMBRE
FURIEUX
APPARENCE
VACANCES
SIXIÈME
OBJECTIF
INTRODUIRE

Puzzle 34

MESURER
MATIÈRE
OUTIL
DIRECT
HEURE
DEVENIR
GROTTE
PRÉFÈRENT
TROUVAIENT
FORMULE
DEMANDER
COMPLÈTEMENT
CLIMAT
BALCON
EXEMPLE
DÉJÀ
AUTOMNE
PRÉCIPITATIONS
BATTRE
DEMI

```
P R É C I P I T A T I O N S H C Z
V N O M P Q O U T I L X C W V H B
X H À D W J T E B M N N O B J Q Q
E F J O D T N E M E T È L P M O C
P R É F È R E N T D F A Y D O C D
E P D A J V Z C A P P C L I M A T
M E X E M P L E J G D G C B M H Z
A E T T O R G M C Y A T X I S C F
T N E I A V U O R T D A Z E P T O
I M R R G O P A I E D I S O Z J R
È O T B U A U Y N L R X R C Y L M
R T T V P E Q A E G P U H E M M U
E U A H Z Z H Q V L U N S W C R L
M A B B J P K R E D N A M E D T E
B A L C O N N T D W Z Z Y X M U Z
```

Puzzle 35

```
M T U G N S R E M B B B R R K T I S
O N C B P A Q F R N R X R U D H A
N A V L I P B U F T J Z E N E F U
T G S F O P B M E G X Q V K S P T
E W K C I O B O Z L F A U C O N E
R B W V Z R M V D T E D O Z V Y R
C I K A G T E I O R E T R O P X E
H W J R J E Q Q S A K Z T R Q D L
A V L I E R Q D S L H L N E C I L
U H G É K R E N I L L O C V X N E
D L Z T H I A R E T I A H U O S A
E M L É O O S P R A B S O R B E R
S O R D R E Y K M S B A N A N E Y
P U I S S A N C E O Z R W H V R X
É V A L U A T I O N C R I S N B Z
```

DOSSIER
ABSORBER
VARIÉTÉ
PUISSANCE
APPORTER
COLLINE
FAUCON
SOUHAITERAI
ÉVALUATION
DUR
EXPORTER
ORDRE
SQUELETTE
CHAUDES
NOS
TROUVER
SAUTERELLE
COMPARER
BANANE
MONTER

Puzzle 36

FONCTION
ALERTE
ANNÉES
RADIS
LAISSANT
IMPLIQUÉ
AVION
NUAGEUX
TASSE
AJOUTER
DÉCIMALE
GÉNÉRALEMENT
JUS
POSSÉDER
TERRAIN
BLOCS
INVITER
ADMETTRE
AUTRES
SOIR

```
T E R R A I N I M P L I Q U É D A
A S E A R X P Z N A U T R E S É G
J S T N Q S O L T U A V I O N C S
O A I N C I S D N N A Z F E A I S
U T V É B N S O E B B G S T H M O
T M N E L X É K M F K J E D S A I
E E I S O F D Q E U S E U U Z L R
R N H D C A E R L Q Q K H S X E H
B U R G S M R D A R J I Y Q N R I
F M B O K D Y W R D F N A B Z T H
Y B B C W F Q J É L I S W F A T O
H L T O M F B T N A S S I A L E R
F O N C T I O N É Y B F G I K M W
H R F M W S I G G W T H S W A D J
R F D K P T T L P A L E R T E A U
```

Puzzle 37

```
U E E S S E N C E R L N A V M M R
H X O S D Q I E O R U O T U A O A
J P B A I D T L D P G W E Z O D R
G L S M F K A A U Z E N V Q B E E
B O E L F N P U S Q V K U L P S M
P I R R É L O S I I W L E A E T E
R T V S R U E I R É T X E P G E N
O T A K E H L Y E C C N F R O E T
D D T A N A W G S Q E O A Q T R K
U I I A C S A F E W D D U V R F H
I R O L E O X Q P T A P S L I M Y
R G N F I P Q L Q U V N Z X O U W
E L P P E I N T U R E S K P V I S
L S F E C O I X L O M Z P X A E R
B B E L U B U J L O L M J K S U S
```

PRODUIRE
PATIN
EXTÉRIEUR
DIFFÉRENCE
SAVOIR
EXPLOIT
RAREMENT
COULOIR
ESSENCE
PEINTURES
AUTOUR
ISOLÉ
NEZ
PEU
MODESTE
VUE
LUGE
OBSERVATION
PESER
SUIVANT

Puzzle 38

POLITIQUE
MOELLEUX
ZÈBRE
PRÉDIRE
TIMIDE
BOUCHE
ARRÊTÉ
ARBRES
FACILE
SPECTACLE
DIMINUER
GEL
POMPIER
RIZ
DÉPLACER
DÉPEND
LUXE
CARRÉ
IMITER
SUGGÉRER

```
J T H M O K B O W G L P F J M P M
F L Z Z A V O Y K I L Z Y P R Q O
L U X E X S U Z N P A R B R E S E
Z F V U F A C È C R P P R U U E L
Y Y Q Q A Q H B A V D R W V N X L
Y U R I L R E R R I Z B É O I M E
Z G J T S E R E R B P S J D M G U
U Z K I I I E Ê É J I P B U I L X
G E L L J P R U T D N E P É D R J
C L T O B M É U O É V C H U M G E
Z D D P R O G N U G W T R B G P L
I X K P P P G L Q R X A Q I G F I
T I M I D E U K N N H C Y M Z U C
I M I T E R S C M I T L L F G R A
D É P L A C E R N Z F E M T C M F
```

Puzzle 39

```
L D É V E P U G L X Q I W D S S Y
U I L W I B N O L L A B M J O L A
N F O C R T V Û N N P E T T U O G
E F I H I W E T E C P C E K T G Q
T I G A A Z M S W J S Â R V I A B
T C N N R J C O S H M R V J E K U
E U É T P A L É W E E G I T N R K
S L V A Q M Q F L Y Z U V C W L R
R T L N R B V M K È R W R S R V O
U É D T G E M I X N B M U E C S E
E C A N A R D Z K L F R S T U P P
L A T N W H W K J Q X R E N W X A
F D O F Y C H O E I I L M A Z E G
S T R A Î N E A U B F Q X L U Q D
D Y H H W E U Q I F I C É P S C S
```

LUNETTES
PLANTES
SOUTIEN
ÉLOIGNÉ
BALLON
PRAIRIE
FLEURS
VITESSE
TRAÎNEAU
JAMBE
CANARD
GOÛT
HEUREUX
DIFFICULTÉ
CHANTANT
SPÉCIFIQUE
GRÂCE
SURVIVRE
CÉLÈBRE
GOUTTE

Puzzle 40

ÉCOUTER
CHOIX
CORVÉE
ÉMOTIONNEL
DONC
LIBRE
ÉCONOMIE
COLÉOPTÈRE
PROUVER
JURIDIQUE
TRÉSOR
CISEAUX
ÉTAGÈRE
DÉDIER
TIR
SAUF
FAIM
PEUT-
SONT
OEUF

```
É F P R C J H V T W N Y V A U W N
D M V E É V R O C N W N K E R U F
P A O Q U J V X S R Q A I O S K L
F O L T U T N O S O Z I Z D U E Q
P G R X I O H C V S C B A H E U R
R U E I M O N O C É A T I R D Q N
O E R B I L N R A C X U A E S I C
U I È D W E O N C C K H F V S D W
V G T F H B M O E R È G A T É I F
E R P B W O Z I G L O T R B O R B
R T O É C O U T E R T L Q E E U D
T R É S O R E I D É D Y F O U J E
H N L H I D B Y J S Q Y M J F B M
P X O W I N I S G T Y F A I M D U
O C C N O D Y O J R M T I G Q F F
```

Puzzle 41

```
L F T M V B N P Q E R F V J G L S
R C S L T S V S E U Q I T A R P C
D U B A S I Q U E A D N E M E K Q
P S F K L W Z S W K M D N M P B Z
C R I O V E C E R F O C R L U L E
R R É E R A I S I N U S A I O Q G
E I I F L A P I N U V O C S S J A
S K S T É R G N M D E L T A C P E
S V Z I I R W R J W M B Q G U É T
E W A I B Q E O Y I E T N E T T A
C C A M K L U R S B N V P A P R X
R I I Y D Y E E Q É T I V A C O M
C A S S E R O L E I M Y T E E L M
F O N C T I O N N A L I T É P E H
N R Y Y O V F A B R I C A T I O N
```

ATTENTE
RAISIN
MOUVEMENT
BASIQUE
CAVITÉ
RISIBLE
RECEVOIR
PÉTROLE
CARNET
FIN
FABRICATION
PRATIQUE
CESSER
SOUPER
LAPIN
PRÉFÉRER
SOL
CRITIQUE
CASSEROLE
FONCTIONNALITÉ

Puzzle 42

MONSTRE
HAUTEUR
FARINE
ÉTUDES
PASSÉ
STYLO
PARLÉ
RÉPARATION
ÉLECTION
BORD
DÉTRUIRE
ACCOMPLIR
ÂNE
RECONNAÎTRE
IMPORTANTS
PRIX
REGARD
NUIT
CONSTRUIRE
VÊTEMENTS

```
R U D I V S B N V W J N K V S S E
P A S S É D N G K Ê O R P P Z T D
X B O U D R O B T B T I U N M Y O
D H T W C É I N R X S E T L I L S
P A M B O Y T W E M H D M A U O E
K U O R N C C R V A K U E E G T V
R T N E S W E Y U H B W R M N I S
I E S G T U L G G I W J Â B Z T F
L U T A R K É I M X R L N T Y P S
P R R R U É T U D E S E E J T A S
M R E D I R É P A R A T I O N R R
O N I Y R I M P O R T A N T S L P
C F P X E F A R I N E X S C Q É U
C I V V U R E C O N N A Î T R E I
A A Y D G L Y L P T X G X L F J S
```

Puzzle 43

```
C I P V D K V X G G G H E E S P J
R O M R E Y A S S E Y O G D J Z Q
A E N S E R U T I N R U O F A A S
I H T T B N P L A G E X B G B Y M
S A R I R L D O O P R U X F E M X
I L E N V E E R B J V A W N I P H
N É M T I P M U E O I E E T L E G
S A B E C O B L F C O D D U L K L
D T L R U C R I T S P A Q P E U A
J O A A X S P C F T N C L B X S V
G I I G S E I N F I R M I È R E A
X R E I N L A T T A Q U E N T U G
F E N R M É M D S D I D L X P F E
F V T P S T N E M M A S I F F U S
A R T I S T E W T U V P E W I Y T
```

CONTRE
INTERAGIR
INFIRMIÈRE
BLEU
FOURNITURES
ALÉATOIRE
TÉLESCOPE
TREMBLAIENT
ESSAYER
SUFFISAMMENT
ATTAQUENT
CADEAUX
ABEILLE
POIVRE
PRENDRE
RAISINS
LAVAGE
ARTISTE
PLAGE
HOUX

Puzzle 44

CHOSE
OS
TÉLÉPHONE
AIGLE
TÊTE
TABLIER
TENTE
SOCIÉTÉ
ANNIVERSAIRE
SUIVRE
FERMIER
RUISSEAU
FANTÔME
OCÉAN
PHOQUE
FÉLICITER
FAUX
EXÉCUTER
TRAGIQUE
TECHNOLOGIE

```
F A T F H T Ê T E M Ô T N A F W L
É N R C C D T D U V Y P W U Z R D
L N Y R H T L U X U Q E V N S D P
I I E N O H P É L É T I N Q Y J A
C V S S O C É A N K G H R S R S S
I E D R E I M R E F G O N H O B Z
T R A E Q I U T A T R L U M C Z R
E S A T P H O Q U E E O B H I S P
R A I U A Z E H I R I N M U É U H
Z I G C S Q Z B S R L H T Q T I G
I R L É T O R N G T B C W E É V X
P E E X N S A J Z B A E Q T Y R Z
E Q P E U Q I G A R T T F T R E Q
D T Y B U A E S S I U R V L S N
B J M X N L F T W G P Y I R X K Z
```

Puzzle 45

```
M D É P E N D R E J D T G X V T S
C I Z B O U Z A F Y M A A C A V O
H V N M B B P E D I V A P Y C Y U
O A T O O M S Z Z A M E M H H N M
G X Q Z R U E R R E I K U A E P E
H Q Y J U I A W C O M W B R N R T
I V E R E L T P A U F N I F O Z T
A N R E T I V É P Y O T O P Z L R
B G U N O I N U É R F R I P Q X E
M Y E G M F C Y I U O W M J V W V
T V J I B B R Y V Y N C U X M G Q
Q L A S E S U C X E C D H V O W K
X T M S O C D A R T B C K E I T T
P I L A M U L T I P L I E R N D Q
R N E I G E R D N I E P Q U S Y Y
```

MOINS
ZONE
AVIDE
MULTIPLIER
APPROCHE
PEINDRE
EXCUSES
MAJEUR
VACHE
PEAU
MOTEUR
DÉPENDRE
NEIGE
MINORITÉ
MAMAN
RÉUNION
ASSIGNER
ÉVITER
SOUMETTRE
ERREUR

Puzzle 46

IRRÉGULIER
BROCOLI
TISSU
RESTE
OUBLIÉ
PREMIER
LOUER
ÉCUREUIL
IDÉE
NÉCESSAIRE
ANNUEL
VERROU
THÈSE
BOUGIE
CHATON
DÉCLARER
COUP
CONNAISSANCE
PICORER
ATTENDRE

```
V I O B U É I X G A M T E S C Q S
E D U A O C T R P O N I I A O J M
R É B E R U I E R I A S S E C É N
R E L R E R A L C É D S T W A X I
O L I E R E X Q X Q G U L H G X O
U Z É R O U D G U X W U N V È L B
C I E D C I L O U E R K L Z U S I
Y H X N I L O C O R B P Q I O K E
A O A E P V P R E M I E R H E E A
A U K T D N R Z N E T U M P R R N
N K Z T O C O N N A I S S A N C E
N O E A B N C X V P R O R H A P D
U S Y P R M O A A Y V N K L Q P D
E I G U O B U K Z Z B A A Z R F H
L R E S T E P E F S P W K Z Y A B
```

Puzzle 47

```
F M Y U U C D Y W S E Z Z G T B A
Q W F R H R E M È I T P E S H S M
B U V T P A N D N O I S A V É K O
O U É Z V V T T I M W D T J I W U
W W R U S A I N H G U N W L È N R
U D O E A T F S E P É Y T T R D I
U A L U A E R Q M T E R Q G E W R
Q C O Q J U I U M N R Z E F B A F
B F C I P J C E A A I O T R R P F
L D L T H G E B R V R P P P E R U
Z B C S A S J T G E C T G P V Q O
Z R S A D B L I O D É T C U A C S
F T Z L I E O D R R D Q O J J R E
H A K P K T X F P G E L É E H R M
W C N T X S Z K V X H M U P T H C
```

COLORÉ
GELÉE
AMOUR
SOUFFRIR
MOIS
CRAVATE
PROGRAMME
SEPTIÈME
VERBE
DIGÉRER
ÉVASION
DENTIFRICE
BUREAU
DEVANT
SUR
THÉIÈRE
PLASTIQUE
DÉCRIRE
RAPPORTENT
OEIL

Puzzle 48

CADEAU
ACADÉMIQUE
DÎNER
QUAND
VENU
PAYER
MOTO
BEAUCOUP
PAIX
LIVRE
BRISÉ
JEUNE
COMBINER
EXERCICE
SAGESSE
LIT
CACAO
RÉPONSE
ŒUFS
DERNIER

```
R C N J Y P J B E Z P E Z I T Z G
É F V U I A K R U S Q H F O P X A
P I Z M Q Y Y R Q B I D O W N Y R
O S A U G E R V I L L S R Œ V D S
N M O T O R C O M B I N E R U X U
S Y M F E E C B É J B R I S É F T
E P D Z G I A E D N A U Q E M S S
C V A I F N C A A C A D E A U W S
I F M I X R A U C T B X H L H D F
C I M W X E O C A T T D S O C Z F
R J C J Z D K O N N C L C N U D X
E G E A B L X U O X S B D Î N E R
X P Y U Q I T P S A G E S S E I T
E Z R P N T Q T T A J N U Q K T J
V A R N J E V E N U Y N S C V A E
```

Puzzle 49

```
P Z G F B E M È T S Y S E S O H C
O G Q E N G M O K Y C X Q Y A M O
U U A O X N E D N A R F F O C L A
S E C U P A C R I T C O Q C T F E
S N E D X R O D O Ô A O A V E Y L
I B W R G G M F S T V G U C H H B
É M M N B B M D E U T E N P W Y A
R T R U C S U S B L O R V E É F S
E R I O R C N O M P Q È N I S Y I
U G R A S A A I G A Z L X C E U L
X A K R D U U I C I T L J I B N I
D P E R U E T A R É G I R F É R T
L A K B E H É G S N J U B S H U U
U B H N P S A R L Q B C P Q G M É
F K N Y T P H V Y U P O H X H C R
```

MONTAGNES
VIENT
SYSTÈME
CHOSES
TRUCS
OFFRANDE
COUPÉ
POUSSIÉREUX
PLUTÔT
COMMUNAUTÉ
BESOIN
GRAS
ICI
ACTE
CUILLÈRE
RÉUTILISABLE
GRANGE
CROIRE
RÉFRIGÉRATEUR
PUCES

Puzzle 50

DEMANDE
MARQUE
OFFRE
NIVEAU
GARDÉ
ENVAHIR
PARAPLUIE
LÉZARD
POULE
MÉDECINE
LIRE
ILLUSTRER
GOMMAGE
LOUP
GROGNEMENT
COLONNE
ÉGLISE
POIGNÉE
DÉLICIEUX
ASSUMER

```
W U G N D A S S U M E R A M P I D
P H L O Y E L U O P U O L É J L É
I P Q J M K M É G L I S E D Y L L
D C Q Y Z M Q A P Q F H S E X U I
M A R Q U E A E N I I F H C R S C
E N V A H I R G É D R A G I X T I
N A B I K P J Y E A E M Q N I R E
N N C E T A I Q I Y D F F E W E U
O L I R E G R O G N E M E N T R X
L U H F W J G N P B C H Z D L J X
O U S F A P B E I U L P A R A P Q
C D P O I G N É E V A X U A Q E E
Z R W J N R V E N D E S Z Z S K L
N A O R J D O Y I J C A O É C V X
N G F B Q J G Y M T N S U L H O H
```

Puzzle 51

```
C I C Q G T T L X B G S X X Z E L
I A C O M P R E N N E N T C G D H
D E L B A N E V N O C U A K X N B
É T I C A P A C H V S M C Y D O O
F P T E U Q O R R E P M O K U I I
U B B É F L B N E L H O V G U T T
V P M D R S E Q T L X C A G U A N
O I G N O N B R P O V B H F R T E
R S F A M X O E E F S Z M A É N L
D N D M Q J N S C K H W F V S E R
B I O E I O B O X U E Y O S E M A
P D C D B I O P E L U I N C A G P
C I W T D P N X H I U L Z O U U B
G N Y X P G S E F X C J Q W U A Q
X D I F F É R E R E P J E P N G C
```

DEMANDÉ
PERROQUET
AUGMENTATION
EXCEPTER
RÉSEAU
FOLLE
AVOCAT
DIT
COMMUN
PONT
SOYEUX
PARLENT
OIGNON
EXPOSER
COMPRENNENT
DIFFÉRER
CONVENABLE
CALCULER
CAPACITÉ
BONBONS

Puzzle 52

DOCTEUR
ÉTRANGÈRE
ÊTRE
FUITE
COMMENTAIRE
CHÈVRE
BOUTEILLES
PASSER
CES
DERNIÈRE
PAS
DOULOUREUSEMENT
CHANTER
CALMAR
EFFONDRER
RÉVÉLER
IMMÉDIATEMENT
EXPLORER
SOIGNEUSEMENT
VOCABULAIRE

```
S O I G N E U S E M E N T F H D Q
P P B O N T Q K L D V J K X D O X
A A O B F V X Y R S Q C E D B U U
S S U C F S D A I M S I P O I L E
S N T N E M E T A I D É M M I O S
E R E T N A H C F H B G G S Q U C
R S I C O M M E N T A I R E K R R
L I L N P Z M I R U E T C O D E É
P P L P I X R J B V K L P L Ê U V
R F E R È I N R E D È M T K T S É
Z U S M J C A L M A R H A Y R E L
X I E X P L O R E R I E C A E M E
N T V O C A B U L A I R E T O E R
R E R D N O F F E A Y C I D F N T
O É T R A N G È R E X J H P S T E
```

Puzzle 53

```
X  M  G  W  C  H  E  V  A  L  I  E  R  T  D  O  S
I  W  Z  I  G  J  S  O  Z  Q  O  S  R  Z  V  X  I
Z  R  N  X  K  B  F  Q  T  O  U  S  S  I  C  J  M
S  A  V  O  N  N  E  U  S  E  Q  I  A  É  O  M  U
S  A  N  M  I  G  M  E  É  M  R  A  N  C  O  P  L
U  G  O  V  S  S  Z  W  I  C  U  R  T  H  R  T  E
D  L  S  N  B  K  I  G  J  R  O  G  É  E  T  R  R
M  U  S  I  Q  U  E  C  H  X  P  G  O  L  V  A  U
O  N  I  U  U  U  P  W  É  G  X  L  E  L  C  V  L
J  P  O  S  I  T  I  F  D  D  D  Y  R  E  C  E  J
U  T  P  F  Q  R  Q  U  A  T  R  I  È  M  E  R  P
J  I  S  R  R  D  E  T  S  Û  P  A  T  X  S  S  L
H  E  E  C  N  A  N  U  E  O  Q  Q  S  H  V  Z  O
P  J  U  W  U  C  I  D  W  C  Y  L  Y  L  B  X  D
N  H  K  E  S  Y  W  S  Y  T  A  V  M  G  Z  L  B
```

QUATRIÈME
MYSTÈRE
POSITIF
DE
ÉCHELLE
SIMULER
POIRE
SANTÉ
SAVONNEUSE
MUSIQUE
POISSON
ARMÉE
TRAVERS
FRAIS
SUD
GRAISSE
COÛT
CHEVALIER
DÉCISION
POURQUOI

Puzzle 54

REPORTER
ORDINAIRE
AVENTUREUX
MOMIE
REMPLIR
DÉMONTRER
DENTISTE
CONNU
AFFECTE
DIFFÉRENT
JARDIN
PRESQUE
FOURCHE
NÉGOCIER
SAUTÉ
PLAT
TAMBOUR
CIEL
CHAISE
NATIF

```
J  P  G  C  D  C  D  G  A  V  O  C  O  T  Y  Q  D
Q  R  B  B  N  A  É  T  U  A  S  I  J  I  I  R  D
W  S  T  R  I  F  M  S  L  Y  Q  E  Z  N  M  S  E
U  L  T  P  S  F  O  V  H  H  U  L  D  W  I  I  N
Y  Q  L  P  G  E  N  O  R  D  I  N  A  I  R  E  T
M  F  R  B  G  C  T  O  G  L  J  P  N  R  D  H  I
O  D  P  E  C  T  R  P  L  A  T  Z  D  O  R  C  S
M  N  Y  W  M  E  E  S  I  A  H  C  Q  H  C  R  T
I  I  A  X  R  P  R  P  R  E  S  Q  U  E  N  U  E
E  D  A  T  J  S  L  N  É  G  O  C  I  E  R  O  V
K  R  I  J  I  B  Z  I  J  K  T  M  F  D  O  F  A
K  A  A  A  R  F  E  S  R  U  O  B  M  A  T  A  X
F  J  R  E  P  O  R  T  E  R  Q  A  T  V  H  J  O
O  G  F  N  P  D  I  F  F  É  R  E  N  T  Y  G  I
B  D  G  A  V  E  N  T  U  R  E  U  X  S  F  Q  M
```

Puzzle 55

```
E T S U J B L D R E T P E C C A P
R F W T L U G M Y X Y R H V Z U W
I B F D Q C S Z L P R O C R M O T
A V S E M O I M Ê M E T N F E B D
M B C G C P B U E K K É A B R B B
I O È A S T D X F N Y G M E B P Z
R U N T P L I E L O S E I S N U D
P E E N I L N V P R Z R D F B A X
A U L A G X U J E O T L I T N E G
E X P V L V R B P M C B Z A B B G
C S N A M D I W Q I E H Q U M R S
P A N I E R J E N L F N E X A O D
B H R H S P K W Z N X R T X C C J
J K X M O K W O Q P E X B V C A L
P R O P R I É T É A L A R K Z J D
```

SCÈNE
ACCEPTER
PRIMAIRE
MOI-MÊME
TAUX
POCHE
CORBEAU
BOUEUX
PROPRIÉTÉ
DIMANCHE
PANIER
GENTIL
MER
NID
JUSTE
VIE
PROTÉGER
AVANTAGE
EFFECTIVEMENT
SOLEIL

Puzzle 56

PROFITER
UN
ÉCRÉMÉ
SELON
ENSOLEILLÉ
ATTACHER
PONEY
ASSISTER
CAFÉ
TRAVAIL
PROPRE
PARESSEUX
QUE
DÉMOCRATIQUE
CHAUSSURES
SEC
LARME
ESCALIER
PANTALON
EXPÉDITION

```
C C Y L Q L Y R C E S P K Q V W P
A T T A C H E R H M Y E P U T X A
T Z K P E G N E A R É C R É M É R
V R E M D H O I U A F F E F B C E
O O A K N T P L S L B L A I S P S
X U U V X R D A S N U G N C P R S
R G S C A Y V C U O C H D H K O E
J G K T U I K S R L Q E G A W F U
N B W G M A L E E A G V Z B S I X
P N U J M P O K S T M Y D Y J T S
E X P É D I T I O N R Q U E J E E
A C H D É M O C R A T I Q U E R L
N B G O V T Q G R P P R O P R E O
E N S O L E I L L É J C A I I N N
A S S I S T E R R R W Y K Y A P W
```

Puzzle 57

```
C A O U T C H O U C Y R S U M Z F
T I I L H B U T S W D J S U R S O
N E T R R N F N O C I I P I E R N
E T N B A U A E I V S E W E F I D
D T D D N X I M B U T I A F L Z A
N O Y E U L B E H Z R I J F È E M
O R T T W D L S G P I W U K T N E
P A D Ê Q M E U X Q B R H H E C N
É C K P N R S E H C U L E P N O T
R T O M B E R R D Z E O A E T R A
K Q F E V S Q E W I R O P Q B E L
P Y L T H S D G Q U A E T R A M C
C U I R E I G N P L U S H M B R R
Q G J N O A K A S H K J A J F Y K
Y A V O A L K D I S F A G X Q S H
```

HUIT
TEMPÊTE
CAOUTCHOUC
PELUCHE
MARTEAU
TENDU
LAISSER
RÉPONDENT
FONDAMENTAL
REFLÈTENT
DISTRIBUER
ENCORE
PLUS
CAROTTE
DANGEREUSEMENT
TOMBER
AIDE
FAIT
CUIRE
FAIBLE

Puzzle 58

MAÏS
FILLES
FAISAN
TERMES
NAISSANCE
DOIGT
PACIFIQUE
ARGENT
ENTREPRISE
FACILITÉ
PARAGRAPHE
ÉTÉ
DEVOIR
CONTENIR
FORME
AUTORITÉ
PASSENT
AUSSI
TÔT
RESTENT

```
T R C B Q K P W D R X A R L X C R
E K L O K A O R T W H S P Y Z A D
R B D T N E G R A A A B S K E W F
M T L G É T I R O T U A P O Z Y A
E H K I T N E O H Ô D H T F R C C
S A X O É E M N E T N E T S E R I
E U I D R S R Z I Y D R T Z N L L
U S F X B S O Z A R G N G D C F I
Q S F A X A F N A I S S A N C E T
I I J I I P L F J O Ï S W W H X É
F I Y D L S O B N V A W V I X U A
I K W N N L A I D E M A F Y O Z R
C H Z G U O E N L D V X R P C Y X
A K Y T R L E S I R P E R T N E V
P A R A G R A P H E E K W Y O S W
```

Puzzle 59

```
E I R S E S S I C U A S H O F I L
X M I É E Q J É J P F O A F R S W
T P M M G T M F J O N K U G L F G
R R R C A L L B H O R G S B V O V
Ê E P X U G E D V K U Z S I G S I
M S M C N T I M V O I R E B C S C
E S J P O S C N E G N A L É M É T
M I T X I D I D E N I S I O V W O
E O J I T U F C T R T O H B X Z I
N N N J A B F V S R I A N X I A R
T N H M D P O R J A Z Y T C N H E
R E M A N U E L S N V A I I F T Y
K R F U O H F G G T A L O C O H C
K S G T N E M E N I A D U O S N F
I N C L I N E R G A R D E R O B E
```

MÉLANGE
VICTOIRE
IMAGINER
SÉJOUR
IMPRESSIONNER
OFFICIEL
VOISIN
MANUEL
EXTRÊMEMENT
HAUSSE
DIX
INONDATION
SAUCISSES
RÉGLEMENTATION
FOSSÉ
NUAGE
GARDE-ROBE
CHOCOLAT
INCLINER
SOUDAINEMENT

Puzzle 60

MAIS
CHAPITRE
GÉRER
POURRAIT
SOMMEIL
PURGE
INSTABLE
GRAPHIQUE
CHAUSSETTE
SHAMPOOING
FEU
OUVERTURE
HOMMES
TRISTE
GRANDE
DONNENT
ÉPAULE
PAPIER
CEINTURE
ADVERSAIRE

```
P U M N B V I P G O A S H G W R M
G R A P H I Q U E J D H Y R B I S
K E L U A P É Y F D V A A A X U G
L I E M M O S S G E E M F N C N C
C P C E I N T U R E R P U D I E X
I A C J T B B P G J S O R E R É G
N P H D O N N E N T A O X G F O C
S K A T C P R T K W I I G R X U J
T Q U M P H O H O P R N I U C V I
A E S H J P A U J A E G T P E E Z
B Z S O I X P P R W Q A R W Z R P
L K E M V G H F I R S R S H B T F
E L T M S M Y F N T A N A S X U P
K X T E X Z M A I S R I U U V R P
P S E S T R I S T E Q E T S S E M
```

Puzzle 61

```
P  E  J  O  M  V  M  Y  P  G  V  Y  T  T  D  Y  X
É  O  N  Y  Y  I  M  C  O  M  M  E  N  C  E  N  T
L  P  R  T  R  I  N  E  T  N  I  A  M  C  F  B  W
I  E  E  T  R  U  R  E  D  I  C  É  D  R  L  A  A
G  R  U  E  É  A  S  D  U  E  O  N  C  O  I  L  P
I  C  L  N  W  E  Î  F  Z  R  W  P  O  I  S  E  N
B  E  A  S  E  T  È  N  A  L  P  É  M  S  L  I  V
L  N  V  Q  C  U  U  C  E  X  D  R  P  S  A  N  J
E  E  É  B  N  O  P  H  P  U  T  I  L  A  N  E  A
W  I  N  E  A  C  R  O  A  A  R  M  I  N  G  P  I
Z  G  C  Q  I  A  L  I  F  E  E  È  Q  C  U  W  N
W  E  K  T  F  B  V  S  C  S  A  T  U  E  E  F  H
H  D  U  O  N  L  Q  I  H  I  S  R  É  A  I  E  D
Y  N  H  X  O  A  U  B  M  O  J  E  L  P  H  W  E
E  V  S  F  C  T  M  Z  K  T  L  N  K  R  A  T  T
```

COMPLIQUÉ
NOEUD
MAINTENIR
PERCE-NEIGE
CONFIANCE
PORTÉE
LANGUE
PLANÈTES
PÉRIMÈTRE
COMMENCENT
ÉVALUER
CROISSANCE
DÉCIDER
BALEINE
ÉLIGIBLE
OISEAUX
MINEUR
ENTRAÎNEUR
COUTEAU
CHOISI

Puzzle 62

SUPPRIMER
ATOMIQUE
DOUX
TOBOGGAN
LIBELLULE
BRAS
DIXIÈME
TEXTE
RIEN
MALGRÉ
INTÉRIEUR
COU
PROFONDE
MAÎTRE
DÉCLARATION
VER
OPÉRATION
GÉOGRAPHIE
ESTIMATION
MONTRE

```
B  H  Z  O  V  O  D  O  U  X  C  P  H  C  R  S  E
S  E  N  F  V  B  P  Y  G  B  O  N  S  J  C  O  S
Q  Z  F  U  O  E  O  É  M  J  U  F  Y  V  V  A  T
O  K  U  D  D  P  C  B  R  U  E  I  R  É  T  N  I
T  Q  Q  T  H  H  P  F  V  A  M  A  L  G  R  É  M
X  E  U  Q  I  M  O  T  A  E  T  E  K  R  S  F  A
K  M  X  Y  W  K  N  N  N  E  R  I  F  V  U  M  T
H  È  G  T  Z  G  Y  S  Q  T  M  H  O  O  P  O  I
G  I  M  L  E  O  B  R  A  S  A  P  I  N  P  N  O
O  X  P  R  O  F  O  N  D  E  Î  A  A  E  R  T  N
L  I  B  E  L  L  U  L  E  H  T  R  X  I  I  R  Y
H  D  M  U  G  Q  K  C  S  A  R  G  G  R  M  E  Q
Q  L  X  G  J  J  T  B  I  X  E  O  O  D  E  W  L
T  Z  N  O  I  T  A  R  A  L  C  É  D  J  R  O  V
N  F  P  F  X  I  M  A  J  N  A  G  G  O  B  O  T
```

Puzzle 63

```
L S E R P E N T S U O D J A I P Q
I Q A I N C Q Q V C R I I B I Z X
M C C O U R R I E R G S N R Z J X
I H Y F K X I O D L A P D É M J V
T A L I L U B V I I N O I V B V Q
E M S L I E S N O C I N V I W G P
U B S Q V I J E J B S I I A J S V
Q R W D L R Y D H T E B D T U J B
I E F E É H E W C R L U I C A I
D I T H S S C Q K Q N E E O G V C
U B Y C C R E S O P U A L N N E Y
L I Z D F U P H L O R C L L R M
Y H S A V O N I T B Z O E P E R A
I N Q U I É T U D E U N M M R E H
D É T E R M I N E R D C B J U F O
```

COURRIER
ENVOI
ORGANISER
INQUIÉTUDE
ABRÉVIATION
OURS
PLANCHE
SAVON
POSER
VERRE
SERPENT
FIL
LIMITE
INDIVIDUELLE
LUDIQUE
DISPONIBLE
DÉTERMINER
SÉRIEUX
CHAMBRE
CONSEILS

Puzzle 64

PRÉVENIR
RÉALITÉ
HERMINE
TROUVÉ
DESCENDRE
CLASSE
VOYAGE
TERRE
PROFESSEUR
DÉFAUT
CHEVEUX
MÉDIA
CANAPÉ
VISITE
SOUDAIN
FERMER
DÉNOMINATEUR
POURRIE
ÉTABLIR
SINGE

```
L C I S S T E R R E V B S P É I P
D O M E I R R U O P X A O R T S R
F E R Y N U X K L Y P A U É A Q O
T N S G G E T R O U V É D V B X F
E I A C E T U A F É D Z A E L T E
Q M I G E A H T R R I D I N I H S
T R X V P N Q D E I J G N I R J S
R E S I A I D É M Y A W P R U X E
É H R S V M J R R V O Y A G E C U
A V R I B O J U E C H E V E U X R
L W P T T N K L F A Q T D R B Z I
I M L E W É P A N A C R V H A T T
T S M K C D V Z A M C V F V H T P
É V X S I G S X S X H I X F E V U
C L A S S E J B C W H A J E R S R
```

Puzzle 65

```
F B O D N T T V J T A I L L E C V
D D K Z R A P P E L L E Ë M R H B
F C H A M P I G N O N I O G U E R
G O R È G L E Y C V E N N V D M E
F X U E R B M O N Y B F K V É I L
I X H R E T E J E R E R I T C N I
K H R L M T F G K E R A J A O É B
W V E V U I Z Q F B E M G P R E E
V O U S I P A T T D G B G O P J R
Q R Q P O X H K I V N O N R S B T
T W I M L Z N E X L A I D T R A É
J L L E X P R I M E R S Y É L E U
C D P E E X V R C Q É E S M W Y S
A H M D T F T É S P D G G F U G Y
Q F I D Y W F S N T J N X W B K U
```

CHEMINÉE
RAPPELLE
TIRER
SÉRIE
VOUS
IMPLIQUER
PROCÉDURE
LIBERTÉ
TAPIS
RÈGLE
REJETER
PORTÉ
EXPRIMER
CHAMPIGNON
TAILLE
NOËL
NOMBREUX
FRAMBOISE
FOURMI
DÉRANGER

Puzzle 66

FRÉQUENT
CONSACRER
BRUN
VÉRIFIER
EXACTEMENT
ACTIVITÉ
CONFIANT
VENIR
ANCÊTRE
CONFORTABLE
EXAMEN
DEGRÉ
PRISE
QUI
PENDANT
CALME
AVEC
DÉCOMPOSITION
JUGE
DEUX

```
B R U N E L B A T R O F N O C D L
D Q S D R X I R H Z L S J C Z É R
Y E H R T N A D N E P P A O U C S
Z S U J Ê V I C N N O K X N U O I
J I Q X C B F X T V Y Z D F D M B
W R J A N B É R G E D K T I M P K
L P I U A W T T G N M B V A J O P
U D W C G R I U Q K A E J N Q S E
T J R I N E V W R A R O N T X I X
N U G D R E I F I R É V U T B T A
Z L L M P J T F R É Q U E N T I M
O D C R E R C A S N O C L J E O E
A G Z F Q B A A D S A P R V C N N
C A L M E R Q O A C M A B W R F Y
K A B Q H K I V R A V E C I Y H E
```

Puzzle 67

```
I  T  A  G  Q  N  S  S  X  N  Y  E  N  P  P  M  Z
P  W  D  N  A  O  M  W  U  E  Q  W  A  O  G  G  Q  I
N  P  O  L  Z  L  H  X  E  P  K  D  G  U  A  Q  N
U  N  P  H  V  R  O  D  C  T  P  P  E  P  U  Q  M
H  O  T  I  O  D  C  P  P  S  Y  O  R  É  C  Z  B
M  W  E  M  A  D  L  S  A  B  L  E  S  E  H  E  M
Z  G  R  F  R  I  G  O  A  B  T  G  B  É  E  U  M
T  V  M  U  J  G  T  U  P  E  U  R  S  K  A  G  E
O  B  Z  N  V  G  J  Y  I  Q  N  U  B  Q  A  E  I
G  F  É  D  É  R  A  L  O  R  C  G  A  J  P  V  S
R  P  E  N  S  E  R  V  S  Q  V  J  I  S  F  R  G
A  R  R  E  S  T  A  T  I  O  N  T  M  E  L  E  X
C  I  X  H  M  F  M  W  C  L  V  B  K  D  P  S  I
S  X  E  D  Q  J  Q  R  L  G  G  X  A  W  R  É  T
E  T  L  U  D  A  B  X  I  Q  S  C  R  I  E  R  S
```

GAUCHE
PENSER
ESCARGOT
SUPPOSÉ
SABLE
DOIT
POUPÉE
FÉDÉRAL
GALOP
ADOPTER
PEUR
CRIER
CEUX
PEIGNE
RÉSERVE
ADULTE
FRIGO
NAGER
DAME
ARRESTATION

Puzzle 68

NÉ
BIEN
JAMAIS
MESURE
PARTOUT
BROSSE
COMPLET
APPELÉ
MITAINES
DOUZE
RÉFÉRENCER
RETRAIT
SAGE
ÉQUIPE
ÉTEINT
ACCOMPAGNER
OEUFS
FEMME
ASSEZ
ÉCORCE

```
A  O  V  S  S  S  C  Z  A  I  D  V  D  N  E  I  B
S  A  É  R  J  H  T  O  J  Q  Q  X  U  É  M  S  X
S  X  Q  Z  D  P  E  W  M  H  M  W  Y  W  M  A  O
E  M  U  A  R  O  H  W  H  P  T  É  P  K  E  G  E
Z  E  I  C  L  A  U  U  V  S  L  S  C  T  F  E  U
V  S  P  C  K  K  G  Z  K  Q  F  E  V  O  H  R  F
K  U  E  O  R  X  S  C  E  N  C  N  T  T  R  E  S
V  R  S  M  G  W  G  I  R  J  M  I  N  Z  Z  C  U
F  E  S  P  F  W  É  L  E  P  P  A  I  A  C  N  E
F  F  O  A  U  U  M  A  T  C  G  T  E  T  B  E  K
X  F  R  G  J  B  N  X  R  I  H  I  T  Z  O  R  V
N  M  B  N  A  Y  H  K  A  V  A  M  É  Q  K  É  K
P  S  M  E  H  T  Q  S  I  A  M  A  J  S  S  F  A
D  E  X  R  M  H  P  Y  T  U  O  T  R  A  P  É  H
H  W  P  B  N  J  S  H  T  O  T  R  K  S  K  R  A
```

Puzzle 69

L	C	V	O	I	T	U	R	E	L	O	W	Y	Y	O	Q	F
E	O	L	G	X	Z	C	O	E	B	R	E	H	R	V	D	O
V	U	H	O	A	G	T	Q	É	C	D	B	C	P	F	G	R
F	P	M	Z	T	V	P	D	N	S	Y	Z	H	T	K	H	M
É	A	A	V	S	E	K	A	G	L	C	K	E	N	S	H	A
P	B	É	L	E	C	T	R	I	Q	U	E	M	E	L	Î	T
O	L	N	Z	U	S	A	E	A	L	F	U	I	M	I	F	I
U	E	M	M	O	H	T	T	R	W	U	N	S	E	A	A	O
V	S	Y	E	A	K	É	P	A	A	H	Z	E	S	T	O	N
A	C	E	V	X	G	Z	M	K	O	N	G	B	U	É	S	I
N	S	Y	E	N	Z	S	O	M	G	R	O	S	E	B	K	H
T	J	A	I	M	C	E	C	X	H	I	C	T	R	R	E	P
A	Z	A	U	D	D	W	P	C	R	N	C	M	U	L	U	U
I	F	Z	U	L	C	O	V	K	F	U	I	Y	E	O	T	A
L	X	P	F	Q	E	C	Q	A	Z	P	X	T	H	K	M	D

COUPABLES
DAUPHIN
PUNIR
HERBE
ARAIGNÉE
BÉTAIL
HEUREUSEMENT
VOITURE
ÉLECTRIQUE
SAULE
CHEMISE
ROSE
ÎLE
MOUTON
ÉTAT
HOMME
ÉPOUVANTAIL
COMPTER
FORMATION
OUEST

Puzzle 70

CONCOMBRE
CEPENDANT
VERT
RENCONTRÉ
BOISSON
REPRÉSENTENT
RETENIR
SATISFAIT
COURAGEUX
SÉCURITÉ
MALLETTE
BRUIT
HEURES
CITOYEN
INTERROMPRE
TEL
INSÉRER
QUALITÉ
ENGAGEMENT
ÉTREINT

R	K	J	O	E	O	T	H	B	V	D	A	P	D	E	Z	R
C	E	É	T	R	E	I	N	T	R	E	V	C	U	N	G	E
E	A	N	W	P	K	H	B	U	X	U	J	J	F	G	S	T
P	N	V	C	M	D	N	E	Y	O	T	I	C	W	A	A	E
E	R	B	M	O	C	N	O	C	D	Q	P	T	V	G	T	N
N	N	K	N	R	N	S	É	C	U	R	I	T	É	E	I	I
D	Z	Z	E	R	R	T	C	D	Y	R	L	T	T	M	S	R
A	A	X	U	E	G	A	R	U	O	C	S	M	I	E	F	M
N	T	N	E	T	N	E	S	É	R	P	E	R	L	N	A	A
T	H	F	N	N	I	N	S	É	R	E	R	N	A	T	I	L
Q	R	K	M	I	Z	F	I	G	L	S	U	G	U	W	T	L
B	O	I	S	S	O	N	Y	T	E	L	E	N	Q	D	P	E
J	S	A	X	G	P	Y	R	Z	S	Y	H	M	M	J	W	T
Q	Q	C	Y	E	D	Y	O	U	Q	Y	F	K	W	B	S	T
X	Q	L	C	O	E	P	H	B	T	T	M	G	G	W	T	E

Puzzle 71

```
R S W E D U T I T C A X E M A M N
A I M Y F O N L X I C E X K U F O
P M B F E N E Z X I A R P P G G T
I P S Y W E M B N H Y I B C M N A
D L S X V G E D A N L L E X E U M
E E R T I A R E P P O L E V N E M
M M U U C V I A M I S I W I T N E
E E O A C H A K C M S E T H E X N
N N J F T Z L I K J E U M S R B T
T T U E C U C W I G S C A C E E O
É C O N O M I Q U E T E G T K G G
U M T D É S O L É K W R A P J A L
F U S É E R É F O R M E S Z O Z P
A F F A I R E S V P X X I B O X E
G L V N K T Y T B L F U N A D V I
```

GENOU
AUGMENTER
ÉCONOMIQUE
TOUJOURS
RÉFORME
BOXE
RECUEILLIR
DÉSOLÉ
NOTAMMENT
FUSÉE
AFFAIRES
CLAIREMENT
EST
RAPIDEMENT
EXACTITUDE
MAGASIN
SIMPLEMENT
AMIS
GESTION
ENVELOPPERAIT

Puzzle 72

FONT
COMPÉTITION
TIMBRE
BLOC
BUFFLE
ENSEMBLE
PROBABLEMENT
LÉOPARD
PARC
TROMPER
NÉGATIF
GIRAFE
MAINTENANT
LAMPE
VÉRIFIÉ
INTÉRÊT
DÉSIR
POURSUIVRE
PÉRIR
EXPLIQUER

```
P A R C L T N M W G O F F Q U A P
P R I O É K I D W M L S C H H I O
X K R L O O I M F N T I R I C X U
G N É B P Z G Z B D C U C J N A R
M E P C A B D Y H R E P M O R T S
V Z E P R M R F Z D E S X L J N U
G P N W D I N F S Z É F N G L É I
C O M P É T I T I O N S N W A G V
G N V A I L R F S A H X I C M A R
I Y M E F I N T É R Ê T O R P T E
R U D L I E N S E M B L E K E I X
A R A F R E U Q I L P X E F H F L
F Z H F É T O X G I Q M Y B O P D
E K Y U V M A I N T E N A N T N G
P R O B A B L E M E N T F F R F T
```

Puzzle 73

```
C A N C Z P F C Q U O M Z A P S F
G G U G P A U U U Z X M A Y C O A
U L C C C A R T E G È I S R K U M
I O O C U T B C U E R È I V I R I
Y S U G G N T O M A T E L G C I L
W S V Z Y E I E I O I A B Y R R I
P A E F I D V C X P Z Z D E E E E
I I R B D I W V E U T O S M M F R
N R T B I S Z U I D C H A M E A U
C E U E U É N N O D É W P Q I D X
E A R W F R A H E M V M Z D B K D
A S E N I M A T I V T E R M E Z E
U I N T É R E S S A N T E D L U V
I M P O R T A N T E W V Z P F N M
S V C J M W X F W Y P T G O Z K C
```

MARI
RIVIÈRE
SOURIRE
DONNÉ
TERME
INTÉRESSANTE
COUVERTURE
VITAMINES
AUCUN
IMPORTANTE
MERCI
TOMATE
PINCEAU
SIÈGE
CHAMEAU
FAMILIER
GLOSSAIRE
MÉDECIN
RÉSIDENT
CARTE

Puzzle 74

BONNE
TROIS
TEMPS
MARIER
AMÉRICAINE
RARE
ÉTOILE
FIDÈLE
TENTATIVE
TROU
PARTICULIER
EXTERNE
LATÉRAUX
PARTAGER
SÉANCE
PARTICIPER
ESPACE
MAJORITÉ
CASSÉ
INGRÉDIENT

```
C L J L S S B M K V K Y M W J   Z
A A J V E L I O T É T I R O J A M
S T C L X U D M E K A V C U X M R
S É Z R T N E I D É R G N I Z É E
É R R P E N N O B F I D È L E R R
X A U C R E P I C I T R A P D I E
I U H Z N V W A O N V P M A I C I
R X L S E I I F E T E B S R X A L
E A Y R É T N D C K G N I P R I U
I R R E G A T R A P J M O A M N C
R A H E M T N W P M I T R O U E I
A K M H H N F C S K Q R T F Q Z T
M Y L V D E F E E R T V L T B W R
D F A A I T E W I H V R F P R M A
C N T A W S T Y Q X U D V C R X P
```

Puzzle 75

```
P E R S O N N E L L E M E N T G Y
B N K A N Q C A V E A J C K E R K
Q U A L I F I E R J S X Y C V I E
O D B Q Y X C Q K Q F D N K A S O
U C H A R B O N J A O V É G N O C
B H H K X L O K S R N J E K G X Q
L G E H Z H A D R O N G W U K P M
I N O I T A S I N A G R O X T W A
E D P E X X H S P V S V D U C M B
R I A X R P S T R E V U O C R J Z
O P R E N W T R Z Y Y G K G I O S
W L F R R Y Z A P R É F É R É E U
O Ô O C O M V I J T O O B M E S F
I M I E S I N R A P P O R T É K A
Z E S R B D A E L O I C U L Y Y A
```

CHARBON
PERSONNELLEMENT
VEUT
EXERCER
CONGÉ
ORGANISATION
QUALIFIER
PARFOIS
APPORTÉ
DIPLÔME
GRIS
LUCIOLE
DISTRAIRE
PRÉFÉRÉE
NORD
SEL
KANGOUROU
OUBLIER
COUVERT
NAVET

Puzzle 76

VOTRE
COEUR
ANXIEUX
RUBAN
ACTUELS
ARRIVER
LILAS
TOTALE
FOURCHETTE
CHAPEAU
AMI
FONDS
VOIENT
LENT
ÉCLATER
VIN
INDÉPENDANT
ARRANGER
VAPEUR
FATIGUÉS

```
Q E A S G M R F C Y O R V P I Z V
M N R L O Y R O D O W I G Y N L H
T V O T R E K U R X E V I N D A T
A N X I E U X R E Z J U H E É C H
A E E I T N V C G P V P R H P T I
K S L L A U G H N S A L I L E U U
B O A A L F H E A D R V M Y N E I
U V T T C A U T R N R V A F D L G
A U O S É T L T R O I H V O A S L
I J T Y S I D E A F V V O P N A W
R U B A N G G Q A Q E O V E T Z C
J V N F L U O R P O R I O M Q Y K
Y S I T F É B O V U A E P A H C T
E V X N E S E Q E Q T N J Y Z B G
X U G C O A C J X W R T I I C Y X
```

Puzzle 77

```
A M R U E T T O L F U P W I R A C
C G A A K L A Q É S I L I T U C O
E O R G P L R J I T T P P V R T U
L F Z E N P F G T U N A R V Z U R
L D Z D S I O T J P E U I K I E K
U S N R T S F R P I M V N L B L T
L M N B N W I I T D E R C R R L T
A G W E E W P F Q E L E I E A E U
I I M I M S A L E U L T P J N M M
R N B B I L Â C H E E É A O C E T
E Y P L R T J N Q C M Q L I H N H
D T D É T R S J X T R M E N E T D
K A O D U Z C N Z B O Y A D Y E M
Y Q V A N C Z K U D F Z S R K T X
M A N Q U E M A R R O N S E B Y P
```

PAUVRETÉ
MAGNIFIQUE
LÂCHE
RAPPORT
MANQUE
UTILISÉ
NUTRIMENTS
REJOINDRE
MARRONS
BLÉ
PRINCIPALE
BRANCHE
STUPIDE
COUR
SALE
FLOTTEUR
ACTUELLEMENT
FORMELLEMENT
CELLULAIRE
AGRESSIF

Puzzle 78

CLÔTURE
OPÉRER
VIEUX
BANQUE
NOURRITURE
RIGIDE
PELOUSE
FORTE
CONNEXION
CERTAINEMENT
RÉDUIRE
CIRCULER
NOIX
BEURRE
FAMILLES
ARME
POINTUES
ORTHOGRAPHE
GIVRE
ÉLÈVE

```
C G A P M L R E R É P O N L X U T
N E E D W M I O R R Q A N O I X E
O T R F M Q G W B F J Y H A C J F
I R U T E B I B E U R R E R Q V D
X O T V A D D B A N Q U E M J I E
E F I H P I E R I U D É R E W E M
N E R I O L N L R O R C A S E U X
N E R V I G F E É L È V E E O X B
O Q U D N H R A M C I R C U L E R
C C O P D U K A M E O Y V T V L W
N H N W P J A L P I N N P N T R K
C L Ô T U R E P Z H L T I I A H N
O M R P B B A T R T E L U O M Q W
C V P S I I E E S U O L E P B E Q
Y O L E N U C N R H H Y E S X G U
```

Puzzle 79

```
C M P H O T O G R A P H I E P I M
X A I A Y H Ô T E L J B J O M Q H
R D L S D N A L G N O I S S E R P
W S I C É A R G U M E N T E R E K
C O E X U R I R V U O C É D V T M
H Q T V G L A K P Z M A W G I C S
S R R O W X A B Q Z H A T É U E X
E D O I R É P T L Y O G N R C T B
C O U R I R I E R E J M A T Q É A
T D I C A W B T O I U C D N E D J
R G Y O Z P Z U T C C G N O R A A
C A M I O N N T K T X E O M N F U
G M J W M P K O N A F W B W E K N
U P W A D T E T N V E G A R G W H
P G L H W I N Q Z V R I O R I M T
```

GENRE
DÉTECTER
HÔTEL
PÉRIODE
PRESSION
ORTEIL
GLANDS
PHOTOGRAPHIE
MISÉRABLE
COURIR
CAMION
DÉCOUVRIR
FER
MANTEAU
CUIVRE
CALCULATRICE
ABONDANT
MIROIR
MONTRÉ
ARGUMENTER

Puzzle 80

ESPRIT
COOPÉRER
RESPONSABILITÉ
CARACTÈRE
COURS
ÉTOILES
JOYEUSEMENT
ASSEMBLAGE
VÉRITÉ
GAZ
JAUNE
PROVOCATION
LUEUR
CLAIR
ROUGE
VÉHICULE
JOYEUX
ZÉRO
SOIT
CONGELER

```
C V L U E U R C Z T Z C Q E K R D
K É X L N E G A L B M E S S A E B
X H Q I U F J A X A K B T P H S J
D I O H A Z E T C T I G Q R Z P O
P C X J J R R N F G F R Z I B O Y
P U P R O V O C A T I O N T N N E
Q L G C S G C O N G E L E R I S U
V E H O N A I J S Q L V R G K A S
I G D U R Z E L X S B K V R I B E
J U F R V É O I C E O Y U I Y I M
A O U S Y Y Z C R L G I E T G L E
W R W Z V X V W E I P P T V W I N
C A R A C T È R E O Q M X I M T T
C O O P É R E R V T K N M B I É I
K N F J O Y E U X É T I R É V F I
```

Puzzle 81

```
P O L I C I E R A O X Z M X T A M
P M J N N I C U U R D D Y N R B N
M I A I A C I W Y I B A P A A S D
I G O H A T T A Q U E R T P N O E
O Z D H C J F I Y T X C E I S L S
I B F J F X X B N V Q P L S F U Z
D O T N K Z O G Z O Y J U C E G C
C Z B J L R E É R C U G O I R A Z
B R È V E U K Q X L I M P N T Q T
J O I T N E M E S S I T S E V N I
F R O L O T O U R A G A N R I C X
O L I N B C G Z Z I U V B I M R M
E D R A N E R V T D R P J D W I M
N G É Y O L P M E T I C V P V Y X
L L Q A B O F U R M D Q É X Q M L
```

CE
DIRE
POULET
BONBON
EMPLOYÉ
PISCINE
ÉCRIRE
ARBRE
BRÈVE
CRÉER
OURAGAN
INVESTISSEMENT
TRANSFERT
CRI
ABSOLU
ATTAQUE
POLICIER
CHAMP
LECTEUR
RENARD

Puzzle 82

AVANT
TENDREMENT
PLAISANTERIE
ODEUR
PUTOIS
AJUSTER
FIABLE
TIRÉ
TOUR
ÉVACUER
RIDEAUX
GOUVERNEMENT
BALLONS
SOURIS
SEMAINE
NAVIGUER
MARCHÉ
INTERNE
RHINOCÉROS
FEUILLE

```
S B P T P F J T I X H Y H L G J H
F A U L I R E T S U J A X T O H P
I L T D P R E U C A V É S E U Y G
A L O J E L É A P E F O P N V V W
B O I J W M A S A D P S G D E N V
L N S I J B G I U I Q U L R R W O
E S M A R C H É S R R M I E N L V
S E M A I N E E S A O O P M E D E
T O U R S L N B O Y N P X E M P L
H P I P X R X U H X T F N E Z K
N A V I G U E R R C T G E T N E W
N B W V B D T U I Q J Q P R T X Z
I F T F Z O N E S Z I X K V I Y X
A V A N T Q I D F E U I L L E E I
Q S C Z E W S O R É C O N I H R B
```

Puzzle 83

```
P A T T E R N S R C I W F G N J H
C H A Q U E R I V A N P C C X J C
D O N N É E S T I G R E Y C Z R L
W U R P Y V W L C Y C W G G H Q V
O A F E M È L B O R P A N R K Z Q
Q F R R R X E P E R T E E W Z N P
R O H M U È S P É C I A L E S I Z
Y C Q I E T I C O C H O N G L A K
D I K S T E R B M O É N A I M V B
U C W Y A A E A W D B G S E Y I P
D I K H N Y C H S T X G A Z O R O
G H R F I F R A I S E D E L J C L
U E N V D P G Y B Y P B C N E É V
A Z Z G R C A C R A Y O N U I X V
X K U T O F Y Y O V M U Y U P R R
```

OR
COCHON
BIÈRE
ÉCRIVAIN
OMBRE
PERMIS
ORDINATEUR
SPÉCIALES
CRAYON
CHAQUE
CYGNE
PROBLÈME
ÉGALE
FRAISE
PATTERNS
DONNÉES
CERISE
PERTE
TIGRE
NAVIRE

Puzzle 84

TABOURET
ASSORTIMENT
NI
FOULARD
LOURD
COLÈRE
FRAPPER
PRÉCÉDENT
ÉTROITE
TIROIR
ENSEIGNÉ
PLUPART
LETTRE
LUI
DRÔLE
OFFENSER
NARRATEUR
RÉSISTER
MIGNON
DÉÇU

```
C O L È R E P L C I P L M N N L E
L H G X E T L Q D I R U I A A J G
I E U T P I U Ç É D É I G Y R F D
C L J X P O P C D Q C S N G R J C
O K Q A A R A T A L É A O P A X T
L F N I R T R I S O D Y N Y T B I
Q E F R F É T R S U E R X J E A Q
V L T E Q Q X O O R N K A G U Y F
C Ô E T N B H I R D T J D L R Q E
J R R S R S U R T F P S G H U O W
Z D U I Z E E G I C T U M N B O N
V B O S Q L R R M E S U Y O Q J F
V I B É W Z W R E U H K N B T X K
Z W A R M H P É N G I E S N E T I
Q U T D S I N L T A L J A G Q E Y
```

Puzzle 85

C	D	E	K	Y	R	I	M	S	C	O	L	A	I	R	E	S
L	U	R	U	T	U	F	A	S	E	P	C	P	A	L	L	C
G	L	I	S	N	I	A	T	S	Z	I	I	O	W	A	L	I
U	U	A	S	Q	G	Q	I	N	Z	B	P	U	E	J	I	E
J	O	T	Z	I	J	O	N	T	O	P	R	S	L	U	U	N
P	V	N	G	N	N	I	O	K	H	D	R	S	E	G	O	T
L	Z	E	J	R	R	E	R	T	N	E	G	I	O	X	N	I
P	T	M	O	W	T	Z	L	Q	E	T	B	È	T	U	E	F
I	B	É	L	J	K	U	V	L	Y	Y	K	R	C	U	R	I
E	O	L	U	M	J	I	P	M	O	S	Q	E	Q	A	G	Q
D	H	É	N	S	I	E	R	X	M	C	W	X	V	H	X	U
O	M	R	D	N	É	G	L	I	G	E	N	T	S	M	Q	E
U	W	Q	I	T	E	R	R	E	U	R	D	L	H	P	M	A
K	J	F	H	G	G	Z	D	B	L	C	S	E	S	W	Y	A
C	H	O	C	O	U	W	Z	A	S	W	Y	S	W	Z	M	O

VOULU
DONT
COLLE
NÉGLIGENTS
CUISINE
ÉLÉMENTAIRE
FUTUR
AINSI
MOYEN
SCIENTIFIQUE
SCOLAIRE
PIED
TERREUR
CHOC
JEU
ENTRE-
LUNDI
POUSSIÈRE
MATIN
GRENOUILLE

Puzzle 86

CLOCHE
SCEAU
MYSTÈRES
CHEMIN
VIVANT
REGARDÉ
TANTE
BRÛLÉ
RÉGION
RESSOURCES
CAILLE
DIFFICILE
NOIR
AIMÉ
ENTRER
CONDUITE
IGNORER
MÉDICAL
ESSENTIEL
HARICOT

P	C	E	S	S	E	N	T	I	E	L	I	S	F	D	W	J
F	L	A	C	I	D	É	M	C	F	Y	H	B	L	Y	F	C
O	O	B	D	J	R	K	Q	X	C	I	E	L	L	I	A	C
X	C	E	R	S	E	R	È	T	S	Y	M	N	L	M	L	W
M	H	J	L	W	R	U	S	F	Z	V	W	T	T	N	P	B
S	E	C	R	U	O	S	S	E	R	I	M	O	M	R	Y	A
P	T	H	N	É	N	E	S	T	V	D	V	Y	F	O	E	Q
T	N	A	N	D	G	K	P	I	C	N	I	I	W	V	E	R
S	A	R	N	R	I	I	O	U	W	J	É	M	G	P	B	R
C	T	I	D	A	Y	N	O	D	C	H	E	M	I	N	R	K
E	N	C	H	G	Y	E	S	N	B	Q	X	G	I	T	Û	H
A	A	O	F	E	A	A	E	O	N	M	F	Y	F	A	L	D
U	V	T	C	R	E	K	Z	C	O	Q	V	L	Q	O	É	I
D	I	F	F	I	C	I	L	E	I	N	L	R	F	C	D	Q
X	V	U	H	S	Z	P	K	G	R	I	W	J	I	U	K	T

Puzzle 87

```
H P Z R H S E M È H T O X G S E G
U É T I N U N É R É P E R F N J C
E K L B Y F I T U C É S N O C C J
Z S F I T C A H T Y V U Z V Y E T
A V M Q C É S O P P O N X J H E F
A N M X B O O D I Z S N Q S G L K
X F N Z Y O P E É R U D T F S B D
G W F É C A K T S A L L E O B A T
M N O G E B U T È C X B L N R S F
Q O W B M F G X I R X G Ê T Q N O
J S R P P B T P S Y E N R A X O Y
Z N Y S N E G K Q M R V G I I P Y
H A J C U V B U R Z E R M N U S C
A H X L E R A V O I R R J E H E J
S C R S Y L E N N O I T I D A R T
```

OPPOSÉ
DURÉE
TRADITIONNEL
HÉLICOPTÈRE
AVOIR
CONSÉCUTIF
SALLE
UNITÉ
GENS
THÈME
ANNÉE
ACTIF
CHANSON
SAIN
GRÊLE
RESPONSABLE
REPÉRÉ
MORSURE
MÉTHODE
FONTAINE

Puzzle 88

REGARDER
ATTEINT
PARDONNER
JOUEUR
PROPAGATION
ACHETÉ
POIDS
FABRIQUER
RIME
PASTÈQUE
CONSIDÉRER
ÉTAIT
GRATUIT
BRILLANTE
ONGLE
INSPIRER
FRISÉ
LUNAIRE
FROID
ÉLANS

```
F F E P L U N A I R E K O L C O C
E R A M D X Y M O U H É Q G A N O
J E O B S X V O C E N T T V F G N
I É S I R F B X Y U R E N A N L S
U F Z S D I O P O O M H I Q I E I
É L A N S F Q K H J R C E K R T D
T B H N K Q T U A X S A T I B I É
A P W V L F Y G E U Q È T S A P R
N O I T A G A P O R P Z A T B R E
R N B R I L L A N T E T Y I P D R
D L U U E P A R D O N N E R Y V Q
H F R Q M C W X G M A J O W M M L
I N S P I R E R U R E G A R D E R
H F V G R A T U I T T D A C O C F
Y W F U Y Z U Y T O I R E U K A S
```

Puzzle 89

```
A H C A S T P U Z L G S X W X E I
W A S K N F N O W P S H I I V B U
I B Z R E G B I T S P V E W J F B
U I G N I U L E N N O S R E P É J
K T V V H R D A S Y T X T R V V X
K U H M C G M N I I D K I V M I K
F E X S O M B R E S È F T È W D W
A L F R È R E P D T D C P I J E E
T G É N É R A L E A N D L L I N F
I U V M T Z X A F L C E K E S T F
G F U F L I K C O P J G R U E V E
U P J I I N T E N T I O N R M T
É O G S O I K T M D P V T H V P D
E K A S L Q L G T B B Z W N I E L
M A N G E R D L N J T N N B L U A
```

MANGER
ENTENDU
FATIGUÉ
SIÈCLE
TITRE
EFFET
SOMBRE
ANGLAIS
HABITUEL
GÉNÉRALE
INTENTION
ÉVIDENT
FRÈRE
RUE
SAC
LIVRES
PLATS
PERSONNEL
CHIEN
LIÈVRE

Puzzle 90

PANAIS
SORCIÈRE
LÀ
VACANCES
SOUPER
RUISSEAU
CONNAISSANCE
TRAVERS
PROTÉGER
FAIT
DANGEREUSEMENT
CHEMINÉE
VÉRIFIER
POURSUIVRE
PERMIS
LUI
PRÉCÉDENT
TERREUR
SAIN
LIVRES

```
C O N N A I S S A N C E H W P P R
Z O T I A F S F Y A Q L K H R L U
T D S N I A S S W P G Y Y X O I I
P E C D E R V I U S R U O P T V S
R R R M V M V P R O E Q S X É R S
É È X R C J E L F H P L Y X G E E
C I L K E Z K S Q S U F K S E S A
É C U U W U I F U A O K T L R M U
D R T S I M R E P E S P A N A I S
E O V A C A N C E S R E V A R T X
N S P G M V É R I F I E R A S N K
T B I G L R I U Z A M D G T W C P
E Z U T À C H E M I N É E N K R W
S Q A S N N I R Y Y S D I D A C M
C O N F Z X Q S P R H L H S H D I
```

Puzzle 91

```
O T N C D A O O C L H J D U U X H
U E P O U I I U K Y K S X Z E J O
T E C M M W V A C J L W F P R M R
I O P P F C R E R E D N A M E D A
L J K L S I É V R N D K C E T W I
L B X E A C S U C T H G T K C M R
R L W T V O I O V A I E E K E A E
Z É Y K O H D N U I R R U X P G H
S A G F N C E I O A E T R K S A K
V U F I I R N L Y Z I B E E N S L
D Q A T O B T R K M V X F I I I C
G O T A S N E R U D É C O R P N A
Y S K C O N S A C R E R B M S B Z
R É P O N D E N T S O U D A I N B
B A L L O N S Q U A L I F I E R I
```

HORAIRE
NOUVEAU
DIVERTIR
INSPECTER
ÉVIER
FACTEUR
DEMANDER
OUTIL
RÉPONDENT
SAVON
SOUDAIN
PROCÉDURE
CONSACRER
COMPLET
MAGASIN
CARTE
RÉSIDENT
QUALIFIER
BALLONS
RÉGION

Puzzle 92

ANALYSE
BÂTON
APLANIE
HOUE
INVENTER
URGENCE
TRENTE
RÉCUPÉRATION
GOMME
PLUVIEUX
ÉTAGÈRE
MOTEUR
VACHE
CUILLÈRE
FOURCHE
PLUS
BRUN
SATISFAIT
FORMELLEMENT
CRI

```
V J K F C Q X A N A L Y S E R A M
K A D G O P C U I L L È R E É P X
S J C U W L B Â T O N D G I C L I
B F F H V U N C W Q T T W N U A D
L V O I E S F M R N N C M V P N U
D X W N T U B P O I E W W E É I S
F G S X N V E M C T M G D N R E O
R F A Z E D C P G S E X L T A M A
P N T W R R N K I C L U L E T M F
S K I U T Y E U O H L E R R I O A
U A S É T A G È R E E I R X O G N
Z B F F O U R C H E M V F Y N J O
U P A D T G U G C Q R U O B R U N
H J I W O V O S B X O L O T U T E
F C T Y I E L Z J O F P M C Q T Z
```

Puzzle 93

R	E	T	E	N	I	R	H	E	J	C	Y	K	N	G	O	D
E	S	S	R	O	H	F	M	O	E	C	O	N	E	A	E	O
U	I	Q	A	X	H	R	I	S	I	O	L	U	P	K	U	I
C	R	A	I	U	M	U	B	N	G	P	E	S	R	V	F	G
A	P	P	R	A	T	R	J	D	A	R	H	W	D	B	S	N
V	C	Z	R	E	G	E	Q	Y	D	N	E	S	L	P	E	P
É	Z	E	A	C	L	S	R	E	I	F	C	P	M	Z	O	H
V	I	W	Y	R	M	I	J	F	M	F	Z	I	T	H	G	I
U	X	J	V	E	O	A	K	I	M	A	A	K	E	R	I	N
A	S	M	I	B	R	H	B	U	W	O	F	T	N	R	V	S
G	Q	V	I	D	P	C	Y	S	M	L	V	E	U	H	R	T
C	A	I	L	L	E	G	A	R	D	E	R	R	I	E	E	A
H	R	Q	B	B	R	C	H	V	Y	E	X	R	T	U	W	B
W	U	D	F	W	S	F	I	A	B	L	E	E	P	Q	T	L
A	G	H	T	N	H	N	Y	V	S	O	M	A	Ï	S	F	E

GARDER
SAUTER
COURBE
FIER
LOISIR
BERCEAU
HORS
FINANCIER
NUIT
CHAISE
MAÏS
INSTABLE
TERRE
PRISE
OEUFS
RETENIR
GIVRE
ÉVACUER
FIABLE
CAILLE

Puzzle 94

SECRÉTAIRE
BÂTIMENT
CAMPAGNE
INDÉPENDANCE
CANDIDAT
NUMÉRATEUR
ENTRETIEN
PRÉSIDENT
HIPPOPOTAMES
GEL
FABRICATION
OIGNON
CHÈVRE
REPORTER
SEC
FOSSÉ
PAPIER
NUTRIMENTS
AIMÉ
RESSOURCES

F	N	B	R	H	I	P	P	O	P	O	T	A	M	E	S	E
N	O	S	Â	N	U	T	R	I	M	E	N	T	S	R	W	N
O	N	S	Z	T	Q	V	B	A	H	L	E	P	L	I	M	T
I	G	D	S	G	I	V	A	Y	J	W	D	F	F	A	L	R
T	I	R	M	É	G	M	E	Y	N	U	I	H	N	T	C	E
A	O	B	M	M	D	M	E	N	Y	W	S	L	L	É	W	T
C	Y	T	T	I	O	H	B	N	S	O	É	Q	Q	R	Y	I
I	E	N	G	A	P	M	A	C	T	H	R	M	G	C	F	E
R	E	S	S	O	U	R	C	E	S	M	P	K	Q	E	C	N
B	G	N	M	R	U	E	T	A	R	É	M	U	N	S	E	B
A	I	E	E	C	N	A	D	N	E	P	É	D	N	I	K	R
F	C	J	L	E	N	Z	N	L	I	U	I	N	X	S	R	X
X	V	G	Q	S	W	E	U	A	P	C	H	È	V	R	E	W
H	A	O	F	I	Y	K	T	C	A	N	D	I	D	A	T	R
K	E	Q	Y	R	E	T	R	O	P	E	R	J	B	Q	D	N

Puzzle 95

```
F L É L Y F H P K O H R B K R M O
R W C S I Y U O B Y E A T W J A Q
A I U L A T Y I N A W O V D V J I
M C R R O M U R H E P Y U A M O R
B W E F A E E E R V I O P L P R I
O S U L M O S D T N E R É F F I D
I È I L O J O R I N R U O F A T E
S R L A G A Z P O N L A B G N É A
E P V N M O N S O F H E G H N Q U
A L E H P A R G A R A P U C U J X
D X S N W K J P A Y S Y J Q L H Q
S A N S N B Z G V C I D H L A Z D
R U W F I U M D E G È L I V I R P
X M F K Q S O K K O E X L X R R F
G A V X C R U X E T B S Z E E Q P
```

PRIVILÈGE
PAYS
JOLI
SANS
PRÈS
FOURNIR
SAMEDI
ANNULAIRE
LUI
POIVRE
PEAU
ÉCUREUIL
POIRE
DIFFÉRENT
PARAGRAPHE
FRAMBOISE
JAMAIS
MAJORITÉ
GAZ
RIDEAUX

Puzzle 96

MÈRE
EXPÉRIENCE
PROMESSE
HONORABLEMENT
TORTUE
VRAIE
PROGRÈS
RECOMMANDER
CHANDAIL
ÉLÉPHANT
CHANTANT
GOÛT
MÉDECINE
DERNIÈRE
FRAIS
MÉLANGE
FÉDÉRAL
ESCARGOT
FATIGUÉS
DURÉE

```
G U T U Q A B N X A P Z M T Y T L
G Q O O R E C O M M A N D E R G N
D D R M G E X P É R I E N C E K P
J F T Q G R L F R A I S R U X I R
S É U G I T A F É L É P H A N T V
D R E O Q F R C P R O M E S S E F
U E I E X L É M S È R G O R P S M
R G A Q M D D S È E N I C E D É M
É I R D T E É D H R J A R G W W R
E I V U B E F C C C E W P N L A J
H O N O R A B L E M E N T A Y F B
S D D O E C H A N T A N T L C Z M
U O M S D E R N I È R E J É E Q O
J H N G O Û T O Q R I D O M K G D
C H A N D A I L X D K F X F R X N
```

Puzzle 97

```
A M F E F M C W F J R Z Z C A A G
L V O F X X O D E R N I E R P S J
E A U N É E Z R Y H G R M J P S U
M Z V Q S D R A C A L P M C O U V
L L S F S I M C I E L U O P R M G
E L N I E S E Q I I A D C H T E É
D C P R R N Z U B C S U K P É R C
M N M Q P I G T R G E H F D N G R
M I L I T A I R E B I E N T Ô T I
O A J A A U T O M A T I Q U E Z R
M V Z T Y L Q R È X F N J W G Y E
D I U S B D T Z I S Z K F G C N V
X R T T C P F Z X I V I E U Z Z V
P C K T J K B H I A S N N G H A U
Z É I S F N D C S I T Q T Q T D M
```

MONSIEUR
PLACARD
COMME
EAU
MORCEAU
BIENTÔT
PRESSÉ
MILITAIRE
AUTOMATIQUE
SIXIÈME
RIZ
DERNIER
EXERCICE
ASSUMER
POULE
VIE
APPORTÉ
ÉCRIRE
ÉCRIVAIN
AINSI

Puzzle 98

CONVAINCRE
PILULE
GOBELIN
APPARENCE
PRÉFÈRENT
EXPORTER
DOSSIER
ALERTE
HOUX
EXCUSES
BRISÉ
PLAT
MOMIE
UN
LENT
ABONDANT
LUEUR
ASSEMBLAGE
SEMAINE
BRÛLÉ

```
P É T A L P I O D L E P T W E P H
R S R G P X M J T M O M I E M B R
É I E P Z P L E N T S E T R E L A
F R T M W J A V Q B C G G J M P M
È B R E A H E R C N I A V N O C P
R P O S D I Y K E S Z L L N Y S P
E B P Y T T N A D N O B A U R E J
N Q X U O H I E H E C M S C E S P
T R E U Q N L L N Q P E V D I U R
T S E T D U E U Y S F S G T S C R
B R Û L É J B L L F P S D J S X W
S E K U C S O I X V C A P K O E T
D E K G W J G P T A G W J M D N V
W I I K Y K H T C U Y H Y P M V H
R I H L D O Z F J N F J J Q W U X
```

Puzzle 99

```
R E V I R P U G Z T X D Q W I J Z
D É T P R L S K A C A É F H N W X
C N S E R U E H N M T P W Y Q L J
V O Z U K A N O I T C E L É U I S
Z S U P M E X I S A S N B Y I V O
O S H P R E R G I M E D A E È R M
R E X A T Y R M O O R R S U T E M
D R A X A J Z V H X I E E Q E J E
L C H D T Y Z E C E A I C I O S T
C O N T R I B U E R T W È M H O N
C O M P É T I T I O N R P É C Y H
S P W W N H I U J Y O Z S D B A D
R U L B I L X H Z P L D E A W I J
U R P N F Y K R D I O M P C T W L
D Q F F H O O E U C V Q F A Q I D
```

HIER
CRESSON
PRIVER
SOMMET
INQUIÈTE
MIGRER
RÉSUMER
CONTRIBUER
VOLONTAIRES
ESPÈCES
TAXE
IL
ÉLECTION
DÉPENDRE
COUP
LIVRE
ACADÉMIQUE
CHOISI
HEURES
COMPÉTITION

Puzzle 100

SÉCHERESSE
CERTAINS
VENDRE
CULTUREL
PERMETTRE
PLAISIR
HAINE
CHOIX
STYLO
INFIRMIÈRE
AIGLE
IDÉE
EXCEPTER
GRAISSE
FAISAN
CHAUSSETTE
MONTRE
JUGE
RÉFORME
FRÈRE

```
C J U D D X G F M T O T G G U U D
J U H A I N E R T N O M B N Z V C
G A L C S C P H A R É F O R M E H
A W H T I N G Y O I N A N G A J A
Q W E I U V H E M B S N I K D T U
Q T J R K R B H Y M W S H G L S S
A V F P V V E M P E J V E U L X S
V L R I S I A L P U Z J X F F E E
C T P I N F I R M I È R E E R F T
H J U G E S S E R E H C É S È A T
O L Y T S N I A T R E C D F R I E
I E X C E P T E R W D F I S E S L
X E A X W C G I G V E N D R E A L
R P Q P E R M E T T R E D L J N N
W N G W D N N K F Y K R A T S P U
```

Puzzle 101

```
H F T T É D Y W R F A M H U B R D
U É R Y V K Y J É C G V H C P C T
Z R A H A T Z B P D A S O L I N O
A O V F S Z B G O K B O I I Y Q U
M C A J I Z D B N Y A M D Q R R R
U E I F O T R T S A T I R P S E E
Y S L F N U V I E E U F I L S Y N
X I U D J O J L N T R E D O Z A G
I R S R Z O Z F E E B O N N E S A
Z P T N E M E N R E V U O G P S G
Q M A R I I Q O F O U L A R D E E
X O M I L L E C C R O V C T A G M
U C H K G Q E P B D P V A N Z D E
L Q R T W Z P D N N Z B R Z O Q N
K D I E B H S X V P Y L A M Q K T
```

USURE
CONFLIT
COMPRIS
RUTABAGA
MILLE
FILS
FÉROCE
ESSAYER
ÉVASION
RÉPONSE
TRAVAIL
VENIR
ENGAGEMENT
MARI
BONNE
ESPRIT
GOUVERNEMENT
TOUR
FOULARD
AVOIR

Puzzle 102

COMPLEXE
INDIVIDU
PRÊTONS
CARRIÈRE
EXAMINER
LIMONADE
MARIAGE
ALLER
MODESTE
PRÉDIRE
ZÈBRE
EXÉCUTER
SOUFFRIR
POIGNÉE
IMMÉDIATEMENT
EFFECTIVEMENT
NOEUD
SOIT
ZÉRO
TRADITIONNEL

```
C R U S P M E X D G H E X P A O S
M A J O V C Y O E D A N O M I L O
E G A I R A M T X R P H P P B I U
Z G M T F M C I A J I R S B A V F
E X É C U T E R M T W D Ê K Q Q F
Y I K I U D I V I D N I É T S L R
A L L E R I Z W N P N O X R O M I
M O D E S T E A E X O C P E P N R
A U Z É R O Z L R M R I F T Y I S
C A R R I È R E R B È Z G Z J B D
T R A D I T I O N N E L D N Q Q G
I M M É D I A T E M E N T R É A H
E F F E C T I V E M E N T U E E G
Q P U L F B D T E S K W R M W S C
N O E U D Y N Z Z C O M P L E X E
```

Puzzle 103

```
C U Y K S E É N N A K B J F J E J
C O Y Q S O G V J V P K Q V W P M
F M L K V R U E T C A F R A V Y L
T K Q È Y X Q T G I N G E M B R E
E R E O R S N L I Q R F R K E G W
R Z I Z C E U X O E W X É V G N Z
E B O R E D R A G C N I S H A Z E
N C H A P E A U Y V É D N A M E D
I C A M I O N F L R X A I R M Z G
M U R A L E Y Q S E U T N I O P E
R H X Z U D V S Q S V U Z R G Z N
E M È I S I O R T R D U I U V A F
T A T J D U F G K E N G R O V Z I
É Y I W T L J J U V X X C C B C N
D X E N I F A B E N J K W F W V K
```

MURALE
GINGEMBRE
FLUIDE
TROISIÈME
ACTEUR
VERSER
ENFIN
ANNÉES
SOUTIEN
OCÉAN
GOMMAGE
DEMANDÉ
GARDEROBE
DÉTERMINER
INSÉRER
CHAPEAU
POINTUES
CAMION
COURIR
COLÈRE

Puzzle 104

RÉPÉTITION
RAISON
PAR
AMÉLIORER
OIE
GÉNÉRAL
BONJOUR
DANGEREUX
PERDU
PAPA
ENVOYER
DÉPEND
FAIM
PRATIQUE
DEVANT
BONBONS
EXAMEN
DÉSIR
MÉDICAL
GRATUIT

```
A E N V O Y E R D Z E N O F F F P
R M I A F O I I É A J Z Z V O S B
É G É E U I O S P Z R O Y N R O O
P P E L P E M É E T I R V B K X N
É E R L I A S D N B O N B O N S J
T X F A Q O P Q D G É N É R A L O
I A I C T W R A P H S U X J B Z U
T M T I N I Y E R A I S O N R J R
I E C D A I Q Q R P E R D U O B N
O N Q É V B K U G R A T U I T C G
N B I M E E X U E R E G N A D U E
U O Y D D S Q V H G T T F C F S V
Q H S S U I R R A O Y T B R L T O
X E F Z N Q M N I I H U K Y E J L
L A L B J L W H D D S B G P H Z R
```

Puzzle 105

```
E  N  I  M  R  E  H  E  P  F  T  F  Z  G  F  I  E
U  X  H  D  M  R  I  A  X  A  N  W  R  N  I  D  Q
Q  S  C  S  S  Q  C  Q  D  C  É  P  A  U  L  E  Q
I  E  R  E  T  I  V  N  I  I  C  M  C  L  G  C  Y
T  U  E  T  P  R  Q  H  T  L  É  S  O  P  P  U  S
A  L  R  N  V  T  O  F  N  E  A  S  N  P  I  H  J
R  E  O  A  J  F  I  N  A  R  W  S  T  A  D  S  X
C  J  C  L  E  I  C  O  D  G  R  K  R  R  E  M  B
O  Z  I  P  R  B  P  W  N  E  P  B  Ô  E  N  R  B
M  V  P  S  U  F  P  K  E  N  K  P  L  S  T  R  Q
É  E  R  U  T  A  R  É  P  M  E  T  E  S  I  Q  V
D  A  T  H  I  M  Y  G  E  X  L  L  R  E  Q  T  T
Q  U  O  I  O  F  U  W  C  Q  W  R  G  U  U  G  J
K  Q  P  I  V  O  N  M  G  I  I  I  R  X  E  Q  A
O  C  O  M  M  U  N  I  Q  U  E  R  L  H  S  O  R
```

RONDE
IDENTIQUE
TEMPÉRATURE
CONTRÔLER
SEULE
EXCEPTIONNEL
QUOI
COMMUNIQUER
INVITER
FACILE
PLANTES
PICORER
CIEL
DÉMOCRATIQUE
PARESSEUX
ÉPAULE
HERMINE
SUPPOSÉ
VOITURE
CEPENDANT

Puzzle 106

EXÉCUTIF
ET
AIGUILLE
PIÈCE
BAIE
LUXE
FLEURS
LUNETTES
MAJEUR
ICI
CHAUSSURES
MÉDIA
CALME
COUPABLES
NOTAMMENT
CLÔTURE
ABSOLU
OR
FRISÉ
BRILLANTE

```
C  E  I  A  B  O  S  E  L  B  A  P  U  O  C  F  K
N  H  X  R  S  R  E  B  B  B  R  W  V  P  G  K  R  L
U  I  A  É  Z  Z  S  L  J  I  T  U  I  Z  B  I  D
E  R  I  U  C  S  A  R  A  L  L  A  È  T  V  S  G
S  J  D  K  S  U  Q  O  K  L  U  M  C  N  U  É  K
A  M  É  U  R  S  T  F  T  A  N  A  E  E  R  I  C
B  R  M  A  U  W  U  I  R  N  E  J  S  M  Y  K  L
S  M  O  O  E  M  I  R  F  T  T  E  A  M  E  V  G
O  O  F  B  L  Z  O  I  E  E  T  U  E  A  B  P  I
L  H  E  V  F  K  N  I  Q  S  E  R  U  T  Ô  L  C
U  I  R  D  I  D  I  I  Y  Y  S  X  C  O  A  X  L
K  I  Z  I  C  I  Z  E  M  H  D  D  U  N  R  R  Q
C  P  C  G  Q  D  A  E  S  S  N  C  A  L  M  E  R
A  I  G  U  I  L  L  E  X  L  X  S  B  P  G  E  E
D  Y  Z  E  W  F  B  B  N  F  Z  M  R  A  S  F  R
```

Puzzle 107

```
I F J W A X W L L S X A N P M E T
E D R O K W Q U U G Y C É E E N R
X U E N U E T D B P B C G L M S A
A L M N G R I I E É N O O U B E G
O M F N T V H Q T C L M C C R I I
J D B B B I O U N O N P I H E G Q
U I L M C U T E A N D A E E H N U
X C V S X S K É N O É G R R N É E
P R É C I E U S E M C N S E N S T
C H A S S E E I T I L E V V P K H
Q D N K P F E O N Q A R J R I J È
X U W T R M B R I U R G R E Z Z S
E A H K T T H T A E E C U S G N E
O Q L Y B D F D M G R D T B Y A I
Z Z G Y L Y D P L M C G Z O W L X
```

CHASSE
SENS
PRÉCIEUSE
NE
MEMBRE
OBSERVER
JOUR
IDENTITÉ
TRAGIQUE
SUIVRE
DÉCLARER
THÈSE
NÉGOCIER
PELUCHE
LUDIQUE
ACCOMPAGNER
ÉCONOMIQUE
MAINTENANT
TROIS
ENSEIGNÉ

Puzzle 108

BLANC
SEPT
JUPE
REPAS
MOT
MODIFIER
NATIONALE
ENNUYER
SACCADÉ
POSTIER
DÉJÀ
RADIS
OBSERVATION
ATTENTE
GRANGE
TOMBER
PROFESSEUR
MESURE
MOUTON
REGARDÉ

```
O B S E R V A T I O N O T U O M U
P T K O J R X P N A T I O N A L E
R O K B U E F E W J É D R A G E R
A M M K P H O S H H I D S L Y B U
D B A M E J G R L C Z O A L F G S
I E T U O B L A N C E I P C Q T E
S R T I F T G A Y S R F E B C P M
M E E P R O F E S S E U R I P A M
N I N S E G T T G E W F E V L N S
T T T D I Z P O I C Q V Y Y B B L
Z S E É F J R A Q V Q R U Y Z S N
O O L J I P K P M Z L P N L Y S Q
N P H À D K R T N G R A N G E L Q
U T J O O D G J F U O U E H C A X
N G G M M B Q W O K Z K D O F Z F
```

Puzzle 109

```
J C A C L A B R É V I A T I O N Y
O P Y E G A M O R F Y K O L C J M
O L D D A G P U I L S W K W E K A
R X L U H V Z I D A T H M E I M U
B B O T R É O C N N I V O Q R Z I
I B P É Y G L Q O G B L O C F Q G
T U T Ê T E D I F I P B N P P R T
E N U X I G E H C R E H C E R C É
R R E G F N G F Q O D U C A Q R L
B U I I X I A D U K P V A V Z É É
È N S F L S S A X Z Q T B N S U P
L A E T T C J W R U J S È Q N N H
É V K O U V E R T U R E N R F I O
C E I R E T N A S I A L P E E O N
I T G D K U F V U B I K L G H N E
```

ÉTUDE
CLIENT
RECHERCHE
FOND
FROMAGE
ORBITE
ORIGNAL
CÉLÈBRE
LAPIN
TÊTE
TÉLÉPHONE
RÉUNION
OUVERTURE
ABRÉVIATION
SINGE
SAGE
BLOC
NAVET
PLAISANTERIE
HÉLICOPTÈRE

Puzzle 110

CHER
CABINE
PEUTÊTRE
VA
ÉCOLE
ENTENDRE
DEVRAIT
PLAINES
TIMIDE
PREMIER
VENU
PANIER
FORME
NUAGE
RIEN
POSER
TOUJOURS
TOTALE
DIFFICILE
ÉTAIT

```
V K A T G P M X M R I Y H R P I X
A N P H R E I N A P U D I E L V D
O P M A E U P C M D L B T I A T É
D J T W H T O J N E I R T M I I W
M I Z I C Ê S H X V R Q N E N M N
C U F W P T E A Z R C D Z R E D U
Q A I F W R R L G A F A N P S J A
L A P Z I E F L Y I D E B E T U G
V V B Y M C A C J T G G X I T U E
T I M I D E I K C J Q F I L N N M
L G T Y V M W L A N H R V T K E E
H E E H O R C V E T O T A L E V V
É C O L E O T O U J O U R S I X Z
D N Q N Q F O F P R S H O B X F C
L N V R K M N D X F J Q G G Q Q C I
```

Puzzle 111

```
S P T N T V J H S I A M Y H W T D
N E L N T N E M E T C A X E W F J
E I O M F C D X C N E R D N I O M
R N U U B Q N A O H L O L Q L V F
C T S C L T A G U T L X A C R Q I
H U H U R M I B E X U E I V A F G
A R C N E È V Q N P L F E P P M W
T E Q V B L M S T O A E U T I A L
É S B V R B B E Z Q I U T U D G L
Y F X L O B M L S N R Q H E E Z B
O E I L S H I I D A E V F Z M O W
L G J C B C O O N O L N F T E M K
P M L W A B L T S U D E C Z N P M
M V K H S S G É V Z C X O X T I D
E E N T E N D U F L O T T E U R I
```

VIANDE
SECOUENT
MOINDRE
CHAT
CRÈME
LAITUE
ABSORBER
PEINTURES
OEIL
QUE
MAIS
EXACTEMENT
RAPIDEMENT
CELLULAIRE
FLOTTEUR
SALE
VIEUX
ÉTOILES
EMPLOYÉ
ENTENDU

Puzzle 112

VU
LAIT
OUI
GIGANTESQUE
FAMILIALE
COMPRENDRE
RISQUE
REQUIS
SOMNOLENT
ARCTIQUE
NUAGEUX
CONTRE
LIT
DÎNER
TOMATE
COUVERT
NORD
ORGANISATION
VAPEUR
LETTRE

```
O E L F B M Z R L U M U M H P K O
R K I O A L T W E U Q I T C R A U
G L T G X D V D T Y N R Z I G C I
A O P R G E J L T X X J I Z A D I
N A R B E X L R R U E P A V L L T
I U H O B Q H B E E U F J B D C N
S O J S Z E U F E G Q O N J N M C
A O D E B B C I Z A S R I S Q U E
T N E L O N M O S U E D Î N E R N
I N M I G B E X I N T F O V I C O
O E X Q T Q Y C S F N N W U G O R
N K T C Y S X B H A A B C Z B N D
C O M P R E N D R E G B M Y Z T I
T O M A T E L A I L I M A F W R J
Y B I C O U V E R T G O M V N E G
```

Puzzle 113

```
P A R T I C I P E R X A Z T B R J
R E I L U C I T R A P K T T D W J
O A M E M X D K Q N T G U K S N A
S Z I R O F F E N S E R I É B O I
É A P I O Z S U O K E H C N A R B
R S L A G L O Q I D F S P G G E Q
T E O L B G U I S C L I R D U R H
R I Y I E I M T I D E U E E J J D
C A L M A R E I L I K K K N V I K
P T F I M A T L L D E N T U K I G
O P Q S W Q T O O H Y R A R H P D
Q H Y C C T R P C R E C E V O I R
M X W T F Q E F L O R A I S O N G
Q R I C V G E N S Q N O B O E O M
S W K T P É R I M È T R E K T G S
```

DENT
COLLISION
DIVERSES
FLORAISON
SIMILAIRE
ELFE
OBÉIR
DUR
POLITIQUE
TRÉSOR
RECEVOIR
SOUMETTRE
CALMAR
PÉRIMÈTRE
PARTICIPER
PARTICULIER
BRANCHE
OFFENSER
GENS
SALLE

Puzzle 114

VOYAGE
MISÈRE
COMPTE
DRAMATIQUE
CHANGEMENT
ASSURER
AUTOMNE
MATIÈRE
POMPIER
DONC
HUIT
ASSEZ
DOUZE
AUCUN
INGRÉDIENT
PARFOIS
FER
ATTAQUE
VOULU
CLOCHE

```
K A X O D A L E U Q I T A M A R D
P Y A O N S C X L X V H Y A K E C
X Q H W D S R N U C U A C M W F O
Z J O L A E Z U O D Z X D C T R M
R U T O H Z F Y V D D V Z E B Z P
S L F Y M A T I È R E R È S I M T
A U T O M N E N W G E S L R P Q E
O L I C M A Y Z S E G I F I T C W
S P U X T Y T Q W V A O P H O S A
P U H Y P F N T G A Y F C M F D S
Z V D L F W G Z A W O R L R O Z S
I I F Y Z M N A S Q V A O U G P U
I N G R É D I E N T U P C W J X R
C H A N G E M E N T E E H A C Y E
S C S X T S T U H T U P E V L X R
```

Puzzle 115

```
D L L Q D K Z L C Q D R N K X C Z
É T I C X E J K O X Z J U L Y O Y
V K B R M W J G N D U O V Y G D E
E D E T R O F C S A F I R V Y Z F
L L R D D T E S I Q V N C E A I Z
O U T U K K P J D H A D H T X I P
P C É I R A M G É T I R U C É S T
P Z L L U E B S R G N Y B X Z L D
E R I D E L J Y E U Q I S Y H P D
R T B L T B O E R I O Ç N A L A B
G K J P C I L A T N E M A D N O F
A V E C E G Y K A E V A H J B T G
J F P E R I A N E T R A P W Y C N
X L O L I L K É F I R H B R U I T
P A J P D É H É R I S S O N D H D
```

PARTENAIRE
EXCITÉ
DÉVELOPPER
DIRECTEUR
MARIÉ
HÉRISSON
PHYSIQUE
KÉFIR
BALANÇOIRE
DE
FONDAMENTAL
ÉLIGIBLE
REJETER
LIBERTÉ
AVEC
BRUIT
SÉCURITÉ
FORTE
DIRE
CONSIDÉRER

Puzzle 116

SOUCI
UNIVERSITÉ
FLEUR
ÉPINARDS
PENSANT
INQUIET
SAUTERELLE
COULOIR
PLUTÔT
CHAPITRE
BIEN
ÉTOILE
AMÉRICAINE
PRÉFÉRÉE
VOTRE
CERISE
FUTUR
CONDUITE
REPÉRÉ
SAC

```
M H G D C Y L C É N R C X X N R P
R E M U T E E K O P D Q U X W E E
E U H W T E I U Q N I C U O S P N
B C R É K K L G T E D N S A C É S
P L U T Ô T R W V I L U A Q Y R A
C M T I J R Y D W B A M I R X É N
H L U S U N J R L G F U R T D G T
A V F R U E L F C E R I S E E S A
P V N E É R É F É R P C G X T D X
I J S V U T E D É L G Y A X G J E
T R P I X O B P H T L R A U J D M
R O D N V V X Z G J O A C C S E N
E A Z U G T U Z L W R I O L U O C
S A U T E R E L L E D X L F E I M
R   A M É R I C A I N E F E I Y K
```

Puzzle 117

```
J V V S I Q E T A B E M U O B C C
G Y A Y P N U X G G T U G J F O A
S V G N N P Q P J F N R M O I M M
O V U F J O I U C O N F O R T M P
N K E N S A F Â I V I E N T U E A
E L P E T I I N M É W H A H C N G
F Q C R Q V C E L G T C G O É T N
G N P Q S C É R S A F U J S S N O
A V Y E U X P I F O I J D N N A L
R O K X I V S A G X I S F E O V M
Ç E P U O R G N H I F D S S C I Y
O R E É K L M U R V Z M R A Q U G
N N P E R B R L G P G T N K N S V
J F H D J E T E N T A T I V E T J
X P N L A Q R F A M I L I E R U C
```

GARÇON
YEUX
MUR
CONFORT
VAGUE
COMMENT
BOUM
GROUPE
CAMPAGNOL
LAISSANT
SUIVANT
SPÉCIFIQUE
ÂNE
VIENT
INQUIÉTUDE
FAMILIER
TENTATIVE
OPÉRER
CONSÉCUTIF
LUNAIRE

Puzzle 118

CARTABLE
NATATION
CONCEVOIR
FONCTION
BASIQUE
LAVAGE
OUBLIÉ
COMPRENNENT
COMMUN
DIMANCHE
REFLÈTENT
ADULTE
FEMME
INTERROMPRE
TERME
CERTAINEMENT
BONBON
PARDONNER
PLATS
ANGLAIS

```
L R C C O E P U E P C Q Q B V I M
W A X E M R E T M U A L A V A G E
A O U T R E N N O D R A P R I U C
K X U L H T H F C H T O B E N C O
O É S U E H A J Q M A L A F T O M
P I S D S J H I N U B D S L E N P
D L Z A X S B X N H L W I È R C R
W B A I D G V M U E E W Q T R E E
B U K T N I M G M Q M H U E O V N
O O R G S Z J H M V M E E N M O N
L M N O I T C N O F E W N T P I E
D Q E B I H J G C R F H V T R R N
H Z F J O A N G L A I S Q Y E V T
I W Z B N N O I T A T A N V K G
M B N Z B L V H D I M A N C H E D
```

Puzzle 119

G	Z	S	X	V	V	C	H	E	G	A	A	V	R	V	K	P
É	G	É	G	U	L	E	N	N	O	I	T	O	M	É	Q	A
N	D	C	G	A	H	B	N	R	D	H	W	C	T	L	S	P
É	O	H	W	B	L	U	B	T	X	A	X	Q	T	L	P	I
R	W	É	I	F	I	R	É	V	P	A	I	X	H	I	A	L
O	N	S	S	L	O	M	G	P	C	Q	H	S	J	E	U	L
S	C	O	L	B	C	O	U	R	X	F	R	U	K	L	V	O
I	B	M	H	M	N	Z	Q	K	Q	E	I	U	T	O	R	N
T	M	M	E	P	O	C	S	E	L	É	T	E	A	S	E	N
É	R	T	N	O	M	Z	K	V	C	I	H	P	N	N	R	D
L	F	T	S	L	M	D	S	I	C	R	E	F	R	E	T	J
Z	B	T	C	S	E	M	U	G	É	L	É	U	B	Y	Ê	H
X	U	I	E	U	R	I	V	R	E	S	O	E	C	J	C	K
G	H	Z	D	L	Z	D	A	T	W	S	E	B	R	C	N	Q
L	R	H	É	C	R	É	M	É	V	U	B	M	F	I	A	U

PAUVRE
PAPILLON
LÉGUMES
NOMMER
GÉNÉROSITÉ
ACCUEIL
SÉCHÉ
SERVIR
VENT
BLOCS
ÉMOTIONNEL
TÉLESCOPE
PAIX
ENSOLEILLÉ
ÉCRÉMÉ
ANCÊTRE
VÉRIFIÉ
COUR
MONTRÉ
CRÉER

Puzzle 120

BIOLOGIE
PARTIE
ATHLÉTISME
LINGE
COMESTIBLE
BÉBÉ
UTILISATION
CANARI
ACCOMPLIR
CHOSE
MULTIPLIER
ORDINAIRE
COUTEAU
ATOMIQUE
FRIGO
GAUCHE
COURAGEUX
SÉANCE
PRESSION
MÉTHODE

P	A	H	Z	S	T	C	B	R	I	L	P	M	O	C	C	A
I	T	B	F	I	B	N	O	É	X	R	N	K	Q	O	E	X
E	H	C	U	A	G	V	A	U	B	I	O	A	P	U	L	X
L	L	P	K	F	R	I	G	O	T	É	I	M	S	R	M	O
G	É	G	I	F	J	J	S	F	N	E	T	B	É	A	U	E
E	T	W	W	Y	G	U	N	F	Y	S	A	B	A	G	L	P
L	I	W	P	X	D	K	J	A	W	O	S	U	N	E	T	R
B	S	G	C	H	D	X	O	R	C	H	I	V	C	U	I	E
I	M	E	O	S	I	B	X	Y	J	C	L	U	E	X	P	S
T	E	V	M	L	C	A	N	A	R	I	I	D	Q	E	L	S
S	C	X	E	D	O	H	T	É	M	J	T	M	K	R	I	I
E	L	I	N	G	E	I	T	R	A	P	U	R	I	E	E	O
M	U	Z	J	W	C	G	B	Y	H	H	F	W	K	P	R	N
O	O	R	D	I	N	A	I	R	E	U	Q	I	M	O	T	A
C	V	X	X	D	X	F	D	I	X	G	J	R	A	K	T	K

Puzzle 121

```
X I L A V Y C S W A H Q V E R É X
Q D G U Z B R R Q E Y R I X S L B
V Q É X P E V I A N B A S E Z E T
H W O C A U B E P V R P A M V C W
F L U Z H R X N V T A S G P K T A
U I T D B E R R E I P T E L E R V
G Â T E A U C Z L C V I E E L I A
R K P T N E M E L L E U T C A Q N
O C R G A Î A R R Ê T S F D P U T
U B U M I V A M A R C H É W I E A
G W E J W X X H G H M T I Q C F G
E L D O S M P G C N Z N V W N R E
S E N V I R O N N E M E N T I R F
I S E D I F F É R E N C E R R E M
F B V Y V I T A M I N E S L P W U
```

CHAÎNE
VISAGE
ARRÊT
AUBE
ÉCHEC
PIERRE
GÂTEAU
ENVIRONNEMENT
VENDEUR
EXEMPLE
DIFFÉRENCE
CRAVATE
AVANTAGE
MER
ÉLECTRIQUE
VITAMINES
ACTUELLEMENT
PRINCIPALE
ROUGE
MARCHÉ

Puzzle 122

AUTRE
ENTRÉE
CLIMAT
APPORTER
FONCTIONNALITÉ
ALÉATOIRE
AVIDE
SAGESSE
BESOIN
VOCABULAIRE
MUSIQUE
SANTÉ
GRANDE
TROUVÉ
TAPIS
PUNIR
DISTRAIRE
UTILISÉ
JEU
PASTÈQUE

```
A E V T H N V E T A M I L C S F W
L N R P X N M B C R E Q K C A O F
É T N A S I P A T X O H C Q G N M
A A V R P T W F S N G U E J E C U
T W J Z A H Q E R T U A V V S T T
O E M U H N J R M T E H S É S I I
I J R G O R Q I U B A U I F E O L
R E T R O P P A S Y V X T S R N I
E U N V Z V G L I V I Q J V I N S
D Q I T P C D U Q P D W E M A A É
N È O L R X K B U P E M D W R L A
A T S G S É E A E S U Y G Y T I L
R S E X G T E C C M O N O N S T J
G A B Q I O C O E L C U I W I É H
X P H N L P V V U T D B C R D S D
```

Puzzle 123

```
X S U J W U G C Q Z O P O O W I Q
Y U O K Z I N A O N F Y M R V N J
W E É U T N Z J C O N B B A S Y V
P V C L R L B Q O M P K R M Z G Z
P I L A È I D T N A O É E T U A H
R H Z M E V R N N Z L S R H D K V
O A X Y D W E E U U A R A E N L Y
V O N G L E R M E K G T X R R U A
O I C W W Y V E L F F U B B S N C
C U F N F M È L U A O Y C M O D O
A I S S Q A I P T N H Q F A U I R
T O Y U N Z L M P N C D Q H R P P
I K G M B E M I R C S E V C I J S
O T Q C T D B S K P L S D W S H V
N V G R J V K A F X P O U P É E G
```

HAUTE
MAL
ESCRIME
CORPS
JUS
CONNU
CHAMBRE
GALOP
POUPÉE
SIMPLEMENT
BUFFLE
SOURIRE
ÉLÈVE
PROVOCATION
COOPÉRER
SOURIS
OMBRE
LUNDI
ONGLE
LIÈVRE

Puzzle 124

RÉSOUDRE
IMPORTER
LOCALISER
COMBINAISON
LOIN
DÉSASTRE
CHAUDES
PUISSANCE
SONT
PRÉFÉRER
ANNIVERSAIRE
CHANTER
SELON
AIDE
SHAMPOOING
VERRE
NAGER
LÉOPARD
PERTE
BIÈRE

```
P P C A I B B C I I M E A N F X S
Q U B G B O M N H J K K G L O D H
Z I I E X Z G R O A J S M G J Q A
Y M B S S O N K H L U X K Z U N M
I P E S S B I È R E D A I D E P
E O S T X A T N Y I T S E D P F O
E R R E V U N V W F R D V S X L O
L T P L Q W O C X R E T N A H C I
O E N W D R S T E Z P J K R B Y N
I R A Q N U M L O C A L I S E R G
N L G C A N N I V E R S A I R E A
S O E R T S A S É D Y I P L A E W
Z D R A P O É L R É S O U D R E P
X O H P R É F É R E R B I U X T W
C O M B I N A I S O N E J U F N T
```

Puzzle 125

```
I A E L A M I C É D J Z E L T L U
S B T N A I B S U N Q L B L M O W
J E C I T C G D T O B Y X Z J U P
U I E S F R T C U N E T N O C T W
S L F I O E E I F A Ç O N P R R N
T L F O Z D U P V V H G F E O E J
E E A V G I F J R I W C N Z B G P
R F B M S A T H A I T H M K F O E
T H É O R I E M F F S É D F V L R
M A R G U E R I T E D E M G P R R
G R B C L A I R E S I N A G R O O
F F V T O C V P E L N O T E R H Q
Q N C Z T R T O U V Z B D B B D U
P R O C E S S U S A K N U B Z K E
K M O M H T J O P I U O Q C W J T
```

HORLOGE
THÉORIE
AIDER
CHAUD
LOUTRE
PROCESSUS
MARGUERITE
FAÇON
CONTENU
NOTER
DÉCIMALE
ABEILLE
PERROQUET
AFFECTE
JUSTE
ENTREPRISE
VOISIN
ORGANISER
ACTIVITÉ
CLAIR

Puzzle 126

PEUT
HUMIDITÉ
PEINTURE
SQUELETTE
ÉVALUATION
ISOLÉ
SURVIVRE
FARINE
LARME
CAOUTCHOUC
ADVERSAIRE
OPÉRATION
COU
DOUX
SERPENT
IMPLIQUER
APPELÉ
EXPLIQUER
FONT
OUBLIER

```
U O W P U Q X W F O N T P Q B L P
R E U Q I L P M I Q P U E L B M X
S K O B É W N I D Y R D I V Y P O
U I C K L Q W A O L T K N Y K B E
R J X P E I Y C U O H C T U O A C
V H H F P P E Z X E V V U U S F S
I I A M P Y Y R Q R N U R F E P Q
V S É V A L U A T I O N E A R E U
R O T Y H C S A Y A I T P R P U E
E L I I S R N M I S T S D I E T L
K É D I S V N S A R A P N N N P E
W R I Z Y V L H Q E R C X E T H T
F O M A O S X X H V É L A R M E T
R E U Q I L P X E D P H I L N W E
C P H F V G F H M A O E L C C P J
```

Puzzle 127

```
D X P V V P S V Q Q T L N S A R B
T X N E Y O T I C Y Q N Q C I U O
W O X E G Ê K V J S L V E I S B P
B K B N E L H F E E H D F E B Q P
G S Z O O E R È T C A R A C B K O
C E C C G U A E P A R D S M H W R
A T S C R G R E C N E R É F É R T
D T Z T R E A R D É C R I R E Z U
E E M A I K E N I E R V M B K L N
A S M U I O H M D T M T R D Q L I
U S T Z Q I N C R É U G I T A F T
K U S O C I A L E E Y R S F Q B É
F A G R Â C E S H T K O E P P Q X
I H E S C A L I E R T L A D J J Z
E C R E M M O C V A S F M J B S V
```

SOCIALE
CHAUSSETTES
COMMERCE
REINE
POÊLE
OPPORTUNITÉ
SCIE
DRAPEAU
GRÂCE
DÉCRIRE
CADEAU
ESCALIER
BRAS
TOBOGGAN
RÉFÉRENCER
CITOYEN
GESTION
NOURRITURE
CARACTÈRE
FATIGUÉ

Puzzle 128

CITRON
FRAGILE
PORTATIF
ONGLONS
PLAQUE
ÉBULLITION
ÉLOIGNÉ
HAUTEUR
GROGNEMENT
EXPOSER
POCHE
TAUX
SOMMEIL
GÉRER
DAME
PIED
ÉLÉMENTAIRE
NÉGLIGENTS
MYSTÈRES
CHANSON

```
N G A É Q O P H N T B W Q D H T W
É R Y L X S O L G S E L D R K R X
G O G O J E R I A T N E M É L É S
L G É I Q R T E D Z O E W Q M P C
I N R G I È A M W I S X M W E L S
G E E N G T T M D N N P D A C A B
E M R É J S I O V S A O P K D Q T
N E U T N Y F S R A H S P I P U Y
T N R X A M V D X X C E T M E E U
S T Q N R U E T U A H R C O J D N
L F A E H P X F R A G I L E V A W
É B U L L I T I O N O N G L O N S
Y S F C P O C H E D V B T G J F H
W D F Q J P G T H P W J G B M A K
I J V X Y E F R R J C I T R O N Z
```

Puzzle 129

```
A C T I F Y O V L P C I B Ê A P Y
F G N N E F K K S O A V E T C R K
E R E W A C G M U U Z Z T R T O B
H K M T T V H E I S S K J E U F A
Y Y É U A P I T O S A Z A É E E L
V D L U I H N V É E D J B S L S E
M P É Y H O J C P R P E Y U S S I
W K M C G Q K I É K U I R M M I N
G W W I P U R M E U Z D U Q M O E
B G P Y A E C A N A P É O Q C N W
C M C O R E T U C S I D T W É N P
B X D O L B A N D E X T U L V E J
N A X M E R T T E M S N A R T L F
D Y L M N A G A R U O K Z N L U E
W D D O T S É L E C T I O N N E R
```

SÉLECTIONNER
ÉLÉMENT
TRANSMETTRE
PROFESSIONNEL
ÉPÉE
POUSSER
BANDE
MUSÉE
DISCUTER
AUTOUR
PHOQUE
PARLENT
ÊTRE
BALEINE
CANAPÉ
ÉQUIPE
ACTUELS
OURAGAN
VIVANT
ACTIF

Puzzle 130

MOUCHE
BATEAU
JAMBES
MENACE
IRRITABLE
VRAIMENT
IMBÉCILE
DÉTAILS
CRAPAUD
PERSONNE
FORMULE
SPECTACLE
DÉDIER
DÉLICIEUX
NID
MANUEL
VER
ÉCORCE
EXTERNE
CUIVRE

```
I L V J E V U S V B P S J H O S D
Z R Z V K H G C H E C A N E M P É
S W R Q U E G X E N R K F F K E L
I M Z I Y B L Z V N N S Z X P C I
B V R K T K G V K O M T Z S J T C
D I N Q N A O U X S E B M A J A I
É E M E E W B S G R M A W J W C E
D H G T M A E L W E H C U O M L U
I E R V I U C I E P T F C K F E X
E X T Z A Z R A J L A V S A F R U
R T K A R Q O T N N U A E T A B T
T E V I V R C É N B K M O D T T C
Z R E O D P É D U A P A R C D F N
U N M A N U E L V L V L U A Q O S C W
G E L I C É B M I D M I A M F H C
```

Puzzle 131

```
K K R M S H O I N O N D A T I O N
K V I L L E U I N C L I N E R Y J
I A V O U N F M N L A Z B O R I R
N A N W Z C L Q I O U Q R U O P N
D D M G Y L Z L D D W C O E Z X R
I Z K A O F E Z X U E C I T P G A
V T S K V U M Q C S A B H V S C W
I B F B H D R U E D O X N K S K Z
D P Q U A N D O A É T I T N A U Q
U L A Z W H Q E U T J X S L F S S
E B P S Y B R B Z E G A L L I S X
L O Y Z S C R E W C C W I J T J J
L N T U Q É R I F T E Q A I P C H
E P I A O F F R E E I Z D X A X E
T I R É N N O D Y R I N E T N O C
```

QUANTITÉ
BAS
SILLAGE
VILLE
HUMIDE
PASSÉ
QUAND
OFFRE
POURQUOI
SUD
CONTENIR
INCLINER
INONDATION
INDIVIDUELLE
CEUX
DONNÉ
KANGOUROU
DÉTECTER
TIRÉ
ODEUR

Puzzle 132

COMITÉ
CLÉ
ACHAT
THERMIQUE
INAPPROPRIÉS
BOIS
TOLÉRER
NEZ
SEPTIÈME
LAISSER
MARTEAU
DÉCIDER
CHAMPIGNON
RÉSERVE
ANXIEUX
FAMILLES
JOYEUSEMENT
LECTEUR
THÈME
REGARDER

```
M I J G O Y I T R E S S I A L A T
A N G V U F T Y Z E N O T F P N O
R A D É C I D E R M G D H X L X L
T P P C G O N Y Y È T A H C A I É
E P V L G R S Q M H N Y R P D E R
A R Q É Q L A E A T E R Y D L U E
U O F A M I L L E S M B C K E X R
A P F W E U Q I M R E H T L V R D
K R Y R T C S B A J S X Z E R D C
P I H Z C O M I T É U Z P C E O Y
S É G T K X I D M W E O V T S A V
O S F N H V B Y P K Y R G E É A O
C H A M P I G N O N O V V U R U C
S E P T I È M E K K J R X R L D F
B O I S G V T O O E U B Y H N J U
```

Puzzle 133

```
S O U H A I T E R A I Z O A Q P B
D C J G U M I M P O R T A N T S L
E V Q R U E L U O C O H C T A S F
S H G C S N V I C T O I R E V E M
C E Q H M N R E N C O N T R E R A
E Q F Q K E D Y Z T É O S R D U Î
N X Y W D R E K C E T P K V Y E T
D D S N G I W L D K É V Z I O I R
R L V O Y A G E G R I M P E R R E
E E Q J D L H I D E R C R E M É C
W P Q Z L U A R N E A I E V S T R
Z Ê T N C P X É F K V S G P S N O
D C P E W O R T P O U S S I N I I
V H J N S P M A U D F N Q Z V K X
Z E E C A L K M C M F R F T Y C S
```

MERCREDI
MATÉRIEL
CROIX
COULEUR
DOS
POPULAIRE
RENCONTRER
ENNEMI
POUSSIN
PÊCHE
GRIMPER
SOUHAITERAI
VARIÉTÉ
IMPORTANTS
VICTOIRE
MAÎTRE
INTÉRIEUR
VOYAGE
DESCENDRE
CHOC

Puzzle 134

MONDE
HIBOU
JETER
CONFINER
DERRIÈRE
TOUT
DÉCENNIE
TOURNESOL
BELETTE
EN
ARRÊTÉ
CANARD
DISTRIBUER
FEU
PARTOUT
FORMATION
ARBRE
DONNÉES
SPÉCIALES
POIDS

```
D A Q C Z Y V X N N T K T T S U D
I T R Q E S Y W T U O T R A P T E
S B Y R F O A W A O U P C S S Z R
T E V U Ê C T L R B R O J H W L R
R N Q Y B T L N X I N I M P H V I
I J E F E S É X T H E D L O X Y È
B E R E N I F N O C S S X K N U R
U T S T E U O W U Z O Q W T D D E
E E A T O O X P T L L P Q Z O R E
R R K E A R B R E M F D L F N A E
A Q Q L S P É C I A L E S E N N K
W Z T E L K L R U W J E L U É A X
B W G B G P I O H I V Y N K E C F
R G P O G J G A T G D E L X S Q S
D É C E N N I E F O R M A T I O N
```

Puzzle 135

```
A F J F I J L P C G É N É R A L E
T E D T T I C R P H N O A I P C C
T R M I I J Y A O F O Q P O A A N
E M Q T N L Y I I S S R V J S E
N I R E A D S R S W I P E A Q Q R
D E V P L A E I S Q A M I S Y U É
R R H Y A F S E O O M E R Q V E F
E I Y P H J U H N F J T A K L T N
N S K M O E E C O N A N M Q Z T O
O I I M U X T U W B X I C I O E C
I O S R A U Û O C B R R A E I Q L
D H L Y M M O B J T X P J G A I I
D C R K I H C H B W E R V N K M M
I Q V F R B R M Y O L S P R Z M Q
S T R A T É G I E M E U B L E S S
```

PRINTEMPS
PETIT
CHOISIR
MAISON
ILS
MEUBLES
CASQUETTE
CONFÉRENCE
STRATÉGIE
DINDE
COÛTEUSE
SAVOIR
BOUCHE
PRAIRIE
FERMIER
ATTENDRE
CHOSES
POISSON
MARIER
GÉNÉRALE

Puzzle 136

PERSONNALISÉ
MÉTÉO
DÉSESPÉRÉE
ACHETER
MALADIE
PIRE
MAUX
SEMBLENT
CHANCEUX
MONTER
MOUVEMENT
TENTE
SUR
DEMANDE
DIFFÉRER
PONEY
PROFITER
FIL
NOIX
TABOURET

```
D T D Z P Y C D O P M D O O F I L
E A F L W Q H É H A O N Q K L N W
M B M F X X A S N D N L E K H Q Q
A O F A T N N E H P T D T L J W D
N U M V U V C S P V E O E D V O O
D R D X S X E P Q R R F N T X B M
E E S I R K U É L D O Y T E H O O
I T E O F V X R Q X S F E U T X U
D M M N Z F B É Q S U T I B C R V
A O B I J V É E S Y R A Z T Z P E
L F L X S Z F R E T E H C A E Y M
A Z E E H Z E Y E N O P P Q I R E
M C N M É T É O R R C S I O O A N
E Z T P T W V O I O P U R R Y F T
P E R S O N N A L I S É E N Z T Z
```

Puzzle 137

```
S A N C Z B T I L B R R O S Z N N
U D E N T R A Î N E U R B B Y M X
C M R S F A B R I Q U E R U O M A
C E E Z A X H É U W O R G V K P C
È T N G Q R B T V O F B S U R R A
S T Y Q Y E O I Y O M M J T L O L
E R E I L P U C A B T O R N X P C
K E J Q V Y E A O A E N U E J A U
A V B R U F U P V M H A L S I G L
V S M J G A X A N H P T N S G A A
L N N D U U L C B S Q A V A H T T
C H A R B O N I W X O R G P W I R
X Y S J Q N A B T J H O K N L O I
C O N T I N U E R É J D P I O N C
P O U S S I È R E R P M H Y X N E
```

SUCCÈS
PLIER
CONTINUER
COMPAGNON
FOU
NOMBRE
ADMETTRE
LUGE
AMOUR
JEUNE
CAPACITÉ
BOUEUX
PASSENT
ENTRAÎNEUR
QUALITÉ
CHARBON
CALCULATRICE
POUSSIÈRE
FABRIQUER
PROPAGATION

Puzzle 138

INSTANTANÉ
MEILLEUR
LORS
INTÉRESSANT
TROUPEAU
ÉVÉNEMENT
ARBRES
BLEU
SOCIÉTÉ
MOIS
FUITE
AVENTUREUX
SOUDAINEMENT
COMMENCENT
PENDANT
HEUREUSEMENT
VEUT
PUTOIS
JOUEUR
SIÈCLE

```
S I O T U P L O R S I C M S A E H
J O Z N E O E C K H N O O O J Y E
H A U A L S J W Q O S M I C I V U
Y T S D B F A U B M T M S I B X R
G S A N A A P V T I A E T É V L E
J X W E T I U F A T N N R T V M U
S U G P D S N I K W T C O É F E S
E E M T G L I E D Y A E U U D I E
A R B R E S J È M P N N P J J L M
C U F G A D N O C E É T E D I L E
T T W L C S Z K U L N I A N X E N
T N E M E N É V É E E T U E V U T
E E Q B A O O G J J U P J A I R T
M V R Q P T N A S S E R É T N I L
F A A U G N M H A R N M S Q G F L
```

Puzzle 139

```
G E C R Q E L D W A R U Y S M H V
M A M N H D E G R É A V Q É I F L
O C G I Q L S N W R Q O C R Q M T
U W D N Y R U I N Y O Q A I P S R
S A U C E E T X G O I X W E E W G
T O S C U R T W V R L D E U I Z E
I K E S J I R I S Q E O B X G B H
Q J N R I P O N Z E V B C P N Y R
U T G Q C S U K F F U Q X U E D P
E A A N I N T A C I L É D G D I O
C N T F T I O E C N E U Q É S R R
M T N Q I A M J R D T E H Q M E T
F E O N A V I G U E R L N H W C É
A M M C F F O U R C H E T T E T T
E E X S C A N N E L L E F I X Y Y
```

ONZE
DÉLICAT
CANNELLE
GAGNER
SÉQUENCE
MOUSTIQUE
DIRECT
TRUCS
MONTAGNES
COLONNE
ASSISTER
SÉRIEUX
PORTÉ
DEUX
DEGRÉ
PEIGNE
FOURCHETTE
NAVIGUER
TANTE
INSPIRER

Puzzle 140

AVAIT
LONGUEUR
ANCIEN
RIRE
CRISE
GRISONNER
TRAITÉ
BATTRE
CESSER
BEAUCOUP
DIT
BOUTEILLES
NAISSANCE
ÉTEINT
VERT
CASSÉ
ORTEIL
TRANSFERT
CYGNE
SCIENTIFIQUE

```
T I P D C A D C F Q L G T C I S G
R Y S C E K N R X Z R I R E I T R
A N X A S M N C T B A H E T S K I
I V I S S Q D T I D W I F T Q P S
T E Z S E S I R C E C E S N R U O
É R L É R F A E Y R N O N I U O N
W T B O U T E I L L E S A E E C N
C Y G N E N C L Y R I V R T U U E
C J C B Y A X O S A B V T É G A R
Z G V O I J V R J M H M O C N E J
S W F I W S L A L H T Z O X O B D
G X M A D D S I I B Y T C H L I W
N A I S S A N C E T I D N Q U Z S
B A T T R E F A I K E J J N Y B P
S C I E N T I F I Q U E U L N C P
```

Puzzle 141

```
Q Q M D I E B K S G P S A F V T B
C X É É T I N U H S G Q C A Q T C
O O C R P Z S M Y Y J I T I A K R
Û W A A J R E T U O C É E S L Y L
T X N N Y J Ê G Z X Y I T E Z Y U
V W I G N T F T N E T S E R J Y T
H G Q E K T W T E V J J B X Z V S
S P U R S N U T R E S I L I T U É
I O E U Q A H C È O A V N P E E H
I J L F P I U J P Q M N C A R Q C
S Y J D D D R A Z É L P N O H W Â
S A N G A U F D G F D S E L L I F
B C U K E T P O R T É E N R K E C
O B B M Q É U O R H M T S X B C U
L Y W H Z H I Z E D Z M S P F I O
```

BOL
SOLDAT
PÈRE
FÂCHÉ
MÉCANIQUE
PRÊTE
ÉTUDIANT
SANG
UTILISER
ÉCOUTER
ACTE
LÉZARD
COÛT
RESTENT
FILLES
PORTÉE
DÉRANGER
TROMPER
CHAQUE
UNITÉ

Puzzle 142

SUCRE
CLARIFIER
RAPIDE
OBJET
IMPLIQUÉ
ESSENCE
PRIX
RÉPARATION
MINORITÉ
ZONE
NÉCESSAIRE
CACAO
SAUTÉ
MAINTENIR
ENVOI
ORTHOGRAPHE
MANTEAU
MISÉRABLE
ATTEINT
EFFET

```
R É P A R A T I O N B M C B A X T
N O J T É U Q I L P M I M C H O E
S É R C Q V L O V V Z N B W E R O
J G C T G U N V B P T O B Q Z I A
F Q R E H P O N M R S R L X N N I
X O O V S O T E J B O I E F F E T
V U N A F S G X L M A T N M C T Y
Z A Y B S U A R C B C É C D Q N A
O E P V D F L I A S A U T É O I T
N T F L C M X I R P C R T X X A T
E N S U C R E Z N E H U É Y O M E
R A P I D E P U E C N E S S E D I
T M C F M C L A R I F I E R I P N
N Q A Q U L F H Y S R P B L A M T
L J A T F B Z N Y W O M I M W S Y
```

Puzzle 143

```
B R O S S E D C L E U D A R G M O
C U K Q K M É R G L A M B E T A S
M H E R Q M B I M B T U J G N M Q
U E A V Z O D T B A O B F A E A H
I L R M M S G I S S F J Z T M N Y
C A Y V E H W Q L N U H B R E H O
C O S D E A D U T O X I H A T W B
C Z M T F I U E J P B P G P È X Y
L R M P U U L L I S X J F V L Z H
N C O F A I S L J E K X N X P W A
E C M K E R B D E R E L O V M I C
L O U R D L E I N T E N T I O N F
P O U C E S I R E N G É R I C H O
K X Q F C C A L C U L E R R G C V
P A U V R E T É R E L I G I E U X
```

GRADUEL
RELIGIEUX
RÉGNER
VOLER
POUCES
MERVEILLE
SOMME
COMPLÈTEMENT
COMPARER
CRITIQUE
MAMAN
CALCULER
MALGRÉ
BROSSE
CHAMEAU
PARTAGER
PAUVRETÉ
LOURD
RESPONSABLE
INTENTION

Puzzle 144

AUTORISER
CERCLE
MARDI
DOUCHE
COLÉOPTÈRE
ÉCONOMIE
TABLIER
ÉVITER
PEINDRE
APPROCHE
RÉFRIGÉRATEUR
PERCENEIGE
FRÉQUENT
ROSE
RARE
VÉHICULE
AVANT
CUISINE
OPPOSÉ
ÉVIDENT

```
R J I A P P R O C H E A C C B P D
U É É C O N O M I E J F J O W B O
Q J F Q D Y S Z M L B N R L A N U
K V Q R V É H I C U L E H É U A C
Q T E U I F R É Q U E N T O T J H
P N T G X G A V A N T J W P O V E
X E Z M H H É M A R D I U T R G P
P D R N T Q Z R E T I V É È I J Q
H I V C R A R E A I O O Q R S T E
B V E T E S O R S T G G P E E Q J
G É P W E N P D L O E F K P R S E
C E R C L E E N G A T U H A O E L
C U I S I N E I T L L O R U G S B
T X I O O O Z E G T A B L I E R É
Z F H D U V U P E E T P Y W M M D
```

Puzzle 145

```
A C O I V C O L L I N E J P P M T
N Z U S D E N È C S P H U A O Y R
B J U A G L R E R É G I D T U S E
P V P U Y L G B Y H Y M N T L T M
N L R F H I Z L E O D E C E E È B
U X E V M E B G M R C Q L R T R L
Z Q N C C R A U Q Z C C K N K E A
Y S D E B O U V B S U R U S M C I
S G R M Y F P R E S Q U E P U O E
P L E T N E I A V U O R T O E I N
E N C H E V Ê T R E M E N T W R T
Y W L L L M X U A E D A C J M A U
S V E R L G L L Z G V T N O K W N
W W L C O T O N N Y É L O S É D V
M É C A N I C I E N Q N W G F J K
```

OCCUPER
COTON
OREILLE
ENCHEVÊTREMENT
MÉCANICIEN
TROUVAIENT
COLLINE
SAUF
PRENDRE
CADEAUX
TREMBLAIENT
DIGÉRER
VERBE
MYSTÈRE
PRESQUE
SCÈNE
DÉSOLÉ
NÉGATIF
POULET
PATTERNS

Puzzle 146

RESPIRER
FILLE
SENTIR
PILOTE
VITESSE
PLAGE
INTERAGIR
RESTE
PROGRAMME
MOTO
PARAPLUIE
COMMENTAIRE
DOCTEUR
JARDIN
DEVOIR
DÉFAUT
NÉ
AFFAIRES
JAUNE
IGNORER

```
D P R Q D Z I H S G K S X D M Z A
N A U E D É Q D K A Y O J E O T E
A R E J S N F G N Y I D U V T U N
P A T E U T E A P R S A A O O D N
R P C P J B E V U X W E C I F A G
O L O R P C W I K T M L N R Y Z B
G U D F J I C T O C E L M T R J P
R I J S A M N E T O L I P J I S L
A E R E R I P S E R A F Y A G R A
M K E R D W D S U Z L J K U A T G
M I R I I W D E F L H J R N R R E
E S O A N Y U V L A H W L E E M T
S M N F O R Q S A H S Z N R T U P
T R G F Y Z A C Z U W A B D N P K
E R I A T N E M M O C D N D I A X
```

Puzzle 147

```
D R O I T Q I C V P B H J Q E G T
D É C I S I O N O É U A Z I S P É
D T F X X O D I I T D O A N P R L
H T T O Q J E E E R R N S N A L É
W F R F G F U P N O E H L F C U V
Z I K U Y P T X T L V N T L E C I
T H É I È R E N V E U Q S A M P S
S C X N F J P D E P O L Q G Ô W I
Z C A F S I X N R N R H O É L I O
X H E M L I T R S U P U L L P G N
Z D D A I D Q D I G J X D W I C J
J M L P U S G G V J A M O E D F S
R É G L E M E N T A T I O N N O S
V L E C H A U D E M S U S F Q T T
S O I G N E U S E M E N T W B B E
```

TÉLÉVISION
CHAUDE
PRUDENT
DROIT
LÉGAL
MASQUE
VERS
PROUVER
PÉTROLE
OS
THÉIÈRE
SOIGNEUSEMENT
DÉCISION
RÉGLEMENTATION
AMIS
ESPACE
DIPLÔME
VOIENT
SCEAU
ÉLANS

Puzzle 148

VEULENT
ARÈNE
APRÈS
NORME
INSENSÉE
ATTENTIF
LUMIÈRE
DEUXIÈME
UTILE
DIMINUER
TRAÎNEAU
BALLON
REGARD
GELÉE
ÉGLISE
CES
CAFÉ
ESTIMATION
PRÉVENIR
TIRER

```
É C E W G W F R G Q J H D I T T V
L G A Z U H G U Y A P L P U X I W
R U L F C E S E S T I M A T I O N
E C M I É G U T I L E Z O T E M O
G Y V I S I N S E N S É E P G Q L
A A E A È E M R O N Y Q F V Q Z L
R R U T X R E U N I M I D Q O G A
D È L T R I E A T I R E R A H E B
X N E E D N G E G D E U X I È M E
U E N N G E A N E K T Y T H B D U
A O T T I V P Î L A F A Q V H V T
V Q X I H É R A É T Q K F S J W A
G D I F V R È R E W A X Y U N E X
B F F M Z P S T R I P I M Z Q N L
E C W V L L E N C W W F T V K X Z
```

Puzzle 149

```
R D E R O H T O G B O Y E X E D P
I F V W Z V H Ù R E U O L R L Y A
É N U I Q S K Y A C O N G E L E R
P T T E R D R O S É D V L L H P I
U O A É U R E N K Q Q O Z X P A L
O P M B R C X I R É A L I T É R P
C L L S L E S I M E H C F A R L M
R E L U M I S G Q U Y D E I E E E
A I L T W B R S L E R M U K Q R R
A X Z D F T R D A P N Q I K Z I S
G W O B K O H O H N M O L R L O V
R A P P E L E R I T T L L R T R Q
E S T O M A C Z B B Z E E U G I M
E N S E M B L E P F Z T Q K Y T L
A P C A R A C T É R I S T I Q U E
```

DÉSORDRE
RAPPELER
ROI
PARLER
CARACTÉRISTIQUE
OÙ
ESTOMAC
LOUER
GRAS
COUPÉ
SIMULER
REMPLIR
ÉTABLIR
RÉALITÉ
CHEMISE
ENSEMBLE
INTÉRESSANTE
CONGELER
FEUILLE
TIROIR

Puzzle 150

PLUSIEURS
INVERSER
MODERNE
QUATRE
RETOUR
MENTIONNER
FUMÉE
PEU
MARQUE
QUATRIÈME
GRAPHIQUE
DÉCLARATION
DIXIÈME
ARAIGNÉE
REJOINDRE
RENARD
FRAISE
PROBLÈME
ENTRE
TITRE

```
P R O B L È M E M È I R T A U Q W
U E M È I X I D L V U C D M R I K
Z I D C R H I R E H V A X E E R A
K D D S L M U A T C R T W N T G G
M O D E R N E N Q W K M S T O V U
D U F R A I S E R T A U Q I U I W
J U N O I T A R A L C É D O R N A
H I N W O F T R U A R R J N M V S
E N T R E W Q G A E F M I N A E T
V A C N K L O E W I I F G E R R I
P J H J Q F U M É E G S L R Q S T
M E U Q I H P A R G K N U P U E R
V E U R E J O I N D R E É L E R E
R N F Z F A T W F O X I N E P N U
Y T X B H J I N U I J A C K D V Q
```

Puzzle 151

```
P S S T B A U R E I L A V E H C S
R A Z U I Z R U E T X R S G O O U
I U C H O C O L A T U J C J B M P
M C N I A R R E T N A J E F J P P
A I T Q K I T H S E E L M F E L R
I S R D G R G A R G S Z C C C I I
R S N O K V C V L I I U B É T Q M
E E M Z W U F Q W X O H T U I U E
D S J B M O C I T E H H Y T F É R
R V K N T C A C S D W N P Y G I T
R È G L E É Z E H S O Y I H W H P
U W M C Q D Q L M E A E Q U D V B
U Z Q D E M I L Y C M G U W M M Z
T V X B H M O E K U L I E É M R A
L Z E W Y Y L D K P G D N R T V K
```

TYPIQUE
ELLE
EXIGENT
OBJECTIF
DEMI
TERRAIN
PUCES
CHEVALIER
ARMÉE
PRIMAIRE
CHOCOLAT
SAUCISSES
OISEAUX
COMPLIQUÉ
SUPPRIMER
RÈGLE
TROU
ÉCLATER
DÉCOUVRIR
CHEMIN

Puzzle 152

TULIPE
TENDRE
MIEUX
BIBLIOTHÈQUE
COQ
PRIS
SEUL
COLONS
HÉSITER
IDENTIFIER
BEAU
ŒUFS
OFFRANDE
FOLLE
PLANCHE
GENOU
MERCI
PERSONNELLEMENT
CIRCULER
HABITUEL

```
H H F T V L H M S U T K H F K M O
O É A T E N D R E L L O F H A E F
Z O S B K T N K P L A N C H E R F
X T N I I D E N T I F I E R C R
M Q O C T T T U L I P E J M X I A
D D L B W E U Y I P R L S M S I N
G J O Y J U R E M J R O E I K B D
C B C D G G V V L C Y I X E Z V E
R P J B C I R C U L E R S U L H B
W W H E H G D J O A D H F X D V I
M C A A Z S R B V P P T U O N E G
K H N U H T L A B M H O Œ T V U Z
P E R S O N N E L L E M E N T W S
V S V U C Q J P P J S S E U L P A
B I B L I O T H È Q U E B G R N V
```

Puzzle 153

```
J K N O D G E L L I P T I Q U E N
U L R O T R X O N P S M T P A X X
E C G U E E I G O L O N H C E T M
L K G R B N I V C E X O E G C R R
O É S S U O P X O T F R B Z O V É
O F A G C U P N N G Z É C O E J S
G R A S O I P F S H G H K R U C U
L R D K E L P V T G I O D S R I L
G I O I W L B É R T N O C N E R T
L V M S N E H R U Q F R N O I V A
A W Y I S A A R I Q F M H S R S T
N X L R T I T B R I Q Z R H R S V
D V Q G W E E E E F K X G H U S K
S N W S X U E R U E H G G P O U L
Q C L X Y H Q V S R E H A I C M W
```

POUSSÉ
HÉRON
ELLIPTIQUE
RÉSULTAT
GROSSIER
AVION
HEUREUX
CONSTRUIRE
TECHNOLOGIE
DOIGT
LIMITE
OURS
COURRIER
TEL
RENCONTRÉ
VIN
COEUR
GLANDS
ORDINATEUR
GRENOUILLE

Puzzle 154

USINE
DESSINER
APPLIQUER
BRÛLER
CONFONDRE
CHEVAL
DÉFI
NOM
SE
CURIEUX
PATIN
CASSEROLE
RISIBLE
ASSIGNER
PLASTIQUE
AUGMENTATION
DÉMONTRER
TRISTE
QUI
CE

```
A B I J E D F K D Q F B W I Y X J
U W M D W R E R T N O M É D B Y U
G U T Z A G N S T N N S P C D T M
M D C E U Q I T S A L P C L L L X
E M E L B I S I R I F X I J N Y Z
N W R O D F U S E N N U I Q H N Q
T E D R F É E K D S I E C I H F V
A D N E X D T K A K T I R Q N W Q
T H O S T N O R Q S A R E U N Q U
I P F S B R O U M M P U N Y N X I
O X N A H A I M H F E C G X C O K
N A O C G M D S R E U Q I L P P A
D R C D K F C N T O L P S P B T G
B R Û L E R L I Q E Y F S M C D P
G R D Q O B I U H D M L A V E H C
```

Puzzle 155

```
O O G A D Q Q Q R T N W B B M E C
W P J A D R E S S E Y M C H W N L
A W U F D Y Y T M U K R U F J C P
R P É R I O D E A P S T Y K E O I
F E T T O R A C D D O B U X U R M
H I V J O C U E X P R I M E R E V
É N P E A M I L K N É U D É Ç U O
R T D R N P H È B L C C K A J L M
R E E O É I Y D B W O N P B Z X D
A R V H R S R I S T N E M E T Ê V
C N H D C I E F F C I O T E M P S
T E Q B Y A K N H O H B D S A R U
S U G G É R E R T N R J Z S K N G
G F J N X C E N T E V I C T I M E
E X A C T I T U D E K H X Z Y C X
```

CENT
PRÉSENTE
REVENIR
VICTIME
ADRESSE
SUGGÉRER
CARRÉ
VÊTEMENTS
CAROTTE
ENCORE
EXPRIMER
EXACTITUDE
FIDÈLE
TEMPS
AMI
PÉRIODE
RHINOCÉROS
INTERNE
DÉÇU
ACHETÉ

Puzzle 156

BRILLANT
ENFANT
FENÊTRE
ACCORD
GLISSEMENT
ANÉMONE
INUTILE
FINITION
CENTRE
RÉCEMMENT
SCÉNARIO
CACHER
BANANE
ORDRE
EFFONDRER
TAMBOUR
SAULE
LAMPE
RIVIÈRE
EXERCER

```
H J S B A Q B R E H C A C R D A G
W H M C A M H I É X Z T S E L C L
T G L Y É N P B V C O T Y C V C I
A M C B T N A F N E E R D R O O S
M C R O P F A N U X L M A E F R S
B E H L K I R R E I I B M X M D E
O N T K Y N I E I J T F V E T S M
U T S Q X I V R P O U E X N N K E
R R F O L T I D W C N N H O A T N
K E E K V I È N T S I Ê C M L B T
L A M P E O R O S M E T V É L A P
O P B E L N E F V P A R T N I K L
U Y S K U S M F U K J E D A R Y X
C Y R F A G U E Z G L C P H B W Q
M H B N S H Q T Y A U A R J G R T
```

Puzzle 157

```
C P G F F R T A C F X C Y D A N M
O M R É R A P É S B A H A G Q A G
M É O L X B I E L L W I I R I E X
M T S I D E R D N E V M E N N D Q
E A E C L E Ç O N S F I U O G E U
N T I I Q D N S F O N T R I R G T
C O L T P O I R E A U E O R I K J
É Z L E M R O N É A U R U S S D D
T S E R T I M B R E U R T D I P P
P E U T R R I O Q Z C T E J I V J
U M M A W A S E W U R E O W L Z J
K U A K Y P I W F E Y U Z R C F L
C H E V E U X S D Y T B O M I H D
G A N G O X K U I W P G O I I T X
W U Y H H B C T C N Q I N G D K É
```

ÉNORME
LEÇON
NOIRS
GROSEILLE
SÉPARÉ
ROUTE
VENDREDI
POIREAU
COMMENCÉ
IMITER
PEUT
CARNET
RAISIN
FÉLICITER
AUTORITÉ
CHEVEUX
ÉTAT
TIMBRE
GRIS
RUE

Puzzle 158

CRABE
COCCINELLES
OCCASION
PORTE
APPRENDRE
TOUTE
HÔTE
DIRECTIVES
MONTAGNE
SOIR
POSSÉDER
PASSER
HERBE
EST
LILAS
JOYEUX
VÉRITÉ
POLICIER
PISCINE
TIGRE

```
H Y W Q Q B S S M X W D T R M K T
P O S S É D E R O R V L N Y U E O
J H O P H Y T B N O I S A C C O U
A O Z Q Ô P R Z T Y S O L Q U C T
P C Y O T V O G A E P A S S E R E
P Z P E E Q P Q G M M Q U Y B E M
R S X F U K E A N K H R O C A I B
E C Y X K X S N E I B R H S R C X
N S S P E S T X I Z M P J W C I Q
D M F V É R I T É C V F F U R L V
R W G D C X Q T F D S K Y M G O P
E T I G R E Z F Q F H I N H F P Z
H E R B E T F L L R P D P V X Q X
D I R E C T I V E S L I L A S A M
O M C O C C I N E L L E S H B E T
```

Puzzle 159

```
O J G V O U T I Q A R C Z O R L L
E K C Y Z B R M H A O I X A V R G
L Z K R J A W J L W N V G J V W B
C S E M Ô T N A F A P L E I E K Y
N A T U R E L N M X X I Y U D A I
O X X S N Y T R É S I S T E R E R
U D E P O M M E O A X R A U H L R
O B T Q B I L U J P G E G Q I S É
R L Z V X L N V Q O N P R N V C G
B X E M D X O T L Z R U E A R O U
H K B T N V S E É T É P S M É L L
P C U W B G O G N R V E S Z S A I
S A V O N N E U S E Ê H I X E I E
L Y C R S V H R N F C T F R A R R
Y Y P S L A E G B C U I R E U E K
```

NATUREL
PERSIL
PROJET
ONCLE
POMME
VUE
FANTÔME
IRRÉGULIER
RÉSEAU
PAS
SAVONNEUSE
CUIRE
ÉTÉ
TEXTE
INTÉRÊT
AGRESSIF
MANQUE
RIGIDE
RÉSISTER
SCOLAIRE

Puzzle 160

POLI
DEHORS
QUART
RIVAGE
ONT
CATÉGORIE
DEVENIR
MESURER
NOS
LIBRE
ÉCHELLE
FACILITÉ
ADOPTER
DAUPHIN
IMPORTANTE
LATÉRAUX
COURS
ÉTROITE
MOYEN
GRÊLE

```
N I H P U A D H S L R G A Y U Z M
N N E Y O M A J E V A I O K J B E
U N L P E L L E H C É T B C R J S
X W Ê Z A X I I L D T R É Y J I U
U R R E L R A R Z E I A F R Q L R
C M G T F D D O F V L U K M A M E
G O M I I Z O G L E I Q Q O F U R
P Z U O N T P É I N C W C B U Z X
P O K R V N T T B I A N X Y R C O
W E P T S W E A R R F N O S O E N
K N T É K C R C E G A V I R Z T T
P C M V X D W L W R S K W Y P I V
G L T J P S L S O R H G F L L B T
I M P O R T A N T E D E H O R S Y
U M W E K A S S F W U R L X K P V
```

Puzzle 161

```
T U L T C R T Â C H E P T I T E Y
U J I N O L A T N A P O F L O M O
V A I C M J P A N T H S N A M D R
N B R T B V Z U G G Y I I C B O N
I R J T A R V U R F M T U C È U T
S S V R T U U F T G G I S U R L L
N Y E É M Ô L P I D E F C S E E U
I C S R E L É V É R G B N E N U I
O Y E T N O P A V O C A T R T R N
M F H N È R Q S P J A S Y C A X T
I W C E B M F B S E L L I U E F N
R E H C Â L E R R Q B E P O R K T
G W T N A D N E P É D N I N P G N
E G N O P É N Z D C Q K O T I D F
B T K C Y M D X R W P F N B E Y Y
```

ÉPONGE
DOULEUR
FEUILLES
RELÂCHER
LAC
TÂCHE
TOMBÈRENT
DIPLÔMÉ
ACCUSER
CONCENTRÉ
COMBAT
MOINS
SYSTÈME
PONT
AVOCAT
RÉVÉLER
POSITIF
PANTALON
PURGE
INDÉPENDANT

Puzzle 162

CONTRASTE
THERMOMÈTRE
TRÈS
CONSERVER
RÉACTION
BALCON
TASSE
DÉTRUIRE
RAISINS
BROCOLI
ÉTRANGÈRE
CORBEAU
LANGUE
CONFORTABLE
BÉTAIL
FUSÉE
MAGNIFIQUE
NARRATEUR
DRÔLE
NI

```
D N G D O O N T B C W Y Q H R E Y
É F E U G N A L A O N P L J W X H
T R A C H G R K L N W N M S I G X
R É F O I B R E C S K J D R Ô L E
U A E R N F A P O E È U O R V I C
I C L B L X T A N R S R F T B A O
R T J E K N E Z X V D S T A F T N
E I S A J F U H B E U Z Q S D É T
J O N U F B R F I R S R G S S B R
O N I B R O C O L I P K B E P S A
F U S É E M A G N I F I Q U E N S
P A I É T R A N G È R E W W X I T
O F A C O N F O R T A B L E N G E
M H R T H E R M O M È T R E V K M
N X V V I O V Q A S Q T G H I O H
```

Puzzle 163

```
W  Y  B  B  J  D  V  Q  W  N  M  L  R  D  E  J  K
O  Q  Y  G  T  Z  A  E  Y  U  Y  X  L  S  G  U  D
V  B  N  Z  N  N  Q  W  T  T  D  X  H  F  X  P  K
É  V  T  N  E  M  E  S  U  E  R  U  O  L  U  O  D
L  E  Z  E  R  I  U  D  É  R  E  A  V  W  F  M  F
O  R  V  R  N  E  I  H  C  Y  L  M  P  R  Q  Z  O
W  S  X  R  W  I  D  O  E  Y  L  I  E  U  D  H  U
P  É  R  E  I  E  R  N  E  Q  I  N  W  E  L  T  R
U  R  U  U  E  C  M  A  U  D  E  A  P  T  N  P  N
O  V  U  G  C  B  G  B  F  K  V  W  M  C  N  C  I
L  Q  E  N  N  O  R  U  O  C  R  Q  N  U  H  P  T
F  C  B  Q  E  G  A  R  D  É  U  Y  C  D  U  Q  U
F  U  R  I  E  U  X  G  I  T  S  A  T  N  N  M  R
C  O  U  V  E  R  T  U  R  E  B  U  H  O  P  T  E
D  I  S  P  O  N  I  B  L  E  B  W  Y  C  Y  W  S
```

ANIMAUX
OBTENIR
VÉLO
VERSÉ
CONDUCTEUR
PRUNE
COURONNE
GUERRE
SURVEILLER
FURIEUX
FOURNITURES
LOUP
GARDÉ
DOULOUREUSEMENT
DISPONIBLE
COUVERTURE
RUBAN
RÉDUIRE
PLUPART
CHIEN

Puzzle 164

SERVIETTE
AMICAL
POURPRE
ESPOIR
POUDRE
LISTE
ENSEIGNER
DÉPLACER
TIR
FAUX
POUSSIÉREUX
LIRE
MOIMÊME
SÉJOUR
CONFIANCE
VISITE
FOURMI
CONCOMBRE
GIRAFE
BRÈVE

```
F  S  I  B  K  N  C  S  L  R  T  E  I  Y  E  R  L
Q  D  E  V  N  V  D  L  A  B  X  I  R  P  N  B  I
S  Q  X  Z  Z  T  A  B  C  I  O  C  R  O  S  O  S
H  K  U  A  S  E  R  V  I  E  T  T  E  U  E  C  T
N  N  E  O  K  M  R  H  M  Z  C  U  V  R  I  O  E
V  M  R  W  B  Ê  V  D  A  Y  W  Q  È  P  G  N  D
U  R  É  A  R  M  X  X  U  A  F  C  R  R  N  C  T
X  D  I  G  P  I  E  S  P  O  I  R  B  E  E  O  D
O  O  S  W  K  O  L  I  R  E  P  M  I  Q  R  M  W
Q  Q  S  S  I  M  R  U  O  F  Y  X  V  V  G  B  N
C  S  U  F  C  O  N  F  I  A  N  C  E  I  I  R  D
M  Y  O  Y  U  Q  K  J  P  K  V  M  D  S  R  E  S
D  É  P  L  A  C  E  R  U  O  J  É  S  I  A  N  R
H  Y  Z  Q  J  P  F  T  M  D  Y  B  U  T  F  C  O
Q  F  Y  D  C  F  P  U  G  A  C  T  F  E  E  A  E
```

Puzzle 165

```
A A S D E I P D C P P M F F D U B
P N L J I E J N I R Y L F O É Y C
D I A P G F H B R O U U J L P Y J
R I D N A E F N T P G T V X R D G
X H N S A R E I X R Z Y A U I A F
Y D C G S S R V C E C S E M M O H
C X M Ê M E U G Z U V Z V S E L B
H J A M B E T A F W L J N O R S D
A A E K H T N È C R É T N Y Y E L
T Q O D V S I G N U R K É E R T Z
O Y T Z X I E H C A O I S U G Ê Q
N W U B R T C G H E L B X X Z P S
Z P A Y E R S K J R O P C H A M P
H N E L R A Q U Q U C H È R E E O
C O C H O N W K T B S G T C B T P
```

PIEDS
ANANAS
MÊME
CHÈRE
DÉPRIMER
DIFFICULTÉ
JAMBE
ARTISTE
CHATON
BUREAU
COLORÉ
PAYER
SOYEUX
PROPRE
TEMPÊTE
CEINTURE
HOMMES
PLANÈTES
CHAMP
COCHON

Puzzle 166

DEPUIS
CAPACITÉ
LIÉ
GÂTERIE
GÉNÉRATION
PERDRE
HEURE
FAUCON
CORVÉE
RAPPORTENT
NIVEAU
EXTRÊMEMENT
RAPPELLE
RETRAIT
BOISSON
RECUEILLIR
GLOSSAIRE
SIÈGE
CONGÉ
INVESTISSEMENT

```
G G I N V E S T I S S E M E N T S
L B É R A P P O R T E N T É P N B
O O I N L V Q Q E R I R E V Z E N
S I L R É E D Z Z C H E U R E M P
S S T S S R U O U O U Z N O G E L
A S B O Y D A Z T N Y I P C È M C
I O U E I R E T Â G F B V Y I Ê A
R N F O P E V D I É A A M T S R P
E G W M S P I G E O T S U T Q T A
A A H Q V C N F C P N D K C S X C
R E C U E I L L I R U K B E O E I
R A P P E L L E B J X I E R O N T
D C N H R E T R A I T A S T R Z É
J H E H Z H I O M L Z V A M M Q U
J E R K J J P A F M X M Z P C L F
```

Puzzle 167

```
F V U V O I G Q X I F D W H T M D
N T I A R R U O P C O N F I A N T
B R N E R I O L L I U O B X Y P P
C R I E R E C N A S S I O R C H A
É Y Z G M R C B P H N V S X Z O C
V V W A Z E U O G A N M I W V T I
A S A V X S L E N Q R W O D E O F
L B G U L S E A L N U F F G W G I
U Î V A U O S G R V A L A Y A R Q
E L J S K R H X N É E Î M I Y A U
R E R F F B V E Y B N U T K T P E
S O U V E N T K Y R N É N R V H V
S K F O N D S K T O A J G R E I O
P R É C I P I T A T I O N S S E U
B B K U A O U J Z B Q F K B F Q S
```

PARFAIT
ANNEAU
BROSSER
SOUVENT
BOUILLOIRE
SAUVAGE
PRÉCIPITATIONS
GÉNÉRALEMENT
RECONNAÎTRE
PACIFIQUE
POURRAIT
CROISSANCE
ÉVALUER
VOUS
CONFIANT
CRIER
ÎLE
SEL
FONDS
PHOTOGRAPHIE

Puzzle 168

RYTHME
PARMI
APPEL
CIRCULAIRE
PRONONCIATION
MÉMOIRE
SAVAIT
GRAVITÉ
BOUTIQUE
HABITUDE
SOIGNÉ
CERF
GROTTE
ENVAHIR
EXPÉDITION
TERMES
IMAGINER
ARGUMENTER
MIROIR
ENTRER

```
C Y X I P P D J J V S Y Y J W E G
S E J P A R E T N E M U G R A N Y
C T R Q R O M S E M R E T E Y V E
X T G F M N I Q A S I X M R Z A X
Y O E R I O M É M V H Y L T V H P
V R C U V N G U X D A C B N J I É
R G I Y Q C R N U M A I U E B R D
Y G R O Z I W A R Z M R T B X F I
T R C Z A A T M I R O I R C Y V T
H A U X O T U U I M A G I N E R I
M V L S I I S I O W V W K Z E N O
E I A L M O F W S B Y P V E V T N
C T I W G N S O I G N É W C J V T
S É R H A B I T U D E X Y G C T W
Q A E E U P N M A P P E L N L T U
```

Puzzle 169

```
B R F Z M L P F H K S O N Y O T D
S A J Y B H R T A X R B C U I D F
E E N C N R E R T S U L L I S X R
L L N N Y R U M F F N I A N E V A
L O I S É D V V Z R U G B J A N P
E I D X A E E X T F Q E A V U Z P
V C B A K T P K V J X A T I O E E
U U I T G H I T F C É M T V M I R
O L V C S E X O A O T M A I A R X
N F W B L P Z P N U U E C R L T A
I N S T A L L É S E D N H T L S R
R A P P O R T E R S E T E U E U O
M I T A I N E S E T S M R E T D B
V F D N Q Y L N T Y R I B L T N E
V B U X V B Q M M B A U N N E I Z
```

NOUVELLES
ROBE
SENSATION
OBLIGEAMMENT
INSTALLÉS
PREUVE
INDUSTRIE
RAPPORTER
VOIX
VIRTUEL
OISEAU
ÉTUDES
ILLUSTRER
ATTACHER
MITAINES
OUEST
MALLETTE
LUCIOLE
FRAPPER
ANNÉE

Puzzle 170

FÊTE
CINQ
CÉLERI
BOÎTE
SORCIERS
ALORS
GARS
CUISINER
ÉMERGER
INTRODUIRE
EXPLOIT
ERREUR
GENTIL
PROPRIÉTÉ
FAIBLE
FERMER
DÉCOMPOSITION
PÉRIR
PELOUSE
NOIR

```
N I T Z E A G O O L M B L S É D P
O D V V T X J N A R H G E O M É R
I Q Y M Ê V P N W P I O E R E C O
R P P Z F T D L I T N E G C R O P
T Q J D D F A F O T L U S I G M R
S D O R C H L D N I Y S U E E P I
M E T R É Z O F R C T Y X R R O É
F V N W L C R G E T Î O B S T S T
J A H D E D S Y N R K F B R B I É
U D I L R U W W I L M B B A B T I
G L Q B I M D C S H V E P G G I P
E S U O L E P W I Q W U R Q H O É
A Z J Z H E R I U D O R T N I N R
P E R R E U R L C D Z N O I I B I
B K M U B Y M Y R R A W D C K L R
```

Puzzle 171

```
D M W U S Q Z H Y N K M D O A D V
D É P N F C N X Y H X W B Q B U E
I L N G I W F M M C D O Z S U N J
V R C O Z Y L M A V Y H A U S S E
T A Y Z M W K T C L F I M P Q H H
U P E R E I R A P P A I R A G P C
Q N D R E S N E P K R D D R U C I
P I N C E A U A K Y C U E C C R R
F P O H S T J K T N E C N A L A B
I M F J S T N E M E R A R X I C J
X A O I A T Q E G E U F P M K S I
E V R Z L E L H M Q E R U E L A V
R W P L C J M Q I G R I M E F I N
C I S E A U X D Q X U I Y J W I I
G O E J I S M O Y E J A Q K J J T
```

VALEUR
RICHE
BALANCENT
SUJET
APPARIER
FIXER
MALADE
RAREMENT
CISEAUX
FIN
PARLÉ
HAUSSE
PROFONDE
DÉNOMINATEUR
CLASSE
PENSER
AUGMENTER
PARC
PINCEAU
RIME

Puzzle 172

ÉTANG
ACCÈS
LE
COMMENCER
RÉELLE
PRODUIT
SÛR
TROUVER
AUTRES
PESER
BOUGIE
TISSU
RÉUTILISABLE
ACCEPTER
TÔT
OFFICIEL
CONSEILS
SABLE
ENVELOPPERAIT
BLÉ

```
Y B S U G N A T É A C C E P T E R
U L L X Q Q C A Q F Y B F C O F P
P É P G G P C A B B E K N A D E Q
V R S Û R O È I S S L I E S N O C
S E O L V T S S E T B P Y P Y F R
U C W D E J E E D F A U Q J R F T
T N B K U A U T R E S B Q M W I A
K E J T S I N K E S I O L W L C M
Q M Q L S D T R S J L U Q Q I Z
A M M P I U R J E A I G C A Q E U
D O C C T P N H P V T I A I Y L M
S C G U H Z S G Q J U E L T Z N W
N U P B E J P K G R É O I N O W P
R É E L L E L B A S R B R P H R N
E N V E L O P P E R A I T T Ô T H
```

Puzzle 173

```
D Z L W E M M O H U L U I G N T B
L I G N E N G R E E A B B G R V I
H W L T H P N F N L R U E T U A C
Ô P I J U I Z U G E G D A K R K S
T M Q R Z H H E Y R E S I L A É R
E T G B H A F O G É U O S O C P D
L R E N N O I S S E R P M I L A E
D N A R R E S T A T I O N F A R N
H É O S I M P L I F I E R X I T T
D Y T M A I G U I S E U R K R I I
S L I A B D O N T E Y X Y G E C F
G D X E I R E S I A B Y C P M U R
P G D J J L E H B U C T R M E L I
O U C U H U C U Y F R C I V N E C
R U É E I U A W X I C Q P Y T S E
```

LARGEUR
AUTEUR
LIGNE
ENNUYÉ
PARTICULES
DÉTAIL
RUÉE
RÉALISER
SIMPLIFIER
AIGUISEUR
BAISER
OEUF
DENTIFRICE
IMPRESSIONNER
NOMBREUX
ARRESTATION
HOMME
CLAIREMENT
HÔTEL
DONT

Puzzle 174

CASSIS
LEUR
NEUF
FONDRE
VESTE
AJOUTER
CAVITÉ
VERROU
COMBINER
CROIRE
EXPLORER
NATIF
TENDU
DIX
POURRIE
SÉRIE
COMPTER
BOXE
TENDREMENT
MORSURE

```
S P C X S P T V E S T E W F I N V
V N O F V E R R O U H P B L G Z M
Z G D U E S Y B C X Q K O L E R X
N P P D R E T P M O C J X V S U M
A L A N E R E T U O J A E H Z B R
T S A E Y X I D N E U F B S C C M
I I É T L T N E M E R D N E T R O
F S G R N U Y P F X F T C O R O R
Z S O Y I C E Y O X Q X A U N I S
N A A Z C E V E N Q Y C V A F R U
O C Z E E C R Z D L Q Y I Y U E R
E X P L O R E R R A P J T X W C E
C O M B I N E R E B L U É H X T M
V V T S O V L Q T A Z X A V G Q M
E P O G Y M M H U V B P L G B L R
```

Puzzle 175

```
E Y N D O I T F L I I W E A Q É H
Z K L C I D A L Q E L M W D Q P A
X U E L L E O M U O Q V W D P O R
I D C O N V E N A B L E M I J U I
P N O I X E N N O C H X R M Q V C
N E T L M D N B O T I T Y X D A O
E T N E U Q I D N I F S M R B N T
V T R R O A U G C I O D M J T X
D A O U S C M T V Ô C T R E N A Y
A J U T A O E F U T H C Y Ê F I L
H P E C W X D P G É V I R P T L C
D S K E E I Z T T S M A T I N E L
A P X L W D Y R L E N N O S R E P
U L H O B H J Z Y G R F G Y Q N V
V P A S C O M M U N A U T É T H É
```

THÉ
DEMAIN
ROUE
PRIVÉ
CÔTÉS
INDIQUENT
FORÊT
INTERCEPTER
ATTENDU
LECTURE
MOELLEUX
SOL
COMMUNAUTÉ
CONVENABLE
DOIT
ÉPOUVANTAIL
CONNEXION
MATIN
HARICOT
PERSONNEL

Puzzle 176

LUNE
ANCIENNE
ORTHOGRAPHE
EXTÉRIEUR
JURIDIQUE
AUSSI
ARGENT
DONNENT
MINEUR
LIBELLULE
NOËL
PEUR
ÉTREINT
PROBABLEMENT
ARRIVER
MARRONS
ARME
BEURRE
AJUSTER
ÉGALE

```
I T W X T R V A W C M I N E U R É
Y N O Ë L Z M J P H T O P F R J T
B F E P O M M U Z E R R U E B U R
X F Q O C T I S Y L U E O N K P E
M A R R O N S T L A M R R N S R I
O H G J L E L E J G S E T E P O N
A Y D X U G H R Y É I V H I L B T
D L U N E R D I L H R I O C I A N
A Y X H K A I K Y V J R G N B B E
A E U F Q N Y D Y E C R R A E L N
D U U K T Y C T I H D A A A L E N
A V S B C Z F A O Q I J P R L M O
D B Y S T U R U I S U Q H M U E D
L K F Y I G I M H G Z E E E L N U
E X T É R I E U R N D H Y A E T H
```

Puzzle 177

```
P S C H O U B F C X J T R I A R O
Q R E I N J P H U D P Y W W C P G
A U O M X O G J M C L G E A E U U
Q E W D T N E M I T N E S B I I R
D U L B U É T E N D R E U G L L E
D Q L A T I P Ô H C J F U N U M R
V R C C I E R G R F G E P C N Z E
I A C Y B T N E M I T R O S S A S
U M O H T T X C P F L R D U F J S
A X Y F I U J H E R D N E F É D E
C U U Y Z O C A X O N E I G E E N
W R J L V G T E N I A T N O F E T
F R O N T I È R E D I V A O R A I
R E S P O N S A B I L I T É X K E
P R É P A R E R N A V I R E C K L
```

CHOU
FRONTIÈRE
PRÉPARER
SENTIMENT
DÉFENDRE
ÉTENDRE
MARQUEUR
VIDE
CHIOT
HÔPITAL
PRODUIRE
GOUTTE
NEIGE
ANNUEL
RESPONSABILITÉ
NAVIRE
ASSORTIMENT
ESSENTIEL
FONTAINE
FROID

Puzzle 178

ASSIS
PROPRIÉTAIRE
SOEUR
POIS
HISTOIRE
MERLES
BORD
ATTAQUENT
SUFFISAMMENT
DENTISTE
SOLEIL
TAILLE
REPRÉSENTENT
MÉDECIN
ARRANGER
RAPPORT
LÂCHE
GENRE
MIGNON
SOMBRE

```
S M T F S E L R E M U R A A R U D
P É N E O S A J A N U Z T R E G E
R D V Y E O E S N K T S T R P W N
O E S D U M Y L S O U U A A R Q T
P C N F R B O R I I G F Q N É K I
R I J B E R E Q T R S F U G S D S
I N V O W E M O L Y N I E E E S T
É G E R I O T S I H A S N R N Z E
T F R D G X A Q E H J A T C T Z H
A X N Q D M V M L M T M R W E L C
I T E L L I A T O I A M O W N R Â
R C G S X H L W S G P E P G T Y L
E H E O P O I S M N C N P I J T X
U N T T N S J Q C O F T A R G N A
C N D F D I V N M N T Z R J Y X J
```

Puzzle 179

```
I I V Z S Y B Y C S P P K H F X P
Z O Y R C Y C N O Y A R C I W C Y
E X A C T E M E N T H E U P P J P
Z D S I M P L I F I E R I P R K Q
S W U S D E E Y C G U E L O O M B
I E Q P B É O G X K V I L P P N K
S C È N E G P Z X T Q P È O R D W
O N S M E U G R R M B M R T I É U
H L I E U C C A I I J O E A É C T
P E R D U O S A L M G P R M T O P
V T U R P H I A T O E I F E A U A
C I Q V U C K N C N P R D S I V T
M A I N T E N I R T O D K E R R D
C O M I T É O H G W D R N S E I Q
É P O N G E R D N E T T A D D R Z
```

CRAYON
CUILLÈRE
HIPPOPOTAMES
PERDU
EXACTEMENT
POMPIER
ACCUEIL
GALOP
COMITÉ
CHOC
ATTENDRE
MAINTENIR
SCÈNE
DÉCOUVRIR
RIGIDE
VUE
ÉPONGE
DÉPRIMER
SIMPLIFIER
PROPRIÉTAIRE

Puzzle 180

CAILLE
JUGE
SOUMETTRE
CHAUD
QUAND
SILLAGE
ILS
SUR
BOUEUX
CHAQUE
DÉRANGER
SOLDAT
ÉLANS
ESTOMAC
DEMI
COCCINELLES
CHÈRE
ROUE
ESSENTIEL
RAPPORT

```
G Y J C O B R X A R L Q B M T C T
T W U N O R J X H W E X O Q C H X
T Z G D C I W P H R I K U N O A Q
S E E D R A P P O R T Z E A C Q B
D I R Y F U M V P D N A U Q C U H
E É L K G I W O P J E E X J I E A
L Q R L I R U S T V S L I A N F C
I G S A A F I K A S S L R J E W P
X R U W N G C E D N E I S Z L X P
H K R C B G E D L A Q A T M L R I
D E M I H Z E D O L F C O S E G A
C H È R E Y B R S É R O U E S V Q
N T T L I P N E S O U M E T T R E
Z V U F T U A G C H A U D C P P X
Z A O P U M H K X R A V T Q X I H
```

Puzzle 181

```
G E T A N N É E D I A J T G B D A
T L S V N F Q F E D X W N N U Z J
R N Y É R T N E C N O C F Q H T X
Q É I R S N Y G N S L U J R W H R
A J G D L O C P O C Y X U U S J U
F Z G I I F V C I N S A O B E N X
Z R L S O C N H T Q V Q N H I D U
U M O N F N U E A É U G I T A F A
W E O M Y J L M M S S E S U C X E
E R M N A E D I R H D N Y A F P D
O L Ë O N G D N O F C R Q F G U I
H E Z C W N E É F R C E N É B Z V
N S F N F Q P E O O S T N D P Z A
I L L U S T R E R Q N X F E J Y F
F L P M A U X O G P P E W N Y B C
```

CHEMINÉE
RÉGION
EXCUSES
FROMAGE
FOND
VA
AVIDE
AIDE
FONT
FATIGUÉ
EXTERNE
FORMATION
MAUX
DÉFAUT
TYPIQUE
CONCENTRÉ
ANNÉE
ILLUSTRER
NOËL
MERLES

Puzzle 182

PROTÉGER
URGENCE
GOÛT
PRÉDIRE
BLOC
ADULTE
MENACE
PERCENEIGE
BALLON
ASSIGNER
RAISIN
POLICIER
CATÉGORIE
DÉTRUIRE
CONSERVER
CORVÉE
LIÉ
IMPRESSIONNER
THÉ
FONTAINE

```
D D M G X G D W A R J T V I Z F J
J É J D A G N M E E T L U D A I D
C Y T J L P X Z N N I S I A R C H
O Z C R P W Q F O N T A I N E J T
N H A N U E N C L O B Û V Y G Z D
S L T C P I F X L I U T O R É H X
E C É T O I R U A S K L L G T H U
R O G S L A Z E B S P N T Z O K T
V R O T I T J Z C E C N E G R U H
E V R I C A J I D R O V T E P N F
R É I L I Y O S Q P L L M C S B H
J E E U E C A N E M B Z K Q S C V
E B K S R P R É D I R E F Q L H L
C A S S I G N E R H Q A N N T Q Z
P E R C E N E I G E A J Y G Q Q X
```

Puzzle 183

```
A Z U N U X V Q É D O M A A L E D
V Z Z J W A P É D M G Y U Q F K M
O E I G Q R S R R I R R G U R B J
C I U C R C L G A I Z S M S H F N
A W H B N T B E G C T C E V È R B
T J R O I I P D E D H É N T C I P
C T W Y U Q S U R M I H T X A A R
P Ô R O D U E O N U K O E E O M É
L M T O R E E N C O R E R N U O C
A M R É U L U D I Q U E E T T Y I
T Y U K S V D É Ç U J Q U E C E E
P P R I M G E A B T U M E N H N U
A X V X F Y H R N S Q N P D O R S
P H O T O G R A P H I E D U U L E
D U O M P D X E X Q Z L T O C T R
```

PLAT
NOEUD
LUDIQUE
PRÉCIEUSE
REGARDÉ
ENTENDU
ARCTIQUE
CAOUTCHOUC
DEGRÉ
ROI
DÉÇU
ENCORE
VÉRITÉ
MOYEN
AVOCAT
BRÈVE
PHOTOGRAPHIE
AUGMENTER
TROUVER
CÔTÉS

Puzzle 184

ÉLÉPHANT
MODESTE
NE
TOMBER
LAPIN
ÉPINARDS
NAGER
DRAPEAU
AUTOUR
DESCENDRE
SAVOIR
QUALITÉ
LOURD
CES
CACHER
FANTÔME
ESPOIR
NOMBREUX
TENDREMENT
ÉTENDRE

```
Q X T N E M E R D N E T P N K É É
S A V O I R J N E E Q L U A N T P
U Q O A B R K O H L S H A G Y E I
L K L L G U F P H O E C T E U N N
I B Z N E S P O I R C O E R A D A
U Z O Y J A I T F R D D G N J R R
P K K Y R L F Y Y U K R Q O D E D
C A C H E R E B M O T U A X N R S
L B V G T M S P K T B O S P K N E
A B K N S B Ô L C U M L P Z E G S
P D I W E R P T N A H P É L É A U
I O Q Q D D K Q N L H F C B P V U
N H W Z O X W H Y A Q U A L I T É
D M V X M A P Q V Y F M J B A Q M
N O M B R E U X C U J R T C T G Z
```

Puzzle 185

```
E Z U I Q P A J M I V X T R T M E
U E P C I V T P Q P U C E S R O A
A S U U T B F W P L U P P D O E C
E D I O F A Ê D D R U K R I I L T
B É V I R P T T L E O I I O S L I
R C B E X Y E I S S L C C P I E F
O I W T R N Z M E S Y I H L È U H
C R U I K S Y A P A F T M E M X W
A C D R A C A L P P U D T P E X Q
N U N E U L O I J L P U W M B P T
X L E U B Q V J R G S R W Z L A Z
L E T G B D V O C E M Ô L P I D O
M R T R I S O Y V M P O R T E T Q
K X A A D D S Y Y D H J J E Z R U
Z O J M Z O R B X Z B G P I C X O
```

LUI
PAYS
PLACARD
TROISIÈME
MARGUERITE
ADVERSAIRE
ACTIF
POIDS
APPROCHE
DIPLÔME
PEU
PUCES
CIRCULER
PASSER
PORTE
CORBEAU
FÊTE
MOELLEUX
ATTENDU
PRIVÉ

Puzzle 186

REPORTER
EXPÉRIENCE
RAISON
INVITER
MODIFIER
CLIENT
ÉTUDE
CAMPAGNOL
ÉMOTIONNEL
PIERRE
SELON
VICTOIRE
HIBOU
CASQUETTE
ESTIMATION
IMITER
AGRESSIF
MAGNIFIQUE
VERSÉ
HEURE

```
I M I T E R E C A S Q U E T T E D
S R Z V R U X I N V I T E R O P L
Z A V L U P P S E L O N I S Q F P
K I I I E F É D K P V M O J A F C
C S C D H I R N A H Y Y U O B I H
L O T L P Z I M O D I F I E R S C
I N O L G L E N N O I T O M É S A
E N I É J L N O I T A M I T S E M
N B R E T W C R E P O R T E R R P
T F E P C U E S L R V E R S É G A
M C J A N W D N H K R O N I Q A G
Y P B U S T Z E L X Y E P B D U N
H R M A G N I F I Q U E I E K A O
L X A X Y X K P C R A R A P A V L
D P V K W I S A P E T Z J C F P G
```

Puzzle 187

```
F W R D X B J B S I R U O S K S V
A S E U I H O F E O L A Y K W N O
S P A I W R R X S S U T G H K V Z
I J P K R G E M R A L F Q I H I W
M M I A O H R C A N X I F L N J J
I D W S R N T D T R A C L R X J A
L M O W U I N T U E I B O E I F J
A E É R T N E R É B U O A P I R O
I Q R E A W M R M R Y R V I W L U
R Q G N S Y R I Ô E S M R C H G T
E K O Y S B O S L V S E T I E N E
L I R E E D N É P O R T A T I F R
F A C I L E É D I L U E L R I S F
S E M B L E N T D N Z V G A N B M
P R É F É R É E A Y P G U P B V K
```

SOUFFRIR
DÉSIR
FACILE
PARTICIPER
SIMILAIRE
DIRECTEUR
PRÉFÉRÉE
ENTRÉE
SOURIS
LARME
PORTATIF
SEMBLENT
VERBE
ÉNORME
DIPLÔMÉ
TASSE
LIRE
ENTRER
APPARIER
AJOUTER

Puzzle 188

POURSUIVRE
AIMÉ
APPORTÉ
FLEURS
AVEC
PRESSION
FARINE
CARACTÈRE
POUSSIN
LUGE
CADEAUX
PILOTE
INTÉRESSANTE
ENSEMBLE
FOLLE
GIRAFE
BOUILLOIRE
RIME
PESER
ATTAQUENT

```
V H W L M R D E F A R I G W P V B
Q C V I P B S K T L P D F E E K P
C V S P O U S S I N U P F K S E R
A B O U I L L O I R E G O S E K E
V V V M N J W E L L O F E R R X S
O V E M I R W L I S J Y T U T N S
Y V R C H H Z B L K Q A O E W É I
C R È X U P T M L T R K L L G U O
A E T N A S S E R É T N I F P I N
D N C Z S D D S O W U N P U M O X
E I A X Y C E N Z K F M R R Z C Y
A R R B K P A E R V I U S R U O P
U A A Z R S I N H O V H V T F J X
X F C L A I M É A T T A Q U E N T
F S W N Q M K V P D R H T A E N M
```

Puzzle 189

```
R E S I R O T U A I F X N I P V D
I É Y P Y T I L F N O C K C L P É
M P P J R B A O I S W A V S A A S
M R W É Q R F M T N T L F Q N U E
É O I E T S O I T V T Y C W C V S
D N E P P I L O P G A R D É H R P
I O B L N C T T C T R W E Y E E É
A N N I X G B I E F M O G V A O R
T C H U F E S I O B M A R F U E É
E I T E R R A I N N T U T E W O E
M A D T D É M O C R A T I Q U E C
E T E U Q I T S U O M M M N H L T
N I E A U X O S M B R U X H K H Z
T O P F M N Q D A O H W J I Y I O
V N T M B J Y Q L E T N E T A R R
```

FAUTEUIL
FAIT
FRAMBOISE
CONFLIT
SOIT
IMMÉDIATEMENT
RÉPÉTITION
DÉMOCRATIQUE
MOT
COUVERT
PAUVRE
TENTE
DÉSESPÉRÉE
MOUSTIQUE
AUTORISER
TERRAIN
PLANCHE
POLI
GARDÉ
PRONONCIATION

Puzzle 190

COURBE
FOURNIR
EAU
IDENTIQUE
ABRÉVIATION
MISÈRE
TÉLESCOPE
DÉCRIRE
AVENTUREUX
GRISONNER
TITRE
ACHETÉ
EXACTITUDE
PRÉSENTE
RUBAN
RECUEILLIR
GÂTERIE
SAUVAGE
IMAGINER
VALEUR

```
G R I S O N N E R S M O E C Y Z U
V B V T V C F J K J X B Q S I J M
M I S È R E D U T I T C A X E D S
F Z E R E X X U E R U T N E V A S
N I D E N T I Q U E G R C A C F U
O W O F P J G R Q Y Â I I U Y F S
I R U B A N U E E E T N E S É R P
T M D Z E T I T R E E R E R Y A V
A C A G T U R K R R U W C Z C A
I D O G E P N I W I I O B J B H L
V S W U I E J H U R E F M W Z E E
É S P D R N E P O C S E L É T T U
R X A D Y B E I L É U R W Z T É R
B W J V B C E R H D S A U V A G E
A W R E C U E I L L I R I C Q C M
```

Puzzle 191

```
N E D V R F P L A A M P R X P L U
W W G C A I U I V F A E G T E R N
C R I S E C F B O I R I U U N D I
E N F J L O A Z I H I N V B S Q V
T L X E H V Y N R Q A T S C A C E
M A T É R I E L C U G U A Q N P R
N A I S S A N C E E E R I F T Y S
H H V Z E M È T S Y S E N C I E I
K U U I V E R F R I V I È R E R T
C K I M H E I G O L O N H C E T É
U M S R I M V V M U X F K E S Ê A
J W Q D N D G D I É L E P P A N S
D E H O R S E S F Y D A B A Q E S
D I F F I C U L T É O I R U H F I
B A L A N C E N T X X T C D M I C
```

SAIN
VACANCES
AVOIR
FOULARD
MARIAGE
PENSANT
UNIVERSITÉ
APPELÉ
PEINTURE
HUMIDE
MATÉRIEL
NAISSANCE
CRISE
TECHNOLOGIE
RIVIÈRE
FENÊTRE
DEHORS
SYSTÈME
DIFFICULTÉ
BALANCENT

Puzzle 192

BIENTÔT
INSÉRER
CEPENDANT
AUTOMNE
LIBERTÉ
UTILISATION
HUMIDITÉ
DÉCIDER
ENNEMI
DIFFÉRER
MALADIE
FABRIQUER
LOUER
PROJET
FEUILLES
ANIMAUX
SÉJOUR
CROISSANCE
ANNUEL
REPRÉSENTENT

```
D É C I D E R U O J É S H S P A C
F E A K K C N L O U E R U X I N V
E A N U K I T M F F N C Z H P N V
U N J N B C W F O K R D L R V U C
I I O F E N F L I T E J O R P E R
L M U Z H M H I F Ô U B S E C L O
L A P F X C I B X T Q A H R E K I
E U Y Z Z D U E R N I T Z É P H S
S X O W K T W R E E R D Z F E V S
D F A W T D R T R I B Z K F N T A
Q M W Z C M W É É B A A T I D W N
M A L A D I E P S B F T M D A J C
M R E P R É S E N T E N T K N K E
U T I L I S A T I O N X L E T P Q
H U M I D I T É K T X X K R U I Z
```

Puzzle 193

```
P R O P R E W Q I Z B V Z R J H V
I D E N T I F I E R R N C C L M E
R I É G W Q P C L Y A U D U A G C
E N H C N H J Y B P N A M A M L I
L S W F O A Z H I U C C S I A I Y
I T S I O N L W A U H Q X Z H S K
G F O R M E O É F Z E N C N A S O
I G Z T R K Z M M J F E K R U E L
E R F X U E R É I S S U O P S M G
U A N X C N W T X Q V J B R S E N
X D L T M S A P X S U J C L E N T
V U J O B Y B O N B N E Y J R T Q
H E X U E I R U F T R U M O T G P
G L E T M H F G Y G I A P H O S W
E C I N V E N T E R E H S D V U U
```

INVENTER
MÉLANGE
ÉCONOMIQUE
FORME
BRANCHE
VOTRE
BRAS
NID
TOUT
MAMAN
RELIGIEUX
GRADUEL
IDENTIFIER
GLISSEMENT
FURIEUX
POUSSIÉREUX
PROPRE
FAIBLE
HAUSSE
LEUR

Puzzle 194

LIVRES
PERMIS
INDÉPENDANCE
JUPE
SOMNOLENT
COMPRENDRE
SAC
SÉCHÉ
TAPIS
CLIMAT
IMBÉCILE
TROUPEAU
INTENTION
PROUVER
GROSSIER
EST
PACIFIQUE
SÉRIE
JURIDIQUE
TAILLE

```
F O G I U S M U Z F D A N B L T C
C Q R V F H A A R A O C P K B A O
J M O I N D É P E N D A N C E P M
C T S E W T A G Z W M T L P I I P
L P S I X A A N V I N R I E R S R
S R I S W M F O D K K O V R É X E
É O E U Q I D I R U J R M S A N
C U R I J L M T O N U P E I R D D
H V C S Q C S N A E N E S S V M R
É E J U P E F E E K C A S W K A E
F R I N V F K T G Q Z U O C N R U
L J S T F U I N S O M N O L E N T
E P M N P A C I F I Q U E J J R E
I M B É C I L E F N D Y J H G Z Y
L S V B R T A I L L E E Y Q W B B
```

Puzzle 195

```
Q P K M P G Y H L H S E U L S P P
H H B L A X R D U W U J B G M P V
C A R R I È R E N G S I J O I L F
N E Z R I V I E E O U U T X T A K
W R T E E L Z A T P K P D S Z G O
A T P I R R J N T Q O I X R J E B
N Ê P D T E A R E R É F É R P S I
J C K É T I G P S S N H O H N U O
K N K D E M J A M R C G D A K A L
I A Q Y M E A D C O N G É F O V O
T N F W D R G R E D C W I P K K G
H N U Z A P D H N R V L R F N E I
D A N G E R E U X S A U A I R J E
M Y S T È R E S C A L U M G E O D
O B S E R V A T I O N J M Y J N P
```

VIE
CARRIÈRE
DANGEREUX
LUNETTES
OBSERVATION
PREMIER
HUIT
MARIÉ
ANCÊTRE
BIOLOGIE
PRÉFÉRER
MYSTÈRES
DÉDIER
NEZ
ADMETTRE
COMPARER
PLAGE
SEUL
SE
CONGÉ

Puzzle 196

FIER
NUMÉRATEUR
PICORER
BAIE
BALANÇOIRE
PARTENAIRE
NATATION
JUS
PERTE
KANGOUROU
CESSER
COMPLIQUÉ
SUGGÉRER
VENDREDI
RECONNAÎTRE
GRAVITÉ
PROPRIÉTÉ
EXPLORER
INTERCEPTER
CHOU

```
I R E C O N N A Î T R E G T A M B
O N O I T A T A N T J N U V A R U
L P T I P A P A R T E N A I R E D
L A K E V B A L A N Ç O I R E C B
P G J T R E R É G G U S G J Z P A
R R V R K C W E Q H Q W A F E U I
O A E E X A E Y I A P F P J W S E
P V N P H H N P C O M P L I Q U É
R I D C R D H G T F I E J S H J J
I T R E S S E C O E K Y X R J J D
É É E O F I E R O U R C K F G N S
T K D F X T W N R E R O C I P S I
É T I E X P L O R E R O M H M A K
N V V M R U E T A R É M U N O M N
O J C Y V F F H T E R L W T N U Y
```

Puzzle 197

```
A Z P T O T Q É F N Q G Y H U M R
T Z I R R J J T O C E L A U T R E
T B N A D O Z A N U U O É T É M C
E R T N R E A B C O R S E É N N A
I H E S E J U L T Y Y S F T J R L
N X R M E H R I I T J A L L I N P
T F A E L N V R O E N I S I U C É
J P G T H Z I J N T R R C N K V D
É Z I T B O N B N F J E E R W A I
O T R R S P U R A R M Y W K E U Q
J G O E W M I E L A G U Z C E M Y
O M C I W G B E I I G P K H F P K
Z Z M W L V X R T S D Z Y E B E E
Z N S V O E E R É C U C Q R S L K
T P U J L T S P E R S O N N E L V
```

HOUE
FRAIS
UN
ANNÉES
CHER
ÉTOILES
FONCTIONNALITÉ
AUTRE
TRANSMETTRE
MÉTÉO
ATTEINT
CUISINE
INTERAGIR
ÉTABLIR
MERCI
VIN
ORDRE
DÉPLACER
GLOSSAIRE
PERSONNEL

Puzzle 198

PRÉCÉDENT
QUALIFIER
LUI
HIER
CULTUREL
COMPRIS
OBSERVER
ELFE
CERISE
DOS
FOURCHETTE
VOLER
INVERSER
MESURER
CRIER
OBLIGEAMMENT
FERMER
RÉALISER
LARGEUR
DEMAIN

```
Q F H J O I C E U H L S P D T T O
U W O K U A E A W C V N W I N I B
A I A U D G G K F E R M E R E W S
L N G G R H I E R H C M H O D Y E
I V S J E C X A T M Q O E M É Z R
F E H V S B H C R I E R M O C S V
I R D L I W R E S I R E C P É Z E
E S U E L Q A L T F H S X N R N R
R E O Y A N M F A T I N E V P I T
J R S D É N E Z K R E L O V J A S
H N C V R P P O D O G S W U L M O
C U L T U R E L T T Q E F L E E D
O B L I G E A M M E N T U Y B D T
J V G U E M E S U R E R Z R P C H
H Q Q L L B U X L J K S I X X B U
```

Puzzle 199

```
H L F S C T A B L I E R D F G V Y
E E I M O N O C É J Q Z X R U I Y
U R K K U A N N I V E R S A I R E
R U E R R E T M E R V E I L L E S
E V C O S L C E P U O C U A E B M
U J O X U L A S E V E N D E U R H
S K B Y T I S P U G O Q T T H C R
E S D Q A M S A T D N W C E V Q C
M G D V Y G É C Ê I C I X X Q N E
E L P W T J E E T G L Z L T K X R
N P C I D J S E R U T N I E P R C
T R G N U G C W E A S V C U Y I L
B Z W X C I R R F Y J X E E L E E
G O Y Z M G R W I J W G P P E Y G
L N Q E N T R A Î N E U R J Y T E
```

TERREUR
CRI
MILLE
PEUTÊTRE
PEINTURES
LINGE
VENDEUR
ANNIVERSAIRE
VOYAGE
ENTRAÎNEUR
HEUREUSEMENT
CASSÉ
BEAUCOUP
MERVEILLE
TABLIER
ÉCONOMIE
CERCLE
ESPACE
TEXTE
COURS

Puzzle 200

PILULE
CHAUSSETTE
RUTABAGA
PARESSEUX
MESURE
FAMILIER
ÊTRE
COULEUR
MERCREDI
POUSSIÈRE
INTÉRESSANT
INSTANTANÉ
NÉ
CHAUDE
QUATRIÈME
CASSEROLE
EXPRIMER
FÉLICITER
PLUPART
ROBE

```
C C X Y K Y P O E I D E R C R E M
F O B E A S I B B D W X D K P X J
G T U X U I L V L M T P O A Y X K
W V E L U S U G Y J T R A P U L P
R L O R E I L I M A F I C M P F C
E Z E Y N U E V U U V M H E A É H
T N A S S E R É T N I E A B R L A
P E M È I R T A U Q P R U S E I U
N S S I Q Z Ê U E Q H B D Y S C S
É N A T N A T S N I P W E R S I S
M E S U R E L O R E S S A C E T E
R L X B L G W Q M H V B E E U E T
O D O R U P E Z N F B B L U X R T
B P O U S S I È R E H N S D Z X E
E Y C J Y C R U T A B A G A P I T
```

Puzzle 201

```
F  R  I  G  O  O  S  Y  D  R  O  B  W  S  S  P  T
X  R  E  J  O  I  N  D  R  E  E  V  D  É  A  R  M
Z  L  P  N  L  N  G  M  O  A  Y  C  I  R  G  É  N
A  U  T  O  M  A  T  I  Q  U  E  T  R  I  E  F  E
R  X  E  P  R  Q  C  R  P  V  B  N  F  E  F  É  K
G  E  G  I  E  N  Q  R  Y  A  M  E  U  U  X  R  V
V  O  I  X  P  R  E  S  S  É  A  M  N  X  K  E  P
A  Z  U  N  W  P  S  U  M  R  J  I  Z  P  F  N  D
C  U  Y  T  E  E  U  Q  I  F  I  T  N  E  I  C  S
H  L  D  G  T  F  A  V  J  P  K  R  H  A  X  E  I
E  O  O  N  G  E  D  K  Z  U  I  O  E  T  C  R  O
P  R  O  D  U  I  R  E  Y  I  E  S  Y  W  P  A  T
H  W  S  M  X  O  Q  X  S  A  Z  S  P  O  P  U  U
F  Y  D  T  M  U  D  A  Q  G  J  A  D  G  S  R  P
K  T  U  R  É  S  U  M  E  R  H  S  A  W  B  Q  R
```

VACHE
AUTOMATIQUE
PRESSÉ
RÉSUMER
SAGE
FRIGO
RÉFÉRENCER
REINE
PUTOIS
SÉRIEUX
SCIENTIFIQUE
OS
REJOINDRE
EXERCER
JAMBE
ASSORTIMENT
NEIGE
GOUTTE
PRODUIRE
BORD

Puzzle 202

MONSTRE
RESSOURCES
JOUR
CHANGEMENT
VOYAGE
YEUX
CHANTER
SONT
CEUX
JOYEUSEMENT
ARBRE
JETER
TRAITÉ
FILLES
ENCHEVÊTREMENT
UTILE
GLANDS
INDÉPENDANT
CERF
LÂCHE

```
T  Z  D  L  Q  I  P  F  B  Y  Y  G  I  J  B  X  L
H  O  J  C  H  A  N  T  E  R  R  N  C  N  R  F  G
O  S  E  C  R  U  O  S  S  E  R  Y  E  D  V  S  N
Z  D  T  N  A  D  N  E  P  É  D  N  I  Q  C  A  C
X  N  E  V  I  J  V  L  A  P  N  H  Z  Z  C  G  F
N  A  R  F  O  M  X  L  E  R  T  S  N  O  M  M  Q
M  L  M  F  J  Y  T  I  Q  A  B  Y  X  C  F  S  J
T  G  Y  W  J  J  A  F  R  E  C  R  U  O  J  F  I
C  E  U  X  R  M  Z  G  J  G  G  M  E  L  I  T  U
S  Z  Q  Q  G  Q  N  Z  E  P  O  X  Y  É  O  L  P
E  N  C  H  E  V  Ê  T  R  E  M  E  N  T  S  Â  U
C  H  A  N  G  E  M  E  N  T  R  K  C  I  G  C  Q
J  H  I  E  V  G  O  U  D  M  N  C  Y  A  C  H  G
J  O  Y  E  U  S  E  M  E  N  T  O  X  R  B  E  I
M  Y  C  V  T  J  I  M  V  P  Q  W  S  T  V  P  H
```

Puzzle 203

```
Z Z R Y L Z A S Q P N Y H Y E D T
O S C E Q Y N Q C F P O I S N U R
M W Q P X V K P I E T A M O T W A
M O I N S P K S E U A M V G R W Î
T O Z Y X B I S S G C U H B E U N
É S Q I U W L P S A I L S T T T E
C T N E M E N R E V U O G Ô I V A
U D R J Z B O E R N D A P T E I U
R I K O C T C G E G E W P V N L I
I W V O I I U N H Q M U F G Q L V
E A G X K T B A C U O V F P Y E Z
U U P C R T E M É K M Q X G O A W
X C H E V E U X S U I D N U L Z O
I M P L I Q U É W F E U O I W H N
E P C O M M E N C E N T C M R S H
```

MANGER
ENTRETIEN
MOMIE
SÉCHERESSE
GOUVERNEMENT
TOMATE
VAGUE
LUNDI
VILLE
COMMENCENT
IMPLIQUÉ
SCEAU
TRAÎNEAU
CURIEUX
CHEVEUX
ÉTROITE
MOINS
TÔT
NEUF
POIS

Puzzle 204

ÉVIER
BÂTIMENT
MÈRE
CHOISI
IMPORTER
ÉBULLITION
ACTUELS
PIRE
VEUT
INSPIRER
ASSISTER
LONGUEUR
COÛT
MOTO
ELLE
HABITUEL
RÉDUIRE
VÉLO
PRODUIT
PEUR

```
K É Y S I N U M C Q P Q L F H É G
I V M Q C M H E O A F G O Z A B M
W I L X Y H P F Û G M F N I B U N
J E R È M U O O T C O O G Y I L F
V R U C N X H I R D T E U H T L Y
A S S I S T E R S T O G E B U I J
W Y G J X X R N M I E U U P E T O
O F L G C V I L F U L R R E L I X
S B I G C T U C E D L E S U H O P
A Y F W M P D D L O E R F R Q N K
S V É L O B É P F R O I I M A A J
V S I I V H R I O P S P D Q U S V
F E N P Z E O R U N R S A Z H H I
G A O K P E U E R X T N I Q W O Y
A C T U E L S T N E M I T Â B X Z
```

Puzzle 205

```
I  F  Q  L  R  E  R  D  H  E  O  B  J  R  Y  C  D
É  M  Z  P  T  I  E  T  K  L  X  R  R  B  E  F  O
S  L  P  Q  V  H  V  S  Y  B  Y  Q  T  X  U  D  S
R  Q  É  O  L  A  I  S  S  A  N  T  F  E  Q  O  S
U  O  R  M  R  W  R  U  E  I  R  É  T  N  I  F  I
Q  V  G  L  E  T  P  L  N  F  O  B  V  R  S  L  E
Z  D  L  F  G  N  A  B  U  U  H  K  Z  E  Y  P  R
C  R  A  B  E  X  T  N  L  U  V  X  L  D  H  A  I
D  T  M  T  U  L  J  A  T  J  F  O  F  O  P  R  N
H  O  R  S  É  S  B  F  I  S  U  H  C  M  U  A  L
S  V  S  K  L  W  J  J  F  R  G  Q  Z  S  G  P  Y
T  I  S  R  È  J  U  S  T  E  E  R  T  Q  E  L  L
P  X  R  B  V  N  O  F  F  I  C  I  E  L  L  U  B
G  F  F  Q  E  S  B  T  R  È  S  L  T  M  É  I  K
J  X  L  B  E  D  P  O  M  O  Z  T  M  C  E  E  P
```

FIABLE
HORS
DOSSIER
PRIVER
PHYSIQUE
LAISSANT
ÉLÈVE
JUSTE
ÉLÉMENTAIRE
INTÉRIEUR
IMPORTANTS
ORTEIL
MALGRÉ
PARAPLUIE
GELÉE
MODERNE
CRABE
TRÈS
OFFICIEL
LUNE

Puzzle 206

FOURCHE
INDIVIDU
GÉNÉRAL
TROIS
PROFESSEUR
NUAGEUX
CONSIDÉRER
INQUIÉTUDE
PLATS
BONBON
CERTAINEMENT
ONGLE
INONDATION
BAS
PORTÉE
BOL
ARAIGNÉE
AVION
LATÉRAUX
RÉELLE

```
Y  I  C  W  X  N  A  B  B  F  C  L  F  X  F  C  J
S  N  E  L  L  E  É  R  O  O  E  F  H  U  W  S  Z
X  O  R  D  Y  E  A  A  L  U  D  U  W  E  N  I  V
N  N  T  L  U  G  G  L  A  R  É  N  É  G  T  N  Y
N  D  A  G  D  T  P  D  L  C  V  R  T  A  J  D  R
D  A  I  F  X  F  É  R  F  H  W  G  T  U  K  I  Y
J  T  N  O  I  V  A  I  O  E  T  V  R  N  W  V  J
G  I  E  É  T  R  O  P  U  F  E  P  O  P  S  I  T
V  O  M  O  N  G  L  E  C  Q  E  Z  I  G  S  D  B
T  N  E  É  N  G  I  A  R  A  N  S  S  O  N  U  C
H  O  N  L  R  I  Z  O  Z  H  Q  I  S  T  A  L  P
Q  B  T  L  A  T  É  R  A  U  X  F  W  E  I  J  F
R  N  J  T  X  G  G  B  B  P  V  B  B  G  U  R  N
E  O  D  R  W  W  C  I  E  N  K  R  A  F  H  R  Z
B  B  N  Z  U  P  A  R  E  R  É  D  I  S  N  O  C
```

Puzzle 207

```
C I Z P L M X R M F J M W K P J G
N O R E P U C C O V U L M A E I C
T P M Q Q U C Z R V O I B E R V O
C C U P L A I T C E I R T W R Y L
D X M P L E G L E R W B U E O C O
N U A G E E A A A N W S C C Q C R
O P É R E R T P U T G I O D U F É
C O N F O R T P A E Y Y R R E I P
U J N I Q F Q E E T H P C Ô T Y A
W Y M J D W E L V D U P A L Z Y N
R I C T A X Q J U E L L I E R O A
A N D U K E Y G O F H M N B A U C
P S Z J Z U X S N U J O Q I C X T
J Y P W K É L O I G N É J O T R F
X O H N L X R O N A B O Q O C V J
```

COMPLET
NOUVEAU
GEL
MORCEAU
NUAGE
LAIT
OPÉRER
CONFORT
PERROQUET
ÉLOIGNÉ
CANAPÉ
VER
FUITE
CYGNE
OREILLE
OCCUPER
DOIGT
DRÔLE
COLORÉ
APPEL

Puzzle 208

ÉCRIVAIN
STYLO
ESPRIT
PRÊTONS
PAR
ANGLAIS
NOTER
SOCIALE
CHANCEUX
TRANSFERT
ANCIEN
ÉCLATER
RISIBLE
ANÉMONE
RIVAGE
VISITE
PINCEAU
PROFONDE
OEUF
LIBELLULE

```
L C I C H H L B É P Y O I B V A I
G I X T O B G V C B R A P U U N E
N M B U J R Y F R E E Ê F H L C T
X E F E L B I S I R S L T Y H I V
U E M P L P C M V B P K A O P E I
E D I M R L F X A Z R H O I N N X
C N T U Q R U G I P I C W Q C S B
N O T E R V E L N E T P I D Y O A
A F P N E S O F E T I S I V U E S
H O C O T T R E F S N A R T A B L
C R J M A Y U I P S N H I E E E G
M P D É L L Q D F Z N F W A C P L
T Z J N C O R I V A G E S X N K C
J V R A É J H X X A N G L A I S A
J J I S Q Z I V Z H X J G R P W F
```

Puzzle 209

```
S  S  U  D  B  H  O  L  D  I  H  R  W  U  G  N  D
P  E  C  I  É  L  G  E  F  O  C  S  W  R  D  É  E
É  L  N  T  I  D  O  N  N  L  U  D  F  U  N  G  R
T  L  R  T  F  H  D  C  T  X  T  Z  N  E  P  O  N
A  I  E  A  I  G  Q  K  S  A  I  L  E  T  G  C  I
N  E  T  S  R  M  C  U  I  V  R  E  M  A  L  I  E
G  T  O  S  É  Q  E  S  O  U  C  I  D  R  C  E  R
V  U  U  U  V  Z  E  N  I  O  B  Q  C  R  L  R  C
W  O  R  R  C  J  A  O  T  P  Q  C  B  A  A  D  E
O  B  T  E  S  E  N  S  A  T  I  O  N  N  R  D  H
R  I  M  R  V  E  T  G  Q  N  Z  R  L  Y  I  W  Y
G  N  Q  V  W  L  F  R  É  Q  U  E  N  T  F  F  G
C  C  I  S  E  A  U  X  V  J  G  K  D  L  I  P  C
W  X  R  F  P  U  Y  I  P  L  W  A  W  E  E  S  F
D  X  R  X  Y  G  V  L  C  K  A  U  N  W  R  M  B
```

DERNIER
NÉGOCIER
DOUZE
ASSURER
SOUCI
VÉRIFIÉ
BLOCS
MAL
CUIVRE
EN
BOUTEILLES
DIT
CLARIFIER
FRÉQUENT
RETOUR
NARRATEUR
SENSATION
CISEAUX
ÉTANG
SENTIMENT

Puzzle 210

TRAVERS
BALLONS
CHANDAIL
PROGRÈS
PERMETTRE
TRADITIONNEL
EXAMEN
MAJEUR
FAMILIALE
VENT
LÉOPARD
FORMULE
GRIMPER
PARTOUT
DÉLICAT
JARDIN
TEL
DISPONIBLE
VOIX
SORCIERS

```
P  O  W  P  C  H  W  S  V  K  O  C  E  L  V  Q  J
S  V  R  E  L  B  I  N  O  P  S  I  D  X  L  T  W
A  D  T  R  R  E  W  O  S  X  R  E  P  M  I  R  G
K  F  Z  M  R  R  T  L  U  B  E  X  N  V  A  A  B
E  R  C  E  E  I  E  L  T  Y  V  D  G  F  D  D  P
W  X  U  T  L  X  T  A  X  Q  A  A  M  U  N  I  S
E  F  O  T  A  I  A  B  Y  L  R  F  O  L  A  T  O
N  Q  U  R  I  O  C  M  S  W  T  W  T  N  H  I  R
F  T  R  E  L  V  I  F  E  Y  L  A  S  T  C  O  C
L  S  U  J  I  B  L  O  W  N  É  U  D  A  L  N  I
S  R  V  P  M  S  É  R  T  U  O  T  R  A  P  N  E
R  D  P  I  A  L  D  M  M  M  P  M  T  Z  D  E  R
H  S  X  I  F  N  U  U  L  L  A  D  G  Q  W  L  S
P  R  O  G  R  È  S  L  M  O  R  U  E  J  A  M  S
M  T  V  E  N  T  G  E  N  I  D  R  A  J  D  F  Y
```

Puzzle 211

```
L F V E G R U P U W É T F A C D O
V Z N C E K S B O Î T E A C R C A
Z I U I D E M A S N E G M C I K Z
O U X R Z Z A R A Q R U I E T N D
Z X N F P I D F T B V O L P I R R
A N O I S A C C O H U R L T Q I I
S T W T T S E U L E A E E E U E O
S I T N E É D T W D P I S R E T K
L A S E M R E T Q Y U L X S È L N
F R L D N E K F N C T P X T P R S
W V T S G T O H D L Y I W M U G F
W E N E R P E F K V I T F E C X Y
N D I L I M I T E M Z L H J E E G
R T K J N O T H N R S U Q D I Z Y
C R I T J C R O P I Q M T U Z Z O
```

SAMEDI
FRÈRE
SEULE
ET
ATTENTE
DEVRAIT
MULTIPLIER
ROUGE
FAMILLES
UNITÉ
PAUVRETÉ
CRITIQUE
LIMITE
OCCASION
PURGE
TERMES
BOÎTE
ACCEPTER
DENTIFRICE
COMPTER

Puzzle 212

TAXE
PLANTES
ENTENDRE
REJETER
ÉLECTRIQUE
QUANTITÉ
TOLÉRER
INAPPROPRIÉS
MAISON
SUCCÈS
ORTHOGRAPHE
RÉPARATION
COMMENTAIRE
AMIS
PROBLÈME
VICTIME
GRÊLE
PONT
SERVIETTE
SAVAIT

```
P R O B L È M E J G U V O F O I C
P S E T N A L P R R T A X E R N O
O I A R X C J P D Ê S Y Y D T A M
N M T V N N S T U L Q X I M H P M
T A K Q A O N E O E Y O A S O P E
B Y N O S I A M R L L Q S Q G R N
Q U Q O T T T Y N V É E W K R O T
É T I T N A U Q N W I R C Y A P A
S K V M N R L B I K Y E E S P R I
U T C W K A I Q S C F H T R H I R
C N Y X G P W Z V H O F A T E É E
C C L C H É V I C T I M E F E S L
È X E R I R E T E J E R F W X U Q
S B C W F S E N T E N D R E L Q U
L M Y G É L E C T R I Q U E R M G
```

Puzzle 213

```
O D E N T I S T E M X T O V X S R
O U V C C V Y D F É S I R B L Z É
C V T Q Z H S G G W J R B S B H F
G I I I L G A A Z G A E L Ê O P O
N M K Q L U O R F F R R E E G R
E Y I S J E P A B F F E A T E U M
F Q H P T R M M D O G T F Y N P E
I G I D A R B E F W N I L W J E F
X P Z V Z E N G I E P S U A Z S O
R E T R A I T A C T E É J R E S N
R E C O M M A N D E R H A H Q A C
L F H O N O R A B L E M E N T L T
E F F E C T I V E M E N T R B C I
C O M E S T I B L E A Z Z S J C O
S P É C I F I Q U E H X E E W Y N
```

OUTIL
RECOMMANDER
HONORABLEMENT
BRISÉ
RÉFORME
EFFECTIVEMENT
SPÉCIFIQUE
FONCTION
COMESTIBLE
POÊLE
CHARBON
PEIGNE
ACTE
TIRER
ENTRE
HÉSITER
GUERRE
RETRAIT
CLASSE
DENTISTE

Puzzle 214

BÂTON
VENU
SECOUENT
LUNAIRE
SUIVANT
COMMENT
DÉTECTER
LAISSER
AMOUR
UTILISER
GRAPHIQUE
RENCONTRÉ
DÉFI
RÉSISTER
BOISSON
ENVAHIR
AUTEUR
BOXE
COMMUNAUTÉ
ORTHOGRAPHE

```
A R R I Y R E S S I A L B C E R P
S U E R H B T O E X O B O B T I E
N O T Â B Z N U K C C O M M E N T
L M S E R I A N U L O J K S P D B
P A I U U S V D I R T U O K P É O
F U S Q R R I H A V N E E J Z T I
T K É I L M U X A F U I I N W E S
U X R H F O S U P Y N I M O T C S
Y M K P A É R T N O C N E R N T O
M E Y A W Z D Q V A A A Z X N E N
S K V R E S I L I T U J V L X R W
A P Z G O R T H O G R A P H E H G
C O M M U N A U T É J V E N U X K
U Y A M K N B V M I G Z W O U P A
A P C T O Q Y D Q M O Y P S H X P
```

Puzzle 215

```
W T É Q J K Q B O X U W R G G F H
Q I W C L A T Z Y S M V Q Q N C W
D O G D O C G D E V E N I R E H A
O V L Y T L V L É Y Z Q U A R A U
T N I E T É E F G M R P P Z T S G
S E T D S R W V X U E R U E H S M
É Y N I I P S E C X U R O L Z E E
A K E P U B È A R Q T U G L O T N
N D G U Q Z A C T R R E D E Q Ê T
C P V T E A I Y E M O T D N R R A
E L K S R V H N G S T C J N L P T
S U P P O S É K J P B A E A W B I
W Z Y D L N F G Y X M F J C E V O
W M Z L L N Z G S D J F S P Q D N
Q D I F F I C I L E Y T O Z B J U
```

STUPIDE
FACTEUR
SEC
TORTUE
ESPÈCES
SUPPOSÉ
CHASSE
DIFFICILE
ÉCOLE
REQUIS
SÉANCE
CANNELLE
ÉTEINT
PRÊTE
ENVOI
HEUREUX
AUGMENTATION
DEVENIR
GENTIL
ÉMERGER

Puzzle 216

PANAIS
APPARENCE
FÉROCE
PAPA
COMMUNIQUER
FRISÉ
SALLE
COMMUN
CONCEVOIR
VERRE
DOUX
CRAPAUD
PROFITER
GAGNER
PROGRAMME
COURRIER
THERMOMÈTRE
ANANAS
VOUS
FIN

```
G F P N B I V G U J X M D D P S A
A R I P Q A E O D U X K U O R G N
G E L N J A U G U G W P A U O K A
N U B K L W T Y M S P Q P X G D N
E C N E R A P P A M A P A P R Q A
R E I R R U O C U T N I R T A R S
P N T O V R P E O E A E C B M I O
A O M I C X R E U Q I N U M M O C
F R I S É P E E E K S E H H E V C
S A L L E T H E R M O M È T R E O
H T N Q P C P R O F I T E R R C M
S A R S C A O O D M G X R P E N M
X Y P P Z I S R W S P K I J V O U
J N K I K A O O É J N J V J H C N
N U C Y H N V H J F R R U F X T Z
```

Puzzle 217

```
C É T U D I A N T S Y B P R V Q G
A M A N U E L L S Q C R O A C N É
R F B T Z Q V T I M D O U P O R N
A N U O J E N Z V T Q S R P U M É
C Z A E U R W V V L Y S P O R I R
T S R W D T U X Z J M E R R O I A
É V H A U A I S F U O J E T N H T
R O V I S U M Q X K W L U E N R I
I B D C N Q A E U W E U I R E J O
S E L B U E M U A E R È T S Y M N
T A J U S T E R E A U L V Q T X J
I A R A M Q T T S G V P G U Z C O
Q L X A V Q U M I M M Q M O R Y F
U Z X M V Y Y Y J O F U F L I J J G
E S U E T Û O C E H X U G O N T G
```

JOLI
QUOI
DAME
MANUEL
SUD
COÛTEUSE
MEUBLES
ÉTUDIANT
BROSSE
MYSTÈRE
CARACTÉRISTIQUE
QUATRE
OISEAUX
ONT
COURONNE
POURPRE
GÉNÉRATION
BOUTIQUE
RAPPORTER
AJUSTER

Puzzle 218

PAPIER
RIZ
LUEUR
LETTRE
OUI
FONDAMENTAL
GESTION
GROGNEMENT
SIÈCLE
NAVIGUER
MONTAGNES
TRUCS
AUTORITÉ
POIREAU
FOURNITURES
FOURMI
ENSEIGNER
RÉUTILISABLE
CROIRE
VIDE

```
Y A R W O P A U T O R I T É H E F
L E T T R E O G C F Q V Q V W N O
B Y P T L L S I L F K V P E E S N
B D A X D G J E R Y H I H T G E D
U P P V M J W L R E X M M P R I A
N O I T S E G G I U A C M L H G M
S Z E N F B S J F D T U I U O N E
C I R E U G I V A N F I B E J E N
U R È M S O O T F N R M N U W R T
R V P C T B Y E H S O R N R F X A
T I Y G L L A U C R O U K J U S L
G D H N S E N G A T N O M Y E O Y
Y E C R O I R E W M S F R F X O F
G R O G N E M E N T M G W K R R Q
R É U T I L I S A B L E Z D K F G
```

Puzzle 219

```
D É M O N T R E R M I C T H T E M
U D O O R G A N I S A T I O N S F
M I M F S R E T R O P P A U M C Y
E R S U F J O Y E U X U T L H A C
P D E X Q E I G U O B H É Q R L E
W N Q M P V N P O U R Q U O I I M
Q S B X S W I S W Q N D O L R E X
W C B A A R P H E X R M X V U R E
Q E E Z I I F B C R S U N P O G G
C O N F É R E N C E N N E I C N A
O O R D I N A T E U R B É T A I L
G U N O I X N J N Q T E H Z U L O
M P R E W I U T N E M E D I P A R
P Z W S D É C L A R A T I O N S H
S S M O U G G V U J O K T K J U N
```

COURIR
ÉTAIT
RAPIDEMENT
QUE
ORGANISATION
OFFENSER
APPORTER
ESCALIER
HAUTEUR
POURQUOI
CONFÉRENCE
NOIX
DÉCLARATION
ORDINATEUR
OURS
DÉMONTRER
JOYEUX
BÉTAIL
BOUGIE
ANCIENNE

Puzzle 220

RIDEAUX
FATIGUÉS
POULE
LIVRE
MARI
DÉCLARER
POSTIER
RIEN
ISOLÉ
COMMERCE
GÉRER
PASSENT
FOU
RESTENT
PÉTROLE
VÊTEMENTS
CENT
CONFIANCE
AUTRES
ÉPOUVANTAIL

```
F L R É Q E P P D A J I C U R F B
A I I L P L X A O Q L Y E C E H G
T N D O F O Q N S S L B L O S Q Z
I K E S K R U V O S T L L P T T K
G M A I U T O V E N E I R P E Q X
U C U R D É F M A F T N E C N K R
É E X A T P X U Q N S V T R T C S
S Z Y M U M V V R E T A U T R E S
D É C L A R E R E C N A I F N O C
N J F Z J E L K L R E R I V L I Q
Z P I X Y R I J U E M F I L F Q X
T U Q M B É V L O M E N A S U V G
P U G F B G R G P M T N Y L L A W
M K B Z K G E M P O Ê A P P K J W
J F H K Q V E J T C V D S E E C S
```

Puzzle 221

```
D É V E L O P P E R V A P P G P X
T O N G L O N S Q C D I S Q N O U
O S O Y E U X M H U P D R O C C A
U A O I I O Y C K P M Z C T N O P
J N U A V R U C U E B D D N U A Y
O D L P E T A G H F R R B O R E E
U E F E H D D A F E R G I T C X L
R A Z T L L C U G M V J E U E H B
S F K T C A C A O Ê X A L O É D I
E X C E P T E R R M G D L M S X G
U P J L M H K U E I O W E I N C I
Z E I E N P M E N O A Y P C E Y L
Y A C U M D S N A M Q F P A S R É
V J M Q Q Q T I R A Y E A G N I Q
S U N S E É W M D M G P R F I U I
```

EXCEPTER
OIE
MOUTON
TOUJOURS
ÉLIGIBLE
DÉVELOPPER
SQUELETTE
ONGLONS
ÉQUIPE
CACAO
INSENSÉE
RENARD
CHEVALIER
ACCORD
TIGRE
MOIMÊME
SOYEUX
RAPPELLE
VIRTUEL
MINEUR

Puzzle 222

CAMPAGNE
GOBELIN
MONTRE
MAINTENANT
HÉLICOPTÈRE
CABINE
REFLÈTENT
COMPRENNENT
NOMMER
ENVIRONNEMENT
PASTÈQUE
SOURIRE
VRAIMENT
CLÉ
MARIER
RÉGLEMENTATION
SUPPRIMER
CINQ
LE
MORSURE

```
S U P P R I M E R U Q P M J H E R
Z Q V A F O E E T M J A A H É N É
F A Y X I W R S A P Y S I C L V G
Q H H L M I U Q E T S T N O I I L
O J F O R T S C I N Q È T M C R E
T S E B M A R I E R W Q E P O O M
C N I L E B O G U H V U N R P N E
D S O L Q Z M Z U B K E A E T N N
J I O M L E P S F N É O N N È E T
S R M T M V V J G O D L T N R M A
Z V N O C E N G A P M A C E E E T
N N A Q N E R I R U O S J N P N I
E O U S T T N E M I A R V T I T O
U F J F E A R R E F L È T E N T N
Y N H K D N Z E N I B A C I J F B
```

Puzzle 223

```
E X P L I Q U E R I L P M E R E V
M H Y K S P W A B O N D A N T R P
È H A M F R F H L O K X S P X D J
R F B D U A E M A H C G R B E A A
C O W Z W A T Q É Z R E Y I Q S Y
N R P O S I T I F C X E T Ê T H E
M F K S A L E V B N A C E N U A J
H N S L Y F W L E D J N H O E N Q
G E S R E D R A G E R E I Y P S F
A T R P J R E P É R É R E C S A E
W R W M O I È L E I V É N F I Y O
T E Z C I X L G O U O F F D J E Q
X L T H R N Q A A C X F E N S Y N
A A Z O Q U E X É T É I C O S D S
P I E D S A K I E E É D S D C D U
```

ÉTAGÈRE
ABONDANT
ALERTE
HERMINE
TÊTE
SALE
CRÈME
REPÉRÉ
DIFFÉRENCE
EXPLIQUER
REGARDER
SOCIÉTÉ
CHAMEAU
MÉCANICIEN
JAUNE
REMPLIR
PEUT
CUIRE
POSITIF
PIEDS

Puzzle 224

VÉRIFIER
GIVRE
PLAISIR
NOTAMMENT
EMPLOYÉ
SERVIR
CHOSE
PRINCIPALE
OMBRE
DÉLICIEUX
DONNÉES
SANG
NÉGATIF
OBJECTIF
GRIS
HERBE
FACILITÉ
OBTENIR
ARTISTE
SÛR

```
M E Z M U Q Z S N N Q T E Q Z O P
F T U E O Z O I N É L K A O G B L
A R T I S T E C N Y G B L R T T A
Q I J Z X E D L V O N A J G G E I
W V N U S V P P A L A I T B E N S
R R N B T B S S Q P S Z P I I I I
M E B R E H X Û J M W T W A F R R
L S N T Y H E N R E R V I G I N V
P R I N C I P A L E S U O G T Y É
D É L I C I E U X L L O I R C L R
G R I S R D O N N É E S H L E V I
F A C I L I T É K B R T F C J K F
R Y J Q K V B S P O B V I F B K I
N O T A M M E N T I M O G G O D E
K A D X E F X E I A O P J U N O R
```

Puzzle 225

```
D N D E M A N D E M E O W Z C C D
X E R I A R O H P E V R K U O O I
P I M W R H F J O R E W B V N N V
D T J A K A Q L S P R H I P T V E
K U H U N P R E E S T C È S R E R
L O J T Z D S E R G U Q R Q A N T
D S Y V R C É R O T O R E F S A I
C O U V E R T U R E N G V G T B R
B A T E A U S T H C E T L I E L Y
K I X U Z L A N S D G C G R V E W
K Y M Q K D C I P N T G S P X R E
A Q B I N I C E W A Z A L I R V E
G E X S Z W A C P P L A Q U E Z G
D V S A W D D R P A E G V K S Z V
Q Q U B J R É X K N E S H I I V G
```

DIVERTIR
HORAIRE
DEMANDÉ
SOUTIEN
SACCADÉ
POSER
BASIQUE
MER
BIÈRE
SURVIVRE
PLAQUE
BATEAU
DEMANDE
VERT
RARE
GENOU
CONTRASTE
COUVERTURE
CEINTURE
CONVENABLE

Puzzle 226

FAISAN
COMPLEXE
EXCEPTIONNEL
TOTALE
COLLISION
CLOCHE
FORTE
GÂTEAU
HORLOGE
PARLENT
POUSSER
ÉGLISE
POUSSÉ
FINITION
HÔTE
DOULEUR
FAUX
FAUCON
MIGNON
ARRANGER

```
F C X B P T A M V R Y F M H Z C C
K A R E S S U O P Y R I C P J O O
J F U F I V N R J K É N M A S L M
I Z E X F L U Z F C G I B R G L P
A I L N H E T R O F L T Z L X I L
F A U C O N O A J M I I T E A S E
A F O I I N Q F T B S O G N N I X
Y K D P A O G F C J E N Â T Z O E
H M A E V I Q I A V J B T X F N C
L H N I W T Q L M I S C E T Ô H L
Q W E T L P B N H P S S A H X O O
O S W L P E L A T O T A U F J K C
Z H S A I C P O U S S É N U Z Q H
N Y O K G X H O R L O G E J L I E
H S U D R E G N A R R A N T I P I
```

Puzzle 227

```
Z F F Y O L J V E A D R O I T P D
Y J C M A D É T I S O R É N É G U
C Y C D O Z B K R S L B A J K P R
U U L C Y Q R V R E I R R U O P É
H G D Y N W U G Q M I N J D T U E
C D T T N Z I V U B W N O C Y G K
T V N G D W T E M L U L A V A G E
R N O I T C E L É A Y F A P C E U
N E A Q F R N O N G A P M O C U R
R Y R V J K Q A X E J A M A I S L
S O E L A R É N É G B Z M H M L D
A T T A C H E R E R G I M I H F G
O I S I È G E I H L U N N W E R Z
E C N A S S I U P I X W H L S U D
V W P L A I S A N T E R I E T G X
```

JAMAIS
DURÉE
ASSEMBLAGE
ÉLECTION
MIGRER
PLAISANTERIE
PANIER
BRUIT
LAVAGE
GÉNÉROSITÉ
PUISSANCE
CITOYEN
GÉNÉRALE
COMPAGNON
AVANT
DROIT
MIEUX
SIÈGE
ATTACHER
POURRIE

Puzzle 228

CHANTANT
BONNE
GINGEMBRE
NATIONALE
DIRE
FUTUR
CONSÉCUTIF
OUBLIÉ
GRANDE
PROCESSUS
IMPLIQUER
IRRITABLE
SPÉCIALES
DINDE
LUMIÈRE
PARLER
INTERNE
CHATON
CUISINER
SOL

```
K R U F O R S I R R I T A B L E K
P B M I U E P C I M P L I Q U E R
P B F Z B Y É O N A T I O N A L E
G A M D L C C N M G I N T E R N E
E I R X I G I S J V A Z N D T E O
G U W L É E A É L I K Z A N R P D
T I E G E C L C Q L S V T A Z C L
F D N D G R E U J W Y H N R P O B
L U S G D P S T H I V M A G Y B E
U C T L E D N I D X L C H L D R E
M H S U J M I F E U O C C D R T X
I A C L R M B C U I S I N E R S B
È T A B A A R R P R O C E S S U S
R O U I Q F W X E Y Z F B V F F U
E N N O B O F G X D I R E Y B L Q
```

Puzzle 229

```
Z B X N W X H Y A U P U D N J D M
E Z I M E K C U J S M S V X D É B
H A N E G N M A S F T X N J F J Z
S Q S K L Z H E R È I N R E D À N
V C P S E B D S B T N E G I X E R
E S S E N C E É K U E H Z N P R E
B A R È N E G R V Y G C V D A T C
U M U O O T C E R I D O Q E B N E
A D L S U C D L N R T P C M A O V
M R A C R V H É Q B N E S A N C O
T J N S K L R V V M E O R N L M I
N Y G G M O O É E M L G B D Y X R
V O I T U R E R N C U X N E C O W
P A R S V S W B I X E R L R I J K
R B O N J O U R R Y V F P M O L P
```

CARTE
DEMANDER
DERNIÈRE
VENIR
BONJOUR
VOITURE
DÉJÀ
ORIGNAL
CONTRE
RECEVOIR
AUBE
POCHE
DIRECT
ESSENCE
ÉVITER
ARÈNE
VEULENT
EXIGENT
RÉSEAU
RÉVÉLER

Puzzle 230

PÂTE
GOMME
NUIT
ACADÉMIQUE
INQUIÈTE
ÉVASION
ESSAYER
GARDEROBE
DÉPEND
CIEL
TÉLÉPHONE
POPULAIRE
BOUCHE
STRATÉGIE
PATIN
PÉRIODE
NOIRS
COMBAT
POUDRE
SOIGNÉ

```
P T P F C X Y Y J U L L B U D P J
M A É N G I O S R I O N O T É É Y
E B T X Q R E Y A S S E U É P R A
I M I I S K O L V V H B C L E I O
G O U T N K K R C V X O H É N O N
É C N É V A S I O N U R E P D D L
T B M S Z X L N H H V E Y H X E N
A C A D É M I Q U E V D H O Y L Y
R X I T S H Q E N O R R S P N H
T O B W L X B V Y A N A G E N M P
S V X O K E K Z P M R G J O E B U
K W V O S I R I L Y V A K D M Y H
F F V A I N Q U I È T E T Â P M J
P O U D R E R I A L U P O P P A E
H O F N R C J N G W G K B E Y V D
```

Puzzle 231

```
C O N S E I L S C X N X E E C C Q
N P C W N C W H T O A R R Ê T E I
G R Â C E A Q É T I L A É R N R F
P H X S J N S T M D L O L J U T E
C U H N J A E I G Z H M N T T A X
I Y Y W F R V T N E G R A N O I P
S S D V V D I N V E R R O U E N L
C A P A W Z T E V R E O R A R S O
A R U F D V C D Z D H C G E B I I
T X M T J J E I B N C M W N M Y T
Y I T M É H R P S E Â H O N O Y Z
F G M F R A I S E R L R J A N L L
P L B I N F D D Z P E P E R D R E
U Z G U D R M L B P R C D X B B C
K L Y Y P E W Z W A Z R N A Y U P
```

CERTAINS
IDENTITÉ
TIMIDE
ARRÊT
GRÂCE
CANARD
NOMBRE
COLONNE
SAUTÉ
RÉALITÉ
FRAISE
DIRECTIVES
APPRENDRE
RELÂCHER
PERDRE
ANNEAU
EXPLOIT
CONSEILS
VERROU
ARGENT

Puzzle 232

DANGEREUSEMENT
RETENIR
SIXIÈME
HEURES
ABSOLU
THÈSE
DÉSASTRE
LOCALISER
DÉCIMALE
DÉCENNIE
CONTINUER
MINORITÉ
PARTAGER
TROUVAIENT
FILLE
GRAS
IMPORTANTE
TÂCHE
PARMI
SOEUR

```
C A G L R V D T H È S E Y K M R Y
O R Y P O E G É T I R O N I M J A
N Z L T V L T F C E S E F I L L E
T S R W T O A E L I O T K Y B D H
I K M Q E C Y K N K M N X W B É C
N E R T S A S É D I F A L G E C Â
U H E O X L E V N C R T L W O E T
E S E C Q I M F J S E R U E H N P
R G Z O E S S O E U R O T T W N A
B A I Y J E C A N H K P S M V I R
W I R G D R O I R Q C M L U I E T
U M S I X I È M E G K I Q R Y L A
T R O U V A I E N T A B S O L U G
D A N G E R E U S E M E N T S A E
N P L S W D M P S T A K T K E R R
```

Puzzle 233

```
P P L U V I E U X L I A W O Z C G
K A É P A U L E S C O E V M F H D
P A R E S S O R B C G U E X A A S
B R M T S I I Z P M K Q T T W P S
D D É G I S O M B R E S P R J I J
Q W G P D E T C E F F A M U E T F
Y B J Q A H E L T O V M O J S R Y
D S E E R R Z S T W Y N C W Q E W
J R R J Y T E R E L S J A R F N C
K Z R R S L R R L A A V P Y N A F
A O E E J Y È Z L H U H A J I E Z
Y Y U G R X I J A Z L A C S P P T
A B R E N M É A M S E J I I M J K
N A T I F C H A T P H N T K J Y E
U C O M P É T I T I O N É F Z S T
```

PLUVIEUX
COMPÉTITION
ÉPAULE
RADIS
CHAT
COMPTE
CHAPITRE
PARTIE
AFFECTE
LOUTRE
THÉIÈRE
MASQUE
SAULE
CAPACITÉ
BROSSER
MALLETTE
ERREUR
NATIF
PRÉPARER
SOMBRE

Puzzle 234

COLLE
SATISFAIT
BONBONS
PRATIQUE
CLÔTURE
PELUCHE
VITAMINES
PONEY
CAPACITÉ
OBJET
RAPIDE
SOMME
RÉFRIGÉRATEUR
ENFANT
SOIR
RÉACTION
CHAMP
ALORS
DÉTAIL
ENNUYÉ

```
C M X A W O Y Z S D F Y A D N R G
S H R U E T A R É G I R F É R U X
O Z A X K M P V E R E L T T T J P
I D C M B C M Z N O I T C A É R R
R G V X P P Z O Z U I Q F I R W A
C X T Z T I A F S I T A S L M U T
C R N R T J R D F E G J Z C X E I
P O N E Y X O K K H N X H A X N Q
P G E Z Z I J V Z C J I R I Z F U
B O N B O N S K L U P C M O Y A E
C V U O Z Q C U Z L N N I A C N E
O T E B R A P I D E H M T J T T I
L O B J E T U J G P A I U X M I C
L E N N U Y É T I C A P A C U I V
E J J F D C L Ô T U R E A L O R S
```

Puzzle 235

U	T	I	L	I	S	É	L	O	C	F	Y	O	S	Y	T	C
O	S	D	P	L	É	T	I	R	O	J	A	M	C	M	O	N
F	W	P	R	W	V	L	B	J	O	X	A	C	L	I	Y	M
W	L	W	É	V	D	J	R	T	Y	K	D	N	M	B	Q	J
Y	C	E	F	G	A	C	E	L	A	G	É	M	G	J	V	S
R	V	D	È	B	N	R	I	N	E	T	N	O	C	Q	M	L
R	D	E	R	È	P	B	M	W	R	N	O	G	J	E	U	G
O	M	V	E	L	J	J	J	E	T	E	N	C	A	H	C	V
S	A	A	N	P	P	B	B	D	L	D	O	R	K	U	Q	C
E	I	N	T	Z	O	T	R	J	V	U	U	C	I	F	U	Y
M	I	T	H	C	O	I	L	S	Q	R	F	J	I	B	H	P
D	A	U	P	H	I	N	R	N	N	P	D	X	Q	X	C	W
R	A	P	L	A	N	I	E	E	H	C	N	A	M	I	D	U
G	B	K	Z	V	S	E	M	S	C	H	I	O	T	R	Z	M
P	R	O	P	A	G	A	T	I	O	N	V	U	D	P	O	U

APLANIE
MAJORITÉ
POIRE
PRÉFÈRENT
DEVANT
OR
SENS
DIMANCHE
UTILISÉ
CONTENIR
PROPAGATION
PÈRE
PRIX
ROSE
PRUDENT
DAUPHIN
LIBRE
ÉGALE
ARME
CHIOT

Puzzle 236

DIFFÉRENT
POIVRE
LENT
HAINE
CAMION
MURALE
ASSEZ
PLUTÔT
PARDONNER
FEMME
ATHLÉTISME
SÉLECTIONNER
MISÉRABLE
ÉVIDENT
CHEMIN
LUCIOLE
OISEAU
RUÉE
MARRONS
ARRIVER

S	S	A	L	M	H	T	A	E	L	O	I	C	U	L	A	K
E	N	É	T	B	H	U	C	L	C	A	V	F	G	E	R	R
L	O	A	L	H	E	L	B	A	R	É	S	I	M	T	R	E
M	R	L	E	E	L	V	M	R	M	W	I	E	O	R	I	N
C	R	E	P	F	C	É	A	U	A	I	N	Q	I	V	V	N
Q	A	N	A	R	Z	T	T	M	H	C	O	G	S	C	E	O
K	M	T	X	Z	Q	V	I	I	J	A	L	N	E	U	R	D
H	A	I	N	E	É	U	R	O	S	H	N	S	A	O	P	R
P	Z	K	I	S	L	W	S	B	N	M	M	B	U	T	B	A
L	M	E	M	S	K	Q	E	U	A	N	E	R	V	I	O	P
U	L	J	E	A	X	S	C	Y	R	J	E	M	M	E	F	I
T	B	E	H	É	V	I	D	E	N	T	K	R	T	M	V	C
Ô	F	R	C	P	F	D	P	B	T	A	Q	W	D	Q	Z	K
T	G	A	G	B	I	Q	W	X	L	T	N	K	Z	I	R	A
O	R	C	E	Y	O	D	I	F	F	É	R	E	N	T	O	X

Puzzle 237

```
P P A H D C J Q G N C F R E F L J
J B C E S Q K X V M C L I S R E P
M B E T R M G A U C H E C W F T X
B A I S E R I I S B K F I S W A S
G I Q E B O I R A N É C S U I B O
P M E U Q È H T O I L B I B P O R
C Z C O I Z W E S I O F R A P U C
R B Y Q J I P L G D R T I R É R I
A E A J L I M U H W U T L I Z E È
V W K N H M I O U W E A A E M T R
A A M E D O O P G A D F C K C S E
T B P L T E N I L L O C I B Y E S
E I A T T H Z F Y R J P D L V N I
E X E M P L E K T C S E É W S T G
G M R P X G Z O L K P D M R D T G
```

SORCIÈRE
FILS
MÉDICAL
ICI
PARFOIS
GAUCHE
CRAVATE
EXEMPLE
BANDE
ODEUR
TIRÉ
TABOURET
POULET
COLLINE
BIBLIOTHÈQUE
SCÉNARIO
PERSIL
MIROIR
OUEST
BAISER

Puzzle 238

MAGASIN
DÉPENDRE
SOMMET
COLÈRE
EXÉCUTIF
ENSEIGNÉ
REPAS
NAVET
ATTAQUE
ONZE
VOIENT
VERS
DIMINUER
GRENOUILLE
ADOPTER
BLÉ
COMMENCER
DONT
LIGNE
BEURRE

```
Q P A N B E C D A M I A K D Q L H
C O M M E N C E R X N L R U K N F
D C B T E O Z U E Y F C I A S N S
V I G H B W D I F N I S A G A M O
S Y L O V L F C V K S R E V N Z D
I Y L E X É C U T I F E M O E E B
R E B R E P A S P S T R I E R R I
E L L I U O N E R G O R D G D M N
U I Z U Q C W F M P N U F V N D A
N B L É A O U S O M M E T O E É V
I W Y X T L D T S Z H B N I P V E
M O H B T È D D Y Z E O O E É H T
I X M W A R C Q M K E N D N D G D
D M W Y R E T P O D A Z J T X J E
Q V Q K Y J G I X B Y E Q S G M K
```

Puzzle 239

```
O C F U W M C W X A T A J U Z T M
P O F H É S S O F P P Z N Z X T I
B S W N G K M N U C U A M Q Z R K
B U A E S S I U R L U B C D E E Z
J M Z G I V A P R S O É T Ê R R A
V O C A B U L A I R E I K Y I C R
R U Y S G S O W N H X E R N A D H
E J N I G W P X E V F R U O R V I
N X K V U Y K W V S W I V Y T U N
N O A R T N E M E V U O M O S K O
U Y E E M M O P R S R T N Y I T C
Y F Q É B P W R E N I S S E D F É
E L G R D U M P D J F I H A A I R
R R E C L B P O J Z W H Y K E D O
P E R S O N N E L L E M E N T S S
```

RUISSEAU
FOSSÉ
GAZ
ENNUYER
NORD
VU
AUCUN
COULOIR
CRÉER
VISAGE
DISTRAIRE
VOCABULAIRE
ARRÊTÉ
MOUVEMENT
PERSONNELLEMENT
DESSINER
RHINOCÉROS
REVENIR
POMME
HISTOIRE

Puzzle 240

IDÉE
ENGAGEMENT
CALME
GENS
VIENT
AVANTAGE
ESCRIME
FEU
ACHETER
PLIER
TROMPER
ÉCOUTER
CONSTRUIRE
SÉPARÉ
GROSEILLE
MONTAGNE
FUSÉE
DEPUIS
POURRAIT
DÉCOMPOSITION

```
P T I X N T D Y S G J O M U E J A
N O I T I S O P M O C É D B M W V
E K U J A W U C K V E W G B C I A
N E E R I U R T S N O C R R T A N
G P F E R S E N G A T N O M S E T
A E G T T A É W Q M J K S R L M A
G D F E L R I P O L F K E É D I G
E X A H W E O T A N U D I X Z R E
M C D C R T D M B R J U L B P C M
E V E A D U T I P H É Q L N L S L
N I P T O O N K L E Y S E Y I E A
T E U K M C R C U É R T S D E C C
Y N I B I É X O U S N E G G R J I
R T S B B R F D P U X E M J D J E
E A R F M Y P A J F Z R K G H P E
```

Puzzle 241

```
V F H M É E X T R Ê M E M E N T J
T R V É T É I R A V Q E G C R Z A
H A H L A E L L I U E F D N P D R
E P U Û T R I P E S E R I A F F A
R P E R K U A U C U C Q H S L Q W
M E H B G T O I Q D Q E J S E A J
I R K Q F R L D W N V G T I G Z M
Q Z G H Q E B H J B I D R A Z É L
U E W B F V T Z L K S E T N Z Z I
E Q S E D U A H C F T N E N F O Z
Y H J N J O X H A G R C N O I V I
S O U D A I N E M E N T D C Z N I
L L L S L D C U H R I A U N C V S
D I S T R I B U E R E S O P X E K
P E R S O N N E P A I X D X M O V
```

CONNAISSANCE
BRÛLÉ
OUVERTURE
INQUIET
PAIX
CHAUDES
EXPOSER
PERSONNE
THERMIQUE
VARIÉTÉ
DISTRIBUER
SOUDAINEMENT
LÉZARD
AFFAIRES
FEUILLE
ÉTAT
EXTRÊMEMENT
FRAPPER
MALADE
TENDU

Puzzle 242

LÀ
SOUDAIN
EXPORTER
INFIRMIÈRE
LIMONADE
VAPEUR
FAÇON
ÉVALUATION
SAUF
SENTIR
COUPÉ
ARMÉE
TAMBOUR
ÉTÉ
INVESTISSEMENT
ÎLE
HABITUDE
HÔPITAL
SOLEIL
SUFFISAMMENT

```
T S N U R I L S X J J K O G E H G
T O V S D H A O B E P B U J H Ô L
F U A S K Q Z J S G Q A A S I P I
S D Y W I C O V Z T U J G T Y I M
U A X L Q E M Q C G A Q I P Y T O
F I V A P E U R T E É M R A K A N
F N O I T A U L A V É Î B E N L A
I O Y P T U A U J E G L Y O P T D
S Ç B A R E T R O P X E A S U B E
A A R R I B Y C B D K X L O R R Q
M F G J T J D Q M V U L À L É T É
M N Y T N E M E S S I T S E V N I
E Y D C E D U T I B A H M I Y O A
N J E Q S C O U P É I O H L B J G
T I N F I R M I È R E K X L I W O
```

Puzzle 243

```
P G C P C K G Y B M U M C Q A E V
A W I B J J D W Q S K E C O I S D
R E S R E V D B V R Z T O A M S R
T I N C L I N E R W V X N Q A M U
I N E U B R W Q J E I O F S G P E
C P O U P É E U Q R A M O J L W L
U R G X F X H J T B R Y N A K U L
L Z É R O É C D L M G M D S D I I
E S I R P T U M Y I J M R M C U E
S N O N G I O O V T M C E K K J M
A O O V F V M S N R E T T A P P Z
P K C Z E A L D C C R L V F W I G
O M B Z A C H A T Y L H T L C D N
H P N Q B G I G R M S E C U O P H
A E B U H V B H P Z D V W Y I O W
```

PRISE
OIGNON
COMME
ZÉRO
VERSER
POUPÉE
MOUCHE
INCLINER
ACHAT
MEILLEUR
ZONE
POUCES
PATTERNS
MARQUE
CONFONDRE
TIMBRE
PAS
ONCLE
PARTICULES
CAVITÉ

Puzzle 244

PRÉSIDENT
OCÉAN
LUXE
TRÉSOR
FER
INGRÉDIENT
DRAMATIQUE
LOIN
ÉLÉMENT
MOIS
RESPIRER
TEMPS
BANANE
LAC
RAISINS
TIR
CONFIANT
FIXER
FONDRE
DOIT

```
C E M P Q É K I F O N D R E T G W
A O S B W U L T N I O L K J R I T
L X N B K H S É B G D O I T É E J
Y O I F B L F V M V R N R N S C P
P I S U I H X C D E K É A E O A Z
M O I S R A K Z R N N U D D R J S
D H A P E R N H A A D T Z I O X G
X O R M S F E T M N K A O S E F R
D U B E P C U M A A F H B É F N E
J O O T I G B M T B S O W R I J T
Y P B L R O J J I X G Q Z P X L F
H Q O Q E X U L Q A M F C V E Y K
F E R N R R J H U D R R M R R V T
O C É A N O T Q E O L D H B K E X
J H Q M V R B R G C Q Q X W A B T
```

Puzzle 245

```
P Y Y Z T E D C S I S S A C S N T
A E C D R Q M B A K J C Y P A J I
Y C R R C Y F F V F Y W H V B A
L W T S I P M G O F X A O R O C R
R S N U O C Y Q N A Z W M J N B E
M H E V E N H F O N D S M Q N R P
I A M I R L N E S U O L E P E U P
T M E T D F L A G Y B B S F U E O
A P T E N N V E L Z T O A Y S U L
I O È S E E F R M I B S C V E O E
N O L S F B A V E E S M C C H J V
E I P E É N S A M X N É U F I W N
S N M X D F Q U M U N T S Y K G E
D G O C O U P A B L E S E M T X L
G O C N O U V E L L E S R I E V I
```

SAVON
OEUFS
COUPABLES
ACTUELLEMENT
SHAMPOOING
PERSONNALISÉ
JOUEUR
COMPLÈTEMENT
VITESSE
SAVONNEUSE
ACCUSER
HOMMES
FONDS
MITAINES
NOUVELLES
PELOUSE
RICHE
ENVELOPPERAIT
CASSIS
DÉFENDRE

Puzzle 246

TRAVAIL
RONDE
PLAINES
VIEUX
PÉRIMÈTRE
DENT
DE
CONTENU
VIVANT
POISSON
PRAIRIE
EFFET
ATTENTIF
RUE
NI
SURVEILLER
COCHON
SOUVENT
INDUSTRIE
INTRODUIRE

```
S G Y T J I S P L W V L B B P S D
F M S P Q L D L P L H K Q X O U E
V D A R K G G A R R P Q J Q I R N
R E U R W Z F I T N E T T A S V T
C O N T E N U N C H I N C V S E I
D S K B W A M E L G R E C G O I N
G Y O C L N S S U M I V O O N L D
V P É R I M È T R E A U C R T L U
I E F F E T F K J Q R O H O R E S
E R I U D O R T N I P S O N A R T
U W J Z V I V A N T Z O N D V E R
X N E F P N E K Z V K T U E A K I
K I R U N F I G H V N Q S J I U E
E M A N W C T C T Y O H C T L Z C
V K A Z H E O L T G X F J R Z U V
```

Puzzle 247

```
E  T  Ê  P  M  E  T  R  U  E  T  T  O  L  F  L  A
Q  J  C  L  S  K  Ê  M  A  G  R  H  Ô  T  E  L  R
Q  X  R  U  O  M  R  H  M  R  U  K  N  N  K  D  Q
W  Z  L  S  S  K  É  Y  N  J  E  B  T  Q  C  E  I
D  O  U  C  H  E  T  I  B  R  O  M  N  R  H  U  Q
O  R  X  Y  E  J  N  E  K  Y  C  T  E  I  C  X  F
N  F  W  A  M  A  I  S  I  O  B  K  M  N  N  I  E
L  V  F  D  Q  X  K  Y  H  L  Z  W  E  O  T  È  Q
J  Z  V  R  J  X  E  L  Q  V  N  O  L  I  I  M  A
F  A  X  G  A  D  P  A  F  K  Q  J  L  N  R  E  D
X  W  M  V  D  N  A  N  T  N  R  T  E  U  K  O  I
U  M  S  B  I  I  D  A  F  F  X  Y  M  É  V  K  Q
F  J  T  N  E  M  M  E  C  É  R  U  R  R  U  C  A
I  E  L  B  A  S  N  O  P  S  E  R  O  N  Y  W  X
M  E  M  B  R  E  N  B  B  Q  B  Z  F  X  P  Q  Q
```

FORMELLEMENT
PLUS
ANALYSE
MEMBRE
RÉUNION
ORBITE
FLOTTEUR
MAIS
JAMBES
BOIS
RESPONSABLE
DOUCHE
DEUXIÈME
OFFRANDE
COEUR
RÉCEMMENT
INTÉRÊT
TEMPÊTE
RAREMENT
HÔTEL

Puzzle 248

ESCARGOT
FÉDÉRAL
ÉCRIRE
HOUX
ACCOMPAGNER
SEPT
DIVERSES
GROUPE
BESOIN
ACTIVITÉ
AIDER
CHAUSSETTES
PENDANT
DEUX
PORTÉ
OPPOSÉ
PEINDRE
DIGÉRER
CENTRE
ARGUMENTER

```
L  A  R  É  D  É  F  T  Z  P  K  M  I  G  A  A  L
C  R  C  E  N  T  R  E  B  X  A  J  E  R  F  H  Y
H  G  R  R  L  I  E  L  V  E  R  X  Y  O  E  U  P
A  U  M  I  T  V  N  D  Z  T  S  F  V  U  S  D  O
U  M  E  R  R  I  G  V  I  N  R  O  P  P  C  W  R
S  E  Y  C  D  T  A  C  X  V  T  C  I  E  A  D  T
S  N  A  É  Y  C  P  E  F  R  E  X  U  N  R  I  É
E  T  V  Q  I  A  M  C  W  B  U  R  X  S  G  G  J
T  E  A  H  É  S  O  P  P  O  U  P  S  U  O  É  P
T  R  I  V  S  J  C  S  D  Q  J  V  M  E  T  R  E
E  I  D  S  T  D  C  W  U  E  O  P  U  B  S  E  I
S  H  E  S  B  H  A  N  I  T  U  Q  Q  V  Z  R  N
F  U  R  E  U  D  D  H  E  F  V  X  U  O  H  M  D
A  O  Z  P  J  I  P  I  T  E  Z  I  D  O  G  M  R
O  M  I  T  N  A  D  N  E  P  K  P  C  A  O  V  E
```

Puzzle 249

```
C D D V Q D V B G G H U Q H É R P
J J A R E L E G N O C B W V T E W
B R B B N T R E O L K R K Z R N N
O V C Z E T È R R V E O H L A C N
U S A M É L I O R E R C K V N O G
C N Q Y T E T J E A M O C B G N T
A O C J N D N Q L N U L W E È T X
I I U U A N O I U D T I T S R R U
G T H R S O R J C W C D E S E E S
L A G N A M F U L S O U P E R R U
E R P A Z G L E A Q I D U R B D R
O É J A F C E J C A D P A D B H E
J P Q K B Y C U L K N U E A I T Y
H O E B J E J E X T D T Z E E K G
G A R S D T S C B O B É I R N G F
```

SOUPER
AIGLE
USURE
AMÉLIORER
OBÉIR
BIEN
COURAGEUX
SANTÉ
OPÉRATION
RENCONTRER
MONDE
CALCULER
CONGELER
CE
ADRESSE
PISCINE
ÉTRANGÈRE
BROCOLI
GARS
FRONTIÈRE

Puzzle 250

MOTEUR
CANDIDAT
SEMAINE
ALLER
TROUVÉ
COOPÉRER
COMBINAISON
COU
DONNÉ
DERRIÈRE
FIL
PRENDRE
SOIGNEUSEMENT
REGARD
RAPPELER
HÉRON
EFFONDRER
CONCOMBRE
SEL
PENSER

```
C E M A C T H S W A Z R S T X R F
H O E E T N E M E S U E N G I O S
É E M R U E T O M M Y Z E G A V K
R F B B L E J T E T A D I D N A C
O F I M I É V U O R T I W X D N E
N O Y O F N L N P X U A N F E J R
I N W C T N A T A E V C W E R R X
O D V N Z O J I B Y N X J N R S R
C R U O F D O Y S G S S H E I Z Z
W E I C R E R É P O O C E N È N H
K R E L E P P A R I N Y B R R M E
Z A L L E R S P R E N D R E E Z J
R E G A R D E Y C C L Y W Q R R Z
F C O F B P L K P O M Y P Y R W O
R N B P Q F X U F U E A D H J I J
```

Puzzle 251

```
R  J  U  C  J  I  J  P  J  M  B  E  A  Y  R  M  B
R  I  K  N  R  C  X  A  X  A  A  R  O  Y  E  J  I
E  Y  S  O  E  N  E  V  S  T  D  V  H  F  C  T  P
S  W  F  Q  Q  P  Z  L  Z  I  M  È  C  W  H  U  Y
P  Q  C  E  U  I  J  U  L  N  P  H  O  R  E  P  N
O  T  O  K  K  E  T  K  T  U  F  C  N  C  R  N  J
N  W  N  O  L  L  I  P  A  P  L  R  N  Q  C  G  U
S  I  D  U  Q  L  S  G  I  L  X  A  U  A  H  C  A
A  C  U  P  K  I  N  J  D  V  E  P  I  E  E  B  E
B  D  I  M  R  S  I  Z  É  T  N  I  E  R  T  É  T
I  F  T  M  L  G  A  V  M  T  I  S  S  U  E  C  N
L  R  E  U  C  A  V  É  B  R  I  L  L  A  N  T  A
I  U  X  Y  N  X  B  A  L  E  I  N  E  I  J  W  M
T  N  S  I  I  F  S  M  Q  I  U  J  B  K  J  Y  M
É  C  H  O  S  E  S  F  K  Y  O  J  P  E  A  A  P
```

ÉVACUER
CHÈVRE
AINSI
ACTEUR
MÉDIA
RECHERCHE
CELLULAIRE
RISQUE
CONDUITE
PAPILLON
CONNU
BALEINE
CHOSES
MANTEAU
BRILLANT
PARC
TISSU
MATIN
ÉTREINT
RESPONSABILITÉ

Puzzle 252

RÉSIDENT
MONSIEUR
IL
ENVOYER
TRAGIQUE
CÉLÈBRE
POLITIQUE
DUR
EXCITÉ
MONTRÉ
PASSÉ
CHOISIR
PRÉVENIR
TULIPE
BRÛLER
SCOLAIRE
ÉTUDES
PARLÉ
SUJET
CLAIREMENT

```
C  B  A  F  I  P  K  M  D  L  A  M  Y  J  F  W  T
J  E  R  B  È  L  É  C  O  S  F  V  S  Z  A  X  R
L  I  L  Û  Z  A  S  L  Y  N  M  B  U  V  K  P  U
E  T  C  A  L  U  U  A  K  T  T  E  J  U  S  M  W
T  V  H  M  D  E  K  I  K  R  S  R  Z  M  A  Y  C
M  D  O  N  W  U  R  R  P  A  K  E  É  L  R  A  P
O  L  I  M  N  Q  K  E  E  G  O  Y  T  U  H  Y  E
N  Z  S  E  B  I  X  M  P  I  N  O  I  B  Y  Q  N
S  W  I  H  O  T  U  E  D  Q  B  V  C  H  U  M  M
I  E  R  R  Q  I  X  N  U  U  L  N  X  J  I  X  Y
E  L  D  P  H  L  R  T  R  E  V  E  E  L  F  S  V
U  K  C  U  J  O  P  A  S  S  É  O  C  O  G  B  N
R  D  Y  S  T  P  R  É  S  I  D  E  N  T  J  W  T
I  U  H  N  B  É  P  R  É  V  E  N  I  R  T  R  P
S  T  U  L  I  P  E  R  I  A  L  O  C  S  P  Q  J
```

Puzzle 253

```
C J P R A V L É V É N E M E N T H
F A D S E P A O E G S O W É H J É
L K N U N E N P U L U O V M L M R
P Z O A E U G E M R O N G U G Z I
R D I C R Q U U T C A P E F E C S
E L T E H I E T O A H G G D A C S
D D A B M M S O W D X E A D B B O
Q Y C X I O R C W T N M V N C M N
D J I S E T E A F M Z L F A M Z C
D D R X Y A S É Q U E N C E L E L
O X B I N D I V I D U E L L E L G
B B A D I S C U T E R Z È B R E D
U G F O R D I N A I R E L V N T B
T O U R N E S O L O Z T L W H R I
J E M X P C O V T V I B N P R D Q
```

FABRICATION
ZÈBRE
VOULU
HÉRISSON
ATOMIQUE
ORDINAIRE
CANARI
PEUT
OURAGAN
DISCUTER
INDIVIDUELLE
CROIX
TOURNESOL
ÉVÉNEMENT
SÉQUENCE
NORME
FUMÉE
CHEVAL
LANGUE
DIX

Puzzle 254

INSPECTER
LOISIR
SAUTER
NUTRIMENTS
CONVAINCRE
FAIM
COUTEAU
ABEILLE
NOURRITURE
ÉPÉE
MAÎTRE
FERMIER
ARBRES
RIRE
DÉSOLÉ
PRESQUE
PRIMAIRE
INUTILE
MANQUE
CONDUCTEUR

```
Y E I W B M Y K U W W B W C Q C B
H F H R C O J H P X B X G X A O X
P D W O X Z F F I V S E M S Q U J
C R U M B R F D E L I T U N I T B
N O I M A Î T R E R B J U B H E D
R E N M I A F L U B M D X W Z A X
E R A V A O S C Q C W I S L Y U D
T U X C A I Q Q N F C P E É P É É
C T V P R I R W A V Q U R R E C S
E I X X E K N E M R B O B W Q L O
P R E S Q U E C U X I P R D G Q L
S R R I R E O D R E T U A S H D É
N U K B A V F O F E L L I E B A Z
I O L O I S I R U E T C U D N O C
D N H N U T R I M E N T S G J P E
```

Puzzle 255

P	G	M	A	T	I	È	R	E	L	G	K	C	E	H	C	É
C	L	A	N	X	X	G	W	O	I	Y	C	H	I	G	Y	C
O	E	A	R	Y	S	K	R	Y	L	Y	F	A	K	G	P	Z
L	R	T	N	D	X	F	Q	M	A	D	X	P	Z	M	S	R
É	U	T	O	È	E	Y	U	R	S	X	U	E	I	X	N	A
O	T	U	S	I	T	R	H	O	N	O	L	A	T	N	A	P
P	A	V	I	T	N	E	N	N	O	D	Q	U	E	E	S	H
T	N	O	A	H	S	B	S	R	O	L	A	S	R	B	U	W
È	E	X	R	D	É	S	O	R	D	R	E	Y	D	I	R	X
R	L	Y	O	L	H	L	L	E	U	Q	F	A	P	E	Q	X
E	V	K	L	Z	F	I	D	È	L	E	R	S	R	U	L	I
Y	Y	L	F	C	F	I	R	U	P	A	O	I	I	W	N	L
R	K	C	W	F	X	V	D	D	Y	L	I	N	S	A	N	B
X	A	T	Y	D	S	Z	S	Z	A	W	D	G	F	Y	U	Q
O	U	T	M	S	Y	M	T	N	U	W	P	E	F	U	Z	Z

GARDER
SANS
CHAPEAU
SINGE
FLORAISON
MATIÈRE
ÉCHEC
ANXIEUX
LORS
COLÉOPTÈRE
DÉSORDRE
BEAU
PRIS
FIDÈLE
LILAS
NATUREL
PANTALON
PLANÈTES
DONNENT
FROID

Puzzle 256

CONSACRER
PROCÉDURE
TERRE
FINANCIER
ÉCUREUIL
GRAISSE
BLANC
PARTICULIER
KÉFIR
COTON
DEVOIR
CHEMISE
OÙ
MENTIONNER
ŒUFS
ROUTE
TOUTE
CONFORTABLE
AMICAL
NIVEAU

C	M	M	E	F	T	O	B	E	G	M	H	H	H	C	F	C
E	O	E	S	I	M	E	H	C	Y	F	K	P	T	O	I	O
Q	D	T	N	G	P	L	O	Y	V	E	A	T	B	N	N	N
X	G	P	O	T	U	Q	T	R	R	P	P	M	J	S	A	F
É	B	T	O	N	I	E	F	G	G	J	Z	B	B	A	N	O
G	C	K	G	X	S	O	N	I	V	E	A	U	L	C	C	R
O	Q	U	E	U	S	W	N	E	N	L	K	A	A	R	I	T
Ù	S	K	R	I	M	T	Y	N	D	B	R	W	N	E	E	A
N	R	A	U	E	T	U	O	R	E	T	Q	Y	C	R	R	B
U	K	J	D	C	U	W	A	F	N	R	T	E	R	R	E	L
Œ	É	S	É	A	A	I	D	E	V	O	I	R	W	W	S	E
U	F	H	C	V	Q	J	L	A	C	I	M	A	N	M	U	Y
F	I	U	O	P	A	R	T	I	C	U	L	I	E	R	Q	A
S	R	X	R	T	O	U	T	E	G	R	A	I	S	S	E	F
T	K	K	P	B	Q	B	C	X	J	E	I	O	A	M	W	P

Puzzle 257

```
T N D G S E M U G É L W D S R S A
D O B W Z C S A I O M Q S I É W I
X X M T E È W S R K X I E M P M G
A B U B M I L A R C A L R U O É U
O O Z E È P B I Y A H I P L N C I
G E N R E R U E L F G É E E D A S
R E N I M R E T É D D T N R E N E
M U S I Q U E N W T K Z T E N I U
A V A I T V I A T P V N Y N T Q R
N V T J N D C L R J P L Y I B U H
C O Y B X S S L W L F V J F E E U
P D I H J M P I K V M M S N V P Q
Y R P R L A P R È S X H B O M T U
J B D T J I D B L P O Y Z C J Z C
V N F U P P O I G N É E F G H B X
```

RÉPONDENT
POIGNÉE
DÉTERMINER
BRILLANTE
PIÈCE
FLEUR
LÉGUMES
MARCHÉ
MUSIQUE
SERPENT
SCIE
CONFINER
AVAIT
MÉCANIQUE
APRÈS
SIMULER
TOMBÈRENT
NOIR
AIGUISEUR
GENRE

Puzzle 258

TRENTE
FLUIDE
GRATUIT
VIANDE
DONC
ÂNE
INTERROMPRE
CLAIR
PIED
SOMMEIL
VÉHICULE
DOCTEUR
TÉLÉVISION
COLONS
USINE
CAROTTE
ÉVALUER
EXPÉDITION
VESTE
PROBABLEMENT

```
É T T J G R F L G V S D F T H K U
J V É F G B T M R É N V L I Y V H
Z J A L D K S W A H O U S F T I V
F V V L É P V T T I L J Y I V C W
L G B R U V W H U C O E U N E E O
Y R W S D E I P I U C A R O T T E
H T N O W N R S T L N S D I N S D
O P W M K Â V Y I E Q F O T E E N
T N E M E L B A B O R P C I R V A
Q O O E D W Z E G G N Z T D T L I
U V D I I V X P N G H D E É Y H V
C S G L U N L P G N Z A U P L D A
R R I A L C R P F R Z N R X P B U
B B K N F X E R P M O R R E T N I
R Z J E E O D O N C U S Y N H B L
```

Puzzle 259

```
C P I G A T S R B U R E A U C S C
O A N O I T É Z A N D T F X O I O
N R S M N X L P A S M N S A N M N
N F T M B X L C O H X A R M T P T
E A A A I S A K U S W T U H R L R
X I B G Y B T M A B Q W E K I E Ô
I T L E U Q S E T N A G I G B M L
O W E Y Q U N Y M A D U S P U E E
N B T E C J I C L I S S U A E N R
C A L C U L A T R I C E L Y R T M
D É N O M I N A T E U R P E J T V
B A N Q U E K H P S O K J R Q E O
E L L I P T I Q U E E V D A R V U
E Q B D Y M Y A H O I P T Z S E P
Y A O H V M D G F F L K I X F A U
```

BANQUE
INSTABLE
CONTRIBUER
GOMMAGE
CONTRÔLER
OEIL
GIGANTESQUE
JEU
SIMPLEMENT
CALCULATRICE
TANTE
PLUSIEURS
ELLIPTIQUE
PAYER
BUREAU
PARFAIT
INSTALLÉS
DÉNOMINATEUR
CONNEXION
AUSSI

Puzzle 260

BRUN
RÉPONSE
POINTUES
AMÉRICAINE
BOUM
ENSOLEILLÉ
CHAMBRE
CORPS
ENTREPRISE
TOBOGGAN
PHOQUE
BLEU
SUCRE
TREMBLAIENT
COMMENCÉ
BALCON
DOULOUREUSEMENT
RAPPORTENT
MÉMOIRE
FORÊT

```
C O R P S E U T N I O P B K P P C
E F O R Ê T J U O F E P X X A J O
M N U R B T R E M B L A I E N T M
É O S Y H K S L U R Y E W N F N M
M C S O X P G B O É I N C I F E E
O L D O L E L Z B P M T J A Y T N
I A G U S E O B F O P R M C Z R C
R B M U N B I W I N H E O I K O É
E M I T F E V L J S O P G R H P I
R C P L M Y N A L E Q R A É A P Q
C H A M B R E Z J É U I U M A A G
U X C L V A J U A T E S Y A Q R T
S D U K K M H S D W O E A   W Z B
D O U L O U R E U S E M E N T W I
T O B O G G A N Y L C N S Z G T Y
```

Puzzle 261

```
T W C R O L C Z G L E W J D F R Q
I É A J U N Y U É D S A G E S S E
R T R I B O R X N P É C E S A P A
O I N E L I U E É R P T O M D P N
I N E T I T E P R O R R A U P O N
R U T A E A I H A M I O M I R C U
Q T U U R T R J L E N F I S L B L
P R U N E S É I E S T Y I A N S A
O O X F X E T K M S E K I U L S I
G P N H Q R X V E E M V N C G V R
C P Y C D R E G N H P Z O I L O E
Y O J Z G A G V T Y S P S S L I S
P R O F E S S I O N N E L S E Q T
Y C U W D N O S N D N K V E U N V
P A R A G R A P H E J L K S R X X
```

PARAGRAPHE
ANNULAIRE
PROMESSE
LIT
COUR
SAGESSE
OUBLIER
OPPORTUNITÉ
PROFESSIONNEL
DÉTAILS
PETIT
PRINTEMPS
TIROIR
SAUCISSES
CARNET
NOS
PRUNE
GÉNÉRALEMENT
ARRESTATION
EXTÉRIEUR

Puzzle 262

RÉCUPÉRATION
TOUR
DÎNER
PROVOCATION
HAUTE
VOISIN
CADEAU
CHANSON
NÉGLIGENTS
ÉCORCE
LECTEUR
RÉSERVE
RÉGNER
DIXIÈME
QUI
PLASTIQUE
QUART
CHIEN
LOUP
GROTTE

```
O R E N G É R R C H A N S O N Q N
W H M E P R C É K V T N E H H U É
H N È I D X L C C O E Y N A Y A G
Q U I H Î K W U A I Z R W U C R L
N Z X C N H W P D S S P B T A T I
P G I O E P Q É E I É T D E L O G
H L D U R O R R A N R C F S O F E
R T A X Q Z X A U E F P O F U L N
N D D S D X V T O V G H G R P I T
W O E J T J C I B R K A F W C V S
U Q D V Z I C O L E C T E U R E D
G R O T T E Q N B S Z J F T O U R
F A L E X T C U K É Y M X U E S G
P U D E F F R I E R I M U A P D D
P R O V O C A T I O N F I M J Z J
```

Puzzle 263

```
O Z I Y S E Q Y E M H T Y R S L E
A X M R L A P Q M D E R I R É P X
S A B L E E U N C K G O G E U L É
G Q P I V L Ç T C O F U R T E C C
O A F T F I É O E H Y V A N C H U
H Y V F Q G W C N R J J N O H A T
T Y U O E A T C L A E F G M A U E
N C S H R R O I A M R L E C Î S R
P W V T D F X P M L I L L T N S X
M A R Q U E U R P A A X P E E U G
C I Y F O P T G E C T Y B E U R R
N É C E S S A I R E I L M U R E Q
N Z K N É F I Z K X L Z U X A S A
X Y M Z R X O W C O I I J A L B D
H K U U C K X F T X M Z Z C A F É
```

MILITAIRE
EXÉCUTER
CHAUSSURES
GRANGE
CALMAR
SAUTERELLE
CHAÎNE
RÉSOUDRE
FRAGILE
MONTER
NÉCESSAIRE
CAFÉ
TROU
LAMPE
LEÇON
RYTHME
PÉRIR
CÉLERI
SABLE
MARQUEUR

Puzzle 264

GÉOGRAPHIE
SECRÉTAIRE
PEAU
VRAIE
COUP
CRESSON
CHOIX
TEMPÉRATURE
MUR
ALÉATOIRE
TAUX
CITRON
SPECTACLE
MARTEAU
PÊCHE
FÂCHÉ
DÉCISION
TENDRE
CARRÉ
PRÉCIPITATIONS

```
A L É A T O I R E G F O M C G T R
I G M Q B M G U D Q X Â P T S E B
N W I U O O X M C P E H C Ê P M Y
G V A P A Y X X W S S N I H E P D
P R É C I P I T A T I O N S É É É
M E J Y R U Z Y I J D R Y X E R C
J A P E A U F R E N R T U G R A I
R O R K G M R C L S Z I R X I T S
A I E T R E K P C X D C D Q A U I
Q W R B E I H P A R G O É G T R O
R Q S F I A J E T T A U X Y É E N
M R Q T A P U O C C M A C A R R É
S H Y Q R M D Q E R D N E T C S S
A H Y U V R D B P Y N P L Z E L Z
C H O I X U N O S S E R C I S S B
```

Puzzle 265

```
C T E V H Z R C L I S T E M È H T
O E B E L E T T E M U Q L É V L K
M R I N D I Q U E N T Q B M S I S
B M C R F E L L I U G I A X M U H
I E U N Y M E K K L Y M T K H D M
N I Z P R A W X N U E G R D O V S
E J S X Ï O P E B H U A A M F X
R A T B C S G S A R V E C L M H B
E R X R O O F F R E C V P W E A Q
B I L C Q É C R É M É I D F N Z X
R J K D J I U S Q C L N C L F H R
O G C R F N W T M K T J W E L X Q
S W T T D M T I X T W E A T D I P
B G A R Ç O N K P O S S É D E R A
A S É C U R I T É U V M Ê M E B O
```

MAÏS
EXERCICE
AIGUILLE
ABSORBER
SÉCURITÉ
GARÇON
TERME
CARTABLE
ÉCRÉMÉ
MUSÉE
OFFRE
THÈME
BELETTE
COQ
POSSÉDER
LISTE
MÊME
HOMME
COMBINER
INDIQUENT

Puzzle 266

BERCEAU
PRIVILÈGE
VENDRE
MOINDRE
ÉTOILE
ACCOMPLIR
PUNIR
BUFFLE
JEUNE
MARDI
RESTE
RÈGLE
CHOCOLAT
NOM
AMI
IRRÉGULIER
CIRCULAIRE
PREUVE
ACCÈS
LECTURE

```
L R E S T E U É T O I L E L G È R
Z E V U E R P A M I D N Y W M B I
S È C C A R O R G W R N O E O U N
C G Q T M I C L A Z A G F M I F U
C I R H U D S L Z Z M R L C N F P
H S R U V R Q F D R M D X V D L J
O O I C F H E R D N E V M O R E E
C I L W U P R I V I L È G E E X U
O A P P A L G C C D R V D F P R N
L P M K E L A L L V W C Z T O W E
A J O J C R E I L U G É R R I D C
T V C G R X Q D R U L M L S T N N
I N C G E O F G D E U W B T M T X
G B A K B T T A P Z X I Y O U Z Y
A T B I P R F H I D C Z H Z E E D
```

Puzzle 267

```
L I È V R E U M Z X U B A H E J Y
E X A M I N E R X D Q O A S P B D
M É T H O D E S I A H C L T F S U
S B O V V P L È M K G N W É T Y A
O É C H O V L R É O M O J H G R F
U B I Q L T E P D G O N B M H A E
H F R H O R H K E S A G N H B N L
A Z A E N B C P C Y E I E N F I N
I W H P T Q É Y I C T P H X O J L
T T J J A C V V N P S M T D G N Q
E I S W I W K T E G I A I I O H I
R R G T R E P Q Z F R H J Q È X F
A Q R E E F F R K A T C V C I M O
I W T B S R O Q G L A I T U E U E
T E N T A T I V E S U I V R E D L
```

CHAISE
PRÈS
MÉDECINE
VOLONTAIRES
EXAMINER
ENFIN
SUIVRE
LAITUE
TENTATIVE
MÉTHODE
BÉBÉ
LIÈVRE
CHAMPIGNON
SEPTIÈME
SOUHAITERAI
BATTRE
LÉGAL
TRISTE
ÉCHELLE
HARICOT

Puzzle 268

SOLDAT
FONT
RAISIN
HIBOU
VALEUR
ÉTOILES
DOS
OREILLE
PERMETTRE
AMOUR
CONCEVOIR
VRAIMENT
CUIRE
FACILITÉ
MAJORITÉ
MONTAGNE
CONNAISSANCE
LUXE
BRÛLER
SERPENT

```
C É N M X R Z U X Y F P X S N Z Y
O T T I G V G J U A A V J Y G X H
N O N D D T V Z E J C A Q B D O O
N I E S S O L D A T I L N L D L O
A L M O N T A G N E L E A M O U R
I E I D H U I Z X R I U M J J J P
S S A Q D I D O R I T R A U S Q T
S F R U Y O E J X U É F J R H T X
A Q V P U Q M O H C O G O U O J M
N J O F I X O W U V V B R K R B G
C U J F E Q Z D R C W T I N E R T
E J Y C O N C E V O I R T H I Û F
P E R M E T T R E X U L É F L L L
F O N T S E R P E N T J Z V L E I
P A R A I S I N Y A Z Q U M E R X
```

Puzzle 269

```
N T F P V L T A C N H K U R Y A M
U V I D B T R R C O R R K P A R C
A W X L N P A U S T M W T T X W B
G R E D H N G Z K C E M N E I H C
E E R E C W I E E E F C E D H N E
U P S Z P N Q W X R T O M N V A Z
X I D N U L U N D I S N E O T T T
H C C F C R E U K D E D T F Q I X
V I W R E R A P M O C U A O W O E
H T D Q S P O O V M È C I R G N Q
D R I X V F O A W D P T D P B A B
Q A E U S I Y I L B S E É T N L I
M P H V U F S H R E E U M G E E B
C O M M E N C E R E W R M D E T I
A C A D É M I Q U E V P I K U T T
```

PUCES
PARTICIPER
IMMÉDIATEMENT
COMPARER
LUNDI
NUAGEUX
PROFONDE
ACTE
COMMENT
ESPÈCES
NATIONALE
DIRECT
ACADÉMIQUE
POIRE
COMMENCER
FIXER
PARC
TRAGIQUE
CONDUCTEUR
CHIEN

Puzzle 270

FONTAINE
THÉ
MATÉRIEL
HEUREUX
APPARENCE
QUOI
TOUJOURS
ARÈNE
IDENTITÉ
ÉGALE
VARIÉTÉ
OIGNON
RAREMENT
TISSU
NUTRIMENTS
PIÈCE
INSTALLÉS
SAUCISSES
SÉCURITÉ
BUFFLE

```
M U I I T I S S U A H B K H N L V
A Z D N N D T R R P O E R R H N R
T L E S E N N U V P M P U X S A Q
É R N T M A E O S A W W É R J G S
R E T A E M M J D R J Y D G E U B
I T I L R T I U X E I R P E A U H
E H T L A A R O A N O N G I O L X
L É É É R U T T J C Q É G X X I E
J R V S L C U C G E É T É I R A V
B H H Z M V N S A U C I S S E S K
H U M K A Q U O I L V R A Z K I A
N T F F O N T A I N E U R R W C A
Q M H F P I È C E O U C È A H H I
Y Q R A L K Q R M Q T É N H Z P V
B X Y A Q E I S L G E S E H R M F
```

Puzzle 271

```
U É A P F D Z H W C W J P Z H P T
H P U E A S L U K K A M R L M R É
A O É M É R C É N I E J E C Q O L
F N G P K E F M C X Q N S I U N É
S G D D J I P O F N P E Q C Z O V
U E U F S L K B I H E P U T È N I
C C D V Y U T M R S U B E D B C S
U J O W C E U Q I T C R A R I I
L R N G B I X M P R Ê X J E E A O
T P T C W T N E M I T Â B V V T N
U Q A E A R E U Q I R B A F V I L
R B W U Z A K V I W E G N I S O K
E M W Z V P Q L F G I S N V S N W
L S D S E R E M U S S A X N X H F
C R I E R T E T Q F C M W K W Y F
```

ASSUMER
ÉPONGE
ARCTIQUE
VERBE
PRONONCIATION
PAUVRE
FABRIQUER
CRIER
CULTUREL
PEUTÊTRE
BÂTIMENT
PARFOIS
DONT
NI
ZÈBRE
PRESQUE
SINGE
PARTICULIER
TÉLÉVISION
ÉCRÉMÉ

Puzzle 272

AIDE
PARTENAIRE
ORDRE
MERVEILLE
CASSEROLE
ORTHOGRAPHE
CROIRE
ENSEIGNER
APPORTER
AUTRES
VIRTUEL
HÉLICOPTÈRE
DIFFÉRENCE
REPÉRÉ
CHOSE
BANDE
CRÉER
SOIGNEUSEMENT
SANS
VENDRE

```
H B H A V I R T U E L A W Z V O A
V É S O I G N E U S E M E N T D P
O R L Z X F E K P X N J N U J I P
A É T I P A R T E N A I R E F F O
U P D E C U S W I I K N F U U F R
T E D I A O I V L Z S K J R A É T
R R R I E H P A R G O H T R O R E
E E R D N E V T V H R N E C S E R
S É J S N U W R È E C S M F P N B
J R A J P G C B C R K V J A C C A
E C M W Z L F R V D E S O H C E N
H V O R D R E W O C G N O Z T U D
C A S S E R O L E I P A R W L L E
M E R V E I L L E H R S I L R K L
C S W Z R L R E N G I E S N E P J
```

Puzzle 273

```
A G T A C I L É D W N W B I L A E
F É S I L A N N O S R E P Q E R U
C W H A N B L D I J A X C M T G P
N B X Q T R A X I A P U C P T U Z
P R O P R I É T É V P O L I R M D
X K G G D G L M F L I H S X E E N
A M Z A G O P X U T G D A V D N S
T K O P R N R S A V O N U X D T C
T O D V E E I C P Q G G D S U E E
A K T É V É N E M E N T R T P R H
B R A A W A E L O I C U L A K F D
L D G L L A V O A Y P U E L C A J
I X I E V E E B L Z H N C P F S R
E D A M E S R O B T E N I R C D E
R W P V M M X Z Z É T U D I A N T
```

POLI
PROPRIÉTÉ
TABLIER
PLATS
INDIVIDU
DÉLICAT
ÉTUDIANT
DAME
LETTRE
OBTENIR
TOTALE
LUCIOLE
REVENIR
PAIX
PERSONNALISÉ
SAVON
ARGUMENTER
HOUX
ESCARGOT
ÉVÉNEMENT

Puzzle 274

CHOC
NAISSANCE
REJOINDRE
PROGRÈS
BÂTON
PATIN
STRATÉGIE
GOMME
APPRENDRE
TÂCHE
IMPORTANTE
DÉSASTRE
TIMBRE
MOUCHE
RESPIRER
ATTENTIF
BOUM
MONTER
FÂCHÉ
MUR

```
J C D G Q J N S Q U L O A J L B E
M U F É I L G U Q Z J X H T W K T
G D D F S A R F M C Q W T Â C H E
Y C W Z È A T Y U O F Â C H É Z M
S C W G R G S R O H N G D I Q Q M
Z P K W G Y B T B C V T U G H W O
E H C U O M A D R U M V E P O R G
L N E Y R R F P L E Y P R R A E D
N O W A P X K A P B Â T O N F J A
S T R A T É G I E R B M I T M O B
A T T E N T I F E U E E Z R R I V
I M P O R T A N T E Y N B R R N F
R E S P I R E R T Y J Y D K O D R
N A I S S A N C E U F X X R I R F
P A T I N J H Y T U J N Z L E E Z
```

Puzzle 275

```
I D T P D A D Y D T J J E P C D X
N C H C F P Y M T Z E S S A I G N
F D L Q R Q G U S Y E N P N R I V
I R C R D E U Q I D U L R T C W G
R P B X S G I M C M S K I A U V E
M A V M A A P F O O A D T L L C E
I W G M C V S J M M R G I O E I X
È B K F P U P H M Q T A I N R E C
R O M B F A E R E T N E V N I L E
E F E U Q S I R N P A C R S E F P
C H O I S I V C T T T N S W L R T
O Z E Y K P Z T A J N E P A G Z E
E L B I N O P S I D A G M G G C R
V N O A H A N I R Z H R R Q V E Z
E Q P P F Z Q Q E K C U I F K P T
```

URGENCE
LUDIQUE
CIRCULER
IMAGINER
SAUVAGE
INVENTER
SAC
FIER
SAGE
CHOISI
ESPRIT
DISPONIBLE
COMMENTAIRE
EXCEPTER
CHANTANT
CIEL
ASSEZ
INFIRMIÈRE
RISQUE
PANTALON

Puzzle 276

SAVOIR
GARDÉ
AVENTUREUX
LIBERTÉ
COMPLIQUÉ
INVERSER
HIER
ANNIVERSAIRE
AVION
RETRAIT
DÉFI
ARRANGER
VOIENT
DISTRAIRE
SÉPARÉ
DRAMATIQUE
VIEUX
CONCOMBRE
DISCUTER
PEUT

```
V X D A Y E F P A H S W H D Q Z D
O X I V K Z S J N B É D R A G D R
I A S E P E U T N E P G I M L O A
E R C N X R P G I Y A Z O F R I M
N R U T O G N U V S R S V G É M A
T A T U K V H E E R É V A R T D T
O N E R G U N S R Z U X S A L J I
G G R E I H N A S T Q B Y H M I Q
K E E U L Q W E A V I E U X Z A U
R R S X V I Q U I L L A F G W V E
B A R V S R B F R D P P R P J I M
J J E L T M J E E X M Z S T J O K
A W V J G C S C R F O M V E E N M
C O N C O M B R E T C F M E I R G
E R I A R T S I D B É J S V G K U
```

Puzzle 277

```
C I T O Y E N N O L L I P A P V E
H O C O P S T J O R I V A G E I C
K P D R K U S E U T N I O P D E J
G É N É R A T I O N A C A A Y N D
A I Q U P E C W J I Y M E Z S T É
G A L O P S U O X M Q O M E U N P
S E N S J I G I N I Q P E E L N L
L U V N U O W T O T E I U Q N I A
M Z G G K U F C S U R F Y N V T C
P X G M P U Z H E A R A X V N J E
E R U E U G N O L E Z A S S C B R
N O I T A R É P U C É R F T N H Y
T R E V U O C L D G X U Y N E Z Q
W O B F E C I C R E X E C T G I Y
P J P H W R I N D É P E N D A N T
```

GALOP
COUVERT
DÉPLACER
INDÉPENDANT
LONGUEUR
PRIVER
RIVAGE
GÉNÉRATION
NOTAMMENT
CONTRASTE
CITOYEN
SENS
OR
OISEAU
VIENT
INQUIET
PAPILLON
POINTUES
RÉCUPÉRATION
EXERCICE

Puzzle 278

ATTENDRE
IMITER
TAILLE
PACIFIQUE
UN
NEIGE
FRÈRE
INAPPROPRIÉS
DÉCLARER
FAUX
THÈSE
LIBRE
EXTRÊMEMENT
MARQUE
TEMPS
LOIN
OCÉAN
ABEILLE
DOULOUREUSEMENT
LIT

```
A B R E R A L C É D W O Q P B E C
S P O L C X O O I D O X K F Q J Y
F N W L U W R K I E A Y T Z M X I
A U R I W S Z J U N K V A F Q B M
B E I A I N A P P R O P R I É S I
E R Z T X Y X K S Y I C T H H L T
I D O U L O U R E U S E M E N T E
L N H K O E A E P W F S U U F O R
L E R È R F F O N Q Z È N Q D U S
E T W T E M P S C P F H E I Q C F
R T C Z U J H O O É R T I F Y O K
B A O C Q J W U Q W A Q G I U V O
I T I K R T S U N L O N E C K X S
L C U F A F L E V I H I R A C H Z
D T N E M E M Ê R T X E C P X U Y
```

Puzzle 279

```
T A O O Q A F D S I X I È M E D A
B R U K A N O I T A I V É R B A R
A J U S T E R F C Y G N E Y Y K X
C N R A Z S N F R V H Y E L P Q K
B E R È L O C I P O U R Q U O I L
U I R E S S E C M Q F W L O C S C
V T E T P G A U A C T R J P K B R
K E I O A I U L H H O B A X U S G
Y R P M O I M T C A J N I G P X X
H T M C Y I N É L R A P N R I P U
I N O W W X K S U O P P B U O L A
Z E P A T R M P Y Q W V T T N J E
P W R D M H I C I U Z X L U D M D
A E R J N X B J P X K S D F I M A
E N T E N D U P A R D O N N E R C
```

POMPIER
ENTENDU
CADEAUX
MOT
ABRÉVIATION
DIFFICULTÉ
CESSER
ENTRETIEN
CYGNE
AJUSTER
POURQUOI
FUTUR
CERTAINS
SIXIÈME
CHAMP
PARDONNER
COLÈRE
CONNU
PARLÉ
FRAGILE

Puzzle 280

ÉPINARDS
GÂTERIE
DEHORS
ANIMAUX
MAMAN
ANCÊTRE
FRAIS
PEINTURES
JOYEUSEMENT
VISITE
FATIGUÉS
FINITION
COLLISION
ORBITE
RIRE
LORS
MARCHÉ
EXPÉDITION
ABSORBER
CHAMPIGNON

```
F U U F N Z M A M A N P F R N L E
F A W L M Q I F F O Q Q R L K E X
É P T I X U A M I N A W A K C A P
A P G I B H A G N R I O I Z K N É
N I I Q G J R N I N E Q S P I C D
A E J N N U C M T O R B I T E Ê I
L O R S A Q É G I I I D R P T T T
Q F W Q P R N S O S R E R O I R I
M A R C H É D G N I J H Y W S E O
G Â T E R I E S F L E O B J I B N
P E I N T U R E S L U R A I V A A
B S R Y T O K X Q O T S Z U J Z S
Y U N X T C S L E C S S D W C A T
C H A M P I G N O N C E P F W Z G
D C J O Y E U S E M E N T F P B N
```

Puzzle 281

```
I  O  X  F  G  Q  B  D  O  Y  L  C  T  C  C  A  C
S  R  I  O  V  E  C  E  R  H  A  M  L  S  O  P  H
U  U  D  U  K  T  V  G  U  C  S  O  A  É  J  P  A
C  E  D  R  C  T  H  A  A  N  J  Z  V  P  Q  R  U
R  J  G  N  M  E  F  M  C  B  W  T  E  M  H  O  S
E  F  V  I  R  H  Z  O  T  N  N  J  H  E  Z  C  S
U  N  U  T  V  C  O  R  U  N  C  S  C  Y  X  H  U
L  W  P  U  D  R  G  F  E  T  O  D  R  K  U  E  R
C  L  E  R  B  U  P  L  L  L  A  N  G  U  E  U  E
B  O  I  E  C  O  H  A  S  E  É  N  N  A  I  Q  S
U  M  G  S  T  F  S  M  D  N  O  I  X  F  X  A  P
P  Y  N  I  K  E  C  P  I  V  N  R  K  M  N  L  D
K  W  E  I  B  M  R  E  O  Z  O  K  B  H  A  P  O
X  G  K  M  A  B  I  A  P  A  P  P  O  R  T  É  S
V  H  F  X  J  Y  P  O  P  U  Q  D  Y  D  F  Y  T
```

FROMAGE
APPROCHE
POIDS
APPORTÉ
ANNÉES
FOURCHETTE
ACTUELS
PEIGNE
ONT
FOURNITURES
NOIX
CLÉ
PLAQUE
RECEVOIR
LANGUE
CHEVAL
ANXIEUX
SUCRE
LAMPE
CHAUSSURES

Puzzle 282

COMITÉ
ÉMOTIONNEL
TERRAIN
TENTE
DÉCRIRE
TOUT
VENDREDI
RISIBLE
ET
SEULE
OIE
JAUNE
LAVAGE
TÉLÉPHONE
DANGEREUSEMENT
HÔPITAL
POISSON
FERMIER
SAUTER
PRUNE

```
P  C  H  I  M  L  J  F  V  V  W  Q  M  M  T  F  F
R  O  O  M  T  V  S  W  P  E  N  U  A  J  E  E  L
I  K  I  M  B  H  Y  H  G  G  N  I  R  R  N  R  S
S  H  U  S  I  G  Y  W  X  A  I  D  M  R  T  M  A
I  T  N  U  S  T  U  O  T  V  A  N  R  L  E  I  U
B  O  Z  R  U  O  É  I  S  A  R  J  N  E  C  E  T
L  D  T  I  G  F  N  A  K  L  R  F  E  B  D  R  E
E  N  E  O  V  F  N  I  P  E  E  H  E  E  T  I  R
É  M  O  T  I  O  N  N  E  L  T  Z  J  U  X  Z  L
M  I  G  M  X  P  I  E  N  U  R  P  D  F  R  N  A
O  I  E  D  A  N  G  E  R  E  U  S  E  M  E  N  T
Q  P  R  L  G  N  I  T  Z  S  G  A  D  M  G  A  I
C  D  É  C  R  I  R  E  N  O  H  P  É  L  É  T  P
C  J  C  U  Z  L  H  S  S  E  T  H  L  F  A  I  Ô
E  S  X  S  X  V  X  L  A  A  X  S  M  E  U  G  H
```

Puzzle 283

```
M É T H O D E B N D L D C W P K U
D E L J L D A U W K D V Q G H Y Y
G U O É E P Q Y C L B G M S O K X
S Q U Y P O Ê L E P O U S S E R A
P I I O Z J G P M U B Z U M E Y C
E T M L K K G F G P O R T É E L C
I I G P W M F W U R S Z U W É A U
N L Z M L H F R I R Ê F M M R C E
D O E E R E R T N E I L L K É O I
R P Q V E F M W G K D E E M F Û L
E A S A U A V E F V B E U A É T G
J M T L U R T U N I T A M X R E C
D Y L Y G I V B Q T B H J P P U H
W I V I Y G D A N G E R E U X S N
P U N I R K L M E G E N T I L E H
```

ACCUEIL
ENTRER
PRÉFÉRÉE
GIRAFE
FURIEUX
DANGEREUX
PORTÉE
GRÊLE
POÊLE
GENTIL
COÛTEUSE
OUI
EMPLOYÉ
POUSSER
PEINDRE
MATIN
POLITIQUE
SIMPLEMENT
PUNIR
MÉTHODE

Puzzle 284

DÉCIDER
NARRATEUR
ÉTEINT
COURRIER
CONFIANCE
CACAO
SUPPRIMER
MONTRE
RELÂCHER
PLUVIEUX
PLIER
CONFIANT
TIR
INDUSTRIE
VIVANT
FINANCIER
CONFINER
BUREAU
FORÊT
BALCON

```
C M Y Y H Y R V Y O T F A R H Q I
V O M J X M O E R T N O M L X W V
P C N O C L A B L K U R B H Q Z G
L O D F I P Q E S Â J Ê H V T T E
I N É S I U U N R F C T N I E T É
E F C A T A F L B P L H Z Y I N P
R I I B R E N I F N O C E D R A X
D A D U R R Y C N U U J R R T V C
Z N E E D U D C E A B S U H S I O
E T R C H B S O B O N F Y Q U V U
P L U V I E U X X Q R C P Q D T R
S U P P R I M E R G J S I Z N I R
C G Y Z E Z G V P H Y O S E I R I
N A R R A T E U R F R L Z V R E E
C A C A O O S D T V D M B I O M R
```

Puzzle 285

```
E O C M T G S B L I L A S È R T D
Z N R O R A Y V D V T F N Q I P E
D H T G S P M T S P T X Z N P P S
D M R R A F J I E H C X R F D S C
I B A P É N P A R E S S E U X U E
S P U O C E I H H V I D B K T R N
T O Q C E M U S T E U Y J L J V D
R U B L G A N J A O W F M A A A R
I M F Q M N L K D T K I X C O N E
B W C W B Q R L F N I F X I S I C
U C X E S U V C Y T Z O D D Q S J
E R T I T E G M O T O J N É E A H
R P L A I S A N T E R I E M S G J
U Y B X A U T O R I S E R G F A I
J D É S O R D R E M R C R R G M D
```

SUR
DESCENDRE
ENTRÉE
AUTORISER
TITRE
PARESSEUX
MOTO
TRÈS
ORGANISATION
PLAISANTERIE
MÉDICAL
MAGASIN
DISTRIBUER
CE
MANQUE
LILAS
DÉSORDRE
BLANC
QUART
COUP

Puzzle 286

ASSIS
PEU
AJOUTER
PESER
EAU
CLIMAT
JUS
GLANDS
TRAVERS
TERMES
AMIS
LUMIÈRE
OUEST
VERSER
MOIS
NOUVELLES
MEMBRE
PROMESSE
PLASTIQUE
TEMPÉRATURE

```
B M T D G R E W X M O I S E E E F
E E M R V L P D H P Z U B A G M C
W M H Q W N E C L I M A T U S D S
N B T E M P É R A T U R E Q R K M
D R E S E P O U E S T T E R M E S
N E V D P O N X S F P N E M G E G
S O X T O I P L A S T I Q U E P L
A H U I R B M I Y D I U Y S V M U
E S Q V M R Z F E N C B I I S L M
P R S R E T U O J A Z M U T X W I
D E O I N L V Y N L V E R S E R È
A V U O S T L X U G P L Q I U A R
P A G F U J E E M J G Z I M J B E
P R O M E S S E S U J M N A B A W
R T X Q V N E Y Q S K F G T W B Q
```

Puzzle 287

```
N S H K Z G M M U C N K T F U M O
M E Q D I E V E N U W F K B J A L
K Q Y X Y M M R I U L U K A M I U
R R X L F P C C V Y T Y N T O N I
D E S S A L C R E G A S I V B T J
L E D I P A R E R E P P A R F E T
T V C Z È Y X D S E L L I F C N R
M O N U T C H I I N T T C D E A E
C É L E R I L L T M Q E G J O N N
C A C H E R H E É O D R J M H T T
K W W J U X C B B T P È Y M T U E
V Z Q C I F L E L U P G K R K D C
S É Q U E N C E E A N A Y N Q M F
É L É M E N T A I R E T P F T X Q
I N T E R R O M P R E É G S N F R
```

CACHER
LUI
UNIVERSITÉ
AUTOMNE
LUI
MERCREDI
FILLES
JETER
ÉLÉMENTAIRE
CLASSE
SIÈCLE
MAINTENANT
ÉTAGÈRE
RAPIDE
VISAGE
FRAPPER
SÉQUENCE
INTERROMPRE
TRENTE
CÉLERI

Puzzle 288

NE
INVITER
SÉRIE
FIABLE
CHANCEUX
SENSATION
COMPTER
ACCEPTER
TRUCS
SOURIRE
NÉGATIF
ENGAGEMENT
SOLEIL
PATTERNS
DEUX
DIX
ARRESTATION
PROFESSIONNEL
SAGESSE
PEAU

```
R I L E N N O I S S E F O R P D M
O J W W I A P F E R I R U O S N M
X V D Z S N D G N E L B A I F E X
N E V I E N B P S T A K D S N Q M
Y C H C X X E Y A I R E P F É R T
C H A N C E U X T V R H A T G P D
S O L E I L P A I N E S M L A Q H
T E J U S T Q M O I S C U R T N E
D E U X M S X Z N Y T S T S I P P
Y I Z H I N E B W M A I É Z F H N
C O M P T E R G U S T X Z R N M Z
A C C E P T E R A J I S V E I L Z
T F W I C A X N E S O A C K N E E
H U R H W L T J P S N R E T T A P
E N G A G E M E N T Y T A Z L G S
```

Puzzle 289

```
A P I X P Y A I N S I E G A P X N
I M P R E S S I O N N E R T I T B
K U T I L I S A T I O N J N K E O
F A M I L I A L E E R D N E T R O
I E L T E T A D K U Q T B R I R X
A C X G S V O R T Z R T V È U E T
R R P W I A A P N C K O W F R U E
D O U T U L M R E T U O C É B R J
W W P I P Z R E S O P X E R E U M
D O Z W E O E L D E U N N P D E A
I Z J M D U S R X I S E R V I L P
E N V P P N S A B C R I E Z M U X
Z O H X A Z A P E J S C D D U O T
M P R N Y F P U V V E N O F H D I
Z N U R S I T S L K A A M X Z Z P
```

IMPRESSIONNER
PASSER
PAYS
HUMIDE
UTILISATION
LIVRES
TERREUR
MODERNE
ANCIEN
FAMILIALE
SAMEDI
DOULEUR
BRUIT
PARLER
PRÉFÈRENT
DEPUIS
ÉCOUTER
EXPOSER
AINSI
TENDRE

Puzzle 290

THÉORIE
NAVIRE
DÉCOUVRIR
CONCENTRÉ
FORMATION
PEINTURE
PREMIER
PICORER
SUCCÈS
CANNELLE
GÉRER
CEINTURE
MIGNON
CHIOT
HAINE
BEURRE
MONTRÉ
GROTTE
LECTEUR
INDIQUENT

```
C C C X D I J P S Q É N B W N S P
O I M A J A U L È P Z R Y P B P E
N K G Y N T M G C H I O T T S L I
C N L Y L N A Q C T Q V S N A L N
E R R U E B E Y U X H E O T O F T
N O N G I M T L S U P É H P D M U
T L E C T E U R L N R I O V N X R
R C E I N T U R E E E N G R D R E
É W R G R O T T E N M D É P I A V
D U I G V A L P T I I I R I U E Z
D F V O P R N B K A E Q E C A H M
Y L A W J Y C X C H R U R O N Z Z
S E N O I T A M R O F E H R D R J
D É C O U V R I R N I N Q E Z A H
M X Z G V K C H V S I T F R I K L
```

Puzzle 291

```
Y N Y T P Q F L E U R A V O G A P
F A B S M R U E N Î A R T N E F E
G E L É E A E A S O C I É T É F U
F H H D T O R S N G V A J I C A T
A C U N R É N D S T A F G N H I B
U Â I A E T O V I É I P B T O R U
T L D M P I S D F X W T L É I E O
E T K E N S E Q N Q X B É R S S Q
U D X D U O R U O G N A K E I D M
I C J Z S R H X K L A Z E S R L W
L J P C R É L É P H A N T S F E U
K J M P J N A W P S K K N A E L E
Q R P U F É D F P O D H J N O Z F
Q H I Y Z G I T N Q W S I T D D O
M A X V N Z T U F T V W L E V V J
```

ÉLÉPHANT
INTÉRESSANTE
FAUTEUIL
KANGOUROU
PERTE
ENTRAÎNEUR
PRESSÉ
LÂCHE
GELÉE
DIT
QUANTITÉ
PEUT
SOCIÉTÉ
DEMANDÉ
GÉNÉROSITÉ
FEU
AFFAIRES
CHOISIR
FLEUR
MARDI

Puzzle 292

RIGIDE
PLACARD
TAPIS
CERISE
BOL
OCCASION
EFFECTIVEMENT
PANAIS
SOUTIEN
IMPLIQUER
ABSOLU
CONTENIR
GAZ
MEILLEUR
BESOIN
SEPT
PENSER
MATIÈRE
KÉFIR
CAFÉ

```
M C I N X V F S O R Z A G Z G O Q
O H M J H C V A J P U F T R A X I
W T P E S I Z I G Y M N O X Z C F
U E L R I G I D E F R E W H H Z V
L P I I A S P M S Y I C P M B R J
D S Q F N H R H S B N U V J A Q M
G E U É A K Q I L B E S O I N P E
B N E K P K Y M L S T G T U F E I
A O R O K Y L A O K N B M W F N L
B I L C Z P X B P F O É S Z F S L
S S T N E M E V I T C E F F E E E
O A O N D R A C A L P M G A B R U
L C R S W R I M A T I È R E C Z R
U C A X N M N S I P A T J X Y Z B
V O C X T D L U E S O U T I E N B
```

Puzzle 293

```
S N S H R Y L A T P L J V N H F N
C J L O C E Q J O O H O R L O G E
I X U E Y O S Y I Z B B Y B E U R
E F A R T S J T W V H O O L M L É
V Q E N È C S H E Q R G G É I R S
Q J P L E U R X V N G Y A G B P I
J N A U T O R I T É T H W N A W D
C A R A C T É R I S T I Q U E N E
U S D F R B U T P R O F I T E R N
X I J R B X B Q R A S S U R E R T
U A T H H Q T T H O T R A I T É N
L F H V N U J U F X P G P Y Z V B
D É M O C R A T I Q U E Z Q M L H
A P P E L É S O U H A I T E R A I
Z H A U P D H U H T O D G I I Y W
```

SCÈNE
DRAPEAU
DÉMOCRATIQUE
APPELÉ
LEUR
TRAITÉ
ASSURER
PROFITER
CARACTÉRISTIQUE
AUTORITÉ
RESTENT
SOYEUX
HORLOGE
FAISAN
BLÉ
PORTÉ
RÉSIDENT
SCIE
TOBOGGAN
SOUHAITERAI

Puzzle 294

ESSENTIEL
COMPRENDRE
TEXTE
FAMILIER
PHYSIQUE
OCCUPER
BOUTEILLES
RÉSISTER
REQUIS
CHASSE
FOU
ÉVITER
CHAUDES
POUCES
OPÉRATION
INSTABLE
BLEU
RÉSOUDRE
CARTABLE
PREUVE

```
B L E U B V R P O U C E S C R E H
O P É R A T I O N E O E Z H É S V
S S C A R T A B L E A R T A S S F
C H A S S E B G V C X D E U I E D
A U F F M K O C K V W N O D S N T
H A O T D V R P U Y E V E T T B
U S C V U O T Q R R G R X S E I E
F R W P F X E V U E R P E B R E L
É V I T E R I U E I D M T Q Y L B
D Z T F O U L S Q L R O X M U S A
G G O J C Y L E L I U C E H H I T
Q H G W M J E V X M S X T N Q U S
O Q U X Y V S Z K A E Y H W J L N
O C C U P E R S N F D S H R E L I
R É S O U D R E P U N W S P G M J
```

Puzzle 295

```
J E C K J P C C D M U D F E R Q K
I H G V U C F Q H R B K O A F D T
E F C U R E M E G E L U A S C O E
I M P L I Q U É O I M R T E H N X
X M B U S V M U B R O I S O A N C
R E I F I D O M E A M H N T M É I
V U Q V O I C D L M H A Y L E J T
Z E B B L Y S P I X C V K M A W É
G T N K V F B Y N Q K N C C U I W
C P H U M A L L E T T E L O D J W
A M Q X U S R E I F I R A L C O N
Z O S I M P L I F I E R S O X T F
Q C P D Z E D U T É I U Q N I W O
M A R Q U E U R G A D B F S Q O J
A C Z T M P G B C U O B N V H F I
```

SIMPLIFIER
MODIFIER
IMPLIQUÉ
INQUIÉTUDE
CLARIFIER
ENVAHIR
VENU
MARIER
GOBELIN
CHAMEAU
MER
MALLETTE
SAULE
COMPTE
CHEMIN
DONNÉ
EXCITÉ
LOISIR
COLONS
MARQUEUR

Puzzle 296

CHAUD
SOUMETTRE
PROUVER
VIE
CHOU
HEUREUSEMENT
CHANTER
VENT
COMMUNAUTÉ
BOISSON
AUGMENTATION
JOLI
VÊTEMENTS
POURRIE
CARTE
NATIF
POUPÉE
CONGELER
ÉVALUER
PLUSIEURS

```
S B B Z N P G P N I N V K R I H O
V E R T T E M U O S W J F L T Y C
C H A U D F N L I U A T N O G O O
B B V O K D X Z T S P N J O L I N
P O E H Z E T R A C O É A B F H G
L V I C C H A N T E R T E T I E E
U Ê R S B A Y Z N D C U I J I L L
S T R O S Y T R E U L A V É W F E
I E U N O O N E M V S N T G H J R
E M O V X E N V G Q V U D K Q K O
U E P R W J J U U A U M N K D F Q
R N G M J A M O A E M M S I L A A
S T U G C U J R I Z Y O U E J C Z
E S E M A F J P C C T C O L V Q J
H E U R E U S E M E N T V E N T Z
```

Puzzle 297

```
P B B Q G A D N L Q I M Z T N Y P T
C R A A F W E E M V W G J H H D R
C A U C U O H C T U O A C S Z Î A
O M R D B T C T R T M R L W Q N Î
M L E N E X T U X P C Ç I I G E N
B O R K E N A R O S I O T U P R E
I I T R Y T T E T U R N R F H Z A
N T S Q U A T R E L B C H O I X U
E N U M O N D E D G S L X C C T M
R D L D K T Y K P F T A I Y A A E
P M L R A P I D E M E N T É M S C
E X I D R Ô L E S P M E T N I R P
O N G L E U Q I T N E D I B O U F
P Q S M G T J J L G N B G W N Y Y
Z I C L L G A S G X Q N Q T E S R
```

ILLUSTRER
CAOUTCHOUC
IDENTIQUE
PUTOIS
TRAÎNEAU
ONGLE
DRÔLE
QUATRE
RAPIDEMENT
OUBLIÉ
PRUDENT
CAMION
MONDE
CARNET
PRINTEMPS
DÎNER
CHOIX
COMBINER
GARÇON
LECTURE

Puzzle 298

CARACTÈRE
AVEC
AIMÉ
VOTRE
CASSÉ
VACHE
NEUF
TOMATE
OEUF
LIMITE
ÉLIGIBLE
REFLÈTENT
CAPACITÉ
TAMBOUR
INCLINER
OEUFS
CONDUITE
FUMÉE
AMÉRICAINE
NÉCESSAIRE

```
F F J V C J P W   G V T O I F T X
É U I B A C H W A V B P I S K O T
S M C R R U I F M V D P B M M M Z
S É T H A L N S É A X I C D Q A A
A E C J C Z C D R U O B M A T T T
C I C J T E L B I G I L É L W E R
E A M K È H I P C M F M P X K T D
V K P É R C N W A C I A K D A S V
A A P A E A E R I A S S E C É N O
H D C P C V R T N E T È L F E R T
K G R J N I S B E T P H I U U R R
Y N O H K S T K N I S F U E O E E
P G H Q D J Y É I M T V C O D M N
K P B I G A F E T I U D N O C L J
G U Z I L Q L K P L W X Q M J D P
```

Puzzle 299

```
T  K  H  P  O  M  G  I  G  A  N  T  E  S  Q  U  E
P  O  U  S  S  É  A  V  Z  N  W  Û  J  R  Z  U  F
L  S  N  L  T  H  T  S  X  G  U  O  A  N  T  J  E
É  O  K  I  Q  E  U  F  Q  K  X  G  X  J  A  D  W
Z  I  M  A  M  V  L  Z  G  U  R  A  P  P  O  R  T
A  G  B  T  H  R  I  H  Z  O  E  Q  R  J  T  U  S
R  N  H  É  G  R  P  Q  Q  F  Q  Y  K  D  F  O  O
D  É  U  D  L  A  E  H  M  M  T  Q  T  J  B  L  R
D  U  R  É  E  H  U  M  Y  Z  T  T  W  M  J  Q  C
P  U  O  C  U  A  E  B  U  Y  V  M  C  Q  G  É  I
O  S  K  Q  T  W  O  K  E  G  N  A  L  É  M  C  È
V  N  B  L  I  S  R  E  P  G  I  Z  F  V  F  O  R
X  W  Z  I  B  I  L  V  I  R  P  X  W  J  E  R  E
O  U  J  E  A  G  Z  V  J  W  A  N  X  J  S  C  F
T  C  C  X  H  M  U  Q  Q  E  L  S  X  P  M  E  A
```

RAPPORT
GOÛT
LOURD
LAPIN
MÉLANGE
BEAUCOUP
HABITUEL
POUSSÉ
DURÉE
AUBE
SOIGNÉ
MASQUE
PERSIL
SORCIÈRE
ONZE
LÉZARD
TULIPE
GIGANTESQUE
DÉTAILS
ÉCORCE

Puzzle 300

MÉDECIN
RAISON
RIME
IDENTIFIER
GOUTTE
VEUT
LAISSANT
VÉRIFIÉ
BROSSE
POIREAU
ISOLÉ
ACCORD
ARTISTE
VÉRIFIER
PRIX
SOUDAINEMENT
ACHAT
CASSIS
CANARI
GRAISSE

```
Y  B  J  V  B  P  Z  X  O  E  J  G  G  F  M  O  C
A  O  M  E  B  Y  M  V  R  N  S  S  I  V  I  J  A
O  R  Q  V  G  E  N  X  M  T  D  S  Y  T  J  F  N
C  T  T  N  A  S  S  I  A  L  L  N  I  Y  V  C  A
F  A  A  I  Z  W  A  R  M  O  D  J  I  A  É  W  R
D  S  H  C  S  U  Q  P  O  Z  S  L  D  C  R  A  I
A  Z  C  E  T  T  U  O  G  C  U  I  E  C  I  G  P
G  H  A  D  P  G  E  S  S  O  R  B  N  O  F  T  O
Y  C  E  É  V  K  S  D  I  P  U  U  T  R  I  R  I
T  Q  K  M  R  E  I  F  I  R  É  V  I  D  É  I  R
R  A  I  S  O  N  U  C  W  A  L  F  F  Z  S  M  E
C  A  S  S  I  S  R  T  C  A  O  Z  I  M  X  E  A
D  C  F  Q  P  S  X  H  K  K  S  U  E  Y  I  C  U
M  F  J  Y  R  H  K  P  Z  X  I  I  R  B  I  W  P
S  O  U  D  A  I  N  E  M  E  N  T  Q  Y  C  R  M
```

Puzzle 301

```
E T T E U Q S A C C L Q G I O S Z
R I S É D I T Q O I U T S J B I C
T É C M X A G B E N C I J D M G X
Î E A P R É S E N T E D S È R P A
A C E L U M R O F Y X K F I M T C
N F V A I A H F S U X D E J N N H
N S N P F T K S É R I E U X J E A
O F E B S P É P E G K R Q D Q S R
C P K D X O X P G C Z G A T G S B
E M R E T Y M U I L A F T C R A O
R U E R R E N M K P Y A T R A P N
O S G E X P Q R E S S I A L N U Q
N O I R U E P A V I Q B B C G E N
Z M V X J C L D M F L L H H E E E
D W G O R Y V L R T S E Q M F P D
```

CASQUETTE
DÉSIR
PRÉSENTE
FAIBLE
RECONNAÎTRE
CUISINE
SÉRIEUX
FORMULE
CHARBON
LAISSER
PASSENT
RÉALITÉ
ERREUR
ATTAQUE
VAPEUR
NOIR
APRÈS
SOMMEIL
GRANGE
TERME

Puzzle 302

AVIDE
MISÈRE
PENSANT
PERMIS
BAIE
MERCI
QUATRIÈME
RUTABAGA
MULTIPLIER
TAXE
MANUEL
CENT
BASIQUE
CAPACITÉ
GROSEILLE
THERMIQUE
SUFFISAMMENT
FLOTTEUR
CONVAINCRE
AVAIT

```
T H E R M I Q U E M G I K É X T F
E L X M I S È R E U R D F T C J C
X H A Z M G R I E L O A S I B W O
R U T A B A G A E T S K V C R P N
M A N U E L A F P I E W P A I Y V
B A S I Q U E L J P I R I P I D A
P B H B M D P O P L L G O A X T I
O E N M S V Q T P I L A U C M F N
M B N P E V G T P E E T B A I E C
L O P S Q I F E C R K G R P L P R
G Y W U A A M U I E A V I D E E E
D D U S J N I R C X N W Y O G R M
I H I A M D T J R Z W T D M L M K
Q U A T R I È M E X K I G H P I H
S U F F I S A M M E N T O R S S D
```

Puzzle 303

```
D N Z S S Y M L S H Q U J K L É D
C E U Q I M O N O C É H T Z G V P
O M V S Y U N S U Y Q E C W I A B
M R F A K V U M D F G J E R M L R
B A S J N J É X A D N F S S S U I
I N T P U T T S I M Z U H E D A L
N A C H E T E R N Z O N E N O T L
A D V H R L H E J K H O Y N U I A
I I I O V R C N R C N P B E C O N
S F C Y I F A N G L D V V M H N T
O F T D U Z J O O D Q S R I E G E
N É I Z C T T S C O N S E R V E R
G R M P W J D I D I F F I C I L E
H E E B V Z E R P R U O P O V O Q
F R C L V J O G H I E Z E I Z H R
```

CONSERVER
ACHETÉ
GRISONNER
DIFFÉRER
ENNEMI
ÉCONOMIQUE
CUIVRE
VICTIME
DIFFICILE
POURPRE
ARME
DEVANT
ACHETER
ÉVALUATION
SOUDAIN
ONCLE
ZONE
DOUCHE
COMBINAISON
BRILLANTE

Puzzle 304

MAUX
LIRE
JUPE
NUMÉRATEUR
AUTRE
RESSOURCES
LAIT
LIBELLULE
SORCIERS
SERVIETTE
TIRER
LUNAIRE
BROSSER
CONFONDRE
SUJET
TERRE
CALCULATRICE
TAUX
HOMME
LISTE

```
D L K L A N E H O M M E P V Z V D
F I F L C N S B F B S R E R I T K
J B X I Z S K T K C O D A H L H Z
K E R R E T E J G C R N L Z S O Q
S L R E S R D S F A C O J Z R E L
E L E R T U A Z G L I F X U D R I
R U S R O E J F L C E N S Q P T S
V L S U M T V E R U R O J V G E T
I E O U Y A D R T L S C L P G J E
E V U S U R G I I A B R O S S E R
T M R L C É G A A T D T J I Q H W
T Y C Y N M V N L R M A U X F Y C
E V E L J U J U T I W G V V U H W
H W S V K N E L G C E R O J B A H
A F Y Y Z F X U A E L T X J X C T
```

Puzzle 305

```
A O H L I A T N A V U O P É I O F
N P B À Y W C X R G D O V V M P L
P R O P A G A T I O N V Z U P P E
N O U R R I T U R E E J J O O O U
N O O E E W N Y U P P C U R R R R
D N I O U B O C S Z É O T T T S
É C E T C W P U N A D M R Z A U C
M H X T A M X L I D P P H J N N V
O A E T V W X M W V R E P T I M
N N R Y É U R N O K V I A F S T R
T S C D R A G E R M R S B H Y É R
R O E K L U R E S I R P E R T N E
E N R Y M L M E U B G E F I W B X
R B P X N T E O R I O R W G Q Q X
F B X B L M B D E U Q I T S U O M
```

FLEURS
MOUSTIQUE
OBSERVATION
COMPRIS
EXERCER
IMPORTANTS
PONT
DÉMONTRER
ÉPOUVANTAIL
MORSURE
DÉPEND
PROPAGATION
LÀ
REGARD
TROUVÉ
ÉVACUER
NOURRITURE
ENTREPRISE
OPPORTUNITÉ
CHANSON

Puzzle 306

RÉSULTAT
PRESSION
NÉ
INTÉRESSANT
COULEUR
ÊTRE
ASSORTIMENT
FRIGO
GOUVERNEMENT
LOUTRE
SOIR
CLÔTURE
FEMME
ARRÊTÉ
PERSONNE
OUVERTURE
MOTEUR
CLAIREMENT
HÉRISSON
RÉSERVE

```
H C O U L E U R I O S O I E X A L
S É W U A K J W D Y G B A D F S H
D N R P C A R H F Z W X J A I S M
S W H I L O U T R E R T Ê Q H O B
R J V L S D E N N O S R E P I R N
T É O K H S T C L Ô T U R E Z T S
C V S R N Y O G I R F F D Q F I S
A X Q U K A M N O I S S E R P M J
K C Y K L S C V M S L U N N R E P
O Y R X É T O U V E R T U R E N N
U E X B T M A R W R U N N X M T J
D I I O Ê Z A T N E M E R I A L C
Z F V N R É S E R V E M M E F L Q
I N T É R E S S A N T C N C L Z Y
N N O G A G O U V E R N E M E N T
```

Puzzle 307

```
N P Q S N O T I T M T X O N P I V
H V D H D R Q W M M Y D G W R N X
H Ô T E N O V I T M U É T T O T M
T U T D A V A N T A C R N K V E Z
É Z X U R D X D Z J H A A O O N X
B O Î T E R D U O P O N S E C T G
É P H É I G X L F Y C G Y P A I U
B B A O L B A R O J O E Y Q T O J
B M Z J A S Z M K O L R L D I N I
H O R S C E P B M P A N W L O I X
I U H P S L K E V O T C J C N S H
V R O Q E G J C T Q G X E M V I J
N F U A S M A R G U E R I T E O G
Q R E R O I L É M A L Z Y N U V C
L P W T Q C U N Q L E N T P I H Q
```

DÉRANGER
MARGUERITE
ÉTUDE
NID
INTENTION
HOUE
HORS
BOÎTE
ESCALIER
HÔTE
AVANT
POUDRE
LENT
SAUF
AMÉLIORER
GOMMAGE
VOISIN
PROVOCATION
CHOCOLAT
BÉBÉ

Puzzle 308

CAILLE
CHEMINÉE
PRÉCIEUSE
RIVIÈRE
ANNUEL
CERCLE
VAGUE
ANANAS
GENOU
BIÈRE
ARGENT
ÉVIDENT
DIFFÉRENT
LIGNE
COULOIR
ÉCRIRE
SEMAINE
CORPS
MARTEAU
MÉDECINE

```
U Z O Q Q B R M M M X A B B D K X
J M I H E T O A Y É F B Y P P V Q
S H P O L P D R Z A D Y G I C S D
S E M A I N E T J R N E L L I A C
G P S G N E G E L R G N C O K F P
A J P O S L T A É I B U U I R H R
É C R I R E N U V O G O H E N U É
M P O Z H G E N I L J N A R L E C
V Q C V V W R K D U R E E È A U I
C H E M I N É E E O A G L I R G E
A J I L L A F A N C N D C B G A U
F O T K G U F G T L A L R W E V S
O E R Q Y G I R X F N S E U N J E
F N D A L R D I V V A T C L T L T
R I V I È R E S M C S D G P F K Z
```

Puzzle 309

```
C W T Z C F O R M E L L E M E N T
D H P A Q O O X I H A B I T U D E
Z D A M D O N I U D B D N N E F S
E I H U O H G S A L O K S H X D X
N M U N S C X E I G O L O I B B A
N A Y U I S S N T D L W A W B U Q
U N S O H V E B T K É E P U O R G
Y C N V M T U T I O D R O T U W Q
É H E X I J O N T B P M E D G H X
Z E W T M L R P O E O O X R I Q F
P P Y S E L L E N I C C O C E M I
N N O V É L O E É N G I O P E F O
P E R S O N N E L C U I S I N E R
R U B A N V W P N M M C O N G É V
F E P É L O I G N É H J W F A X Y
```

ROUE
COCCINELLES
RUBAN
CONGÉ
BIOLOGIE
PERSONNEL
CHAUSSETTE
VILLE
VÉLO
CONSIDÉRER
ÉLOIGNÉ
BOUGIE
CUISINER
ENNUYÉ
DIMANCHE
HABITUDE
DOIT
FORMELLEMENT
GROUPE
POIGNÉE

Puzzle 310

AUGMENTER
TOMBER
PIERRE
LUGE
GRADUEL
CEUX
CONFORT
FRISÉ
PAPIER
DROIT
BAISER
ÎLE
SOUVENT
RONDE
FLORAISON
DOCTEUR
CONTRÔLER
EXTÉRIEUR
DIXIÈME
RÉGNER

```
Z E X D N U Î N A K V G D H A E I
I C M P O Y J L W J D P D R U X U
S O M S F C I F E G U L R F G T S
C N J E W G T Y S É A U O L M É O
W T T K Y I N E U S E B I O E R P
E R R E I P E D U I M O T R N I R
K Ô O E P J V B N R D U H A T E V
V L F M B P U O A F A Y E I E U L
G E N È R G O C J I C V H S R R T
F R O I T L S E X H S R P O E S O
D L C X Z P N U T U X E D N O R M
P A P I E R S X Z T U U R K H W B
G R A D U E L A P J R É G N E R E
M G F O P H E T R W A E F W W K R
P Z P Y M W I Q D B M K I E B H B
```

Puzzle 311

```
C V N M Y T C H T F J X S U I M S
O M Z C P Q B X P F R S C S V O F
N O O U H O Z B H F C E Z M X I U
S Y A C W H B N Q Q G D Y O F N I
T E U F Q J F R E C L O Q O Q S D
R N V S E N I A T I M S O U P E R
U G T K D U D T H È M E Z K Q O I
I A N V N E È P V V R I S O Y O G
R E E P A L L D E V O I R O W Z N
E K M X M O E R B M A H C P N B O
J E E M E L T L O P P O S É S T R
M U V C D W Q V I M K N K D Û E E
B O U T I Q U E J O U S C Z R S R
Z M O O J K L E R È T P O É L O C
J C M W B T I M I D E É N R R S D
```

IGNORER
MOYEN
CERF
SONT
MOINS
BOUTIQUE
SÛR
DEMANDE
TIMIDE
MOUVEMENT
CONSTRUIRE
MITAINES
OPPOSÉ
SOUPER
FIDÈLE
COLÉOPTÈRE
DEVOIR
CHAMBRE
THÈME
ÉTOILE

Puzzle 312

SELON
LARME
BOUILLOIRE
VIN
LINGE
PILULE
INSPIRER
ORTEIL
MAISON
COMPLEXE
PÉRIODE
UTILISÉ
ADOPTER
ENSEIGNÉ
FONDRE
MAIS
PLUS
PRENDRE
OURAGAN
ACCÈS

```
E I G P B O S E A F G D J P A C B
D F Z S B B E L N C H N X G D O O
O H S F L V L U A S C P Q H O M U
I A A R Q Z O L G V E È W K P P I
R E R I P S N I A M R I S D T L L
É I U S B D A P R V D S G C E E L
P L U S G M Y V U H N X K N R X O
V L V A P A W C O V O T M X É E I
X I F L R I C S Z G F E V R S G R
P E N A E S D E D N F O F P I N E
C T M R N K I E T T G E U Z L I H
R R K M D M A I S O N W W U I L V
B O I E R W M X K H G E S G T H U
H X F Q E A N P B J Y S C K U W J
Y S I G S K N X S Q O A A X O B Z
```

Puzzle 313

```
I  K  V  E  S  N  M  E  O  K  Z  E  P  G  W  C  K
H  F  B  E  F  P  L  F  H  M  É  L  Û  R  B  I  C
C  E  M  M  R  E  D  É  S  S  O  P  D  U  I  P  G
P  J  X  L  R  R  M  I  N  O  R  I  T  É  W  V  L
A  P  H  A  F  F  O  A  V  X  G  O  O  K  T  J  É
C  M  D  C  T  R  E  U  B  I  R  T  N  O  C  C  R
J  K  K  A  N  A  C  T  U  E  L  L  E  M  E  N  T
P  È  R  E  E  C  H  Q  U  A  N  D  C  E  P  A  H
S  N  Q  I  M  P  E  A  D  O  A  R  O  A  C  M  N
E  V  P  X  M  T  B  F  D  E  R  A  Û  D  G  V  A
I  N  S  P  E  C  T  E  R  I  M  L  T  S  A  I  N
M  A  Q  P  C  U  F  X  I  L  É  U  B  L  U  P  N
B  Y  B  D  É  E  Q  B  É  I  E  O  C  A  E  W  G
O  K  E  O  R  D  J  W  B  E  M  F  S  P  V  O  O
É  B  U  L  L  I  T  I  O  N  L  Y  C  A  B  S  O
```

QUAND
PRIVÉ
FOULARD
SAIN
COÛT
ÉBULLITION
QUE
VERROU
MINORITÉ
PÈRE
CALME
BRÛLÉ
ARMÉE
ACTUELLEMENT
RÉCEMMENT
OBÉIR
INSPECTER
OEIL
CONTRIBUER
POSSÉDER

Puzzle 314

BOUEUX
ATTENDU
FOLLE
RÉELLE
INONDATION
MORCEAU
NOTER
PAR
ORTHOGRAPHE
PRÊTE
ALORS
ROSE
COUPÉ
CANDIDAT
CROIX
DÉSOLÉ
MENTIONNER
RAPPORTENT
PHOQUE
OUBLIER

```
R  R  X  S  A  B  S  U  R  P  O  U  B  L  I  E  R
G  O  S  S  R  O  L  A  X  E  A  C  S  Y  H  T  E
E  U  S  D  A  U  J  T  N  E  T  R  O  P  P  A  R
W  X  E  E  R  E  I  N  O  N  D  A  T  I  O  N  O
S  N  É  A  U  U  M  E  N  T  I  O  N  N  E  R  R
M  I  H  P  C  X  N  O  T  E  R  X  Z  R  L  A  T
P  N  Y  K  U  I  W  P  H  O  Q  U  E  S  L  Z  H
P  R  Ê  T  E  O  C  M  Z  E  Q  M  C  F  E  F  O
G  I  H  M  O  R  C  E  A  U  A  V  A  V  É  A  G
B  D  F  G  X  C  L  W  U  Q  A  H  N  B  R  D  R
P  H  O  A  T  T  E  N  D  U  E  Q  D  M  D  X  A
B  É  L  O  S  É  D  E  S  J  K  I  I  G  D  B  P
T  P  L  Y  V  E  O  L  U  E  Z  H  D  H  W  H
Z  W  E  O  I  Q  Y  B  S  V  X  Y  A  U  V  J  E
U  V  P  E  T  T  W  K  I  G  Z  A  T  V  J  L  N
```

Puzzle 315

```
P M R F R Z L B A E R A Y F B V F
H I U V S N O I T C A É R R A J W
S N H G R C S J E B C N T O N I Q
I E V U L X E F U L B U K I Q O E
Q U P A P H N J Q A T L S D U C S
B R T H K J R T O C Y O W E E Q M
H V B R D B U U R J P T I T R O V
S C R F C V O Z R H B Q P S I D P
D I R E O O T J E D C E H E N E N
O X R M I U Z X P R E E I D R U H
P Y B M R E P A S E N M Z O U R A
S O Y O O H R N V S S W A M O I U
K R I S F L D P R T S F I I F F S
U X A S U X G F R E Q I Z D N Q S
W Q Z C E N C O R E L Q L V R O E
```

ENCORE
MODESTE
FOURNIR
HAUSSE
DEMAIN
POIS
PERROQUET
EN
MINEUR
DIRE
RÉACTION
SOMME
ODEUR
REPAS
LAC
ACCUSER
TOURNESOL
FROID
BANQUE
RESTE

Puzzle 316

CUILLÈRE
CORVÉE
ACTIF
AVOIR
FERMER
CRABE
GEL
FACTEUR
CLOCHE
ORIGNAL
ARRÊT
DIMINUER
RHINOCÉROS
ENVELOPPERAIT
CHAUSSETTES
RESPONSABILITÉ
INUTILE
CHAPEAU
AMI
TRISTE

```
R I E R È L L I U C O R G R A W R
H N É T N O E L M H Y I Y R B Y E
I M V X G R G S C A S J F Z W A S
N E R N A I C Q J U A E P A H C P
O N O R Z G L R K S T H L M T M O
C A C V I N O L U S T R I S T E N
É R H F W A C P F E L I T U N I S
R L Z I E L H B G T T W H B R E A
O V J T G R E M V T O C R A B E B
S V H C S R M E E E L T A Y P R I
O X O A E T H E Y S U E J F L K L
C C S P H R K G R E U N I M I D I
E N V E L O P P E R A I T N Z T T
A R R Ê T Q K O F K A Z G D Q F É
S E D Z C B I R A V O I R Q E K W
```

Puzzle 317

```
V E U L E N T A Z P Z T Z G V D T
Y E C Â R G É L E C T I O N V C L
B E L B M E S N E W F N Z U V B X
S A L L U C T K H S F V R P X T X
P N L X E T S E V I X I H A R K Z
É W G A P F É D É R A L N E G I O
C Z F C N A N V X A P Z D X X G F
I F R Z R C Y P R D É C I M A L E
F M A R I É E E X U T T N U X T G
I J C E W E T N R N I R T N Z N È
Q E I R I A R P T I V O C Q R R I
U J S U A H O I I T I U E C U D S
E U Q S O O P M Q É T Q R M K E U
L U D E L F P Y J E C P O Z Q Z P
J O E M Q U Z F I G A P F A J X K
```

PORTE
ENSEMBLE
BALANCENT
MARIÉ
MESURER
ELLE
UNITÉ
SPÉCIFIQUE
SIÈGE
ÉLECTION
VEULENT
GRÂCE
DÉCIMALE
PRAIRIE
DE
ACTIVITÉ
FÉDÉRAL
VESTE
PAYER
TROU

Puzzle 318

DEMI
NOMBREUX
SOMNOLENT
RÉALISER
VENDEUR
CHEVEUX
CURIEUX
VER
ÉCRIVAIN
THERMOMÈTRE
ABONDANT
RARE
EXIGENT
NOMBRE
CRAVATE
ENNUYER
RAISINS
ORDINAIRE
COUTEAU
TIROIR

```
R A R E T E R H S E D T O D N V T
V F P C I N E É O D C P Q A O E H
A E K U R N V U A E T U O C M N E
D L Z R O U E A I L P R A T B D R
S P A I I Y T M W E I P H A R E M
E V C E R E X V X Q H S N Y E U O
C X G U R R J W N U K O E J U R M
R I I X S O M N O L E N T R X O È
A E U G D X D B M Z N V K Q T M T
V L S E E D E M I P B O E D N S R
A U R K S N I S I A R I R H J V E
T C P E D N T N A D N O B A C P L
E É C R I V A I N N X X M Z V I Q
O R D I N A I R E T D I O N F Y E
I V N U E A L Z L N U S N Q W Y F
```

Puzzle 319

```
Y K Q S I I Z M W F A G S C D I X
W V Z A N B N O H C O C H A É R E
H J W L T A O T C O Q A A M C R U
S J G E E U M N E N H N M P I I G
P T C C R R O I N R L X P A S T I
U K E I C Y J B S E N Y O G I A H
K H I R E T R O P E R E O N O B G
R W Z F P U P D V M Y P I O N L S
T R D I T É T A N G U E N L L E V
V L O T E G Q P T Z F C G O G V W
F Y J N R T É L E S C O P E C O F
R T T E H B Â T R O U P E A U Y W
V V M D T A L P F S X X U V P A L
E X É C U T E R W S K G K B P G Y
H I S T O I R E S X S S M V I E B
```

PLAT
CAMPAGNOL
REPORTER
TÉLESCOPE
TROUPEAU
INTERCEPTER
VOYAGE
ÉTANG
DENTIFRICE
SALE
INTERNE
IRRITABLE
BONNE
PÂTE
HISTOIRE
SHAMPOOING
COCHON
EXÉCUTER
DÉCISION
COQ

Puzzle 320

AVOCAT
SOIT
LOUER
ESPACE
COMMENCENT
BAS
RAPPORTER
POSTIER
DÉVELOPPER
REMPLIR
SPÉCIALES
CONTRE
DERNIÈRE
CAVITÉ
INTÉRÊT
CELLULAIRE
MUSIQUE
JEU
OFFRE
TENTATIVE

```
R E M P L I R H D G M O F F R E Q
E C A P S E R E E M D U U E R L H
P L T E I R Y O R B X E S B Q Q R
P R A V O C A T N I H J W I W B Z
O A P S E Y A A I M A I W B Q T O
L P O X R H W F È M I L P A B U V
E P S I T I O S R E H Z U S P N E
V O T T N E C N E M M O C L F Y R
É R I L O I N T É R Ê T Q Z L J Q
D T E O C H T F Z N H L G V M E X
J E R U R A S P É C I A L E S T C
A R V E E E V I T A T N E T I B F
A O X R R S J I N V N R G U E H Z
D A M U I Q O M T R J P X T F D N
I X D P T V N G D É U Q T E G C F
```

Puzzle 321

```
D A N G L A I S G J R H T P I E D
O É N S E F D K J A Q I A D G J M
G I T S R I I I A B A P B I P P Y
A A S E X O B L W Q G P O P R D P
Y R H U C L D P L E M O U L O H R
C D U Q N T U L K E E P R Ô F S O
A T Z È W N E P M W R O E M E V B
T R H H G I Q R É R L T T É S Y A
É É O T U R E L D Y E A O T S U B
G S N O Y A R C I T S M M H E R L
O O Z I R F E U A H F E C N U B E
R R E L F O G V E M N S H B R V M
I I B B J I Q L U E R I U D É R E
E Z V I E A N C R O G U A Y D B N
T C I B M J T C B T N K U B J D T
```

HIPPOPOTAMES
CRAYON
MERLES
CATÉGORIE
DIPLÔMÉ
RÉDUIRE
PROFESSEUR
NOUVEAU
ANGLAIS
BOXE
DÉTECTER
RIZ
FILLE
BIBLIOTHÈQUE
TABOURET
TRÉSOR
MÉDIA
PROBABLEMENT
PIED
RYTHME

Puzzle 322

EXACTEMENT
TENDREMENT
FEUILLES
BIENTÔT
FÉLICITER
LUNE
PARAPLUIE
MOUTON
NOMMER
DIVERTIR
VOITURE
NOIRS
CONTINUER
NORD
OFFRANDE
HÉRON
COTON
NOS
CARRÉ
PÊCHE

```
R N K G F X L T C P D F S R H M D
P D D G R G U I T A B J K H W K I
V Ê E A U W N F L D R O N S R M V
P O C V X F E U R W B R K G J O E
A T I H E R E T I C I L É F V U R
R E O T E I U L B Q E Q D M J T T
A N F N U Q E Z S Z N O T O C O I
P D F E J R N P E O T J I M N N R
L R R M F P E V L H Ô G B W O O P
U E A E L I V Z L G T L O N S R N
I M N T C O N T I N U E R O Q É O
E E D C S Z D G U C Y J B M R H I
Y N E A F K E H E W X B R M P S R
Z T D X V P T N F B A U E E S N S
V X W E P F B K H G T Q I R V M K
```

Puzzle 323

```
G P A R F A I T P N Y V W P P F Y
O R X H S B W Q T R T S F O L J E
V R O W X L D P T L O U F D A F Z
P T P G B D U Q V L X P E L I T U
R R T T N I O S Q J F J R B S S O
O O A S W E R B È L É C U E I V D
C M L C E I M O N O C É E S R Y B
E P L U M P O E F D C C H I U É E
S E O W N H N O N Q Y C J A E M R
S R D L B E Y N J T T M G R I E C
U C O M M E T N B S N D M F R R E
S S F A V F J T É P A U L E É G A
D O N N É E S W E R Q R G Z T E U
W J U P L Z I X G S V X P P N R R
A I S B J P L J O J P C X A I G U
```

HEURE
PROPRE
LUNETTES
ÉCONOMIE
UTILE
INTÉRIEUR
DOUZE
ÉMERGER
GROGNEMENT
DONNÉES
PLAISIR
PROCESSUS
FRAISE
ÉPAULE
TROMPER
COMME
CÉLÈBRE
PARFAIT
NOM
BERCEAU

Puzzle 324

CHÈRE
OBSERVER
JUSTE
CRITIQUE
TOLÉRER
SEC
COURONNE
SANG
OMBRE
DÉJÀ
NUIT
AUCUN
VITESSE
CONTENU
NIVEAU
AIGUISEUR
TOMBÈRENT
LÉGUMES
CAROTTE
VIANDE

```
V N E P S Z O X U Q J M U T C U A
I X O C L V I F F S Z N X U R L I
T R O B M A F Y C U N L U F I M G
E N Z C S E C E H W Y F K C T T U
S M S O J X T I U N U C U A I O I
S A H N U L P T V F B U L D Q L S
E C I T S T Z U O I O V U T U É E
N O A E T O O A C R A S S T E R U
N U F N E M A M V E A N G G L E R
O O U U D B E R B V R C D F I R K
R A T A J È L R F R N À I E D K R
U O M E S R U H P E E J C H È R E
O S V V A E B Y F S L É G U M E S
C X Q I G N A S T B F D R J E D O
G P A N J T J H B O P R S S V P X
```

Puzzle 325

```
A Y F Q S S S Q G U W K N P I P Q O
T N A D N E P E C O U R R N E X K
A U A P Y H U B R F Z E É S R J J
L S E L L I M A F E O L C É S J B
H C S F Y S X Y H R Y U I R O F M
D L O É K S I R G Q M M P E N A O
M I G R P S E R V I L I I R N D I
A C I O B Y N F X D D S T Z E V N
Ï T J L G E E X A M E N A U L E D
S F M O I F A X I L Z M T T L R R
W J U C W J L U F Q C U I S E S E
C O O P É R E R M A D U O M M A I
O U Z O P Y U J F X I G N L E I Y
D T Q P C D L O A T S T S C N R H
R É G L E M E N T A T I O N T E M
```

CORBEAU
ADVERSAIRE
INSÉRER
COLORÉ
EXAMEN
FAMILLES
LIVRE
RÉGLEMENTATION
GRIS
PERSONNELLEMENT
FER
ANALYSE
PENDANT
COOPÉRER
SIMULER
COUR
TOUR
PRÉCIPITATIONS
MAÏS
MOINDRE

Puzzle 326

REGARDÉ
EXACTITUDE
SYSTÈME
TRANSMETTRE
COURS
POUSSIÈRE
BORD
PROBLÈME
COMESTIBLE
RENCONTRÉ
VERRE
PAPA
BONJOUR
ARRIVER
EFFET
PISCINE
FLUIDE
ANNULAIRE
SABLE
PÉRIR

```
E F F E T X T P R E N C O N T R É
R E D U T I T C A X E C X Z B A K
W F S A B L E B A P Y O J T R R H
C V L F R U D Z T U A M P G A R O
Y R H U D P G U R A B E R E H I C
Z F S I I Q H X A N M S H N V V S
P T J C E D L X N N Y T C Q Y E N
L O E T M X E E S U R I R É P R I
D Z U P È Q X M M L U B E R R E V
N C R S T P K È E A O L G R D H J
O G K C S V P L T I J E A J F D J
E S C O Y I R B T R N D R M T O O
T Z T U S N È O R E O R D R O B X
Y E Q R S N A R E F B V É U G K G
A I E S N C Z P E N I C S I P P L
```

Puzzle 327

```
R K B V Y D L V P G S K X N I A D
C É E S A F Y Y R G Z L E E V P D
C U P Z L W M D A É J E U N E J J
A G K O U A N H T N F R R O B E O
Z U T É N J O J I É W U U K H M U
P K I T U D L B Q R S T E Q C Ô R
O O H É S L E S U A S A O Y A T A
F R S M D V U N E L P N C X Z N S
Q T S E R B R A T E E Z J C C A G
O T Y P R E S I L A C O L E A F M
É G L I S E D I X Y T E V A N D Q
I F S M I G R E R U A W N B U S É
H A U T E U R D X G C B Q J K Q D
S C G Z I S Z N D U L N W W U E F
M S G X U F Y P K C E R N W Y U C
```

FANTÔME
MÉTÉO
ROBE
JOUR
HAUTEUR
POSER
SACCADÉ
ÉGLISE
GÉNÉRALE
MIGRER
LOCALISER
PRATIQUE
NAVET
RUE
COEUR
ARBRES
NATUREL
RÉPONDENT
SPECTACLE
JEUNE

Puzzle 328

APPLIQUER
DÉFAUT
EXTERNE
DÉÇU
SEMBLENT
DÉSESPÉRÉE
FENÊTRE
AUTOMATIQUE
PRODUIT
TRANSFERT
SAVAIT
VIDE
JOYEUX
RAPPELLE
SERVIR
PARTAGER
COLLINE
COU
ÉTREINT
ENSOLEILLÉ

```
P S O C C O O W P É B D N Z U N O
Q E N I L L O C R T D I E S N G Y
G M Y S T J S K O R W H R I U G A
X B R O E J H H D E I X T E X I J
Z L F H D R U Y U I L W Ê É R E Q
R E J Q I I V T I N Q L N R J U T
W N D Z V T V I T T D S E É T Q U
P T X B T B K A R F É J F P B I X
E X T E R N E V O T F E K S P T P
Y L Q E R E G A T R A P O E R A G
J O Y E U X I S Y A U O C S N M R
E N S O L E I L L É T K E É Y O D
N Q F L R X W D É Ç U C Q D F T M
T R A N S F E R T A P K B Q O U M
A P P L I Q U E R O B I F O F A C
```

Puzzle 329

```
V E R S É P Q A F U A E S É R L D
R E N I M A X E P O C S T W I R K
Z É D E N T I S T E O C L H C Z W
É D P Q U P E X J T S R S S H O T
R G I A Y U A Q L G H I K Z E L Y
O R I E R J G R E N W M C R È M E
I W G C B A L T L R L E S L X Z J
U N N S P E T Ê T E L P M O C X Z
G T Ô T U L P I B R N M E E W N O
R E I K M N E S O K K T C W S F R
A O V L I A T É B N R N N Y I U R
V Q Q H I C E R T A I N E M E N T
I N U R J S P R É S I D E N T C X
T F Y E N B E S N O P É R G Y T H
É Y D L W W S R E N G I S S A I M
```

ASSIGNER
VERSÉ
GRAVITÉ
CERTAINEMENT
COMPLET
RÉPARATION
DENTISTE
UTILISER
BÉTAIL
CRÈME
TÊTE
PARLENT
RÉSEAU
PLUTÔT
ESCRIME
ZÉRO
PRÉSIDENT
RICHE
RÉPONSE
EXAMINER

Puzzle 330

PROTÉGER
SCIENTIFIQUE
SENTIMENT
TEL
CHANDAIL
REJETER
SUPPOSÉ
FIN
RIEN
POMME
FOSSÉ
PELOUSE
BOIS
VOULU
DONNENT
GARDER
MÉCANIQUE
DONC
ÉCHELLE
SUIVRE

```
X R T P K Y G P R N N M D E D E N
N I G L G C H A N D A I L O J F A
J T N E M I T N E S I O B X N I F
P N S U I V R E H N U Z M V Q C T
R E G É T O R P É C H E L L E T A
N N L S V K E I S T W N E C W R Q
Y N P O B B T K S R V J T N N M T
G O O P U N E R O T U R A S V K K
D D M P Z S J R F X X S J W C D R
V G M U I M E S O V Z H F F N U O
X O E S R A R E D R A G C V B E W
F O U M É C A N I Q U E X C S T X
Q E R L S C I E N T I F I Q U E K
Q P G J U H B I D F T N E E Q F D
A G S H B A Z R U B U O Q V C B R
```

Puzzle 331

```
C J D P J Y P A V Q A T W U M R K
A Z I T W B L B E L L I U G I A M
M M V R H O J K L A R É N É G P S
P T E S Z T U L X D E O P V B P H
A B R C A M Q A Q U K M B K T E J
G Z S Z T W Y B J L F Q Ê C X L A
N O E X I R I N E T N I A M U E R
E U S U D A L A R E B M V F E R D
R T T A B M O C N R H G K T I K I
È I J R U L C Y E T J T I R G H N
M L F U U A O R G Î B F M G I P L
E E U F J C R Q Y A E P W D L N P
F J M G G L B W M V U F A E O J
Q U A L I F I E R F A J L P R S B
I R R É G U L I E R Q Y O G O L L
```

MAINTENIR
VA
ADULTE
RELIGIEUX
QUALIFIER
MÈRE
GÉNÉRAL
JARDIN
OUTIL
CAMPAGNE
COMBAT
DIVERSES
BROCOLI
RAPPELER
MAÎTRE
GENRE
CALMAR
MÊME
AIGUILLE
IRRÉGULIER

Puzzle 332

ANNÉE
POLICIER
FARINE
BRAS
HUIT
SCEAU
TROIS
SOCIALE
ESSAYER
RÉFRIGÉRATEUR
SATISFAIT
GAUCHE
MALADE
ÉLÉMENT
JOUEUR
HÔTEL
ADRESSE
CALCULER
DÉTERMINER
CLAIR

```
X K O E H F É G C A U V Z Z S Z D
K L W Y S Z L A Q D T H W Z U J É
F A R I N E É U U R E Y A S S E T
L U J C D P M C A E R G N O B L E
I W Z N M V E H P S A I X X K A R
J F C L V P N E N S P K X K Q I M
S O Z M X W T D Y E T F J J R C I
A R U E T A R É G I R F É R R O N
T E A E U T U T K D F I M S O S E
I I E W U Y W I R E L U C L A C R
S C C A E R F U I O B S X E E R D
F I S X F Z A H A O I Z L T C P B
A L A N N É E R L O A S N Ô L Q C
I O V D L F P Y C C D N B H V Z T
T P R M L F O T P T M A L A D E T
```

Puzzle 333

```
W R D C L Q G E Y J X V S J V I Z
D G D H F B G J B U N D N P C M S
D X I O V O C O M P R E N N E N T
Z E V S A J R N L M O B T I D B F
Œ X L E C U M T T K A P B F I L R
E U B S C V L S E Q E M Q N P O O
M A F I O Y M E R O U R S E U C N
È E S S M P W W È E M V R S T S T
I S F A P Z M R G T A P O Z S N I
S I A M A J X H N I L T T Y M Z È
I O A K G X S I A G R A S Z A I R
O S E N N Z V L R X B R È V E G E
R P P U E B E A T P O K B V R R E
T P I Z R E T F É Q V M H Y J F S
G H D U T N P I R O S O M J M A W
```

BRÈVE
TROISIÈME
EST
VOYAGE
MAL
BLOCS
VOIX
STUPIDE
OISEAUX
OURS
COMPRENNENT
FORTE
JAMAIS
GRAS
ACCOMPAGNER
FRONTIÈRE
ÉTRANGÈRE
CHOSES
ŒUFS
ENFIN

Puzzle 334

BALLON
FACILE
NEZ
ÉTROITE
LÉOPARD
HÉSITER
RECOMMANDER
SALLE
SQUELETTE
ALERTE
ATTACHER
ESSENCE
FILS
GENS
SURVEILLER
EFFONDRER
PRIS
TANTE
PARAGRAPHE
BELETTE

```
S Z V H Y N G Z K X D P F F E J Z
H E H P A R G A R A P R J Z L S P
N N G F J E R P K F E W Z W V C C
T E T T E L E U Q S N E G J G Q V
S R Z T T L R W D W O P B E J L Y
B A V B N I D H H F L U R L R H W
J Z L S A E N Y S F L I E I J G W
N I C L T V O J P A A W T C S R C
J I F Z E R F G D B B X I A L E P
N X I B C U F K G W Z U S F I S D
Y N S D O S E T I O R T É L F S T
S S A T T A C H E R S H H I C E O
Y A L E R T E T T E L E B O E N A
R E C O M M A N D E R L V R H C T
V I O L É O P A R D L F S C T E B
```

Puzzle 335

```
Z T S H J L M A F D F P K I H F Y
R V L O B G F G X O I O T Z O O L
Z L X W E M N H C D T R O Z M N K
I D V E Z U W P S E I T B U M C W
C H A T O N R M S G S A W I E T B
H I F L M G U V J R O T A O S I D
E A T P D F J S K U P I C X R O L
R B N A H B Y A X P R F D Z E N F
B A Z N P R I N C I P A L E I N D
E T L Z E G È L I V I R P C N A D
X E D M E A C I S E A U X A E L É
O A H L E É U G I T A F K N S I D
W U D X O M T H U L Q H X E K T I
N F W E E S T O M A C G A M J É E
T Y P I Q U E E P D E H F G G O R
```

ESTOMAC
TYPIQUE
FATIGUÉ
MENACE
CES
PORTATIF
DÉDIER
FONCTIONNALITÉ
REINE
CISEAUX
PURGE
POSITIF
HERBE
PRINCIPALE
BATEAU
CHATON
ANNEAU
SOEUR
HOMMES
PRIVILÈGE

Puzzle 336

DÉTRUIRE
ESPOIR
SIMILAIRE
REPRÉSENTENT
OBLIGEAMMENT
VOLER
IMPORTER
NUAGE
BALLONS
SURVIVRE
FAUCON
EXCEPTIONNEL
COLONNE
PARTIE
CHAPITRE
INVESTISSEMENT
PRISE
BRILLANT
RECHERCHE
ACCOMPLIR

```
C Z I R T N A L L I R B X U F Z F
S O X E R U T Q E Q S O G Z G O A
A U L L D A E S P O I R G I R P U
C B R O T G M K I D M U U D E P C
C A E V N E R I A L I M I S P A O
O L T A I N D L X K U C X O R R N
M L R T E V E É S F Q U H V É T W
P O O M E Z R N T T D E J P S I C
L N P K J X V E L R W Z M D E E H
I S M F V E L W I Z U K C Q N K A
R D I R D M H Z Q U P I H I T S P
O B L I G E A M M E N T R A E F I
E X C E P T I O N N E L S E N N T
P R I S E H C R E H C E R R T X R
I N V E S T I S S E M E N T T V E
```

Puzzle 337

```
A Q P Y R M M O A R S J A N Z H P
V D Q P E S A V T G N U R Z W Z O
P K L H N É C J A Z V G A I Q J P
L Z E D C C Z U E K S E I B G X U
R K V S O H D B A U Z D G É T É L
P I E T N E T T A C R U N I D Q A
A O B H T R Y R T O R A É L Q Q I
M P S Q R E D I A L K H E S T M R
D H A V E S S A R L S C B M J X E
X U E N R S J B U E C R E S S O N
A H L O I E I E O T Y S O M M E T
N L F Ç B E H O H A O X C B T L I
H M E A M B R E L L I U E F H U Y
J V Z F V O T V X G P L R L H O F
D U Z R F N E K S D J I E O N P W
```

JUGE
LIÉ
AUTOUR
ELFE
CHAUDE
SÉCHERESSE
ARAIGNÉE
MAJEUR
ATTENTE
POULE
PANIER
POPULAIRE
COLLE
SOMMET
FEUILLE
ÉTÉ
FAÇON
AIDER
RENCONTRER
CRESSON

Puzzle 338

RECUEILLIR
CHANGEMENT
TÔT
ÉVIER
MEUBLES
ÉTAIT
DINDE
DÉCENNIE
SOMBRE
PELUCHE
DAUPHIN
SÉLECTIONNER
PLAINES
RÉUNION
DERRIÈRE
MANTEAU
FABRICATION
ÉPÉE
VÉHICULE
GÉOGRAPHIE

```
S C D M P H U M É A X Q N S P F S
O H É M A S M K E T K E G É L A Q
M A C B G N D W U S A N R L A B Y
B N E A I H T V V E L I F E I R R
R G N N A J U E W L E H T C N I W
E E N M C R H I A B K P T T E C X
H M I V É I U H Y U F U D I S A W
C E E I V L R P F E S A N O D T E
U N N Z I L P A J M S D W N A I L
L T M U E I X R E B K J L N F O U
E U A P R E J G Y A E N J E P N C
P S O X A U N O I N U É R R É H I
H W Q I E C G É C K K J G D Y P H
T Ô T Q X E V G T L C W F D D F É
D I N D E R È I R R E D N V C A V
```

Puzzle 339

```
T E C C B N O U M P Q W E S L I D
R V O B A V V Z U G I Y G A D N É
O V N L T N V I M G R S I V X F C
U C N O Y J A C B P R T D O S Q O
V O E C S I K R P O I D S N W M M
A N X S Q B M R D D J H S N O R P
I V I E X P É R I E N C E E G F O
E E O B U J A M B E V I R U F Y S
N N N M I Q P E U R R Z U S Z X I
T A L A S Y I E P O A G E E P K T
N B E J K D G D Z J I N H M U V I
E L G E L S Z R I I E Z N R K K O
D E U A K Q R X K R U S X O C U N
S E C R É T A I R E U X G F Y Y D
G I N G E M B R E L G J Y R D M S
```

ILS
BLOC
EXPÉRIENCE
FORME
JURIDIQUE
JAMBE
PEUR
CONVENABLE
GINGEMBRE
CANARD
TROUVAIENT
HEURES
DÉCOMPOSITION
FONDS
SAVONNEUSE
DENT
JAMBES
CONNEXION
VRAIE
SECRÉTAIRE

Puzzle 340

PERDU
ÉLANS
TASSE
MYSTÈRES
MILLE
EXPRIMER
GRIMPER
ÉCOLE
DOUX
COMMUNIQUER
MÉCANICIEN
OBJECTIF
CHAT
BONBONS
RUÉE
ATHLÉTISME
DEUXIÈME
DIGÉRER
MONSIEUR
ÂNE

```
O E B M R C W D S Z C Z D C M É D
T X O O U H R S I C T E P V Y C E
Â P N N É A M O H G I Z N E S O U
N R B S E T O M U G É L U M T L X
E I O I H H G P G B F R V I È E I
R M N E O R R T D W Y T E K R M È
J E S U D R E P A P C A M R E É M
D R Q R T C P A S S D N S H S C E
S R H G K S M K V E S Y I N P A R
C O M M U N I Q U E R E T F M N P
D T I K H A R Q S K X V É S I I M
E O R N M L G F J C H A L Y L C W
J W U M N É X G K C M I H X L I B
Z U Q X O B J E C T I F T K E E N
U X V W P U F T I R S E A N J N F
```

Puzzle 341

```
C É N G T X Z I M B É C I L E W T
O T J O V N S E N T I R T I I G O
M U M K O E A I D B T F J A G G R
P D A A S L P M H O G W L T O F T
A E M E R I O T A É L A U É L O U
G S Z R T R O I E Z G P E D O U E
N Y Q U N Â O A N G N P U F N R P
O K U T E S G N H I L N R D H C U
N Y X R I H O H S L M S E I C H I
C R J E L N E Y F P X E I T E E S
F K T V C S D S C G B M S V T Z S
O A M U L J H R S H M Y S U R K A
P D N O I T C N O F B A O M R P N
C K P C F C J F U O L B R J F E C
V I T A M I N E S M D C G I B T E
```

CLIENT
TECHNOLOGIE
GROSSIER
IMBÉCILE
MESURE
FOURCHE
FONCTION
TORTUE
LUEUR
COUVERTURE
GÂTEAU
COMPAGNON
PUISSANCE
DÉTAIL
VITAMINES
MARRONS
SENTIR
PAS
ÉTUDES
ALÉATOIRE

Puzzle 342

CÔTÉS
APPARIER
FAIT
COURBE
BRANCHE
BALANÇOIRE
INSTANTANÉ
MOMIE
MALGRÉ
CANAPÉ
ÉCLATER
HONORABLEMENT
RÉUTILISABLE
PÉTROLE
MOIMÊME
EXPLIQUER
DÉLICIEUX
LIMONADE
PARTICULES
NÉGLIGENTS

```
H I N S T A N T A N É B R M X D B
E O P A R T I C U L E S É O X É R
X N N G P G X G K B T C U M J L A
P É R O E M Ê M I O M T T I K I N
L G J R R F Y L B S R H I E E C C
I L D E I A H Y Y É R G L A M I H
Q I H I O G B N J T M B I D F E E
U G F R Ç K E L R Ô Y Y S R K U C
E E X A N P D C E C G E A V B X O
R N É P A N A C T M Z E B T U J J
X T T P L S N T A Y E Q L R I Q Z
W S S A A H O A L F L N E Z U K G
H A Z U B S M C C W M X T J I O C
U P C R F M I R É E A A C M X S C
J Z U V D Z L P É T R O L E T M M
```

Puzzle 343

```
M O G Y A T F É I I C M S S V R K
V Y K T F S P N N S O I I B C L H
D X M N L Z A O D N M S N A A A Z
G W B E L V U R É D M E G I F G E
E N A M V V V M P O E P R A K O V
Y J N E A C R E E I N T É H C É S
H S A N O Ç E L N G C I D C G M B
T G N N D B T O D T É È I E I F V
R H E O S W É L A O K M E N C C Y
O D É R G E D N N G P E N T H S I
Q N Q I M Y S G C A J J T R P É F
F Q W V È H A D E H O D H E N T G
Y D T N O R E L É V É R S F L A Z
K S X E V P E B A T T R E I T T A
C O N F É R E N C E P K E A N X S
```

DEGRÉ
ÉNORME
SÉCHÉ
INDÉPENDANCE
OS
DOIGT
PAUVRETÉ
CONFÉRENCE
ENVIRONNEMENT
RÉVÉLER
THÉIÈRE
ÉTAT
BANANE
INGRÉDIENT
CENTRE
FAIM
COMMENCÉ
LEÇON
BATTRE
SEPTIÈME

Puzzle 344

PHOTOGRAPHIE
GLISSEMENT
CARRIÈRE
INTERAGIR
OFFICIEL
ÉLÈVE
GUERRE
MONTAGNES
ANCIENNE
PASTÈQUE
HERMINE
GIVRE
EXPLOIT
PRÉPARER
POULET
TIRÉ
RUISSEAU
ENVOYER
BRUN
LAITUE

```
X G S J H G M O V R G S L P V R H
A N C I E N N E E R È I R R A C U
R U I S S E A U N M H V V L J M O
V U Z E B W G L T B U D É R I T P
U O X S R I N T E R A G I R E E R
Z M V B U B S A S E P J I E N L É
H K S E N G A T N O M N L Y I U P
E R R E U G X G U M M M J O M O A
Y X L V G T R O B N M F Q V R P R
U I P È J P I H K W U C V N E P E
N X E L I N I A G O U K F E H M R
D W Q É O V A M L E I C I F F O Q
R C D S M I P A S T È Q U E C E W
P W Y R J R T G L I S S E M E N T
P H O T O G R A P H I E U L N C J
```

Puzzle 345

```
O G X L O R G A N I S E R B Y M É
F M V N D C B M D E S S I N E R C
F C W T S J C H F T V L D G O D U
E A D R X G P T V A N V F Y B W R
N B V Q U A P Q L S T E X O T V E
S I T N E M E L A R É N É G N T U
E N N H L Z I R W I H I W P E D I
R E E L L L S H V N K R I R I D L
I D U C E G S N J E G L J É A O U
Q N Q G O R U F D T F Z L V L S M
Q I É J M M A T T E I N T E B S K
H Y R W N E M C M R U B L N M I H
R M F J Y J X U A E D I R I E E N
T R A V A I L M N L Z Q M R R R K
É L E C T R I Q U E F C S G T L W
```

ORGANISER
FOND
MOELLEUX
ATTEINT
DOSSIER
FRÉQUENT
ÉLECTRIQUE
COMMUN
OFFENSER
RIDEAUX
CABINE
VENIR
RETENIR
DESSINER
TRAVAIL
PRÉVENIR
ÉCUREUIL
AUSSI
TREMBLAIENT
GÉNÉRALEMENT

Puzzle 346

PINCEAU
ANÉMONE
DEVRAIT
PLANTES
GRAPHIQUE
MYSTÈRE
NAVIGUER
GESTION
ORDINATEUR
ONGLONS
APLANIE
IDÉE
TENDU
DÉFENDRE
COUPABLES
SEL
ÉCHEC
ROUTE
GRATUIT
LÉGAL

```
A L U K E C J D P M G Y S O G W S
K N T S S G C E L F R L L R E K H
W K É A E N U V A L A Y B D F B O
L C E M M S T R N M P P Y I A G N
J C Z A O U L A T K H I I N C U G
L E S O I N G I E J I N D A D I L
S H J H K Y E T S V Q C É T Y R O
U C O U P A B L E S U E E E F S N
D É F E N D R E G T E A P U C P S
N N R R L É G A L Y U U G R J A M
E K Z È G E S T I O N O J C J I E
T I U T A R G M W U B Z R V U I L
B Z F S N A V I G U E R H R U H O
V I M Y A P L A N I E G X J A A D
V H J M Y I O M U F I Y F Q G V E
```

Puzzle 347

```
V B W R S W J I B T A G N E R P P
G O N J L C T G G O U B E B É W P
P Y C V U H O Q Y U A S G Y S K D
M R H A A E U L V T H R I T U S O
Y I É F B G I U A E N F E N M E W
S R M D H U M Z V I O V N E E R V
Q U I H I O L L M H R T E M R U P
O O E W Q R V A K W E E C E S D L
K C N K M Y E K I P B U R T H É V
M O N S T R E B T R G Q E È O C O
S U G G É R E R K L E I P L S O U
L H Q Z P H O O B Z T M I P T R S
S O U C I R Y C I S A O A M Y P W
Z O I X X V L A R V H T Q O L L F
K D P É R I M È T R E A G C O E C
```

PERCENEIGE
PRÉDIRE
SE
SUGGÉRER
RÉSUMER
MONSTRE
STYLO
SOUCI
ROUGE
ENVOI
VOUS
COURIR
VOCABULAIRE
COMPLÈTEMENT
PÉRIMÈTRE
SCOLAIRE
ATOMIQUE
TOUTE
PROCÉDURE
QUI

Puzzle 348

DIPLÔME
VICTOIRE
RÉPÉTITION
CONFLIT
GLOSSAIRE
CRI
APPEL
SÉANCE
COMMERCE
CHEVALIER
CONSÉCUTIF
PARMI
PONEY
GARS
SANTÉ
USURE
FIL
PLANÈTES
RÈGLE
HARICOT

```
A I C G A F H L V D I C D I R C C
X P B O Z I T A F I H V Q M É H O
S S P O M L R D U P U J K R P E N
G A A E T M G L L L B N R A É V S
A N B S L U E I G Ô H D N P T A É
R T S W E G L R T M S W M I I L C
S É R Z L F M G C E R U S U T I U
Y B U P W S T L S E A L B Z I E T
G L O S S A I R E R C M M N O R I
K K K R È G L E T I E N K X N P F
P O N E Y D F Y È O H B A J Y C J
O G W G O K N E N T N O Q É A L E
U J T F K Y O X A C G P H U S O Q
U C M O N T C I L I H A R I C O T
R X V D G X D F P V X V O K M L I
```

Puzzle 349

```
A I U Y A K F E M R O F É R V F S
M S N V L N J B I O R E R É P O F
L I S T O S F D H A T W W G O N O
H S U E R L H E T R K Z V I O D U
O E K S M O O V M U R U D O S A R
R R U I Y B D N O R T I C N I M M
A D S M R X L U T R E V H W L E I
I N N E I Z A A I A I P Y C L N A
R E C H L D V M G R I B L I A T S
E P V C B Y C M Z E E R U D G A A
D É C L A R A T I O N M E U E L G
K D L N T X Z Y E R L X U S E S J
X U E R É I S S U O P V A T N I R
Q I Q I U B C N A T A T I O N T V
U X M M U X D L E B D Z E B D R D
```

SILLAGE
RÉGION
POUSSIÉREUX
NATATION
ÉTABLIR
OPÉRER
RÉFORME
SUD
FOURMI
FONDAMENTAL
DÉCLARATION
VERT
HORAIRE
ASSEMBLAGE
DÉPENDRE
INTRODUIRE
DUR
CHEMISE
CITRON
VOLONTAIRES

Puzzle 350

PROPRIÉTAIRE
VACANCES
CROISSANCE
CHER
ENCHEVÊTREMENT
ARBRE
ÉQUIPE
GRANDE
POCHE
BOUCHE
GARDEROBE
SAUTÉ
ENFANT
EXEMPLE
EXÉCUTIF
FUSÉE
AVANTAGE
AIGLE
USINE
ELLIPTIQUE

```
C H E R A P C R O I S S A N C E U
T L L T V O V E X É C U T I F H K
B K L N A C P T P E X E M P L E W
O K E E N H T E R B R A G S N J G
S B Q M T E Z P O J U D I E J F R
E A E E A Z Q I P I H J X G U T A
C Q U R G R B U R D I E H K L Y N
N C Q T E E H Q I V U N I W G E D
A Z I Ê É T D É É M E F B B E G E
C R T V E M Z L T P H A E M K A Q
A B P E M F T J A F C N P L R Z W
V O I H L Q E N I S U T T B I Q U
H S L C P N V M R D O S U L N N Z
V K L N U R V T E T B Z É T W Q J
F J E E G A R D E R O B E E C S V
```

Puzzle 351

```
E B M C S H D I L Z D B F W U I Q
D X O N G Q C I Q B S E É S U M C
I J P N K C E R I U D O R P É X N
R P I L B X M A L A D I E V S H X
E I Z R O O K I E T H R D P I V F
C R A U E R N Q N O K A N A R O N
T E E É S N E S N I R N A R B U P
I M D H S P K R O K Q É M T X S G
V O L V T N A V I U S C E O E X Y
E V Q G C F M J T G D S D U Q G N
S M U A R O F S I W U A E T K G Z
S V P P I Q O Z D A S Q P W L P Z
T A P Y S E L B A T R O F N O C D
X D D S E R J T R E V U O R T L Z
K X U L J G M E T È I U Q N I E R
```

TROUVER
CRISE
MALADIE
EXPLORER
PRODUIRE
PIRE
BONBON
PARTOUT
TRADITIONNEL
BRISÉ
SUIVANT
INSENSÉE
LE
DEMANDER
INQUIÈTE
DIRECTIVES
POIVRE
SCÉNARIO
CONFORTABLE
MUSÉE

Puzzle 352

DÉPRIMER
QUALITÉ
DIRECTEUR
ATTAQUENT
ADMETTRE
PRÉFÉRER
LARGEUR
PRÉCÉDENT
MANGER
FUITE
ENTRE
MURALE
MIROIR
GRENOUILLE
BIEN
ACTEUR
DÉNOMINATEUR
HAUTE
LIÈVRE
PRÈS

```
P V B K U W O B A B L E T U A H V
R T Z S È R P X D W G N R V S R C
É H Q T V U U G M E S T E Y C O R
C Z O L D K S E E Q P R E G N A M
É I Q Q G U I V T L G E I J M Q P
D T N E U Q A T T A L L O K I U R
E F I O Z P R J R D N L J W R A É
N M T E H X E H E I B I V O O L F
T L A A N Z M Z C R I U M O I I É
M A X I F U I T E E E O G O R T R
U A C T E U R Y R C N N P S N É E
R D D P J C P P V T K E D G F É R
A M D X B M É L È E N R Q S X J D
L K B L F F D A I U Y G R B C X X
E A A E H Y S Z L R U E G R A L A
```

Puzzle 353

```
X G W B U K K A T E M P Ê T E L C
U T L D F V N L F B J D H Z Y G I
E U R L W U M U O R J X A R J H N
G E G A L P M É Q G A R X X F G D
A M I C A L A F M B Y D N U H F I
R M S D T H R H Y O U A I T Y D V
U A R I E B I G F E I D E S R O I
O R V I L R G J T R B R T S I M D
C G Y C M P W R I N E V E D R I U
N O I T A M I T S E C O R É F E E
G R D P L U P A R T P S K L F U L
M P P M S S E S U C X E T F U X L
W C D U S I Q D Q X L M T X O N E
P O U R S U I V R E G T H I S A A
B F T I É T E N D R E U D N T U S
```

EXCUSES
ÉTENDRE
ESTIMATION
SOUFFRIR
POURSUIVRE
PLAGE
PLUPART
DEVENIR
PROGRAMME
FÉROCE
MARI
MIEUX
RADIS
TEMPÊTE
COURAGEUX
IL
INDIVIDUELLE
AMICAL
MÉMOIRE
PETIT

Puzzle 354

VUE
CHAQUE
NOËL
VÉRITÉ
NAGER
PLANCHE
SÉJOUR
PROJET
PRÊTONS
DERNIER
SECOUENT
TIGRE
ÉVASION
PERDRE
MISÉRABLE
ALLER
PASSÉ
BEAU
CADEAU
MILITAIRE

```
M H N N M G P W V P K F O U É I P
E I G Q H E E D É R U O J É S S C
M F L Ë O N R H R Ê A J H T S O O
R U U I W S D R I T E H C N A L P
M U Y C T K R F T O D W E E P R W
N I F V V A E É É N A I U U F I E
L X S T O B I F V S C P R O J E T
E F R É H S L R R A T X P C A X K
I O X Y R H O L E P S S C E L N M
V U E U Q A H C I G U I L S L M Q
N A G E R L B V N X F W O W E G A
E W Y B L T H L R G X X L N R Q K
G E J E I Y J D E R G I T Q S L N
H Z D A M T A E D M R R X C S N E
Z U H U P I I V B J H M P H N T P
```

Puzzle 355

```
X B C O M P É T I T I O N X C G B
T D R M E D B G A G N E R R I F S
C O N S E I L S N I D A Y E Y R E
J V X Y U E D C X J M U S G M A F
A S S I S T E R U L X T O A E M A
R D F U L C L E A Q H E U R W B U
H E J A P E B T R N H U R D B O H
N U T U I F A R É I E R I E A I I
N C K O N F S O T C R R S R L S C
G Y A D U A N P A L I Z J Q E E I
E H E S G R O X L W A H O H I N R
R B K U B L P E W J M M V V N R S
X X U U X M S X F R I Z H N E D C
C H J K Z Y E N G Q R W B Z L V D
U Z D N Y M R K U L P P I L O T E
```

SOURIS
PILOTE
FRAMBOISE
YEUX
ASSISTER
LATÉRAUX
RETOUR
AUTEUR
GAGNER
RENARD
CINQ
REGARDER
CONSEILS
AFFECTE
COMPÉTITION
ICI
EXPORTER
RESPONSABLE
BALEINE
PRIMAIRE

Puzzle 356

ROI
FÊTE
MAGNIFIQUE
AGRESSIF
POUSSIN
MARIAGE
HUMIDITÉ
CEPENDANT
SEUL
RÉFÉRENCER
ENTENDRE
CRAPAUD
PIEDS
SOL
OBJET
POURRAIT
NORME
CONSACRER
SAUTERELLE
CIRCULAIRE

```
S C L F A P W R E C N E R É F É R
E N T E N D R E S E P S C Y M R E
T E J B O A U J Z P O A A B M Z X
E M R O N N N T K E U U C R G A Z
H U M I D I T É W N R T R F G V V
C O N S A C R E R D R E A Z S E D
X S S D Z L P E L A A R P S E U L
A J R E Y O U O P N I E A J G Q R
O G Z I N S I C U T T L U I A I U
P X R P L Q Y P R S R L D C I F C
H L I E E V Q W D I S E I F R I T
Z T B E S R O I C L C I B Ê A N W
I K X R X S N B J U R G N T M G U
D I B J C F I P L O B R W E E A P
J B N T J E W F S I S E P O V M C
```

Puzzle 357

```
H C L E C T U R E F F P M Q M P H
T G O L P F P S Q Q H R W F T O I
D O N M Z U R E R U S E M P E U O
I G D H P V E N T R A P U L P D N
N N A N Y L P G S N O L O C P É U
V O T P O B E A A R L K G Z L Ç K
T J U É O Q T T N U W M R É Y U D
N V Q F R Z Ê N S E H H I L S B P
D I C G E E F O L T Y Z M O T O N
B O U F S D S M N C T M P I Z W P
P E R S I L D S A U D A E G L C O
Y F J P A G T T A D I E R N J I S
B R C J B P Q D Y N K C M É Y B E
N A T U R E L K C O T M O I V T R
E M C I Q E M S Q C D H T I F K X
```

CONDUCTEUR
SANS
PEU
COLONS
VENT
LECTURE
PERSIL
INTÉRESSANT
ÉLOIGNÉ
BAISER
DEMI
NATUREL
POSER
DÉÇU
COMPLET
GRIMPER
MESURE
MONTAGNES
PLUPART
FÊTE

Puzzle 358

CRÉER
AIDE
PRIVER
PARLER
GÉRER
CAMION
CARACTÈRE
BROSSE
ÉVALUATION
BÉBÉ
DIFFÉRENT
COÛT
AMI
INTERCEPTER
CONTINUER
PRÉSIDENT
REJETER
RUISSEAU
RADIS
POUSSIN

```
L J D C E T R K R E U N I T N O C
I Y I A T B M Q Z A P N L N C B M
P A F R C R É E R C D O N E N X U
P A F A E C O Û T X K I I D Y Q D
P T É C S T F J B H K M S I M A C
P N R T S V P Z X U V A S S Z U K
P O E È O X S E Z I M C U É B É B
E I N R R X M K C E R N O R Y A C
P T T E B Y W W T R F K P P V Q K
Z A F C Q C Y Q G E E M U A A X D
H U R G B M O W G V L T C W I Z V
V L E L Z C A F F I C C N P D I H
B A R R E T E J E R H J M I E N K
A V É E Z R E U O P Q S S W Y K Y
X É G R U I S S E A U I D U H Y O
```

Puzzle 359

```
V W L É S S A C K I P A I T I S C
M I E L F H C P X I A A Z N U É O
P Y T B Y F R H P H F W I E V T N
P N I A W H E N R O F X Z M S R V
B E R Q M B J M R L R S F E É O E
H O E Y K I L D X S R T A M L I N
D V U D Q Q N T F Q E I E Ê É T A
E N G J T X Q E T T U O G R M E B
F A R T I O P R S Y Q L U T E O L
K P A P I N Z È L Y I P W X N S E
J U M N W W V S I W L X G E T X O
P A R F O I S I A A P E A I D W M
R A P I D E Y M T J X L Z S A I N
D I M A N C H E É E E K Y S J R P
H T G O L N A I D D R A N E R U H
```

PARFOIS
APPORTER
EXTRÊMEMENT
RAPIDE
INVITER
GAZ
CASSÉ
DÉTAILS
GOUTTE
MISÈRE
MARGUERITE
DIMANCHE
SAIN
ÉLÉMENT
ÉTROITE
CONVENABLE
VITAMINES
EXPLIQUER
EXPLOIT
RENARD

Puzzle 360

OISEAU
ATTENDRE
CADEAUX
UTILISATION
VENU
ONCLE
CALME
CURIEUX
ADRESSE
HÔTEL
FRONTIÈRE
BALLON
POSITIF
COLONNE
ATHLÉTISME
LUEUR
OS
COMPLÈTEMENT
GARDEROBE
MIROIR

```
A C V X P M L M U P F A N J P Q L
D M U I O S L Y C O L O N N E D Q
R E L R U E U L F R O N T I È R E
E N O F I T I S O P L A E Q O S M
S P Z O H E B O R E D R A G B Q S
S E Y N E M U A T T E N D R E C I
E K H C F L T X T R Q O M M W A T
G N O L L A B O J Y Y O S G K D É
B Y Y E J C O A K Y J I I P U E L
H K K H D S J W N U L S Y C Y A H
E X B F B I J J T X F E M X R U T
U T I L I S A T I O N A T V T X A
J S G G X S O W E C U U G Ô E J J
X G Z V M I R O I R L J C I H N S
C O M P L È T E M E N T H A G K U
```

Puzzle 361

```
A N U E H A T M G T M G F D K G C
X E I V F J T P B N N O N G I O O
N J F M A Q W I C E S G N N N W N
C B P Z U L U T Y L H X L T W C C
Z O N E X U E Y I B O S D U R I E
F A M I L L E S K M L C P E T É V
Y A K R U Y M F L E U R H P V S O
J W E I S N Z A R S Q N E E S É I
V P J V U K O Z M C O M P T E J R
E A U A R R U P Y A I J I E T O E
K V C G E X D D B P N E A P T U L
X T T E X T G O D O W O Z A E R W
T E R R E U R Q C U E K M Q N L B
R Z D D O T K A U L K I U D U C X
A S E B V E I P K E V F G A L Z Q
```

CONCEVOIR
OIGNON
PEUT
RIVAGE
FAUX
MAMAN
EAU
TERREUR
MONTRÉ
FLEUR
COMPTE
ZONE
CLOCHE
LUNETTES
FAMILLES
SEMBLENT
POULE
USURE
SÉJOUR
YEUX

Puzzle 362

FONTAINE
PEUTÊTRE
PERSONNALISÉ
RIRE
LAVAGE
ENTRÉE
ABSOLU
SOUMETTRE
MÉDECIN
FRIGO
OUBLIER
ENNUYER
INTÉRIEUR
ARBRES
EXTERNE
MAINTENIR
TANTE
SÉCHERESSE
DÉPRIMER
RÉFÉRENCER

```
G E F N I P K R X C W S J K O Q D
L R F O L C M O F M I S A N Q S É
A T D O N G I M A I N T E N I R P
V T Z J U T F R I G O M É T D U R
A E T M L B A W U L V E R U F E I
G M T I O Z L I M L G D T V M I M
E U P E S U Y I N U I C N N U R E
Z O U W B O T Z E E S Y E M A É R
É S I L A N N O S R E P R É U T N
S É C H E R E S S E R M I D Z N F
P E U T Ê T R E S D B K R E S I C
Z R N D E N N U Y E R G E C W C M
E X T E R N E M U I A Z E I Y D U
A L R É F É R E N C E R B N X R Z
I B R X U E P U M U C V U Q P Q T
```

Puzzle 363

```
I  K  H  Y  Q  C  U  L  T  U  R  E  L  L  F  A  R
L  N  W  W  U  R  Q  B  I  X  T  W  F  S  O  N  É
C  J  V  S  P  L  X  O  O  U  E  M  J  T  U  C  C
M  Q  O  E  Q  E  X  R  X  M  R  R  Y  R  Ê  E
T  V  T  L  R  E  Y  O  V  N  E  D  Z  L  C  T  M
A  E  L  B  A  S  I  L  I  T  U  É  R  O  H  R  M
T  R  X  U  T  R  E  R  O  I  L  É  M  A  E  E  E
L  U  Y  E  G  T  U  R  E  M  I  R  P  P  U  S  N
Â  D  R  M  T  N  V  N  T  E  B  U  Y  G  H  E  T
C  N  S  Q  Z  H  O  A  S  S  I  S  T  E  R  E  O
H  J  N  V  E  H  X  S  O  B  M  O  Q  R  S  I  W
E  J  U  A  G  E  Q  E  S  X  O  U  V  X  R  W  F
O  R  G  A  N  I  S  A  T  I  O  N  Y  S  A  C  H
U  M  T  S  I  K  G  H  J  P  O  U  R  R  I  E  V
H  L  G  Q  L  L  G  O  Z  H  E  P  Y  Q  U  Q  A
```

CULTUREL
SAC
INVERSER
ANCÊTRE
POISSON
SUPPRIMER
ORGANISATION
SUR
LÂCHE
POURRIE
AMÉLIORER
LINGE
RÉCEMMENT
BOXE
MEUBLES
FOURCHE
RÉUTILISABLE
ENVOYER
STYLO
ASSISTER

Puzzle 364

LUXE
MONTER
LONGUEUR
GALOP
CONFINER
ÉTEINT
PRINTEMPS
MONDE
REFLÈTENT
SOMMEIL
GRISONNER
HOMME
VERROU
GRÂCE
CRAVATE
FRAISE
UTILISER
GROSSIER
ÉLÈVE
PROGRAMME

```
O  C  R  A  V  A  T  E  V  È  L  É  L  F  U  H  E
T  A  H  Z  Y  P  M  M  Y  A  I  M  O  R  P  S  R
F  D  E  A  V  R  O  M  V  Q  E  X  N  A  V  Z  E
B  Q  X  O  V  I  N  A  Z  G  M  E  G  I  H  T  S
K  J  G  H  E  N  T  R  C  X  M  W  U  S  X  T  I
R  H  U  J  R  T  E  G  P  G  O  P  E  E  X  U  L
W  E  V  B  R  E  R  O  B  L  S  D  U  C  Q  Q  I
Y  I  F  C  O  M  D  R  D  S  Z  R  R  Â  T  S  T
S  E  I  L  U  P  Y  P  V  B  C  Y  X  R  W  Q  U
M  B  P  M  È  S  J  I  G  A  L  O  P  G  R  E  F
D  O  W  H  Q  T  G  R  O  S  S  I  E  R  T  S  I
Z  A  N  U  O  T  E  C  O  N  F  I  N  E  R  E  U
P  B  Q  D  W  M  B  N  É  T  E  I  N  T  G  Y  A
Z  Y  M  F  E  T  M  A  T  X  S  P  T  V  A  V  L
P  W  C  K  Q  Q  W  E  G  R  I  S  O  N  N  E  R
```

Puzzle 365

```
M R C P Q A X V É V I T E R C P G
E Q J R I O S P É V E L Z C O R R
N B P O R I W T T R R P P R R O O
T H R B K P R D Q B I R I I V P G
I G E L C S I V G X U F B E É R N
O G C È R O L È E G D Z I R E I E
N R O M C U P B C U O G A E R É M
N I M E H R M O N E R D W X R T E
E S M I A I O P A U T C B G P É N
R M A T N R C T S G N Z Z Z F H T
C M N A S E C E S C I A Y K I U Y
M O D X O T A D I D N A C T G H T
T C E N N E A O A Q L H X A A B U
A S R P B D R V N D É P E N D H R
J C E R T A I N E M E N T T H H C
```

PIÈCE
CRIER
PROPRIÉTÉ
NAISSANCE
SOURIRE
ÉVITER
VÉRIFIER
CHANSON
DÉPEND
SOIR
MENTIONNER
CANDIDAT
CORVÉE
GROGNEMENT
GRIS
PROBLÈME
CERTAINEMENT
RECOMMANDER
ACCOMPLIR
INTRODUIRE

Puzzle 366

HIBOU
ESPÈCES
DISPONIBLE
PACIFIQUE
FOURCHETTE
TÉLÉPHONE
DEUX
CANNELLE
ÉVALUER
COULEUR
CONSIDÉRER
DEMAIN
PENDANT
MÉCANIQUE
BLOC
GÂTEAU
POUSSIÉREUX
PARTOUT
LARGEUR
FRAMBOISE

```
P C O U L E U R L G K D I B B U P
F O P V E T U S U Â R E C O E P T
S R U E G R A L I T H M B C L I S
A J G S U O J R T E I A P S L R M
E O T T S M C N N A B I H Y E C Z
N S T R B I J N A U O N P B N V W
O F P D J L É F D T U I U G N Y V
H R H È V C O R N D E U X E A Z C
P A E N C U V C E U Q I N A C É M
É M G P U E U P U P A R T O U T
L B G S G R S X G Y X I V T O I H
É O V P A C I F I Q U E L Z G D S
T I C O N S I D É R E R Z D Z V T
O S D I S P O N I B L E E A V F O
R E U L A V É F O U R C H E T T E
```

Puzzle 367

```
C O V A X M S I G É N É R A L E T
H Y E D U P E T T E L L A M E U I
A K G U L É N A T N A T S N I Q A
R G A P F F S J I Z H M È R E S M
B E S O B S A C D H M S X T R A N
O R L R F P T N A S S I A L O M K
N I D E N O I T A I C N O N O R P
N U E G G W O B J Q U A N D D W M
X D V B V N N X W C T X F Q I L G
Q O A R R C O R K Q M X T U R B V
V R N B D G F C C K E A Q F G Q V
A P T R Y P I M P G C E R X P F Z
R T G O E G N E V B G R U C Z N Y
G Q K C O M P A G N O N K A H H Q
T C O M P R E N N E N T R I H É F
```

PRONONCIATION
SAGE
MARCHÉ
SENSATION
MALLETTE
CONGELER
OEUFS
MASQUE
LAISSANT
CHARBON
DEVANT
QUAND
GÉNÉRALE
FIN
MÈRE
VA
COMPRENNENT
COMPAGNON
INSTANTANÉ
PRODUIRE

Puzzle 368

LIBRE
HÔPITAL
VIVANT
PROFITER
SORCIERS
REGARD
SEMAINE
COLÉOPTÈRE
BRÛLÉ
ENVELOPPERAIT
ÉLECTION
PRODUIT
GRAVITÉ
FILS
ÉLANS
ÉCUREUIL
IDÉE
TRADITIONNEL
EXCUSES
CINQ

```
S M L S P Y N R R B G H P Q E U Y
A O W R E G A R D Y A Ô R W W W S
N Q R D Q Q V X V O É P O L O E R
R L Y C L J E R B I L I F E G N I
U K Q N I C X X E O Û T I N C V A
F I L S U E O Y C K R A T N S E U
U W I H E N R L N U B L E O K L T
Y C D M R I H S É W S W R I U O F
R C É N U A C M T O C E M T R P S
C L E Y C M O Y I N P C S I R P G
D D B S É E G D V H R T A D H E U
É L A N S S T N A V I V È A A R X
É L E C T I O N R O C Z W R A A N
W X P H C E F B G L F Z O T E I J
Q Q P R O D U I T S R E Z V K T U
```

Puzzle 369

```
L L J L R T K I B P R U Y Z A Q I
O T T O E F J R U E I R É T X E C
P C G S Y F G Y I T H Z N T Y I W
J D A E S E E U Q I D I R U J P D
S É C N V Q U Z G T H X X A B A O
E N O R A V B X G X T O C N O C N
R O U U S R C E D K V E M N N H T
V M R O U I D C O C H O N E B A M
I I O T D N M L A T S H F A O T B
E N N S R E T B Z V E X O U N F C
T A N V A V S J É É G L I S E K E
T T E S Z É K O L C K Q U F M N O
E E D I É R E R O C I P E Z M O P
R U U J L P M X X K E L O Y A O C
V R B I T P F H W P G N E H L H A
```

DONT
PICORER
LÉZARD
ACHAT
SERVIETTE
EXTÉRIEUR
TOURNESOL
COCHON
COURONNE
ÉGLISE
JOYEUX
ANNEAU
CANARD
JURIDIQUE
IMBÉCILE
PRÉVENIR
SUD
BONBON
DÉNOMINATEUR
PETIT

Puzzle 370

DÉLICAT
RETRAIT
GRÊLE
BEURRE
CHOISIR
GELÉE
AUTORITÉ
CHEMIN
CARTE
OURAGAN
ORIGNAL
SOMNOLENT
ÉTANG
DÉVELOPPER
COUR
SPECTACLE
AUTOMATIQUE
ATTACHER
PONEY
PRÉCÉDENT

```
R W I J R Z C A R T E P F B M Q P
K I O Z H N G P O U R A G A N V R
A U T O R I T É M Y A N U I J U É
M D R Z X M D É V E L O P P E R C
O S T U T E M N I N É M A D D E É
R I S I O H C L J O I L S O É H D
L Y Y R Q C K Z T P T N E E L C E
B E U R R E O R I G N A L G I A N
S P E C T A C L E C Z Z X N C T T
N M F E X Y Q P G R Ê L E A A T I
B L Y S O M N O L E N T T T T A A
P R B R E C T Y V N L J M É O Y R
A G I K I N C Q Y D E U Q U J W T
F R R J B S W Z Z G A C Z A V R E
J A U T O M A T I Q U E Z Q J S R
```

Puzzle 371

```
D F C H H L U W C W O H Z T S Q N
É A A I A T N B A S L O L Y E Y Y
P I S C O U P A B L E S O Z D N F
E S A O C N U K W A H E U R E U X
N A U I Z B O Q O C K C I Z Y O F
D N T I L Z L S B J N N B A K N O
R N E S U E I C É R P E A C R T U
E U R O E S T R V X I R L Y X V R
X A E Q S Z P E T K Z É L Y V P N
X G L N T A R S R V A F O I N E I
A E L F N P Q Û O D D F N Z G Q T
B X E D K I I R U Q Y I S Y Z A U
E X É C U T E R V A X D L M Z R R
B X A W A K S X É T I N U K F K E
Y B H Z R E O Z J I R I E B K O S
```

LOUP
HEUREUX
DIFFÉRENCE
LIT
FOURNITURES
ONT
FAISAN
TROUVÉ
PRÉCIEUSE
SÛR
UNITÉ
EXÉCUTER
RIZ
EST
BALLONS
NUAGE
VRAIE
COUPABLES
DÉPENDRE
SAUTERELLE

Puzzle 372

TÉLÉVISION
SOIGNEUSEMENT
TIMBRE
SÉPARÉ
AJUSTER
POIDS
MER
ILLUSTRER
PRIX
SOUDAIN
RÉSERVE
VIN
OBÉIR
CROIX
SOMME
HEURE
REGARDÉ
BROCOLI
JUGE
GRATUIT

```
T N E T S T É L É V I S I O N K M
E C C I V É F W G D Z B M R I P L
L H F M E Y P F O R A Z R A V Z G
F O V B O I F A J U G E S Z D O R
B W S R J J I V R S O U D A I N W
P R C E R U E H I É R É S E R V E
O R O K B N J F E Y M A M E R C D
I E D C S O M M E F W J O Z Y K G
D G X J O K S M D R M U C B N E I
S A R D U L X I R P X S R V É E A
M R J D G F I W T I U T A R G I A
K D L Z S K O Y C Y N E S P Y X R
W É W D R T R D K Z J R H F D U K
T O F D N P C I L L U S T R E R D
G A C S O I G N E U S E M E N T U
```

Puzzle 373

```
P F E D A A V T Z Q Z V R O F S R
T O H B F N L L L B G T U T I É E
R R P P E R U T R E V U O C N L S
A A J U S S B É P R M X R D A E P
N R F X L F O M R I Q J M R N C O
S E C D R A F I D O M B R E C T N
F M U V F I I A N T M R K R I I S
E E S J H D L R J S V J L È E O A
R N R C S É F J E I D O B I R N B
T T D O J M A K A H W U Y B C N I
Y J E Q C O T N E T S E R A L E L
O X W C V N I R E P É R É Y G R I
U Y L V I F G V I T E S S E R E T
J Z S A P B U P M O N T A G N E É
L L E Q W H É D N A M E D U Z C V
```

MONTAGNE
RAREMENT
REPÉRÉ
FINANCIER
DEMANDÉ
BESOIN
RESTENT
AIMÉ
BIÈRE
RESPONSABILITÉ
HISTOIRE
VOYAGE
MÉDIA
VITESSE
OMBRE
TRANSFERT
FATIGUÉ
POPULAIRE
SÉLECTIONNER
COUVERTURE

Puzzle 374

NÉGOCIER
AMOUR
FABRIQUER
DEHORS
TITRE
MEMBRE
NE
MIGNON
TRAITÉ
ÉTUDE
FLORAISON
ACTIF
EXIGENT
DENTIFRICE
CÉLÈBRE
PLAISIR
CHÈRE
HÉSITER
VENIR
SANTÉ

```
F P T D D E N G H N T Y Y M A K E
V L C I É T V B G R R T C I K T F
E F O W T H R A D W T N E G I X E
N N A R N S A O U M L R N Q N C
I É C E A R E T I S É H È O M E I
R G T U S I Y M D T T R H N E R R
I O I Q B B S W F W É J C F M B F
S C F I Z S R O H E D É H F B È I
I I W R U O M A N V M T N S R L T
A E K B Z I K Z N Q B U F M E É N
L R Q A S R E C U O Y D C A J C E
P W Z F I M C A W R V E S H Z S D
G Z D T T D L Z R T F R O U F K I
X K M J N Z Z Y X M U K J U I S Y
Y D Q U E Y O J F G C U N G R G N
```

Puzzle 375

```
X T R E I L U C I T R A P   M E G
K R G E L A C E E S V E A É M É
V G L L E P U R N F C B I M D P N
H O L B P L O C F P C H N É I L É
B L Y M A Ï S L A Z M Q T R C O R
E É T A P Z X E N T G Y U I A Y A
S V H Q G V H T T V M N R C L É L
E L F E D E D O I R É P E A R M E
F P H J B X I O H C V Q W I X V M
Q W S Q G R P R P X L V D N P A E
P R É P A R E R E S N E P E E V N
T R O I S I È M E T L U E O V E T
T Q T Y H Z K P L G Â X C D E C K
A X Q T C Q M E X Y F G F Q C I Z
C Y H R U D H B R P S G R F I R L
```

PARTICULIER
GÂTERIE
EMPLOYÉ
MÉDICAL
PEINTURE
PENSER
CHOIX
AMÉRICAINE
AVEC
CERCLE
VÉLO
PÉRIODE
OEIL
MAÏS
VOYAGE
TROISIÈME
ELFE
PRÉPARER
GÉNÉRALEMENT
ENFANT

Puzzle 376

INSTALLÉS
GÉNÉRATION
AINSI
PREUVE
SIMPLIFIER
JUPE
INTENTION
LARME
FROID
CHAPEAU
REMPLIR
TRÉSOR
SIMULER
GENRE
REPRÉSENTENT
ÂNE
PERDU
TORTUE
MILITAIRE
VÉRITÉ

```
R E M P L I R A R M K P X L T M E
F N Q Y R R E I F I L P M I S K L
T O R T U E I N W L O A F X C H E
N I L O Z G L S B I R I R T L I M
E T U Q S Z U I É T I R É V F D H
T N V I É É J O E A E G W E L R E
N E A K L Â R N O I T A R É N É G
E T F E L N E T X R F H K N X Y E
S N G C A E L Z U E N G O G Z T V
É I L V T V U A D I O R F B L B H
R U V D S U M F R G C G H C O M C
P O Y T N E I U E M E Y K F H C E
E T Q P I R S F P S E N L F Y K D
R M D A P P S T S C Z V R J U P E
C H A P E A U X Z T M R A E A B N
```

Puzzle 377

```
S J R P I B Z V E R I U D É R N L
J E T B S X F S Y D C P R W I Y U
H D I S C U T E R E E V A V S N P
S O W D S F U C T T E Q P P I C C
H A U S N G A N Z S K C E S B N P
G D M E S K F A R A E D A U L K H
D M S E V D É S I R M V U P E G E
I Y O F D M D S L T I D N P W C H
D N P R K I O I L N T I W O N S Q
B O N J O U R A I O C F O S J W L
Z S C O E U R N E C I I Y É B D W
G S Z B O E I N U K V F Q A T E V
P E V M A S N O C U A F U P F D M
A R P Y B C F C E L U D I Q U E D
P C V Z L W P P R E R É G I D V J
```

CONNAISSANCE
LUDIQUE
DISCUTER
CONTRASTE
RISIBLE
SAMEDI
DIT
DRAPEAU
VICTIME
HOUE
VESTE
RÉDUIRE
BONJOUR
COEUR
DÉFAUT
SUPPOSÉ
FAUCON
CRESSON
RECUEILLIR
DIGÉRER

Puzzle 378

VALEUR
SÉCURITÉ
CHANTANT
SAVOIR
COLÈRE
CACHER
PEUT
CONVAINCRE
BAIE
ARME
DÉRANGER
CRABE
PRÉCIPITATIONS
LIVRE
PÉRIR
GÉNÉRAL
PRINCIPALE
ÉTÉ
MOIMÊME
MAGNIFIQUE

```
M S T C E W P T R B Z O E K S Y R
A É C E E H D C L Z J O U Q J T B
G C T N A T N A H C X Y H N R H E
N U X É E O M D A Y M I E B A R C
I R U K H A A V R S Y R R H E C M
F I S N O I T A T I P I C É R P O
I T S P E U T L V H U D N I È I I
Q É C A R X R E I A B G I D L F M
U G A K V X G U M Z S R A G O Y Ê
E L C B I O X R I R É P V É C G M
A F H B L S I B G G A I N N V K E
E J E P J K E R V C H G O É F O E
X C R D É R A N G E R T C R R Z H
S W B Y B U Y G P W L Z U A J V F
P R I N C I P A L E O Q Q L H N D
```

Puzzle 379

```
T E M P É R A T U R E S A K B V N
V N O U Q V Z W M A O H V S X W Y
B O Î T E I N K H C Y A C S M X L
M I W D D E M E T N E M I T N E S
U T L Z I U B A T J G P O S E T R
L A T H G X S Z R R U O U X X E W
T V J K I Z Z I S I L O T J P N T
I R W A R Y X S L O É I I H R T D
P E L S U J Q I U L V N L S I A A
L S A U M B I E E U A G F N M T G
I B L K C G O S S O M G F A E I B
E O D H D I M C J C M F E T R V A
R W K Q Q N O S I A M D A I R E J
Z M Q B O R V L S E M M E F L I A
P A C W L G R N E I C I N A C É M
```

LUCIOLE
VIEUX
TEMPÉRATURE
RIGIDE
NATIF
MULTIPLIER
OBSERVATION
FEMME
BOÎTE
COULOIR
LUGE
MAISON
MARIÉ
SHAMPOOING
TENTATIVE
SENTIMENT
OUTIL
MÉCANICIEN
EXPRIMER
SILLAGE

Puzzle 380

TOTALE
POLI
COMMENTAIRE
URGENCE
SENS
TIR
ASSIS
PREMIER
PORTÉ
INQUIÉTUDE
POURPRE
ENTREPRISE
RONDE
DROIT
INUTILE
COUTEAU
LOCALISER
COU
HONORABLEMENT
BEAU

```
C O M M E N T A I R E R I T P B N
N F Z E C L V R L S S O H Z Y K D
W C E J N D A M O E J N I E I U O
P I C V E X E T P N N D P D D S M
R N O A G I K P O S V E H U R X S
P A U N R O W Q U T C O U T E A U
W X F S U F A S S I S T R É S J V
A T N T J V R R E I O E A I I T P
E N T R E P R I S E N X N U L A O
P L I C Y O V G B N T U T Q A F U
M O O T M U I Y O O C T T N C D R
I T R E I M E R P I V J H I O M P
T C D T B E A U Z S S U Q S L V R
A U S A É A P Q F Y S U V B F E E
J L H O N O R A B L E M E N T G H
```

Puzzle 381

```
D W J H E L P Z T G X T S O C R V
R E J F F S C I K É S Q Q X Q É E
L É N A Y P J J A O L Y X Q N P N
N M E T M W K U M G I A Z D R O D
B R S X I A A E C R E M M O C N R
A A O U C S I D U A S T B W G D E
X G L Q S E T S N P N N Z Q K E W
C A L M A R P E V H O E U X P N D
M O I N S J U T X I C U Q I L T M
H U M I D I T É I E U Q I S Y H P
C O N S E R V E R O D I N O I X Z
P E R C E N E I G E N D V Y L X A
P F P A S T È Q U E E N G X B J Q
H K T B Z A J T U G T I E X C L K
C O M P É T I T I O N K J L W K O
```

VENDRE
NOIX
INDIQUENT
PHYSIQUE
CONSERVER
MOINS
ARMÉE
RÉPONDENT
DENTISTE
CALMAR
JAMAIS
EXCEPTIONNEL
GÉOGRAPHIE
PASTÈQUE
TENDU
PERCENEIGE
COMMERCE
COMPÉTITION
CONSEILS
HUMIDITÉ

Puzzle 382

BUFFLE
VARIÉTÉ
IMPORTANTE
BALCON
CACAO
ENTRAÎNEUR
MEILLEUR
GOÛT
TIRER
BANQUE
JUSTE
JEUNE
RUE
SACCADÉ
DONC
CHOSES
OBJECTIF
MALGRÉ
PHOTOGRAPHIE
MUSÉE

```
W E S X J R Q B Z K S Z F M E Z B
R U E T U O B J E C T I F M N B A
E Q S Y S W S E N U E J R E T H L
R N O C T M M A L G R É L I R V C
I A H X E X A J W F N F P L A B O
T B C L H F J H T M F W O L Î W N
T Q N P E F K G R S X U L E N E L
P H O T O G R A P H I E B U E B T
S T A P D V A R I É T É M R U O E
A U P K N O L O G O Û T W U R P P
C Y E L E T N A T R O P M I S O Q
C R F K H W E C L H N X E Z D É T
A H N A M G Z A R Z A C C S I V E
D Q T N M X N C T W I L E L C W H
É S G N I C H C Y S E O Y S F I F
```

Puzzle 383

```
T D F W J B N D Y V A J R Z W P X
B R I A L C O T Q E C L R C J Q H
L N A K X U Q N G F H F B C H R D
Q U K V A V U E N L E U N N A J X
E É E D E D T M R E T R O P M I C
R R T B Z R N E X L E T L U D A K
W C F U E F S S C A R M U V M R C
Q K M O D Q G U B M P O I R E E A
O W Y O J E G E U I Q W E V O T R
A N N É E S S R N C B L É I Z I R
D T T S T S É U F É W P R L X A É
C I R N T G P E N D A L A L K H R
Z W E I R O É H T M W L O E J U Y
Y H V I T N E M M A T O N W Q O U
V X A C C O M P A G N E R B E S Z
```

POIRE
NOTAMMENT
ANNÉES
TRAVERS
THÉORIE
SOUHAITERAI
BLÉ
HEUREUSEMENT
ACHETER
ANNUEL
VILLE
DÉCIMALE
BONNE
CARRÉ
ADULTE
CLAIR
ACCOMPAGNER
IMPORTER
ÉPÉE
ÉTUDES

Puzzle 384

CIEL
POINTUES
LAMPE
TENTE
POÊLE
DÉCIDER
SÉRIE
AFFAIRES
INCLINER
TOMBER
INSPIRER
TROU
INSÉRER
ŒUFS
PANIER
MARRONS
FONCTION
COMMENCÉ
ATTEINT
SE

```
Q Z Z E U F W C I P A N I E R C I
V X I W P Y D O I N I K I I X I I
W D L C U C Q M Q N S D U R G E A
X J C E Y G R M D O S P N É S L U
Q I C N I L J E D I E É I S R K L
O M O X K R P N F T R F R R A Q H
P Z G W Y K E C Q C I T E E E V E
O I U T S O I É F N A T B P R R Q
Ê I N C L I N E R O F P M M Q L U
L P S Q E B V Z O F F H O A M T Z
E A E A T T E I N T A C T L H M N
Z Œ Y A N R Q K M A R R O N S E T
D S U D E H A L D É C I D E R J B
R O L F T R O U H I J I Q F O R P
V S P G S E U T N I O P W S U S P
```

Puzzle 385

```
Q E M V E T P I X P L U K F P I V
S V D J K K B E G P T P R Q T W Ê
F I C P E G N R H Q J G T R X E T
C H Y Z G P G U É M Ô L P I D L E
N G D G F L D T Y S E N I A L P M
T E M P Ê T E Ô S E O H S G M H E
I L T X P K M L B F N U U N Z D N
A L P U Q J È C I L R I D M S R T
V I E E O N R H F A I T Y R I W S
A A S G P T C O N F I A N T E D J
B C E A A H W M P O C H E L M O E
P Z R R C O M E S T I B L E R Q R
U R E U Q A T T A O Y A C T O L J
Q T X O U T F L E U R S U F F B R
K H P C R G I B Y Q A O O B J S T
```

CONFIANT
PESER
HUMIDE
RÉSOUDRE
VÊTEMENTS
ATTAQUE
AVAIT
FLEURS
CLÔTURE
CAILLE
DIPLÔMÉ
COMESTIBLE
CRÈME
PLAINES
FORME
FAIT
TOUTE
POCHE
COURAGEUX
TEMPÊTE

Puzzle 386

CHOSE
VOIENT
FURIEUX
CÉLERI
FRAPPER
CLARIFIER
COMBINER
CONDUITE
ROUE
MAIS
CELLULAIRE
SABLE
RÉPONSE
LÉOPARD
PRISE
NÉGLIGENTS
AUSSI
DÉFENDRE
FUSÉE
GRENOUILLE

```
V G B P Q F S V V E L B A S O P H
Z Q S M W V X Y O T V L D W I C F
D P J T M F U T F I F O D R X H I
C É G R O U E C U U E K U S C O E
M C F X A Q I H H D É N S A L S P
X O R E S I R P Y N S X T N A E C
W M É A N A U G L O U G Q É R V E
C B P K U D F B L C F D N G I A L
É I O O O S R E P P A R F L F T L
L N N S T I S E Q T C A Q I I A U
E E S D M A T I V Y L P M G E F L
R R E Y F M E L L I U O N E R G A
I T A L B Z Q O U Z H É C N B J I
Z C T O Z G Z E W G V L X T U S R
L R J Y W N H H O C R T C S C Y E
```

Puzzle 387

```
N Y R E I L P C X R U E P A V K P
R U F E E O Q T T P E M R J D B O
X H J T G I X D Â E E I O U G P T
G F Q S H N U Q L C R T P K J X I
Q E N I W X A Y N I H R R S P H Z
X H L R S T M R D U V E I O Y S B
U K F T M Y A L R Z I L É L F S U
L U N A I R E Q T A E U T S O Q O
R E I M I T E R V G N C A H N G V
M J G I V R E Q H T T R I I D J P
C O N S É C U T I F W I R H R X V
S I D X K B Y W N O P C E V E R G
F Q D C H N Q L G I U O B J E T X
S Q R V C K X U A J N Q G U I K T
G C I T R O N W V Q M C S L U A J
```

TÂCHE
CIRCULER
ARRANGER
VIENT
LOIN
IMITER
PLIER
VAPEUR
LUNAIRE
MAUX
FONDRE
TRISTE
GEL
JEU
GIVRE
CONSÉCUTIF
CITRON
PROPRIÉTAIRE
OBJET
SOL

Puzzle 388

APPARENCE
BOUM
OR
SIXIÈME
PORTÉE
CONFIANCE
AMIS
CLASSE
CERISE
TULIPE
THERMIQUE
RÉSULTAT
DIRE
CORBEAU
ESTOMAC
RECHERCHE
PARTIE
FAIM
RÉFORME
MIEUX

```
Z Q E S S A L C D N Y C R A R M W
O F C Y P X P X F F S E É Y E V O
I Y N T D O O R W E L R S F C X Y
R S A F A R R A P M S I U T H K W
C É I F K Q T T N H S S L U E M U
F U F I Q B W A É Y I E T L R G E
I K N O J H A E J E X A A I C T W
O F O C R L C M D R I M T P H H L
V N C S Y M Y I J I È I U E E E X
Z K A S D I E E K D M S A O P R Y
V Z M Q G A O U C M E T E Y B M K
M J O Q T F G X R T R E B E F I I
E I T R A P H A O R I V R K L Q Y
O X S T U Y S F L F O B O Z C U P
I L E C N E R A P P A O C S E E S
```

Puzzle 389

```
R O G E C L K D O D P B J J U Y J
É R Y D N I G F F É R K A L L E R
S G D C T L T F F L R U O T U A N
E C É E D A P A I I G Y D I E Y A
A J S K S S K Ç C C Y X J B V A Q
U E O V W P W O I I C O U R S E U
B E L Y T D O N E E C N W H K W P
W F É E R K N I L U O R B I T E R
É L I G I B L E R X P F M X U H I
C H A U S S E T T E G E M N B A S
S O U D A I N E M E N T N D W I P
Y Y W Q Z O C A K F W N M N D N A
I N V E S T I S S E M E N T E E B
B E X D F R F R K G H X M F C M Z
Q G J M Z F G Q P J D K M O T J I
```

MOT
ORBITE
LILAS
CE
HAINE
ÉLIGIBLE
SOUDAINEMENT
ENNEMI
CHAUSSETTE
DÉSOLÉ
COURS
RÉSEAU
PRIS
BATEAU
INVESTISSEMENT
ESPOIR
FAÇON
AUTOUR
DÉLICIEUX
OFFICIEL

Puzzle 390

CHÈVRE
PERMETTRE
LETTRE
ABEILLE
SUCRE
PLUVIEUX
PATTERNS
GROTTE
INTÉRESSANTE
DÉMOCRATIQUE
IDENTIQUE
AVIDE
VOITURE
PARAPLUIE
CHANDAIL
PUISSANCE
CENTRE
ÉNORME
BOUCHE
DIRECTEUR

```
A B E I L L E D J O O R A É V P I
P F O T X U E I V U L P D N O J D
P J G Y S S N R E T T A P O I P E
E A M T O Y X E D I V A J R T E N
M E R V È H C C B N F N E M U R T
R T W A Q N W T S U C R E E R M I
C Q V C P T L E C D G I S F E E Q
H J F U X L R U Z E H C U O B T U
U K M F B Q U R M J N C A W A T E
H E C N A S S I U P S T V K L R G
C H A N D A I L E V B J R J E E R
D É M O C R A T I Q U E Z E T D O
I N T É R E S S A N T E U R T A T
U V G W H K U C W W D K X P R F T
Q J J D J H L N M Y J S N H E Z E
```

Puzzle 391

```
K V Z M E G Y X X F A D Z P S T E
G L O S S A I R E E R N A I C B N
R F F J Q G P L L R R I U E B I G
E X P L O R E R I T I R C D C X A
L P V H C M I J T S V R V S V P G
Ô R Z P A G E K T N E D I S É R E
R O H M M I V S D O R L W O G U M
T J W A P I U P U M J A L D S X E
N E D L A W P X B R B X L I F R N
O T I A G K J K T Q E R I A U E T
C P A D N Y Y L B H B R M N S E Z
T Y P E E J O Y E U S E M E N T F
X R T O C O O P É R E R K S E I K
W Q L O S V E N D R E D I W L L O
D Y A Z O É T U A S X F X D V U A
```

DOS
JOYEUSEMENT
VENDREDI
ENGAGEMENT
RÉSIDENT
CONTRÔLER
OPPOSÉ
MESURER
FEUILLES
COOPÉRER
ARRIVER
CAMPAGNE
MALADE
MONSTRE
CRI
GLOSSAIRE
SAUTÉ
EXPLORER
PROJET
PIEDS

Puzzle 392

EXCEPTER
APPORTÉ
COMITÉ
FAMILIALE
LIVRES
TEXTE
AUGMENTATION
MOUSTIQUE
ASSORTIMENT
THÈME
NOMBREUX
DERNIÈRE
BAS
TABOURET
ROBE
COMMUNIQUER
GESTION
HARICOT
AVANTAGE
MANGER

```
M U R P U Q G Q K T A Y R F P G E
A O E I N T N E M I T R O S S A P
U H U T E X T E S B G E B T A P K
G A Q S V P L X Z T Z X E H U B P
M R I É T R O P P A I R Z È W L L
E I N T E I D L N T I O H M O I I
N C U I R F Q A W W J J N E G N V
T O M M U A Z U A V A N T A G E R
A T M O O M A A E R È I N R E D E
T D O C B I P M A N G E R C Y Z S
I I C S A L N O M B R E U X Q L W
O G I O T I Q K S E C B H Y W A B
N U T O O A Q T J U O Q W G J E L
E B R W S L B R I G Z Q B L X T C
G O A E R E T P E C X E G T E A R
```

Puzzle 393

```
B A Z F D C Q M L V X Y Z M C P E
K R Y R F V L T I F A B È I M E X
I Y K F W A O Z T T W J B L O R G
É T O I L E T H N P A I R L U S L
É G N G T D M I E Y Z I E E C O N
Q R A M C N J K G M W B N T H N T
U A D I Q O É G T U X T H E E N O
I X B S D Ç S Y D B É P F U S E U
P P X N R E I L B A T S L Q E L J
E X O Y U L R E S O P X E I M L O
G R A S E J B L S S T F P G M E U
K M F N T P F V Z U I Z W A O M R
O W H P U O K N E U O J P R H E S
W L E H A A N G L A I S V T B N F
A B I R H F T P L J K Q D E M T B
```

TRAGIQUE
TOUJOURS
ZÈBRE
TABLIER
MOUCHE
FATIGUÉS
GENTIL
EXPOSER
ÉTOILE
MITAINES
ANGLAIS
PERSONNELLEMENT
HAUTEUR
GRAS
HOMMES
AIDER
MILLE
LEÇON
ÉQUIPE
BRISÉ

Puzzle 394

NATIONALE
COMMENT
OBTENIR
DIFFICULTÉ
ABRÉVIATION
CLÉ
DONNÉ
COMPRIS
CHOCOLAT
UTILISÉ
AVOIR
ÉCRIVAIN
ESCRIME
POLICIER
CONNEXION
INDÉPENDANCE
RETENIR
RÈGLE
INQUIÈTE
CONSACRER

```
L C P O L I C I E R J T C C D T I
Y Z O C O N N E X I O N O O O R N
V E K N É R W L F D B S M M N K D
U L D A S L È N F Q D N M P N P É
R S C D I A J G S D I K E R É A P
C C K C L V C E L L F Y N I X B E
B H G L I Q D R T E F A T S D R N
Q V O É T N J R E M I R C S E É D
C A W C U O D K J R C R Z D T V A
C G M S O A V O I R U E B T È I N
Y I P P Z L E D J H L T P N I A C
T P O B G P A A A A T E J G U T E
O B T E N I R T W S É N T C Q I Y
É C R I V A I N T Y Z I D K N O R
N A T I O N A L E G E R H G I N X
```

Puzzle 395

```
C W W Z O O F P A W L C L P E A E
A A P L U W B D O N I L E B O G M
Y J N E Z K G É N U N O Ç R A G Q
L S W A T Y B C É É R U Z F H Q O
E D N A R F F O C C É S L Z N L Q
X A R W É I L M E O L E U A V X E
A Y G I G P H P S L E R X I I M U
T O E Z F Z J O S E C U P D V R W
F Z E V I V F S A R T E X E N R E
I N T E R N E I I I R H A R H J E
N D O S I M N T R O I L N C M J U
B S M S B E N I E R Q J Z R H L G
K V R A W T C O H C U J P E L C I
B G P H D G L N Q R E T M M Y B J
V F C C C V T V M E R C I X G P B
```

CROIRE
CHOC
MERCREDI
CHASSE
GOBELIN
GARÇON
NÉCESSAIRE
CANARI
TAXE
MERCI
INTERNE
OFFRANDE
ANNULAIRE
REINE
LIÉ
DÉCOMPOSITION
HEURES
ÉCOLE
ÉLECTRIQUE
POURSUIVRE

Puzzle 396

VU
QUOI
NI
REVENIR
ESPRIT
SÉQUENCE
CARNET
CUIVRE
GOUVERNEMENT
GROUPE
VENDEUR
ESPACE
TOLÉRER
CES
ENVIRONNEMENT
LÉGAL
APLANIE
CONFLIT
CRISE
ÉVASION

```
V L E C N E U Q É S W Y K C Z H É
E F S H T E N B E W Q M Y U C Z V
N S P O K E M T S X C C N H Y F A
D H A P K L X P H G R O U P E C S
E A C G O U V E R N E M E N T U I
U U E I N A L P A R R I C M X I O
R D M K K F C Q T H É C V U N V N
F Q G P H F Q A Q F L C R Z P R R
A B M W N C S S R T O S W I N E E
K G U U P R E D C N T I M O S Z V
C O N F L I T S C E E V Q U A E E
Z V E B C Z M I C K Y T N Q S Y N
A N V J F Z U N P Y M D U N P Y I
E N V I R O N N E M E N T W R F R
N S X P L É G A L E S P R I T R T
```

Puzzle 397

```
É H U I T N O S I A N I B M O C O
M C F X V G C L O C O Û T E U S E
A A O N D H E V W M N J F Z J H V
J L T N A H P É L É B V V U S F T
O M N O O E L L I E V R E M Z M F
R O A R X M D D Y Z L S E L R E M
I I D É R H I S H É T O I L E S X
T N N H X I A Q D M O E L L E U X
É D O U P R R E U B I R T S I D N
N R B G B V H B A E Y M S È A K E
P E A M D Y H G P E B W X R C R S
S A U V A G E Y A G B K X T M U B
Z D O G M F D C R V B A M S G D D
V T Z A U Q O V C Q K O D O F R A
A X L B B G R T D D I Z W L J L U
```

MAJORITÉ
ÉTOILES
MERVEILLE
SAUVAGE
COÛTEUSE
DISTRIBUER
TRÈS
ÉLÉPHANT
COMBINAISON
ÉCONOMIQUE
LAC
ABONDANT
MERLES
HÉRON
MOINDRE
HUIT
BRAS
SOMBRE
MOELLEUX
CRAPAUD

Puzzle 398

OÙ
BRÛLER
RAISIN
FIXER
FRAGILE
APPROCHE
PASSER
CASSIS
GRANGE
CORPS
ALORS
RESTE
FOURNIR
VER
SCIENTIFIQUE
RÉFRIGÉRATEUR
TROIS
SCEAU
PORTATIF
PARTICULES

```
C G H R F H X J N Y S C E A U S F
F A Q E M R F E C Q R V E R R C O
J E S S S B A N C B O A G C A I U
E H N S V R Q G Q F L B N O I E R
Ù C C A I F E B I G A Y A Q S N N
C O R P S S B W T L S U R D I T I
I R N O E Z D T T A E S G B N I R
O P D E L D T C S X I Z O R Y F D
Y P Y O U C T L M F H I H Û A I F
H A D Q C M L I F I X E R L R Q N
K R A X I T R O I S D F O E E U I
Z R U E T A R É G I R F É R S E L
S G E F R P P K B Z I O N G T U W
C F I T A T R O P O U P H V E N G
K T G Y P R Z O W D F V P B W A S
```

Puzzle 399

```
B P N L M P V D N T C J T L P G B
I K O O Z Z D O O P L G C E O U C
B D U U D K V X T N A I D U T É E
L M V T J Q W K W T N M X N U S N
I C E R G Y G D H J I É H A W E T
O J L E E T N E M E L L E M R O F
T A L É B U L L I T I O N S N Y R
H U E V C U Q B R M S D Y E W J A
È N S R U E T A N I D R O Y J Q P
Q E R T N E O F H N F U X I Z E P
U C I R V T B N B C I W S B I B E
E A E X A C T E M E N T S T U L L
C N P E R S O N N E L O E C O B E
W E R I A L U C R I C F Y T U U R
C M E F F E C T I V E M E N T I R
```

ÉTUDIANT
JAUNE
NOUVELLES
EFFECTIVEMENT
CENT
MANUEL
LOUTRE
FORMELLEMENT
PERSONNEL
ÉBULLITION
BIBLIOTHÈQUE
EXACTEMENT
DONNÉES
TOUR
RAPPELER
MENACE
ORDINATEUR
ENTRE
CHAQUE
CIRCULAIRE

Puzzle 400

ARGUMENTER
CHOISI
PEINTURES
ARRESTATION
BOUTEILLES
ONGLE
OUVERTURE
ARGENT
BOUGIE
MOYEN
ORTEIL
FÉDÉRAL
REPORTER
NIVEAU
CONTENU
MÊME
DENT
CHEVALIER
LE
SUIVANT

```
O R E T R O P E R K C D L E B M J
M R S F X N Z Y U T H J K M O O X
P O T N I G Y K X U O G H Ê U Y C
C I W E D L U A E V I N M M G E H
S E L L I E T U O B S L P H I N E
C R R H H L S I S U I T B A E L V
O U D H R A R R E S T A T I O N A
N T P E I N T U R E S A I O O O L
T R A R G U M E N T E R R C Q Z I
E E F É D É R A L J A Q X G C K E
N V K I T N S U I V A N T N E D R
U U N E M S D P X F U N E I W N I
C O Z L Z I P Y I Z H H G Q U F T
I K L I N Y Y U Z F Y Q I I C U A
D H U D Z K Z E O E F F K W Z C A
```

Puzzle 401

```
V I M S C S È R P A A G B Q X V F
R P É Y K R V É G T M C R T Q N N
E R D P Z I C C T U N P C L D C O
S A E B H O Q U R R E C V U C P I
P T C É X N A P O I R R I T S E T
I I I O M L L É U V D I R N F E A
R Q N V V U T R V I N W L E W R R
E U E M G O F A A È E O T U A I É
R E F O R T E T I R R D R C C A P
Y O Q E F C D I E E P H F W T N O
M I A M I Y D O N N P U Z K E E P
I J F V L T P N T P A N B E F T F
C B P W L F O U L A R D V D L R C
O P X K E C E S S E R D W A H A L
A Z V S S N E G B U P J U K N P N
```

ACTE
PARTENAIRE
RESPIRER
APPRENDRE
RÉCUPÉRATION
CESSER
FILLES
OPÉRATION
FUMÉE
APRÈS
MÉDECINE
RIVIÈRE
FOULARD
ACCUSER
NOIRS
PRATIQUE
FORTE
GENS
TROUVAIENT
GUERRE

Puzzle 402

SERPENT
PARDONNER
PLASTIQUE
CLIMAT
PROFESSIONNEL
FAUTEUIL
CARTABLE
LOISIR
ÉCORCE
AUBE
CALCULATRICE
PROPAGATION
VAGUE
QUE
PÂTE
MÉTÉO
ANNÉE
DÉTRUIRE
MARI
NAGER

```
P R D X K L W P V V U D X C U A P
T Y É I U P L A S T I Q U E D N R
H G T E S J T K L O I S I R E C O
Q H R U N N M K M A R I P Â T E F
F E U I S H U M K F Q N E L L M E
G L I U E T U A F O D U C H K T S
R C R P A R D O N N E R E B U A S
C D E F Q S C E V C U O C H O J I
A A T E M K L F N T G T R M V P O
R Y N S N O I T A G A P O R P P N
T J T N Q L M G B Q V N C É B E N
A N R B É I A P C Y X X É C T T E
B C B S W E T N A G E R T R Z É L
L S E R P E N T F G N H Y C U B M
E C I R T A L U C L A C M C A N S
```

Puzzle 403

```
M I A V M P S M C R H T O P V R W
A A M U S M U J E R H A N R K E J
I F M P A M S L T X P I G W S S T
N B O K R T E N D R E L L O C S É
T R L D E E S O T H F L O R I O L
E U A D F I S R F N W E N M H U E
N I K C J M G S M F Q Y S V F R S
A B W Y G O D X I D R B É F A C C
N R Q X J N S S N O P E Y D C E O
T U E N E O F M P T N G A D T S P
P I K R M C B L Z M T N X K E H E
L T E S J É S O I G N É E F U H V
P A P A P O U L E T D Y R R R J H
Y V D I P L Ô M E C G E J C Q X C
R É G L E M E N T A T I O N N Q Z
```

TAILLE
MAINTENANT
DIX
TENDRE
BRUIT
IMPRESSIONNER
CAFÉ
SOIGNÉ
RESSOURCES
FACTEUR
TÉLESCOPE
OFFRE
ÉCONOMIE
FER
RÉGLEMENTATION
PAPA
COLLE
POULET
ONGLONS
DIPLÔME

Puzzle 404

AUTRES
ENSEIGNER
RISQUE
MANQUE
JUS
TAMBOUR
GIGANTESQUE
POUSSÉ
PERSONNE
CUISINER
ACTIVITÉ
LOUER
TOMBÈRENT
ATTENTE
MYSTÈRES
SENTIR
ANÉMONE
RÉPÉTITION
CADEAU
SECOUENT

```
Y U H R Q G S I H S E R È T S Y M
A E W O I C X Y N V N T E A Z A K
Z U X Y B S F J U N S O P D E C H
C A T J U S Q Z G O E M E X Y T G
R E D R M C T U T A I B K R R I Z
B D F N E V U H E O G È S É A V V
F A K W N S Y I U R N R E P B I S
S C H A O Y R Y S Q E E N É P T E
G B S T M V L F H I R N T T O É C
F Z D O É O X Q L V N T I I U K O
G S Y N N M A N Q U E E R T S C U
I W L K A T A M B O U R R I S B E
P E R S O N N E L O U E R O É M N
A T T E N T E Z M Z A K Y N L C T
G I G A N T E S Q U E N T O Q X F
```

Puzzle 405

```
D F E X E G V P A R T F A W J Z T
É R F X R H I É U E H Y É S D Z E
S A L U T C C R T J E H W R N W R
E I U Q T V T I O O R C W V O K M
S S A E E Z O M M I M F M O F C E
P D C S M D I È N N O H S C H L E
É H D N S F R T E D M É S A D O W
R R O R N U E R U R È T P B X U R
É X W O A I R E C E T H N U R B A
E H N B R A Q E W W R D T L O Z I
F K N D T R P B R E E T H A F C S
P L A I S A N T E R I E F I W N O
E M O I E G S K E E Z Q M R F B N
G R T A L L E R X O M J G E T C I
V K P G O M M A G E V C C Q O V E
```

REJOINDRE
FRAIS
PLAISANTERIE
AUTOMNE
ASSURER
RAISON
TERME
GOMMAGE
COUPÉ
THERMOMÈTRE
TRANSMETTRE
DÉSESPÉRÉE
BRUN
FOND
QUI
PÉRIMÈTRE
VOCABULAIRE
VICTOIRE
FÉROCE
ALLER

Puzzle 406

STRATÉGIE
COUVERT
CYGNE
VISAGE
ÉLÉMENTAIRE
ÉCOUTER
DÉCOUVRIR
OCCUPER
ENVAHIR
CHAUD
HABITUEL
AVANT
BOUILLOIRE
TENDREMENT
BÉTAIL
NEZ
SOMMET
VOUS
RÉSUMER
IL

```
M Q P Y Q O B É T A I L V B V R M
V R L E A R C G K K Z G O Y I R P
G N K V A M N C K O U Y M N S C G
É B B A S V L E U T I B A H A Q N
É C F M O J Y O O P J U N Z G Z S
L D O R É S U M E R E L G Q E Z I
É G X U J B F S I E X R F O G V Z
M S H X T B O U I L L O I R E G R
E C O Z E E I G É T A R T S W F A
N O I L M L R M D É C O U V R I R
T U V O M K D Q U N J T N J Q V L
A V O I O A V A N T E N G Y C Q Q
I E U K S R E F H E Z Z Z V N Z Z
R R S T E N D R E M E N T K J K S
E T J Q C H A U D E N V A H I R S
```

Puzzle 407

```
F T S M U U J Q X F H C V V E R T
I I H O X N F Y H V A Q O E F E O
A N R M E P I S C I N E U R U C S
C H T M S U W O E S L Z L R H E R
H J D É E F R E S R E V U E Q V F
E U É F R É T I N U T R O P P O R
T C D L U Ê P G X O Ê E Y T C I A
É A I O S T T A T Y R H P F L R P
M S E T S P J F T D R C R H G D P
X S R T U V E Y V I A F O P I I O
A E F E A D A I B B N T P S G V R
O R S U H B U B B K Z B R U E K T
C O B R C S K P I C S D E U K T S
B L K D O H L K A K O F T K X U V
P E G O V U B Y Q R M L Q N R T H
```

CASSEROLE
PATIN
CHAUSSURES
RECEVOIR
VERSER
RAPPORT
FLOTTEUR
ACHETÉ
OPPORTUNITÉ
ARRÊT
INTÉRÊT
PROPRE
SEC
PISCINE
VERRE
VOULU
OURS
SOEUR
DÉDIER
CHER

Puzzle 408

NUAGEUX
TOUT
MÉTHODE
QUART
FORMATION
MATIÈRE
PUTOIS
CAOUTCHOUC
LISTE
INSPECTER
RAPPORTENT
DIMINUER
PRAIRIE
LÉGUMES
EXAMINER
TÊTE
VOLER
DAUPHIN
CROISSANCE
PASSÉ

```
S A D I M I N U E R R X D P K C O
C R O I S S A N C E T U O T N K A
F D D V B B F F I L N I H P U A D
N C C B K D U M A É E T P A S S É
I N S P E C T E R G T P Ê S D S G
P O P P H U R A T U R R W T R R L
L I S E N O A K S M O A P K E H C
K T N F Y H U P W E P I S M N Q Q
O A V H I C Q Y N S P R N G I T B
M M I Q B T R K W W A I S B M X P
L R A H T U V O L E R E K R A A L
H O G G A O W M A T I È R E X Q L
W F O X F A I R G S N U A G E U X
P B W D G C F Z W I M É T H O D E
T P U T O I S O T L Z J G A F C W
```

Puzzle 409

```
D O T E O N R T O P F B K B Z O M
V C E S C É V O D Y L F I L L E O
A X R J Y G V J Z L U A P H M C N
P Q R E H A T D H A M N N E K P S
O G E F A T I U T R U J N C A K I
D R É N G I E S N E R G I T H U E
Q O U O Q F U S U G G É R E R E U
C U D S W K O L U H D P W Z E Y R
O T E S L I S G C K P I V S Q J B
N E G I A C T U E L L E M E N T R
T R R R Q U A T R I È M E Q A P O
R D É É F A B R I C A T I O N O S
E E N H N N D O U X C G X L T C S
L Y J F V J J L Y C K Z N I Y Y E
G A X D G N M I V R K Y F L I R R
```

MUR
LUI
PEAU
NÉGATIF
QUATRIÈME
TERRE
BROSSER
HÉRISSON
ENSEIGNÉ
ACTUELLEMENT
CONTRE
FILLE
FABRICATION
MONSIEUR
DOUX
DEGRÉ
ROUTE
SUGGÉRER
TIGRE
PLANCHE

Puzzle 410

CUIRE
SINGE
DÉSASTRE
OCÉAN
DÉCRIRE
TERRAIN
PROMESSE
SIÈCLE
BOL
SAULE
VACHE
ONZE
ACCÈS
POIS
NOMBRE
SAVAIT
SURVEILLER
ALERTE
FACILE
PERDRE

```
L V N A É C O P S T P Z L W H D P
T A R O P P Z L È A X O P W Z G E
S L M Z M N E H C A V V I V M V B
Y E H I T B K K C I T A K S V K X
Q R G F K O R Z A I M D I T F I T
G T S A U L E E G N I S C T A C T
L E S I È C L E P A V H O V C J H
V S P A P L O B V M E W H C I G U
C S G V E J N I A R R E T E L X E
Z E O N H I Z O H U U P P R E C L
V M D S J H E R T S A S É D W H H
D O W Y A W R E L L I E V R U S Z
I R J E Q Y I Q Q J S I I E S B O
R P J H R Z U U Z Z N M X P M P X
V S O G L P C D É C R I R E Y L P
```

Puzzle 411

```
D P B Y A B P F V J A P P N R N T
A I G U N X L W O E G J O F C B R
B S R E R T N O C N E R L W K I A
O V S E V È R B R E I L I M A F Î
N O O E C P A R M I T S P A E N
B X C Z M T U P T M É B I A R T E
O C G S W B I O V Z V T Q R A Z A
N C L V O U L V Z O I I U F I L U
S A E B Y X V A E B D X E A G L A
C A L C U L E R G S E R Y I N R E
O U E S T G U R F E N P Y T É D C
R A I S I N S V E I T Z W T E N R
W U P Q H I I I T A G G I M H W E
S D J I N D I V I D U E L L E M B
X U Q K A C O D E U R T H T Q Z E
```

ET
POLITIQUE
OUEST
FAMILIER
TRAÎNEAU
ÉVIDENT
ODEUR
RAISINS
RYTHME
BERCEAU
PARFAIT
CALCULER
BRÈVE
RENCONTRER
ARAIGNÉE
BONBONS
PARMI
ASSEMBLAGE
DIRECTIVES
INDIVIDUELLE

Puzzle 412

COMMENCER
ÉCRÉMÉ
RELÂCHER
GRAISSE
DIFFÉRER
MORSURE
CERF
VEULENT
PORTE
DÉTECTER
NOMMER
ANALYSE
PARTAGER
PEUR
DEUXIÈME
ALÉATOIRE
RIDEAUX
SCOLAIRE
NOËL
SOURIS

```
N P C R R E L Â C H E R H T J N R
O M Y E J C Y X G E B G H V D H I
M M I C S T M H W L Y K I H É E D
M B A N A L Y S E R U S R O M F E
E H V E W G F M V S L A U W É J A
R P K M L K P W E E S Q K Z R D U
H E K M O H B Q U B Z I Z T C E X
Q U T O F Y U L L C R K A O É U P
X R U C B H X X E C E X K R B X A
S C O L A I R E N E T R O P G I R
N O Ë L I N E Q T T C B F Y W È T
H P A L É A T O I R E E P L L M A
S O U R I S B A F Q T F N P E E G
D I F F É R E R L P É T P Y Z N E
R E E G A R L P Z Z D D A Y D V R
```

Puzzle 413

```
B E F R X N V D I P P M Z J P S R
E R R E U R D R X L B X D S P C N
C E É I E X N O V A S R N M D M U
N T C L Y P B N O T O C K B T V T
E U H U O L J K K S U P F C E J R
S O E G S F A I B L E T A S S E I
S J C É K D X F F K F T E A G T M
E A O R X T I M A É D N S A R E E
W Z L R O I W R X G D U N R H L N
Y P K I V S N T E I C K H O U W T
J E T E R O E A I C L F W R P N S
G E Y W P J I M N K T N E S S A P
N P G Y D C H S P T K X H O L Q R
E V O U O Q Z S I K J G U R D Z P
W X A E Q F X G D N Q D H S G S S
```

DIRECT
NUTRIMENTS
SAVON
PLATS
DÉFI
AJOUTER
JETER
FEU
SOYEUX
ERREUR
PASSENT
FAIBLE
VOISIN
COTON
NORD
TEL
IRRÉGULIER
ESSENCE
TASSE
ÉCHEC

Puzzle 414

ARÈNE
PAPILLON
FERMIER
DESCENDRE
PAYS
REQUIS
RAPIDEMENT
PRÉSENTE
PROVOCATION
DOIT
MINORITÉ
BOUEUX
POSTIER
MOUTON
DÉJÀ
MANTEAU
BANANE
ANCIENNE
VACANCES
DEMANDER

```
R V D T V J B T N B J T D Y S N H
A A L E N A N A B O Y R M J J Z V
P C A R M X L À N U A E T N A M K
I A N D L A N J W E A R È N E L T
D N Y H O X N É H U K A R I S U Y
E C H V T I O D S X L R G O L F S
M E R E Q U I S E M I N O R I T É
E S E R P D T Y M R E I M R E F P
N F I D R D A A V M P R L W B N N
T R T N É C C P P N O L L I P A P
B Y S E S Y O E S Y D U N G P V S
U H O C E H V A O F D B T H C H E
B Q P S N H O Y W T H B I O C F Q
M B A E T E R J B Z O A X X N D O
B Z H D E N P B A N C I E N N E H
```

Puzzle 415

```
J C U I I K G T I M P F A A D R G
S P T G G H S X N O R U Z O E Y W
Y H H G Q C O D D R O I T Q M T W
P A N T A L O N U C F T Q A A K G
É C L A T E R G S E E E B I N Q S
P R O G R È S R T A S R L E D L R
E N R O S E L P R U S D L U E R J
S D U R É E F V I E E R T Q L X J
S B C A D Y M N E M U O O I C I W
A X Q G X L É S S E R P B T R X P
Y B O I S M U S I Q U E O P F H E
E G V Q B O U T I Q U E G I T F M
R D L K K X S S Q J E G G L Y K E
E E J U P U I N G S I P A L W T C
F L G Y L J C C R Y E Y N E Q O G
```

ORDRE
PROGRÈS
PANTALON
UN
INDUSTRIE
PRESSÉ
TOBOGGAN
DURÉE
DEMANDE
BOUTIQUE
PILULE
ROSE
MORCEAU
MUSIQUE
PROFESSEUR
BOIS
ESSAYER
ÉCLATER
ELLIPTIQUE
FUITE

Puzzle 416

CHAISE
LUNDI
PRESQUE
DISTRAIRE
ABSORBER
MAGASIN
CHAMEAU
MOTEUR
ARRÊTÉ
SALE
EXACTITUDE
OBLIGEAMMENT
DINDE
SAVONNEUSE
TREMBLAIENT
COURIR
BALEINE
RESPONSABLE
NORME
AGRESSIF

```
A A G R E S S I F T B G M V K T M
E R R E S P O N S A B L E Y M R O
X I R G O K A B S O R B E R U Z T
A R Z Ê G Y T N C U I N P E F H E
C U E Q T N E M M A E G I L B O U
T O T P L É B U H T M F I A A H R
I C I P R H H A L P R G E S C B F
T C X E Y K Z T L S O W P D P I S
U B H U T C E S U E N N O V A S A
D T U A E M A H C R I F R K Y K M
E A C N I S A G A M Z N Z C B P O
S H V X U S L U N D I M E D N I D
P E R F A J E D I S T R A I R E O
F R W D E I J Z P R E S Q U E G T
T R E M B L A I E N T A Z M S Q X
```

Puzzle 417

```
A  I  Z  L  A  M  B  C  I  O  Y  Q  L  S  Z  N  D
A  D  U  T  E  M  M  I  B  K  N  B  D  Z  X  Q  A
S  L  V  N  K  N  M  T  D  M  H  A  W  Z  B  B  P
S  C  Q  E  H  O  T  O  J  I  É  Q  G  S  V  X  P
I  Z  Z  M  R  X  X  Y  U  K  V  M  K  P  S  H  E
G  J  K  E  I  S  U  E  G  O  L  R  O  H  I  P  L
N  M  Y  R  N  B  A  N  O  I  T  A  M  I  T  S  E
E  A  U  T  U  R  E  I  R  A  P  P  A  J  R  K  R
R  R  C  Ê  P  V  S  A  R  E  V  U  O  R  T  E  B
M  Q  H  V  B  R  I  V  E  E  N  A  E  K  X  G  M
C  U  A  E  R  E  C  O  N  N  A  Î  T  R  E  T  A
M  E  U  H  L  P  J  W  E  M  K  J  U  T  F  Y  H
Y  U  D  C  L  H  V  X  H  Z  X  N  Y  F  F  Y  C
F  R  E  N  H  J  K  H  J  C  I  P  D  O  M  M  L
M  F  J  E  R  U  T  I  R  R  U  O  N  U  Q  D  G
```

CITOYEN
PUNIR
HORLOGE
FOU
MARQUEUR
RECONNAÎTRE
NOURRITURE
LENT
CHAMBRE
ADVERSAIRE
ASSIGNER
MAL
CISEAUX
CHAUDE
APPARIER
APPEL
ENCHEVÊTREMENT
TROUVER
MÉMOIRE
ESTIMATION

Puzzle 418

INQUIET
NEIGE
COLLISION
ANIMAUX
ACCUEIL
POUCES
COMPRENDRE
OEUF
SORCIÈRE
GROSEILLE
PIERRE
RÉALISER
RAPPORTER
JOUR
PRIVILÈGE
VÉHICULE
RÉVÉLER
USINE
LIÈVRE
RETOUR

```
J  R  X  W  V  P  W  J  Z  Q  V  E  E  U  I  R  N
O  L  F  T  C  E  G  È  L  I  V  I  R  P  L  É  E
U  P  O  U  C  E  S  C  I  R  F  E  È  R  G  A  I
R  R  B  Y  E  W  J  O  E  E  U  S  I  N  E  L  G
E  A  A  U  L  O  I  L  U  T  V  E  C  V  R  I  E
L  P  Y  E  U  C  I  L  C  O  L  Q  R  Z  V  S  P
É  P  L  Z  C  O  C  I  C  U  Z  T  O  G  È  E  U
V  O  S  O  I  M  A  S  A  R  Q  J  S  R  I  R  X
É  R  K  V  H  P  W  I  W  K  G  O  T  O  L  V  O
R  T  V  B  É  R  G  O  B  E  E  S  Q  S  M  W  V
T  E  Q  L  V  E  D  N  F  M  G  F  I  E  J  K  K
L  R  L  J  Y  N  A  N  I  M  A  U  X  I  B  T  C
W  W  E  W  E  D  A  T  S  Q  O  W  J  L  D  M  B
Q  E  L  S  F  R  T  I  O  M  F  L  Q  L  U  P  V
F  Q  W  K  T  E  I  U  Q  N  I  Z  Y  E  O  U  G
```

Puzzle 419

```
H W X Z Z I B S B Z D Q R K N L S
R A B J J M U T S X G I R P G A B
D F M J X A R L V O G Y E L Î T X
E H L T Y G T A G O L Z T L D É Y
P T W S B I Z O E Z S I N R L R L
U I O I Z N T Q B U R E A U H A C
I A R M T E T C W C U L H T C U O
S L É R A R M C J A T L C E É X N
O G Z E E T R E R T N O M É D D F
R B A P H M E Q C N M F W R X R O
E R P N H L Ô V M A H M G N M A N
I C I J V K Y T E M P S Q O K C D
L U M Q L É R T N O C N E R E A R
L I R C T N E C N A L A B U X L E
E C E F M G V A H X F Z M S Z P O
```

 OREILLE
IMAGINER
TEMPS
BUREAU
DEPUIS
PLACARD
CHANTER
TOMATE
PERMIS
CONFONDRE
LAIT
DÉMONTRER
ÎLE
FOLLE
BALANCENT
RENCONTRÉ
FANTÔME
ZÉRO
DÉTAIL
LATÉRAUX

Puzzle 420

PROFONDE
SAUCISSES
THÉ
INFIRMIÈRE
CONNU
VIE
LOURD
POIREAU
SUFFISAMMENT
SAUF
RUBAN
REPAS
CHAUSSETTES
SERVIR
ÉCHELLE
GARDER
SQUELETTE
CHAT
INTERAGIR
TRAVAIL

```
T É H T S U F F I S A M M E N T I
R C S O E W F X L U U M G B U G N
A H P R V C C H A T O H N C U J F
V E I V K Y O S A U C I S S E S I
A L D R U O L N P B V H J A Z H R
I L A I E D B M N O R R T S D J M
L E R G U P D K U U I Z V D L J I
W F U A S Z A Z K D V R X F U Y È
E C B R E L T S M Z R E E B R F R
D Z A E B V D D I Q E D Z A P Y E
F R N T V Z E Z I P S R Z D U G X
V O A N F I J X V Y E A Y I K U E
V G V I G G E Z Z L J G L P M Q M
S Q U E L E T T E P R O F O N D E
S B W B C H A U S S E T T E S G G
```

Puzzle 421

```
S C A Z W B B L L X J W Y P H T D
P T A H G Q Z C T Q V C M A F I É
R R U V S M É T A I T X G I I R C
O O V P I G A R S L O X S X V O L
T F O M I T A Y I H H O Q M B I A
É N F I K D É H C É S S E V Z R R
G O X C R R E T R O P X E O U E E
E C E R I A S R E V I N N A F N R
R D O E E C C X È H A O L G I G E
S E Z D K J O N V I S R G O D A I
S I M P L E M E N T R O W M È G F
S P É C I A L E S Q Q R Q M L P I
C L A I R E M E N T A Q A E E D D
Z R W K E C F M T F A R W C S N O
F S O N O D T C M H Q I M L H R M
```

PAIX
GOMME
ANNIVERSAIRE
DÉCLARER
SIMPLEMENT
MODIFIER
CLAIREMENT
CONFORT
FIDÈLE
TIROIR
CAVITÉ
SPÉCIALES
PROTÉGER
STUPIDE
ÉTAIT
SÉCHÉ
CARRIÈRE
GARS
EXPORTER
GAGNER

Puzzle 422

CHIEN
COMPARER
TISSU
ÉVÉNEMENT
INVENTER
AVION
INTERROMPRE
FIABLE
CHIOT
PERTE
SÉRIEUX
POSSÉDER
ELLE
DÉCISION
SOCIALE
BELETTE
SIMILAIRE
DERRIÈRE
CABINE
CONFORTABLE

```
S I M I L A I R E S X C Q H N Y U
Q S B X G K K M R E R A P M O C Z
P V U A D A Z I C E L B A I F U B
S E T T E L E B U S S I T U Y C D
C J R E L B A T R O F N O C N L I
M H W T D C L R J X U E I R É S N
K R I R E H C M B G B R O P F K V
J Y M E T I O N N L F Z R Q Y D E
N T Z D N O I V A Y Q W K D Q E N
T I W É W T N E M E N É V É B R T
N A B S I N T E R R O M P R E R E
G J X S S O C I A L E E T Z O I R
Z T N O I S I C É D I P L X F È E
K Z M P O N N B T Y S U G L T R F
D W R M A L E T I S F O E Z E E F
```

Puzzle 423

```
R H H Z X O L Z X B Z P Q C U D B
É R E L I G I E U X E U O N E G D
S A R É T I N C R L E H J U D E U
I É T T L T D D Y X L P U O P M I
S P I R P C O N S T R U I R E É D
T I P A C S A T I S F A I T D C E
E N A N O O K O K D W O S M X O É
R A H G I F M P N S H C W S G N N
O R C È D N W P M É L A N G E C I
L D Y R R R S F L I F D S O F O M
O S E E A V E T N E U Q É R F M E
R M O I M P W U A S X U O H B B H
S Y X B Q F T I X B W E N L Q R C
I R R I T A B L E P L I P G Q E T
J G K H I N R S S B E E D L I D R
```

HOUX
CONCOMBRE
LORS
ÉPINARDS
MARDI
INSTABLE
RÉSISTER
POUPÉE
MÉLANGE
GENOU
CHEMINÉE
CONSTRUIRE
COMPLEXE
IRRITABLE
RELIGIEUX
SATISFAIT
ÉTRANGÈRE
CHAPITRE
FRÉQUENT
FIL

Puzzle 424

CHAÎNE
IMMÉDIATEMENT
DÉPLACER
POUSSER
COUP
TAPIS
LEUR
JOLI
DÎNER
GRADUEL
PRENDRE
HAUSSE
CUILLÈRE
TROUPEAU
FÉLICITER
BIENTÔT
PARAGRAPHE
DEVRAIT
PLAGE
POURRAIT

```
F C U I L L È R E C S G W Z E H T
É L P T I A R V E D H G S L K A N
L E A R R V L B F C A A J V G U E
I L R O B R H E O A O X Î S T S M
C E A U P O U S S E R U O N I S E
I U G P P T X Z Z S G F P R E E T
T R R E G A L P S C S J S L W P A
E P A A M X W M R L B N A Z R L I
R O P U E N N Z W R E C A L P É D
B U H P R E N D R E P U Y X M C É
N R E T E D O Y Y X L C D E I G M
V R S V X R J Y Z A V A E A E D M
V A H D N Y D J J C D Î N E R I I
S I P A T Ô T N E I B O M P C G C
G T J A E H J O L I D E F S G O N
```

Puzzle 425

```
I D N S E J R C F H W X I I H A D
G U É J U Z E R R A C C E P T E R
N A U S Q A G A È E U Q I M O T A
O M K B I D A Y R B N O D S P I A
R É T A T R R O E G È I S Z E O C
E C H P C N D N R V T T A V L S T
R O N R R X E S A G E S S E O I U
B M P I A B R M Q Y U S I U U H E
N P N V L T V I E A U J Z M S D L
G L P É W R Q Q N V O G D Y E V S
B I R S L O K T C J U I G I L M T
F Q A L S M F M O L F O V A E Z I
G U E B R P I S L U C W M P A G Q
E É X X D E I G O L O N H C E T K
X K N C O R X M G Q M X L G U U C
```

ARCTIQUE
COMPLIQUÉ
FRÈRE
ACTUELS
SAGESSE
ACCEPTER
DÉSIR
MOUVEMENT
IGNORER
PRIVÉ
EN
SIÈGE
SOIT
CRAYON
TROMPER
PELOUSE
TECHNOLOGIE
ÉTAT
ATOMIQUE
REGARDER

Puzzle 426

ENTRETIEN
FROMAGE
DANGEREUSEMENT
DANGEREUX
MONTRE
BLANC
CARACTÉRISTIQUE
QUATRE
SONT
CONTRIBUER
NOTER
DE
EXAMEN
FENÊTRE
PLUTÔT
JOUEUR
BRILLANT
FONDS
ORGANISER
PROCÉDURE

```
E S W F L M V R P R O C É D U R E
N V L R O R G A N I S E R T E G D
S D N O F Q J L D V T Y Y I X L O
A E F M E J O U E U R I I H A V C
C X F A S N R T C U M Z L Z M K G
W T D G R B T N A L L I R B E P Q
R T N E M X T R E E W H H N N L U
I F Z I Q I X U E R E G N A D U A
E U Q I T S I R É T C A R A C T T
B L A N C L R U K N I T Z L Z Ô R
S N X L E T I L F O R E G E J T E
O O P L H Z N X V M N Z N Q F Z B
N T N E M E S U E R E G N A D P N
T E R T Ê N E F I M X R Y U B M Z
H R C O N T R I B U E R Z C Y V I
```

Puzzle 427

```
N L U M I È R E U Q I S A B A B I
O A J D A G Z C H L O F W C U R F
I R V P J R G S D K H S V D T I P
T J X E E Y A S U R U É E D O L T
A Q R H T I J Z R F L W P O R L I
D V R P Y T G W U K E W J I I A W
N U X A D A M N R I R R X G S N Q
O P E R T Î A M E F T N M T E T J
N K W G K C T L N I T I K E R E A
I S C O L B I V V O E D B M R A X
J S P H N C N R V A M W M Q S Q T
R U E T A R É M U N D U H K Z L U
N R K R G C L I A Y A J C O Q L O
Y A R O H S B D É S O R D R E K G
M A J E U R P R O C E S S U S Z W
```

ORTHOGRAPHE
PEIGNE
MATIN
DÉSORDRE
AUTORISER
LUMIÈRE
BASIQUE
BRILLANTE
NUMÉRATEUR
NID
INONDATION
FERMER
PROCESSUS
NAVET
MAÎTRE
BLOCS
MAJEUR
RUÉE
DOIGT
ADMETTRE

Puzzle 428

PUCES
BÂTON
FINITION
GIRAFE
MODERNE
CONCENTRÉ
CAPACITÉ
AUTRE
ANANAS
MINEUR
COMMENCENT
NOS
NOM
MIGRER
PELUCHE
BRANCHE
NAVIGUER
AIGLE
ICI
ENTENDRE

```
F P N L G U C C D M B P J W Z T C
I E C E V P J J É T I C A P A C O
N L O F K P P Y J Z A N O R L Y N
I U M W I W T U Q E B A E Q M W C
T C M S E Q Q O M N X G N U E B E
I H E N R E D O M T X J O J R G N
O E N Y E F N X U E B N M I C I T
N P C M R A Q R N N O D Z J F N R
J U E S G R S O W D K H S L O R É
K C N G I I W Z Y R E U G I V A N
M E T N M G W C A E A N A N A S D
F S B Â T O N O U N O S Z J C N D
C K M O A R S E T B R A N C H E R
U J N G F J N W R B K V N P Q M M
D K D A I G L E E D S E U X D Q A
```

Puzzle 429

```
D F V A E V P C R W V E P A R L É
O B E D T M M O A J B S S P A E D
U O J C Q Z E Z U R I N E T N O C
L I T N J J U L D R O B J Y L N G
O F É E Q S E H A S Q T H N L E I
U A T T E N T I F N D U T Z K B N
R I I M U O A C R I G L O E V S G
E B L W Q T R U E A T U K I Q K E
U D A R Ê A O C T G F E J V O M
S Z É H M R B S P R É F É R E R B
E P R F É P É V B E R I V A N Z R
M Y S F D W G J D C X D T M I N E
E L L X A I N A P P R O P R I É S
N R C I C M O P O U S S I È R E D
T X E V A Z C Q U A L I T É Q M R
```

ACADÉMIQUE
ATTENTIF
DOULOUREUSEMENT
INAPPROPRIÉS
PARLÉ
CERTAINS
POURQUOI
LANGUE
NAVIRE
CONTENIR
RÉALITÉ
CONGÉ
CAROTTE
BORD
POUSSIÈRE
GINGEMBRE
SOUCI
PRÉFÉRER
QUALITÉ
PRÊTONS

Puzzle 430

HÉLICOPTÈRE
FÂCHÉ
GARDÉ
THÈSE
COURRIER
IMPLIQUER
CUISINE
SELON
PERROQUET
DIVERTIR
COMBAT
QUALIFIER
EFFONDRER
SEPTIÈME
LAITUE
MYSTÈRE
PRÉDIRE
CHEMISE
FONDAMENTAL
NATATION

```
M L G X S B V M I H M Q C T Q J P
C B T O S E T U S J L T E R U N R
H O L A T N E M A D N O F M A Z É
Z É U K E Y V B K R Z H F Y L V D
V D L R E U Q I L P M I O S I L I
E R E I R C U I S I N E N E F A R
N A J T C I K N N Q D U D P I I E
Y G R R S O E S È H T T R T E T X
M Y K E H Z P R J I B L E I R U E
X H Q V N O I T A T A N R È C E P
K F X I Y N E A È Y K G Z M Z J V
Q G H D D I N B F R B X Q E W M W
M Y S T È R E M D B E S I M E H C
F M G T E U Q O R R E P S E L O N
W N O J T É H C Â F U T G T N O D
```

Puzzle 431

```
F N V P Z G U A J Q K E B W T C A
A G X L O T O K H J N F J O H A S
Y Y Q K L U P O M P I E R V É P S
F J J P I M D G K T N Z W D I A U
C H A M P F U R U D À X R P È C M
I N S E N S É E E L L E É R R I E
P A R E S S E U X G N X G A E T R
U R S W Z S T N A T R O P M I É L
P É Q R V C T I F Z I U E W N R A
R U O Y N E Q D U J R C P U E U I
A N G A M E E R V L Q N Q S D W S
P I O R U U H A W U J H G Z A Z S
T O W D Y M C J H N L X U V T S E
V N D E R N I E R N L W D B V C R
P R O U V E R Y P Y Z P U I U M T
```

NOEUD
ASSUMER
CHAMP
POMPIER
PARESSEUX
PROUVER
LAISSER
CAPACITÉ
LÀ
IMPORTANTS
POUDRE
RÉELLE
RICHE
JARDIN
PURGE
RÉUNION
THÉIÈRE
DUR
INSENSÉE
DERNIER

Puzzle 432

INDIVIDU
FUTUR
SUCCÈS
APPELÉ
CHAUDES
EXERCER
PAPIER
ENSEMBLE
CHEVEUX
ENSOLEILLÉ
SUIVRE
GAUCHE
TYPIQUE
DÉCENNIE
PÉTROLE
OFFENSER
ENVOI
ACTEUR
MURALE
MISÉRABLE

```
P T V Z O B N L T A U T T S R E R
G É T G E F B G Y C E N Q U P V U
A S T U W D D S P T A B B I A P I
V S I R U T U F I E T O X V R I M
I C K N O R U Y Q U F D F R F J S
G N E S D L A É U R E S N E F F O
X Q L O L I E L E Q E D È H F S G
O X B X G R V L N L N É A C Z T Y
C H A U D E S I N I S C P U C R Q
J E R E E C I E D E E E P A N U W
W N É V V R R L W U M N E G B I S
A V S E S E Q O G D B N L X V D K
E O I H C X X S S S S L I É S G M L
F I M C Y E V N B Q E E L A R U M
P A P I E R T E I J X T I W O R W
```

Puzzle 433

```
P R I M A I R E M S C Q P T Y T S
L U X J N S A G F D J P O J X C B
B G E L L I U G I A Z H I P Q Z A
I N X S P O D X X T G J V C M Y U
W O N W A M Y E R I S E R V A V X
L I O K Y Q B J N T R U E I E C M
T T P M E R T Ê V T C Q I D M X Z
M A X Y R H F N K B I I P E G Y Y
F R I S É F L L I L S T D N H R W
C A R E T P O D A P L I É I W I C
O P Y T K D O A O P É R E R F C V
U É K N O P C K N Z S C C X E N O
R R D A G É N É R O S I T É A R P
B B V L A V E H C R U T A B A G A
E B J P B O B Z É T A G È R E D O
```

IDENTITÉ
CHEVAL
MOIS
ÉTAGÈRE
GÉNÉROSITÉ
RUTABAGA
ÊTRE
FRISÉ
ADOPTER
PAYER
CRITIQUE
VIDE
RÉPARATION
AIGUILLE
ILS
COURBE
PLANTES
OPÉRER
POIVRE
PRIMAIRE

Puzzle 434

FACILITÉ
TERMES
LUI
TRUCS
QUANTITÉ
BLEU
ISOLÉ
VÉRIFIÉ
DIFFICILE
HORS
PRÊTE
POMME
FARINE
FONCTIONNALITÉ
PAS
GRAPHIQUE
SÉANCE
HAUTE
AFFECTE
CEPENDANT

```
I S O L É O D V H D F M E U L F Q
B J M D Q M C G É S M E N I R A F
Q D K D D H K R Y R M B M M A C C
G S B Q I R L V L O I Y N G F I E
G Y K P Q T M Z O H P F B D F L P
G R A P H I Q U E A E W I V E I E
D I F F I C I L E V G H Q É C T N
P J D P D S T T T T C Z U D T É D
K O U R E É E R U E L B A F E X A
P W M W J A R U A T A B N I T P N
N A X M R N M C H Ê R Y T Q E V T
P A S E E C E S Q R D C I R U Q N
Q P B E X E S K W P F D T H N V T
Y N L U I U P R L C D J É Y P E Q
F O N C T I O N N A L I T É Z O U
```

Puzzle 435

```
N I F N E F L S P É C I F I Q U E
A Q I F C T O I N L S P E C A E P
R M M M E I P R R U V B X Y T X H
R D O C T E U R Ê E S M P T T P O
A H A B I T U D E T V G E D A É Q
T E S E P T N A S N E P M Q D U
E I A L M M O P L F B I L V U I E
U I U M B N N R T C S R E P E T T
R N Z É V I E R I F É K I F N I S
E N M A M Z G A E D L S T E T O W
D F G P S W A P J P R G N U Y N I
F Q P M W S I K Q J U V E I T Y O
X H R P I E R I J Q B O S L J R J
M N N A U L A G C G A J S L Y X W
N Q P N C W M C E Q I H E E A H A
```

EXPÉDITION
FORÊT
NARRATEUR
KÉFIR
SEPT
ESSENTIEL
PENSANT
LIRE
HABITUDE
DOCTEUR
SOUPER
PHOQUE
PAR
SPÉCIFIQUE
ENFIN
FEUILLE
ÉVIER
SEL
ATTAQUENT
MARIAGE

Puzzle 436

ÉGALE
PAUVRE
HIER
ANXIEUX
ÉMOTIONNEL
GLANDS
MARIER
NEUF
VEUT
RIME
PLUS
ORDINAIRE
OBSERVER
OISEAUX
HERBE
SURVIVRE
PAUVRETÉ
GLISSEMENT
SOUFFRIR
VUE

```
L G S U R V I V R E E B R E H C T
N B L H P M H P M U U R E I R A M
P R W A Y N H N Y V S E I W M T N
A X E G N É G A L E T U H A O E G
U Z F T O D D F D F I Y F N B N L
V Y N O W D S H S K U T R X O E I
R B U P O R D I N A I R E I B U S
E J F Q W T A W S T Q I P E S F S
O I S E A U X H A D S R A U E T E
J B E A M E C X F Y A F U X R B M
Y A K T P V F N S T O F V W V Y E
O L X J J L F X H W Z U R P E Z N
A S O Q P R U R E H P O E V R C T
V H Z K T I J S E X L S T M T D C
S S É M O T I O N N E L É I Q E C
```

Puzzle 437

```
H T V S N E I C N A G C A B M Z G
Y U A O O L V E L J P U F I E I Y
T U N L U P M A L A D I E E S X M
U K U D V M T R E I F I T N E D I
T N A A E E L S M N H H I O R F D
O L I T A X K K D D M M R S É E V
F J V V U E I Z A T J D A S G O M
O E A Z E S S A M A J L Z I I W D
R E N G É R I M W O Z F K O O H E
M K C P T Z S S E B M A J B N Y S
U C P Y R P J I M M N I U Y E E S
L O C H J K T R T N P J E C R Y I
E L U A P É K Q Y É S P R U U K N
C A M P A G N O L A P J O B I N E
U B M J U V O I X O R U Q I A A R
```

SOLDAT
ASSEZ
UNIVERSITÉ
ANCIEN
BOISSON
IDENTIFIER
FORMULE
RÉGNER
CAMPAGNOL
NOUVEAU
ÉPAULE
AUCUN
VOIX
JAMBES
MOMIE
DESSINER
RÉGION
EXEMPLE
MALADIE
BIEN

Puzzle 438

ENTENDU
OIE
SEULE
DOULEUR
LECTEUR
DRÔLE
VOTRE
NOIR
TAUX
SUJET
NÉ
ÉCRIRE
POIGNÉE
MODESTE
CATÉGORIE
DOUZE
COLORÉ
EFFET
DOSSIER
ARBRE

```
E F F E T M W A P I L E C T E U R
L F E I D O F É R O L O C K R D Y
Ô L U R K D C I E B D K U K I Z R
R E O O L E I O I V R O G K R Z T
D N A G H S N J S E D E U Z C F P
E T I É H T R A S H F O J L É Q C
R E M T R E R T O V Y L U M E C N
R N M A S É L U D N O I R Z C U U
F D K C U N E D P P G U E M E E R
B U M S J G Y K I C E D S M L B C
V B G R E I H T E J F M L T U Q C
C T A W T O W H E U K Z K A E O H
D I P Z C P S I C H O I O U S N L
I U W A G I H G I E G V F X X I L
B N É W C A Q V T F K S I A U F R
```

Puzzle 439

```
F J W C R U E T U A E L I E L O S
P Z K F O J A X I I L B X N H V O
Z R U Q P N O X C L F K C T O L A
Z I U N Y H F X A I J I H R K C H
S O P D N A I É Q U T M O E J G T
O V A B E R I P R S Z É U R Y R M
C E K Y P N V R T E É R É F É R P
I D I A U J T È E D N E W X M E X
É T O G R A C S E I M C B B O P V
T L I M O N A D E U L X E H Ô T E
É F F H C O M M E L Z M G H Y J X
Y L N L W F Z N G F P I M I G W E
F Y X C W O N R P N A B I D X F N
B E A U C O U P A O S J B E V P B
V E R S E S R E V I D P V P S X A
```

VERS
ESCARGOT
PRÉFÉRÉE
ENTRER
SOLEIL
SOCIÉTÉ
EXCITÉ
CHOU
PRUDENT
BEAUCOUP
HÔTE
DEVOIR
COMME
FLUIDE
DIVERSES
LIMONADE
CONFÉRENCE
PIRE
PRÈS
AUTEUR

Puzzle 440

FONT
PARC
BANDE
AVENTUREUX
VISITE
OUI
CEINTURE
PANAIS
LIBELLULE
AUGMENTER
ENCORE
ÉTREINT
RAPPELLE
APPLIQUER
VERSÉ
JAMBE
HERMINE
HORAIRE
ÉTABLIR
DEVENIR

```
B A N D E A V E N T U R E U X I A
D Y C L T Y C B F N C R A P H W P
P P O F I W E M S O T L U J A O P
H A F D S P I A M F A T G O N U L
C O N Y I E N J I H X S M N W I I
U R R A V U T E L U L L E B I L Q
P N Y A I F U Y H L D E N A Z W U
O X M V I S R I W D E O T X É R E
V G C N H R E Q M J W Z E U T A R
O K R F K O E S I L J C R Y R P H
U K L X F A É R M G S S R C E P K
Z U Q V E Z S C A M V P X I I E K
É T A B L I R E N C O R E W N L D
N S I U T X E D E V E N I R T L F
P D W I I H V H E R M I N E R E Z
```

Puzzle 441

```
É E V V N M I C N F B K S S B T V
T J C B O A V B U Y R Z O I T I L
E Q C Ô I R V S I L W Y U E J W F
N W W W T F G O T Z C O T Q W J S
D N R T C É P R C X M D I Z A N K
R E T U A S S É N A J É E S E U L
E M W F É L T C F M T C N N U S W
P A N E R Y W O S R W L U C Q C L
B D X P Z R T N E L R A P H A H A
S K W R L J N I D I E R A A L O I
J E J R W X E H N P G A Q T P B U
F H D T H B H R A Z R T N O P Q L
C I Y L U I A Y I B E I V N L N R
D O E R A R E L V Y M O B K B R V
C Q Y R Y C S Y E H É N I P A L F
```

DAME
FIER
PLAQUE
SAUTER
SOUTIEN
LAPIN
PONT
RÉACTION
RHINOCÉROS
RARE
AVOCAT
ÉMERGER
VIANDE
NUIT
PARLENT
CHATON
CÔTÉS
DÉCLARATION
ÉTENDRE
SEUL

Puzzle 442

VRAIMENT
CHAMPIGNON
PRUNE
KANGOUROU
SCIE
IMPLIQUÉ
PLUSIEURS
DOUCHE
MARTEAU
SOUVENT
ATTENDU
LUNE
SYSTÈME
COLLINE
CLIENT
CANAPÉ
BATTRE
INGRÉDIENT
EXÉCUTIF
AMICAL

```
C A D D K A N G O U R O U E B C P
C L L D G Y D Y N S D H T X F H L
O I I S U W O L Y Q W M E É A A U
L M N E D O U A E T R A M C S M S
L B W C N I C C W B S J È U O P I
I V P A E T H I M R H H T T U I E
N R D N T N E M I A R V S I V G U
E Y S A T J U A Y B P H Y F E N R
T N V P A T V R K X A Y S O N O S
C Q N É U Q I L P M I T W B T N K
I N G R É D I E N T Q C T M A S T
M D T R K P H N N Y T R N R Y C H
I I M C F H M U W B J A U K E I Q
T I P X Y W U L P U E J F D K E A
U L D P O S B D A G S G Q B J Q Q
```

Puzzle 443

```
G T A L P I R E P I C I T R A P S
R C L I V L E U T R I V V O U R C
A H Q Z G T A O C C A S I O N E É
N A W G Y U N N S B X R O N X S N
D N U G R R I A È O W L B Q W S A
E G P Q L M V S D T O W H V R I R
C E T O L I P Y E N E X F E K O I
F M R V K Q I G Z U E S N R F N O
O E Q R D R O C C A R P F B V Q W
S N Y K O U T I L E E M É E E U J
S T G U N L X N A J T W L D Y W A
É H A T N M V T J W P T R E N T E
B L V V E Q T G K S M S M T K I A
L B Z T N V G Q R T O R U E N P D
M O T U T X I X U E C N A H C V Y
```

PARTICIPER
VERBE
VIRTUEL
INDÉPENDANT
TRENTE
COMPTER
CHANCEUX
OCCASION
ACCORD
PRESSION
PLAT
UTILE
AIGUISEUR
DONNENT
FOSSÉ
CHANGEMENT
PLANÈTES
GRANDE
SCÉNARIO
PILOTE

Puzzle 444

ÉPONGE
MARQUE
PEINDRE
MOTO
COMMUNAUTÉ
CASQUETTE
LIGNE
BIOLOGIE
TIMIDE
COQ
PIED
PROBABLEMENT
PÊCHE
RIEN
SALLE
EXPÉRIENCE
COMMUN
ROUGE
VOLONTAIRES
VERT

```
E R Z T C W H T P O G V H I C E X
P Y E W F O X K E V Q O Y N A X L
N Ê G M P P W É I K W L J C S P V
N L C S H E V T N Z M O P P Q É D
C A N H H Y E U D I F N R L U R I
N O S M E H R A R O O T O M E I Q
M U E Y J D T N E W L A B N T E V
A I J T V P I U F V D I A J T N K
R J M T E N U M M O C R B Q E C H
Q O C R Z O V M I O D E L B D E D
U S A L L E R O K T N S E V N F G
E G N O P É Q C M R E Z M O O J W
C R K J E I G O L O I B E B Y C X
L I G N E P E G U O R N N R S X W
S H E I Q S Y D U A Q E T E S A B
```

Puzzle 445

```
O P B R H C D X L Z G X C P N B X
U R Z F I O O É Y U N N E S C U A
B É I G P C R D T A D S M O Q P T
L F M H P C T R N E M A È L A H Ô
I È I J O I H A E C R Q I I G Y T
É R O A P N O M M N E M X A H Z W
E E V K O E G A I I U W I T K O N
Z N C B T L R T T P C J D N S U X
I T D H A L A I Â V A N Y A E L C
T I R É M E P Q B P V F T V T R N
J Y T N E S H U U T É I J U S Y X
D U F X S U E E T I M I L O I M X
Y Y P S E C R É T A I R E P T P S
E X E R C I C E Y V H F T É R A L
F O U R M I C F F D W F O F A O H
```

BÂTIMENT
DRAMATIQUE
EXERCICE
PRÉFÈRENT
OUBLIÉ
LIMITE
ARTISTE
ÉVACUER
ÉPOUVANTAIL
ENNUYÉ
COCCINELLES
DIXIÈME
ORTHOGRAPHE
HIPPOPOTAMES
DÉTERMINER
TÔT
SECRÉTAIRE
TIRÉ
PINCEAU
FOURMI

Puzzle 446

FÊTE
FAISAN
VIN
COMMENTAIRE
GIVRE
JEU
MALADE
CONNEXION
GARÇON
VOCABULAIRE
CYGNE
ACHETÉ
CUIRE
ÉCRÉMÉ
ANCIENNE
IGNORER
ACADÉMIQUE
POIVRE
ADOPTER
JAMBES

```
A M Q E I M A D O P T E R U R I V
C C P U Q A Q L K C R F V G A F O
A Y Q N N L F A F L C Y E Z W I C
D G W K U A J D V X U U N O J C A
É N M J T D L A B Q S L I H E G B
M E F P I E O W C Z D Z V R U I U
I R Ê H P G É J K H V T I E E V L
Q V T O A H I C C A E J G R N R A
U I E R O N O Ç R A G T A O N E I
E O E L P A E V F É S S É N E G R
A P H N V S G E N I M N F G I R E
R P K W A I I K J H G É B I C X H
Z Y N S K A L D N O I X E N N O C
R C M I H F J A M B E S N M A C X
M B S L C O M M E N T A I R E X J
```

Puzzle 447

```
D T N E M E L L E N N O S R E P Z
I G G M I K H G S E H C R U O F K
M U M R X K K U P S J Y F M A I E
I U R E A A Y U O C X M I Q Z L N
N H G E A V P I I R Y L P A R M I
U T R O I S I P R I V I Q S E S A
E G U Ç É D I T U M O A E P W Q C
R C E R I M E D É E H B M O K P I
K U S C X U E G A U N E M R M C R
E Q I I I X S N P R T Y J T O H É
T B U Q S T S O N G L E Q É V P M
Q D G X Y C E P L U S Y I E B V A
T E I E G B G O Q L F C Q G X E
X N A E Q N A T B I N Q W M A S J
C O U R I R S V A C H E F Y F N X
```

DÉÇU
RADIS
FOURCHE
GRAVITÉ
AMÉRICAINE
PORTÉE
ESPOIR
PERSONNELLEMENT
ESCRIME
TROIS
ONGLE
DIMINUER
NUAGEUX
VACHE
PARMI
COURIR
SAGESSE
PLUS
RIME
AIGUISEUR

Puzzle 448

ESCALIER
JOYEUX
ONT
VITESSE
INUTILE
MERLES
ABONDANT
PARTICULES
TAILLE
TAMBOUR
DÉCOUVRIR
RAPPORTENT
ARÈNE
HORLOGE
RENCONTRÉ
TRAVAIL
BRANCHE
AUTRE
FONDAMENTAL
ÉPONGE

```
J U O Z S W H M T N A D N O B A É
K O J D C Q P Q R U O B M A T L P
B E Y L E E G S A O O M L Z N B O
R A J E Y O E A V E D T E N O N N
A U W N U K K O A M M A S T O Y G
N T V È K X T R I R V U O C É D E
C R I R N E E E L I T U N I B M G
H E T A Z M G S R E N C O N T R É
E W E L L I A T C F C L U Y H B L
L W S E L R E M G A R X H T O V E
B C S M T G N L O V L Q V D R R N
T N E T R O P P A R F I A H L Z F
P A R T I C U L E S H D E R O N Y
G H S R T V F K F H E X Z R G N Q
F O N D A M E N T A L S R X E Z H
```

Puzzle 449

```
R T N E M M E C É R E C E V O I R
É Q O C V H V O L F I N N F D S E
F F W M H Z P E R M U S I O O T R
R L H V A R T L S Z D R A Y I N T
I M Y Q Q T N A H T C E H N D E N
G T R H L N E T U M E I N O P M O
É N L M O A M O B J U C L T V E M
R C M U N G I T L E W R L H Z L É
A B H M C E T X U R T O W W A B D
T E J T C R R X S È M S H F N A K
E G D D F U O F S I A R F Q T B P
U H U V D A S V K V M B A L C O N
R H C L O V S S U I A F M U G R M
I J X V D E A R Y R N X S Y D P H
H S D A G C S I M P L I F I E R O
```

MAMAN
RÉCEMMENT
SORCIERS
AVEC
SIMPLIFIER
VESTE
TOTALE
BALCON
HAINE
ASSORTIMENT
RÉFRIGÉRATEUR
DENT
RIVIÈRE
NAGER
FRAIS
RECEVOIR
DÉMONTRER
TOMATE
PROBABLEMENT
COQ

Puzzle 450

ÉLOIGNÉ
CERTAINEMENT
BEURRE
MAÏS
MOIMÊME
COUTEAU
PASTÈQUE
RÉPONDENT
COURAGEUX
FILLE
CALCULER
DÉFI
LUNDI
TROUVER
GROSEILLE
PURGE
GRAPHIQUE
ÉMOTIONNEL
RÉGION
EXERCICE

```
G G L Y C Y D É N G I O L É M C Z
C R I E M N É T M F M N R W O A U
E N O J U A F A P O H E E T I L H
R Y W S I M I W A X T C V M M C C
T L Q A E K A I N X N I U I Ê U Z
A C G O U I I Ï F R E C O K M L K
I O P J Q L L D S B D R R N E E K
N U A T I Q B L D F N E T V N R A
E R S D H A E H E M O X P L H E D
M A T A P W U W K F P E W U W L L
E G È R A B R J T K É B G N L L Y
N E Q N R O R T E G R U P D K I R
T U U S G Z E R É G I O N I W F F
M X E C O U T E A U M U I R T Y B
C Q O N Z G G F S S H J U T T S C
```

Puzzle 451

```
N D I X I S X T P L J N M A P V S
Y O E I C B N R S Y S T È M E O E
X C T V D Q E U J N X J R Z E N C
F O L E M R O F É R O N W H Z O R
Y R S R R P A Y E R N E B R E V É
J Q N I D S E U Q R A M U K G K T
A X U A M D G W T C L È Q D A A A
Q R C S D I Q R L Z T R R E L O I
R E K S P I N O Ë L J C D I L E R
L S R E R É P O O C D V E P I V E
U U R C G O D L J Z S P R K S L Q
Y C Y É W I B W Ô X Q O U L D T A
L C U N C R I Z P M M L E V K C B
R A P P E L E R N C É I A A A D G
T Q L H W J J H X N B J N M O S P W
```

SILLAGE
POLI
CRÈME
DIPLÔMÉ
MAUX
RÉFORME
COOPÉRER
NÉCESSAIRE
RAPPELER
ACCUSER
DIX
NOËL
NOTER
NOEUD
PAYER
SYSTÈME
VERBE
PIED
MARQUE
SECRÉTAIRE

Puzzle 452

OISEAU
SUR
POISSON
CONGELER
SOMNOLENT
GRÊLE
AINSI
DÉCOMPOSITION
TOUR
ARRESTATION
SOIGNÉ
TERME
ÉLÉMENTAIRE
AJOUTER
NUTRIMENTS
PIERRE
FÉLICITER
QUALITÉ
ISOLÉ
ESSENTIEL

```
P Y H M D I S U R I H N U S V L R
I Z T Y É S N Q B Z Z F U O I Q V
E B E E C O Y Z R E T I C I L É F
R E R T O L Y J R E K U E G K Z T
R P I N M É R C R M T E G N K H U
E I A E P H Q U J R R A Z É H L L
D I T L O O A R R E S T A T I O N
A T N O S S I O P T O Q W B Z O Z
J O E N I U C S R I J I D C P M O
O U M M T Q X L E I T N E S S E D
U R É O I É T I L A U Q A I N S I
T Q L S O W I O Ê I U T U E C N I
E L É I N N A W R E L E G N O C C
R H W I A F P H G K A O X K V W U
G E X N U T R I M E N T S U O M R
```

Puzzle 453

```
E U Y P C R É E R M V V Q A S F B
L X E R È T S Y M E G U C Q R J M
I I A Ê I O B W M R C W U Z Y A I
C K L T R N C A P A C I T É K Q Y
É V U O R T T C O U V E R T U R E
B Y E N I A S É U U R E T P M O C
M C H S M Z N L R F T O E S U Z O
I F W Q J D N E X E C G D X S E M
W W J K E G A L N D S O F U I R M
Y O A S P M K P G J V S U P Q È E
K F U T H U M K Z W N Z A P U I N
K P C E A P I E D S Z S C N E N C
F E R M E R Q P F U K X B J T R E
F O N C T I O N N A L I T É L E N
A I D E C O N D U C T E U R Y D T
```

CONDUCTEUR
AIDE
CRÉER
SAIN
IMBÉCILE
TROUVÉ
COUVERTURE
FEMME
INTÉRESSANTE
PIEDS
DERNIÈRE
MUSIQUE
COUP
FERMER
COMMENCENT
CAPACITÉ
PRÊTONS
MYSTÈRE
FONCTIONNALITÉ
COMPTER

Puzzle 454

INTÉRESSANT
AMI
LUNETTES
CLOCHE
EXTÉRIEUR
CROIX
OBÉIR
ELFE
BOUM
DÉSOLÉ
GROUPE
GOUVERNEMENT
ÉLÉPHANT
BOUTEILLES
SOEUR
FLOTTEUR
DINDE
COMPRENDRE
ACCEPTER
EXERCER

```
S G N U C A I N T É R E S S A N T
R R T Y Y V C O A W N I L O F E A
U O F K O E H C Q M M L S M K N P
E U S W Z I V S E T T E N U L G Y
I P G E R D N E R P M O C O Q I B
R E K W S E L L I E T U O B B C Z
É L É P H A N T K Z Q E S O E U R
T Y L N I N N F E C Q H R N G L A
X K D Q I D T Y F T L P B N T L P
E K C M A S O B É I R O T P D F O
M V R E C R E X E L P C C I A M I
Z C O B Q R U E T T O L F H K E L
X L I D I N D E Q H G S R S E L S
Y G X A T U O F U M O R É K H F Y
G O U V E R N E M E N T C D W E I
```

Puzzle 455

```
G T B W A S G M Q X Y M R R T K U
I E U R E I V É Z I C A O F É A M
J L L G J Z A E N S H R J M L N U
J L E É B C A W R É F D R E E G I
L O U T E E I L J N R I U A S O M
B C T G Z E G O M E F A M Z C U P
K C R P N V L V A F H L L D O R O
H P I U O S E S S E R D A E P O R
L I V O E R U D É C O R P D E U T
E T O L I P G L I S S E M E N T A
L K U S O L E I L S E U Z L G E N
Q A E X I F W Q W H C V I K O X T
Z F F E H P Y A D B J M H F K R S
O R T E I L P R K E C N V C T B P
A B P B J E G U U F B W A C E T G
```

ADRESSE
GÉNÉRALE
GELÉE
LOUP
RUE
ORTEIL
COLLE
TÉLESCOPE
ONZE
PEUR
MARDI
PROCÉDURE
AIGLE
IMPORTANTS
ÉVIER
GLISSEMENT
SOLEIL
KANGOUROU
PILOTE
VIRTUEL

Puzzle 456

SCÈNE
GRIMPER
REJETER
GARDEROBE
VÉLO
RÉDUIRE
CÉLERI
FEUILLES
HARICOT
INTERNE
CONTRE
IRRÉGULIER
PLUTÔT
NOM
THÉIÈRE
GLANDS
SEULE
LUNE
RIEN
PRÉFÈRENT

```
K U G T D R E J E T E R M G F P T
E P R Ô I R P K A A G P N R E R A
V S R T W D B Y E F F C W I U É F
R É D U I R E G L A N D S M I F F
B V W L A G T O C I R A H P L È J
Z R Z P D A G H Q X B Y S E L R Z
G E C M I R E L É C X U L R E E S
X N D B N D O Z J I C O L M S N J
S R J F E E G F O J È O L É V T W
O E L G G R Z A M F Y R N L U N E
A T U K M O N I K P D Y E T X H L
D N Z L T B S E K S P N N U R A W
R I E N E E Y N Y W H R È X B E N
I R R É G U L I E R B T C K O B D
Z T B F J Y C G W V S C S V H K Y
```

Puzzle 457

```
N I N S P I R E R Y E Z K L Q M D
Z S E W F Q D O P É R A T I O N S
I N Q U I È T E R U T R E V U O T
E A L T L Y N G D J D E R Y E L R
V N H V O I E A D W W U I N T I U
I C T P J J L V V O H Y X U X A C
S H D R T P U I P Q P N B H Q T S
I A I E A Q E R D N E R P P A N A
T N X T M Î V K O B H M G J R A I
E T I R V W N W H B S W N I E V X
L E È O Z F M E B O R K C I O U R
H R M P G V F W U L S E P T I O D
F O E P C J H Y H R A B A W I P O
Y T Z A T C T O N E C N Q F E É S
O R G A N I S A T I O N C R J P A
```

APPORTER
RIVAGE
ORGANISATION
ENTRAÎNEUR
INSPIRER
ROBE
INQUIÈTE
OUVERTURE
OPÉRATION
APPRENDRE
VEULENT
INQUIET
CHANTER
JOLI
BLANC
TRUCS
SEPT
VISITE
DIXIÈME
ÉPOUVANTAIL

Puzzle 458

RENARD
SÉCHERESSE
OUTIL
ESPACE
LE
CONTENU
DÉTRUIRE
MUR
FAMILIER
JETER
RAPIDEMENT
TROUPEAU
PRENDRE
PUCES
RÉPARATION
HAUTE
RÉGNER
MODESTE
PRUDENT
DÉTERMINER

```
W S H O O M X L D P T S D O Y R M
P I É S R C L N Y R R E N G É R O
O U H C O M I H Z U O L Z D O X D
T W C B H R U M I D U B J T T M E
W Q J E S E A X W E P I Y Z S Z S
U L P O S S R P B N E R G E E X T
P R E N D R E E I T A E Z S D C E
P O Q E U G K P S D U N T P S O U
M S R H F T K K Q S E I M A Z N L
O D I A H N Q Z D P E M V C M T S
B U C U T C C J E T E R E E O E J
N O I T A R A P É R Z E H N A N Z
L E X E R I U R T É D T L I T U O
X M I V T H M D E A N É V N T T P
F A M I L I E R P C Y D R A N E R
```

Puzzle 459

```
E T U C V B A E E J I N V E I P O
J E V N O S A R Z O X V M N R R H
Q F I A K M Q P E U A E I F R I T
Y I C R E P P O L E V É D A I N T
C I S E A U X R W U Z Z B N T T J
F I E M U N O P I R G P K T A E G
V L A R F T S D O S L R W D B M O
O N B O Q O I D E C I P A B L P S
B C R N S A Y A O P B E C N E S D
P L A N È T E S L R E T A P G D U
S I N I D O N C F E L O M W S E L
L Z T F A R R Ê T É L R I E A L Y
N I E C A D E A U X U E C S Z H E
N K T Z X U L M T L L V A O K W N
F Y H P Z V X Z C S E T L F G Z Q
```

OS
CADEAUX
EAU
PRINTEMPS
FIN
DÉVELOPPER
ENFANT
DONC
COMPRIS
GRANGE
PROPRE
NORME
ARRÊTÉ
CISEAUX
IRRITABLE
JOUEUR
LAITUE
LIBELLULE
AMICAL
PLANÈTES

Puzzle 460

SANG
ASSISTER
GRIS
JUGE
CHAPEAU
BANQUE
AVANTAGE
CES
EFFECTIVEMENT
ASSURER
TERRAIN
REQUIS
PAPILLON
UN
TREMBLAIENT
ENSOLEILLÉ
FEUILLE
DOCTEUR
SOLDAT
ÉVACUER

```
Z L X Q G R V W M C B B Y S Z O A
A S S U R E R P A E L L I U E F V
T I E X I V G C X S L Q A B J Q A
F U F J Z K S B A N Q U E N Y Z N
H Q F M Z T A D L O S I L L X U T
V E E E C L N U D O C T E U R V A
J R C D Z H G O P T J Z E J Q R G
C T T T N E I A L B M E R T U N E
H V I W R Y H L P L P S G Y Z G J
A U V E D Q L Y Q N I A R R E T E
P N E A S S I S T E R P H B J S U
E U M G P Z C W H P Y P A B C W W
A Q E V R E U C A V É F Q P W B H
U G N Z E I E N S O L E I L L É W
O E T T D Z S O U I G M R A Q P K
```

Puzzle 461

```
M V D B C V O Y A G E Y Q Z U C I
X C K Q Q H C F O W Q Y B L E W O
R N N O I T A C I R B A F Q O Q X
Z O R W A O A U M O I N S F S X P
I D U C E X A E S E S S I C U A S
Y Z V T L K S P G S T I O O K J H
Z E J C E J F M L K U X L N P C A
C Z V Y U A P A P A P R Y O D P B
Y O S G N V K N E R C H E P E R I
L U I A A V B T I V G D S S M Ê T
C N M F M I U E L A M I C É D T U
V I V A N T P A G X K N Z M V E E
V F V K C J A U R A R E M E N T L
M A R G U E R I T E G G I F A X C
C H O C O L A T Y N D U M G B B L
```

PEU
MARGUERITE
VIVANT
RAREMENT
VOYAGE
MOINS
DÉCIMALE
CE
CHOCOLAT
VU
MANUEL
PAPA
HABITUEL
CHAUSSURES
ROUTE
FABRICATION
LUI
MANTEAU
SAUCISSES
PRÊTE

Puzzle 462

MONTAGNES
DEMI
LECTURE
DIMANCHE
POUSSIÉREUX
PRÉCÉDENT
SPECTACLE
CHEMIN
VÉRITÉ
NÉGLIGENTS
CALCULATRICE
BÉTAIL
MÉTHODE
ÎLE
EXPORTER
DANGEREUX
POUSSIÈRE
VEUT
ENTRER
PANAIS

```
G V C S I J A B P V É R I T É D F
C W P H L G M Q O F G A L M B I X
U V I L E S E R U T C E L G É M V
M G D M B M N J S I A N A P T A D
N O O E R È I S S U O P D R A N E
Z O N I M D L N I M E D I S I C I
X D X T S A T Q É M Z J W R L H U
F Z Y U A J O N R E N T R E R E X
W J C E R G D J E L C A T C E P S
H M I V L J N F U D M É T H O D E
A J N M I A P E X J É M S R N E L
E X P O R T E R S G Z C K U P K Î
C O N D A N G E R E U X É L J G F
C A L C U L A T R I C E A R O L O
H A N É G L I G E N T S Q D P W I
```

Puzzle 463

```
I E M M I S C W A L R P U B S P Z
I N S L S N E S V D T H V S C L P
S M D P X É T I V A C O H N I A F
J R P I R G C R Q S O Q Q O E N U
O F V Q Q I F C O E C U U I N C D
L Y W A R U T F H D B E W T T H J
Q I B O E M E S F U U K S A I E F
P E M J O U D N E T X I È V F P H
M O D I F I E R T É D D R R I Q Q
M X I M J J I A J Y A U G E Q U F
A M M Q Q E N W R O O A O S U H L
N M E L B A R É S I M P R B E T Q
Z Y G T D K S T C V D A P O J F B
H O K H I C K É N E Z R Y Q Y C U
P A R E S S E U X O N C L E U I T
```

ONCLE
INTRODUIRE
ÉTÉ
OBSERVATION
SENS
TENDU
INDIQUENT
ÉTUDES
ESPRIT
CRAPAUD
SCIENTIFIQUE
NEZ
PLANCHE
PROGRÈS
CAVITÉ
MODIFIER
DE
PARESSEUX
MISÉRABLE
PHOQUE

Puzzle 464

INVERSER
SÉPARÉ
PENSER
RIGIDE
VIEUX
VILLE
FAÇON
SUCRE
ÉQUIPE
HOMMES
MÉDECINE
PARDONNER
IMPRESSIONNER
OCÉAN
LAIT
FRÉQUENT
MOUVEMENT
ORGANISER
BORD
ROUGE

```
S E M M O H K U B T P U V P L Z L
É É C F Q G U N Z B Y T I A L X S
Q M P F R É Q U E N T J E L L I V
U O G A B O R D F N B Z U M Z P B
I U B F R E S R E V N I X S Q E V
P V Q T E É M D Z B O O N D V N B
E E X R N K Q É Y D Ç U C R E S Y
D M Y E N J A N D W A F O É U E C
I E L S O Y K X M E F Z L E A R U
G N W I D B W K P R C N F I D N K
I T B N R I F J X C H I U H U D X
R Y L A A G K S X U R A N X R M Z
Z V C G P B O T N S H N B E E T U
I M P R E S S I O N N E R F O N Q
S R R O U G E Q B W Y P Q Z X Q O
```

Puzzle 465

```
C A S S E R O L E Z H C D W S M E
F E H T V E X T E R N E K D H Z Q
S O W V U C C O R P S M M O T T L
Q C R N O R D J I M X I X R N N I
W F E M U P L N V M C G A Z S K U
I X V D U G X V R I N E V L Q O D
O U I Y A L N B E Y G Y M M G U M
I W R B E Q E Z S Z M M U S F N I
R E C U E I L L I R B O T R T U A
S W R U E T A N I D R O T T O G T
B J É U Q I L P M O C P G D U U N
Y Y L P O C H E I R E T Â G T L G
C B H V Q T F U R I E U X C E Q E
I I T W R F U D É L I C I E U X U
S C P N I D R A J P D K H D G K S
```

EXTERNE
VENIR
GÂTERIE
RECUEILLIR
POCHE
TOUTE
FURIEUX
DÉLICIEUX
AUTOUR
ANGLAIS
VER
CORPS
ORDINATEUR
CASSEROLE
NORD
SERVIR
COMPLIQUÉ
JARDIN
FORMULE
OUI

Puzzle 466

FRAMBOISE
LAISSANT
MONTAGNE
MEMBRE
SÉCURITÉ
TIRER
IMPORTANTE
FUSÉE
VOITURE
ABEILLE
CIRCULAIRE
LOISIR
COTON
MOUTON
PROVOCATION
PROFESSEUR
PILULE
ENTENDU
AUTEUR
VOLONTAIRES

```
O Y P J V M L S Y E Y Y W B A W I
P A V N O O A É H N B O U B K E M
R G F D I N I C A B E I L L E B P
O K Q G T T S U H M L F R Y J O O
V E M A U A S R D U U T U M H U R
O T S H R G A I Q G L L E S T D T
C I W I E N N T X R I B S L É N A
A R D I O E T É G D P T S I E E N
T E U E R B M E M D O I E Q T T T
I R N X U Q M G A G J N F G U N E
O H T S E R I A T N O L O V D E O
N A N O T U O M R T K E R T M Y F
W J Q D U L T R Z F A Q P Y O Z R
W S O C A L O I S I R Q X K R C E
C I R C U L A I R E I A M A F H K
```

Puzzle 467

```
T Y Z D V N S O H K F J W V L K Y
M E S U R E R P P E R U S U B L J
F E S K D F T B S R U É T A T Y P
Y M D Z C L S I W Y I R A R D M R
G E N T I L P E B L P Y E E T O E
N C O Z Z E X G P R C N U S E R P
O O F Z Q L A W L P O K J R R C O
V R I R S A U T E R E L L E M E R
Y É T I T N E D I G T Q S V E A T
L F D O G Q A Z O G O S S T S U E
S R X R W O R D W I P A R L E R R
X A G I A P R É C I E U S E D O A
G C E M B G T K G O D W X U P L J
X H E S X S E V I T A T N E T L Z
U G C W I V L R E N G I S S A Z N
```

PARLER
MIROIR
USURE
SAUTERELLE
PRÉCIEUSE
REGARDÉ
TENTATIVE
ORBITE
MESURER
GENTIL
HEURES
REPORTER
FÉROCE
VERSER
MORCEAU
ASSIGNER
ÉTAT
FONDS
IDENTITÉ
TERMES

Puzzle 468

LIBERTÉ
COÛT
ANNEAU
POIDS
PRÉPARER
CONFIANCE
CHANDAIL
PROJET
UTILISÉ
CUIVRE
BIBLIOTHÈQUE
ÉBULLITION
BALEINE
MÉMOIRE
NEIGE
DÉTAIL
CONNU
NUMÉRATEUR
VOIX
FOURMI

```
P Q U A E N N A L I A T É D R D Y
G V T E J O R P I M U N K F X E F
E N I E L A B O B C S L W U N Y T
U O L M Q L H S E J D L M C U G O
Q I I C R M P J R L I A D N A H C
È T S J U U J Z T Û O C Q X C N U
H I É N C K O P É I P P Y O O U I
T L V A E P J F Q R W A S R N M V
O L O O L I B H L Q Z I B S N É R
I U Z S I C G C K N H W N A U R E
L B S J U X R E R A P É R P M A X
B É C F X X L P O R R G Y Y I T M
I M L G H W Z W Y N Z C J A N E R
B Z F Q O K I K B L P D L B K U V
C O N F I A N C E R I O M É M R L
```

Puzzle 469

```
X  X  V  E  R  C  A  F  N  A  D  S  W  D  E  L  G
É  C  R  I  R  E  R  C  X  L  R  A  A  I  N  J  A
P  F  U  L  U  A  E  C  S  M  V  V  A  M  T  D  H
P  U  S  X  E  E  L  M  O  O  Y  A  A  Q  R  S  X
L  J  T  N  L  R  L  M  O  X  C  I  P  R  E  L  N
X  P  J  O  L  M  A  R  C  H  É  T  G  P  P  E  E
A  X  S  É  I  R  P  O  R  P  P  A  N  I  R  V  L
G  L  R  L  E  S  N  C  I  Q  J  X  S  A  I  R  É
R  D  A  E  M  È  L  B  O  R  P  U  K  Y  S  V  G
P  J  G  P  M  O  B  S  Y  E  A  G  J  H  E  W  U
Y  R  E  P  U  C  C  O  F  S  H  N  I  V  M  R  M
E  A  I  A  P  R  E  B  M  O  T  C  É  B  D  J  E
U  X  N  S  F  W  R  T  W  P  T  U  Y  C  H  U  S
X  U  N  I  V  E  R  S  I  T  É  V  R  M  S  V  D
I  E  D  V  U  E  P  J  E  F  Z  D  F  H  W  R  Z
```

POSER
YEUX
PROBLÈME
MARCHÉ
ENTREPRISE
MEILLEUR
TOMBER
PRIS
SCEAU
ALLER
OCCUPER
LÉGUMES
PUTOIS
SAVAIT
GARS
INAPPROPRIÉS
APPELÉ
UNIVERSITÉ
ÉCRIRE
SCÉNARIO

Puzzle 470

INTÉRIEUR
CHANSON
CANARD
POURPRE
INQUIÉTUDE
AVAIT
PLIER
CLASSE
INDÉPENDANCE
RESTE
CENT
FORTE
SUGGÉRER
NOMBRE
ESSAYER
ACCUEIL
ANANAS
INSENSÉE
KÉFIR
NUIT

```
N  C  G  L  B  X  C  U  G  U  L  H  D  E  D  E  R
D  O  E  T  S  E  R  E  I  L  P  R  U  S  C  S  Z
I  C  M  N  X  V  J  H  A  N  A  N  A  S  H  S  M
J  B  C  B  T  I  U  N  G  W  F  E  O  A  A  A  V
R  I  O  R  R  E  Z  G  M  R  M  C  E  L  N  Y  F
G  A  V  J  U  E  É  S  N  E  S  N  I  C  S  E  O
L  N  Q  G  E  L  E  M  S  X  D  A  C  K  O  R  P
I  N  Q  U  I  É  T  U  D  E  N  D  A  É  N  B  S
E  A  X  G  R  T  R  I  L  J  P  N  N  F  Z  Q  Z
U  C  Q  F  É  P  O  U  R  P  R  E  A  I  J  E  C
C  F  I  G  T  T  F  R  J  O  H  P  R  R  J  F  Q
C  Q  N  P  N  L  E  U  R  O  Y  É  D  L  X  O  M
A  U  P  X  I  Q  E  V  H  I  S  D  B  J  F  V  Y
S  U  G  G  É  R  E  R  J  O  S  N  A  V  A  I  T
L  Z  G  T  Y  M  A  O  X  V  O  I  V  G  Q  I  U
```

Puzzle 471

```
E  H  Z  G  L  L  O  K  Q  U  V  K  S  S  É  L  V
A  C  T  U  E  L  S  F  K  P  E  I  A  B  P  D  N
C  E  S  O  L  M  I  Y  F  U  H  V  N  B  I  O  S
A  A  L  R  A  Q  O  I  V  R  P  I  H  U  N  N  C
C  S  R  T  G  K  B  F  T  E  A  S  V  F  A  T  I
C  X  Q  N  É  C  O  Y  Y  R  R  N  I  Q  R  P  T
O  B  D  Q  E  H  O  E  H  É  G  O  D  J  D  U  Y
M  N  A  V  C  T  U  E  M  G  O  L  O  E  S  P  Q
P  Z  A  Q  R  F  T  R  U  H  H  G  E  A  D  G  P
A  I  C  I  D  U  K  O  U  R  T  N  B  O  U  E  Q
G  M  X  K  B  I  K  C  V  I  R  O  F  M  U  V  C
N  K  J  R  Q  T  O  N  D  J  O  É  L  È  V  E  K
E  I  D  E  E  E  C  E  D  É  P  R  I  M  E  R  F
R  U  C  F  U  O  A  H  X  C  T  O  Z  F  W  K  C
R  F  H  E  F  U  T  D  M  K  K  U  I  J  S  G  Y
```

GÉRER
DÉPRIMER
ÉLÈVE
DONT
COEUR
BAIE
ACCOMPAGNER
TROU
OFFRANDE
CARNET
ONGLONS
SEC
FUITE
BOIS
ÉPINARDS
ACTUELS
ICI
ÉGALE
ENCORE
ORTHOGRAPHE

Puzzle 472

CONFINER
FROID
JUPE
GRENOUILLE
DÉFENDRE
CHÈVRE
MOYEN
POULET
ANÉMONE
DOUX
SURVEILLER
FAIBLE
ÉCHELLE
CARRIÈRE
DÉCLARER
CONFORTABLE
PLAGE
TYPIQUE
VUE
INDÉPENDANT

```
S  T  T  L  D  K  V  B  O  M  É  C  H  E  L  L  E
H  U  Q  O  U  É  V  H  Q  O  P  O  U  L  E  T  R
W  F  R  T  K  P  C  A  N  Y  G  C  U  F  O  Y  W
F  P  F  V  F  J  C  L  B  E  P  U  J  T  G  D  U
T  R  T  S  E  Q  B  Y  A  N  T  Y  I  L  O  W  P
Y  E  O  R  V  I  V  U  E  R  G  K  J  G  M  J  L
P  N  Q  I  P  M  L  P  K  A  E  L  B  I  A  F  A
I  I  J  O  D  L  E  L  P  X  N  R  D  O  U  X  G
Q  F  Q  C  Y  Q  X  J  E  L  O  I  I  V  X  D  E
U  N  K  A  X  K  Z  Y  T  R  M  U  G  W  N  E  H
E  O  C  A  R  R  I  È  R  E  É  C  G  A  P  F  M
E  C  D  É  F  E  N  D  R  E  N  C  H  È  V  R  E
G  R  E  N  O  U  I  L  L  E  A  W  Q  F  P  W  P
M  Z  U  E  A  U  I  N  D  É  P  E  N  D  A  N  T
C  O  N  F  O  R  T  A  B  L  E  S  J  F  J  C  Y
```

Puzzle 473

```
E V C C S G B U O Y R I D E M A S
C X G D E Y N T H N O S I A M R T
U O A N L Z P Z S X E L G O T S V
I Q O C E M P S R K A I É H D A E
S U O A T O G R A C S E R T R P E
I X R E N I L L O C O J E C N T O
N N O Ç E L T A M I L C R E Q A F
E Y K N I P U U A A D P A I N É V
R G I Z V K E D D W T L W D O T I
Y Y A U J B Z D G E Q I K G X E C
M U L T I P L I E R B U È T H N T
C R A V A T E Y F S N A E R E D I
O E I B D C O K H E D C K M E R M
A T H L É T I S M E O P A Q C E E
P W T R A Î N E A U A E S É R C D
```

ATHLÉTISME
CRAVATE
DIGÉRER
VICTIME
SAMEDI
MAISON
MULTIPLIER
VIENT
RÉSEAU
LEÇON
QUE
CLIMAT
CUISINER
MATIÈRE
TRAÎNEAU
EXACTITUDE
ILS
ESCARGOT
ÉTENDRE
COLLINE

Puzzle 474

CULTUREL
MÉDIA
PLAISIR
ACHETER
LUNAIRE
ANNULAIRE
ÉCORCE
RESSOURCES
ÉVIDENT
ESSENCE
RECONNAÎTRE
DÉCISION
RELIGIEUX
LEUR
DÉPLACER
DANGEREUSEMENT
MURALE
SURVIVRE
VIANDE
MARTEAU

```
R E H S S H O M L R X C P T Q D R
E D S C U S F J A I D É M H N A E
C N B S R R U E L R T B F S A N L
O A Q M E T V K Q G T W L E M G I
N I R X C N F I K Q Q E L C Z E G
N V E R A E C V V O G L A R U R I
A S W T L D A E E R I A N U L E E
Î I T B P I R V R Q E R O O H U U
T G C U É V D U I K B U I S R S X
R D C S D É X H A P S M S S V E N
E P L A I S I R L X C G I E R M T
W U O W F L E R U T L U C R N E R
K A C O D J N R N W J G É U W N D
R Z Y M L P Y O N U S K D Q M T G
A A C H E T E R A É C O R C E P Y
```

Puzzle 475

```
V X U Q B S M P J C N A R L N Y J
T A B O U R E T A D É A C B M N U
I N S T A L L É S R U L U G R Q R
D B O N B O N S G M T N È M T Q I
C É F I X E R A D Q M E W B X Z D
O I M J I H I O C G C C N O R R I
M M P O D A I B O I R U Q A J E Q
P P A R C C Z U U G I Y W U I D U
É L J Q H R X L R G E C D S D R E
T I F M F Z A O B C R R I N E A E
I Q S I F M G T E P A U V R E G M
T U E P F U Z F I T A T R O P E O
I É S O Y E U X C Q J L U X M R G
O D E S S I N E R X U E V E H C S
N N O U R R I T U R E E R U F Y P
```

PEUT
CRIER
JURIDIQUE
CÉLÈBRE
INSTALLÉS
COMPÉTITION
DÉMOCRATIQUE
TABOURET
PORTATIF
FIXER
PARTENAIRE
BONBONS
SOYEUX
NOURRITURE
REGARDER
CHEVEUX
COURBE
PAUVRE
DESSINER
IMPLIQUÉ

Puzzle 476

FRIGO
ENVOYER
NAISSANCE
PRONONCIATION
BAS
AUGMENTATION
MILLE
ÉLECTRIQUE
TOLÉRER
HÉRON
FACTEUR
CHAUD
ORDRE
BALANCENT
PAIX
FIL
PROCESSUS
ENVOI
PRÈS
SOCIÉTÉ

```
X K L L H P O G I R F B A Y P P U
S V T R J S È R P S A A U N R R Q
D I N H P A T E D K Q L G O O O E
P A I X B B X Y U R R A M Y N C U
S W V M P R I O A U E N E P O E N
H É R O N X Y V H E R C N Y N S Z
S O C I É T É N C T É E T C C S U
Q T W V X P M E S C L N A F I U I
Q B V T L X W T A A O T T B A S V
M O F K W I N U Q F T I I Q T U I
V I É L E C T R I Q U E O X I K E
F B L B E F D P O E Y Q N M O W C
A I B L E Y A Z V C O L Z O N B R
B W L S E W S A N V B S V S W W R
N A I S S A N C E Y A M F V R S P
```

Puzzle 477

H	B	L	P	R	S	N	X	O	O	R	Y	R	P	V	Z	A
O	J	R	Q	R	I	N	E	T	B	O	E	B	O	A	D	T
D	R	I	Q	S	E	É	N	G	I	A	R	A	I	E	M	T
Q	É	A	J	U	R	S	A	P	B	L	Z	L	N	X	Z	E
Y	C	Z	L	D	V	R	S	A	O	O	V	Y	T	P	D	N
O	U	E	I	K	I	O	P	I	N	S	V	O	U	L	E	T
N	P	Y	D	X	L	L	C	B	O	E	Z	B	E	I	H	I
O	É	S	O	M	M	E	T	E	W	N	X	R	S	Q	P	F
O	R	K	Z	P	K	F	M	D	N	R	E	F	Z	U	A	T
U	A	L	K	C	B	B	R	A	S	U	N	O	G	E	S	X
R	T	M	M	V	B	W	K	E	Z	O	H	H	T	R	S	G
A	I	R	N	X	K	Z	D	P	B	T	A	Z	U	Y	E	X
G	O	I	Q	O	Y	F	T	I	L	F	N	O	C	A	R	Q
A	N	Q	N	O	N	G	I	O	C	I	R	C	U	L	E	R
N	Z	F	X	E	O	N	R	U	E	T	C	A	V	I	D	G

EXPLIQUER
OIGNON
TOURNESOL
OURAGAN
LIVRE
TIR
POINTUES
CIRCULER
OBTENIR
CONFLIT
BRAS
PASSER
RÉCUPÉRATION
SOMMET
ARAIGNÉE
LORS
ATTENTIF
ACTEUR
PAS
PRESSION

Puzzle 478

MATÉRIEL
BÉBÉ
FONTAINE
GROGNEMENT
DEMAIN
TRAITÉ
CAMPAGNE
TOUT
BROSSER
ALERTE
SIÈCLE
INDUSTRIE
COLLISION
SELON
ASSUMER
LUI
BIEN
FLUIDE
HORAIRE
COMMUNAUTÉ

D	E	M	A	I	N	A	M	B	M	X	Q	E	I	M	Z	S
A	J	B	K	B	F	S	N	O	I	S	I	L	L	O	C	I
X	L	A	S	B	M	S	R	N	R	E	S	H	Y	T	Y	È
T	V	E	J	Y	J	U	Y	A	A	E	N	M	Y	M	D	C
M	R	M	R	I	A	M	I	N	D	U	S	T	R	I	E	L
A	R	A	B	T	O	E	L	X	V	T	S	M	E	V	E	E
T	H	Y	I	Q	E	R	T	E	E	N	I	A	T	N	O	F
É	Z	W	F	T	T	O	U	T	D	E	M	C	B	A	D	J
R	A	B	K	C	É	G	Y	Z	I	M	I	N	Z	R	T	M
I	W	C	C	X	U	N	T	T	U	E	C	O	S	T	M	G
E	H	W	X	Q	A	L	L	C	L	N	W	U	H	K	X	X
L	E	Z	K	Q	B	L	U	M	F	G	A	C	B	É	B	É
J	F	H	M	J	E	R	I	A	R	O	H	S	E	L	O	N
C	O	M	M	U	N	A	U	T	É	R	E	S	S	O	R	B
Q	Y	M	S	J	T	R	S	E	N	G	A	P	M	A	C	M

Puzzle 479

```
F O U R N I T U R E S Z M S E D K
X O E T R N O U P B D U C I H E I
R Q C Z M A D P R R R G O X D S P
O V E A L T R E I R A M N I V Z E
B K M B F I U U N W P T T È N E D
J Z F L N O E T E W O W R M J N E
E S I R C N P D V Z É Z A E A M D
C U T V P A A X E M L É S S U O P
T D Q M N L V R D J É T T C P W R
I N H A L E B U U J M D E I A R B
F E S E H S R E G N A M I Z V N G
R T Z F K C È R D A X L A C E Q S
Q T Q L I X V R A I E B B K A U M
R A A U C A E E R W V X R A C L B
C K M R K Z T T S Q U E L E T T E
```

TERREUR
FOURNITURES
MÉDICAL
CONTRASTE
PEUT
OBJECTIF
LÉOPARD
VAPEUR
SIXIÈME
MANGER
NATIONALE
CRISE
CHAQUE
POUSSÉ
BRÈVE
SQUELETTE
VIDE
MARIER
DEVENIR
ATTENDU

Puzzle 480

GOUTTE
SOIR
DÉPEND
COULEUR
SOIGNEUSEMENT
TRANSFERT
DRAPEAU
BONNE
ÉLIGIBLE
IDENTIQUE
TAXE
POIREAU
DERRIÈRE
SIÈGE
MONTRE
ENTRETIEN
DIVERTIR
CUISINE
HERMINE
CASQUETTE

```
H E R M I N E G M B C D K K B I I
I D E N T I Q U E O U I N J N Z P
J M G G K S N Z E N I V K Z C W M
U H A T È N M H X N S E O J M D P
V Y S V D I Q N F E I R D P O L É
E T T E U Q S A C R N T I G N D L
T R A N S F E R T T E I G O T E I
E N T R E T I E N S X R A U R R G
S O I G N E U S E M E N T T E R I
H K O X G A A A S O I R T T I I B
T W B R R U E D E C V W A E P È L
G J H I O R P I E R V I X L T R E
D É P E N D A F P A I N E B T E A
Y S R M J U R U E L U O C M O L U
H P N X R L D O T Z W W P P B F Z
```

Puzzle 481

```
W G T C M K W D R H Z G H R A O E
J O Q O M A G A S I N S É K V B J
W Û C N L G I C A C H E R D W L R
F T P T L A W N B D N T I X B I E
E F K I J B K R T V N J T T M G N
Y K O N U A N F K E Q T R V U E C
P I J U O T R N F K N Y E E C A O
V É T E X U D C F L H T V R B M N
I K R R E R R A O C K J I T G M T
S F X I M B P I C O R E R O N E R
A X C S M D D H V W W R R W N N E
G L L P O È G Z C P V H A J J T R
E G E Z G N T Y R S F F A R I N E
M A Î T R E T R I F Y E L I I J K
F R U T E L Z V E J O L K O F P Z
```

CONTINUER
PICORER
INTENTION
CACHER
GOÛT
CRI
ARRIVER
PÉRIMÈTRE
VISAGE
RENCONTRER
TEL
OBLIGEAMMENT
MAGASIN
GOMME
SONT
MAÎTRE
RUTABAGA
FARINE
VERT
TIRÉ

Puzzle 482

CASSÉ
SOURIRE
CANNELLE
TÉLÉPHONE
BRÛLÉ
SOUDAIN
GÉNÉRATION
BUFFLE
TULIPE
ET
SALE
APPEL
SÉCHÉ
FIABLE
MINEUR
NATATION
RÉELLE
BLEU
HÔTE
APPLIQUER

```
G K R F F Y J R I L K N D Z S C W
É M T P I F U A É F I I E C K A B
N X N I A D U O S E P I L U T S R
É X P M B H V X F F L Q Y S S S Û
R R X R L L H M X B J L B I A É L
A J F R E U Q I L P P A E H S L É
T W F T E L F F U B M O N C É N E
I C N É S O U R I R E I M L C W X
O G H L B L E U C M R W N V H W O
N W J É U B V G A A V P F E É H A
Z S Q P R O K P D E L G O K U G Q
Z W K H M O J N A T A T I O N R S
Z V U O M G G B M Ô Q V Q Q F H J
W A H N A P P E L H K H L L C F Q
P Q B E L L E N N A C D L D R X H
```

Puzzle 483

```
É H U W O X O Q J H G T Y A D C O
T A G U K U O X Q U V P V R R U D
A U N T X J B T M H S W X G A C C
B C O M B A T L J P L T H U M B O
L C E U X G J X I X I W E M A O N
I V S W D K D J N É A R M E T U T
R S T X R J V L G Z T I M N I T R
D E O Q H N U L O B É F O T Q I Ô
L N A N N U E L M R D Q H E U Q L
M I A R G E N T M D F A S R E U E
Y A U D Y K J T A Z F V O Y F E R
S L O E I X F G G P I A G V Y Y M
S P B N N X R U E T A R R A N Y K
R É U T I L I S A B L E A H A Y U
X H H Y X Q U A T R I È M E D Z S
```

CEUX
DÉTAILS
RÉUTILISABLE
HOMME
JUSTE
ANNUEL
PLAINES
CONTRÔLER
ARGENT
ARGUMENTER
GOMMAGE
QUATRIÈME
BOUTIQUE
NOS
COMBAT
DUR
NARRATEUR
ÉTABLIR
OUBLIÉ
DRAMATIQUE

Puzzle 484

MALLETTE
COLÉOPTÈRE
BALLONS
REMPLIR
CONNAISSANCE
ASSIS
AIDER
CONSACRER
LAC
MAJORITÉ
PÂTE
ALÉATOIRE
AGRESSIF
VIE
BIENTÔT
GRADUEL
PERROQUET
AVENTUREUX
SOUTIEN
ARTISTE

```
E O L S N O L L A B Y H I F P C X
A R T I S T E B I E N T Ô T C O U
C I H S T D C J M S W Z V Y R N S
O L S S F K N B A Y E T Q K H S O
L P D A A X A V L E U D A R G A U
É M Y E I U S S L X J P E Q D C T
O E M A D E S T E O N W B U M R I
P R J F E R I O T A É L A J P E E
T P L J R U A B T X I E V I E R N
È L Â Y N T N U E A G R E S S I F
R Q L T U N N P E R R O Q U E T Z
E R U M E E O J Q I O G F Q M L H
R V Y Y X V C L J S J W M L G A E
E Z F C D A S X K Z Z O A B A F
M A J O R I T É E K K X W C U C P
```

Puzzle 485

```
P É T R O L E D I V V I A D W D I
G Q T O F O Q I I B N X F Q L K M
Z S U H M E E S O T J H E F O Q M
P M N A M R E T P E C R E T N I É
H R P R T D Q R U T U F G S G G D
K R Q A K R R A B H D L P L A Z I
W F Q O Y R E I E L J N A V P B A
N E P Y D S N R U O G F R O M M T
U R S Z B T I E N X J I T A A A E
T M T L F Q B T P W Y P I M C F M
U I U À D L M I R L A V E H C S E
A E U T M Q O M A P P O R T É M N
F R B Y X Y C I L E T T R E F D T
É R N X R N A D E U A T K I O X Q
D E R N I E R E B A T E A U Q S I
```

INTERCEPTER
DÉFAUT
COMBINER
PARTIE
BATEAU
MOT
LETTRE
APPORTÉ
PAYS
FERMIER
DISTRAIRE
IMMÉDIATEMENT
QUATRE
DERNIER
LÀ
PÉTROLE
FUTUR
CHEVAL
CAMPAGNOL
TIMIDE

Puzzle 486

MONTER
CONSIDÉRER
ACHAT
ILLUSTRER
TIMBRE
SANTÉ
EMPLOYÉ
BONJOUR
DENTISTE
MARRONS
CONDUITE
CLARIFIER
APLANIE
MARI
TOMBÈRENT
ENVAHIR
COMMENCER
FANTÔME
DOUZE
MOTO

```
Q M M R G N H X S V L L W A L B C
S A Y T B F P G T M V P G O Z J O
P U M É I L L U S T R E R J X R N
M O N T E R C L M E N V A H I R S
G F M N I Z S X O B F H A J W T I
N G X A N Q U V T S A L X G X I D
D T S S A R R O O E N V B W B M É
O E C D L B Y N D M T O V S X B R
E T N J P S F U G K Ô I R A M R E
M I A T A H C A S L M Z Z R B E R
P U L R I U I S P O E I W V A F F
L D M G T S T O M B È R E N T M M
O N I K D Z T B O N J O U R S Z X
Y O E N X L H E C O M M E N C E R
É C L A R I F I E R E D Q W C M R
```

Puzzle 487

```
R M R G C E R F D R N J F V Z E X
É Z A B M T E D H I Q C U L E F P
A W P K Q W M U I R R T C O U R F
C L P C K E M A O V E E S D V E D
T U O L D F O Z D C S Q C C Q D E
I U R M G R N U C T S J B T Q I N
O N T D T Q J I T N E V Z G C C G
N H E C I L J B U O C K H L W É A
C D R Q V I G A R U P Q Q D N D G
H F O L B E I B F V Q R R N V R E
A E V S O M N U N E T N E T T A M
M M D F W M K D U A I H N K J M E
B L E Z T O F L E U D B Q F T G N
R D L D T S N E G U C E R I S E T
E S S E M O R P U P R F M L M X B
```

VENT
SOMMEIL
COUR
DIT
DÉCIDER
CERISE
ENGAGEMENT
DOS
VENDEUR
GENS
CESSER
ATTENTE
PROMESSE
NOMMER
CERF
DIRECT
CHAMBRE
RAPPORTER
NOUVEAU
RÉACTION

Puzzle 488

COMPLET
ÉLANS
FILS
PRODUIT
HEUREUX
PÉRIR
GESTION
TEXTE
BOUGIE
RÉPÉTITION
VERRE
DESCENDRE
PERTE
INSTABLE
SOUCI
CAROTTE
HORS
MOMIE
EFFET
HIPPOPOTAMES

```
J X J B T Z L Y G W C E T E U V W
R I R É P Q B N E S I A S B F K W
G É T E X T E V S F K H R D R S Q
P I P I L O T I T O F Q Z O B J V
R Y N É E R R E I G U O B H T A U
O C Q S T Y E G O M H S Y E E T M
D E G R T I P O N O É O B C F L E
U E N O L A T C T M L Y N R F S R
I A W H P X B I C I A E X K E N D
T F I L S B B L O E N U J B R S N
C O M P L E T P E N S D B A R J E
H I P P O P O T A M E S K M E H C
T N Z E V X B D C G N H W J V G S
K A I D B Z B R V L S M P W M I E
I N O S O U C I H E U R E U X W D
```

Puzzle 489

```
U B D Z D É S O I Q A F T G I I M
N R O Q M L A C T R N I F N E S V
O I F A L É V U A A X Q S I S E J
I S K Z J M O L A P I Z N W Y D V
T É È V I E N Q T I E S F A I M C
A E F R D N N K G D U O A N U R E
R R M C P T E X Q E X I N P X Y I
A E D P D A U P O U R S U I V R E
L F Q M É P S E L A I C É P S E I
C L W U R R E I T S O P J E D L N
É È C E G Y A P C O T C W Y V O N
D T O R I U K T N E P R E S Y V E
H E N V I G K S U R I N E T N O C
K N G O Z P R O V R J U J E P O É
A T É V Z A F Y Ù V E V C J H M D
```

ÉLÉMENT
RAPIDE
REFLÈTENT
TEMPÉRATURE
FAIM
BRISÉ
POURSUIVRE
OÙ
APRÈS
SERPENT
VOLER
POSTIER
SAVONNEUSE
SPÉCIALES
CONGÉ
CONTENIR
DÉCENNIE
ENFIN
ANXIEUX
DÉCLARATION

Puzzle 490

CONVENABLE
GAZ
VÉRIFIER
CONSERVER
PHYSIQUE
MIEUX
PLUVIEUX
MOELLEUX
MENACE
EXACTEMENT
CHER
DÉTECTER
PRESSÉ
MOTEUR
GAGNER
CONTRIBUER
CHAMP
VOTRE
DEVOIR
ÉMERGER

```
G K O S E T W X R J W A D D P Q D
É M E R G E R U E T O M É E H X C
P C H X U R E E I Z X F T V J G O
H H H Y P T N I F J R Y E O L V N
B X Y A U O G V I B P D C I X U V
X I E S M V A U R Y I G T R R B E
G P C E I P G L É P T L E V E R N
M Z A G G Q P P V X E H R T V P A
J I N E K L U E N T É S S E R P B
I G E H E T N E M E T C A X E C L
A Z M U C P G A Z F R Z F C S H E
E Z A J X U E L L E O M Q F N E E
K W E F N D O X C O N H X H O R P
C O N T R I B U E R L V P R C J W
F C B P E B F L D E D D C W H W U
```

Puzzle 491

```
X M K D R N O B A U T A B J S F G
X H N A R D X O C S I T N I P F A
C V S D K S N U F O C T Y K È V I
G O Y X U A M I N A W A I U Y R U
P É U U I M F L O D A Q Y V U B E
L P N P C H N L E C Q U Y A R A L
A A I É F P P O V V Z E U O H G O
C R M J R O P I M I G R E R V K I
A T A S I O J R C H A I S E M P C
R A R H N R S E R È T C A R A C U
D G I P E K U I A I I N V A T U L
S E É V V Y C T T Ê R R A R A G Q
Y R H F E D U T É É Y P K N A H W
H O N O R A B L E M E N T V V P A
P A R A G R A P H E R I C Q O F G
```

CARACTÈRE
BIÈRE
ÉTUDE
HOUE
MARIÉ
LUCIOLE
HONORABLEMENT
COU
ATTAQUE
REVENIR
BOUILLOIRE
ARRÊT
PARTAGER
CHAISE
ANIMAUX
PLACARD
PARAGRAPHE
MIGRER
GÉNÉROSITÉ
RARE

Puzzle 492

TANTE
PARTOUT
DEUX
RESTENT
HÉSITER
CERCLE
LUGE
CALMAR
SOUHAITERAI
FONCTION
VOIENT
HUIT
EXAMINER
RAISINS
CHAT
STUPIDE
RUÉE
DOULOUREUSEMENT
COMME
PONT

```
F P R P U C S O U H A I T E R A I
O W O C W A E X A M I N E R H C L
N R K N R L A U V Y E X R K K E U
C S E R T M Y E U Q P B H S G R G
T S P S L A H D H É S I T E R C E
I T A F T R R A I S I N S Z Z L I
O U R T N E P Q M F C L D P U E Y
N P T G E B N T J C M W K W R H B
Z I O S I R P T K P V C L B V Q K
I D U B O U T Y E P F V E V R V G
Z E T X V É A J U J O H U I T C C
D R M N R E N U Q S W I M J X H O
L L J A B O T R V R V C G I X A M
I K S M I C E M R Z X V J E O T M
D O U L O U R E U S E M E N T W E
```

Puzzle 493

```
S A H C U K K L P É C E P H M T B
C D I B L Q O S C C R Q E K B V R
M I X S L I E S N O C É R R A C X
O Z E G H H L C L U B C U U O C
H I M L S K A T T T I T E O U O C
R E I L B A T B I E N H N J H Z J
V R A I M E N T I R G Y E É P M K
J O U D E R I G T T E N I S N U R
F Q K B M V E K T F U X G Z H B Y
S U P G R È T G J V Q D E B S A I
P R O P R I É T A I R E E E E F Y
P E R S I L T E C H N O L O G I E
X G Z B O M D Î N E R C H I E N Y
P E R S O N N E É L E C T I O N G
V O E K O K B M W K J R N V G L W
```

PERSIL
SÉJOUR
LINGE
ÉTEINT
ÉLECTION
CONSEILS
PERCENEIGE
CARRÉ
CIEL
PROPRIÉTAIRE
TABLIER
PERSONNE
ÉCOUTER
LIÈVRE
JOUR
CHIEN
DÎNER
TECHNOLOGIE
HABITUDE
VRAIMENT

Puzzle 494

RUISSEAU
MAINTENIR
TRADITIONNEL
IDÉE
COURS
COMMUNIQUER
GRAS
TOUJOURS
MANQUE
VOUS
CAOUTCHOUC
TERRE
ACCÈS
PASSENT
CITOYEN
CLAIREMENT
THÈSE
HÉLICOPTÈRE
RICHE
SOUVENT

```
C O M M U N I Q U E R A H Z H M F
R B X R W O M M K Z C W P G R A S
H É L I C O P T È R E M A N Q U E
C A P N I J N B J F Y S R U O C C
A C A E O D Y Y C E L O P I V L Y
O C S T F V É V W X M U A C T A V
U È S N A U G E F K X V O G C I R
T S E I C I T O Y E N E H C I R U
C Y N A R C A E X G S N Y S K E I
H Y T M E Q M T H A S T L A B M S
O G M L E N N O I T I D A R T E S
U T O U J O U R S E T H È S E N E
C D C U S T S G X R I F X G D T A
U R Z R T B K I W R W D U L D X U
V O U S V V B X L E Q X C C O Z G
```

Puzzle 495

```
A W Y T V H T Y R S F C G R P H R
V B B W E R B N E É Q C M C O B M
U D R E P N J V R A Y K O P R C O
O O E É M E T P O N A M N P T H R
H F R W V R Y E L C G R E D É G S
C W A I F I A J P E R È I M U L U
F Q P W L O A E X C U S E S M F R
T W M M M R U T E N Q N D A D O E
V C O U P C I C I T I U M R P D S
G K C Y C Y Q E O O F X A C E X Q
C O U P A B L E S E N U T T L S R
A N N I V E R S A I R E I I U C V
L I B R E D N O F O R P N Q C K I
I S O Z L U N Q R G M I C U H H Z
J X J N D J B H G F E Y A E E X R
```

EXCUSES
LIBRE
COUPABLES
SOMME
PERDU
PORTÉ
TENTE
EXPLORER
ABRÉVIATION
CROIRE
MORSURE
PROFONDE
ANNIVERSAIRE
COMPARER
ARCTIQUE
LUMIÈRE
MATIN
PELUCHE
SÉANCE
CHOU

Puzzle 496

PRÉSIDENT
POSITIF
POULE
POURRIE
POPULAIRE
SIMULER
PRÉCIPITATIONS
BEAU
ÉCRIVAIN
CHOISI
TENDRE
AUTRES
STRATÉGIE
LISTE
SINGE
ENCHEVÊTREMENT
COURRIER
ÉPAULE
PIRE
TÔT

```
Q Y S K G G G S C P O S I T I F P
Z G U I R A A N C O A T X B J F R
E I M T L T E O B D U A E B J S É
D Y T M L W N I A V I R C É C C S
P T K Y X S W T C U Z W R D J C I
G L P F Q V N A C S X D K I Q N D
E N C H E V Ê T R E M E N T E B E
É P A U L E G I E R P R L S I R N
T P O P U X V P L T I I I I G Z T
T E M U O J P I U U R A S N É B O
Q J N B P U H C M A E L T G T G J
B R I D X G R É I F G U E E A O N
V H N H R F U R S W E P K Y R I J
T Ô T I U E R P I F Q O P G T X S
W W C H O I S I E E G P L J S Y S
```

Puzzle 497

```
T E S S A C R É S I D E N T H K W
B R G K Y W J E R B N R E S D X I
V V O Z N U G R M B E N I C S I P
C I R M A I J R C P O T H C N J M
L U É D P L I E O R Q L P H N A R
E S Z N Q E Y U L N S C A M S O L
U J U B X V R R O K D H R D E R S
P A G P S P F M N Q E N G N L U T
M E U G A V I A N J X P O Ê L E M
S R I Q B B L S E Z A Q T Y I J Z
I I C N N Q L Q T P X K O T U A N
M O M K T J E U U C M I H F G M B
S P I Z X U S E O E E I P C I H C
B C G G Q C R E U G I V A N A Z L
Y P I T W K Z E C E R T A I N S I
```

COLONNE
SAC
MASQUE
PEINTURE
PHOTOGRAPHIE
POIRE
POÊLE
RÉSIDENT
NI
FILLES
VAGUE
PISCINE
ERREUR
ZÉRO
TROMPER
MAJEUR
NAVIGUER
CERTAINS
SUIVRE
AIGUILLE

Puzzle 498

DIFFÉRENT
PARFOIS
COMPLÈTEMENT
UTILISATION
ENVELOPPERAIT
BOÎTE
MUSÉE
HEUREUSEMENT
CLÉ
FOURNIR
VOULU
ASSEMBLAGE
PUNIR
TEMPS
BRILLANTE
POURQUOI
PARLÉ
CEPENDANT
EXPÉDITION
POIGNÉE

```
C C M N B L I T H R F X V X V U P
E O T B R O A E S I O F R A P T U
P M E M I L F M A F U J E S A I N
E P N P L P S P A L R H X I L L I
N L V O L L R S I R N F P J J I R
D È E I A P A R L É I J É A G S N
A T L G N N W C L É R C D S M A J
N E O N T H M D F I K H I S B T U
T M P É E Z V N L Y S H T E W I K
O E P E T Î O B J M E L I M K O I
T N E M E S U E R U E H O B R N C
C T R Z N R L M Q O F L N L O H B
A B A D I O U Q R U O P P A N S R
X L I Q M U S É É E Y Q D H G S A E
W C T D I F F É R E N T U E O F I
```

Puzzle 499

```
S Q H D C M Z C B M N I E P W E G
C P E Q I C M E O I N S É R E R O
N O Z A X R E L U W S M I S B È M
T B H L Y M E L C A A X B R S G L
S U P P O S É U H T C H I O T A Y
W W D D X C P L E P N U A G E T P
Z E Q H F I T A T L U S É R C É T
B Z C D D F U I D G E C L R M W N
H Y H T A C S R U E I S U L P P B
J L Y Ê W D L E R D N I O J E R R
C D U R Q G S Ô B E L E T T E F O
R É V É L E R Y T D A S J P V O C
R B Z T W T A D X U M H C Z H R O
D O N N É A C D R O R D G Z D Ê L
R J P I X K N O L E E E M È H T I
```

NUAGE
BROCOLI
SUPPOSÉ
INSÉRER
CLÔTURE
CELLULAIRE
DIRE
RÉSULTAT
BOUCHE
THÈME
DONNÉ
REJOINDRE
INTÉRÊT
PASSÉ
RÉVÉLER
BELETTE
CHIOT
ÉTAGÈRE
FORÊT
PLUSIEURS

Puzzle 500

EXPLOIT
GRÂCE
MIGNON
DÉRANGER
AFFAIRES
SOL
OPPORTUNITÉ
RELÂCHER
ÉCLATER
ROSE
TOBOGGAN
MAL
FIDÈLE
INTERROMPRE
POMPIER
ÉTREINT
DAME
GRANDE
TRENTE
COCCINELLES

```
E T N I E R T É R E T A L C É T O
U I O W Q T U Q R E G N A R É D P
S O I B O S Z A S L L E M V K E P
J L Y Z O X M V C È E Â E L D R O
D P J W Y G W G W D D U C U D P R
K X D A M E G G V I N S Â H T M T
A E A S E R I A F F A S R G E O U
J T N X L O E T N E R T G O G R N
L P H H Z U F S M I G N O N S R I
P O M P I E R O Q Q G W K R M E T
D F Y B L E N L F F X L C V C T É
K Q M L J Q U G M M E P B F C N N
E Q B U G N P V A K T G K K V I W
Y C F A U K A B S W T L X V C I D
C O C C I N E L L E S S T V B A W
```

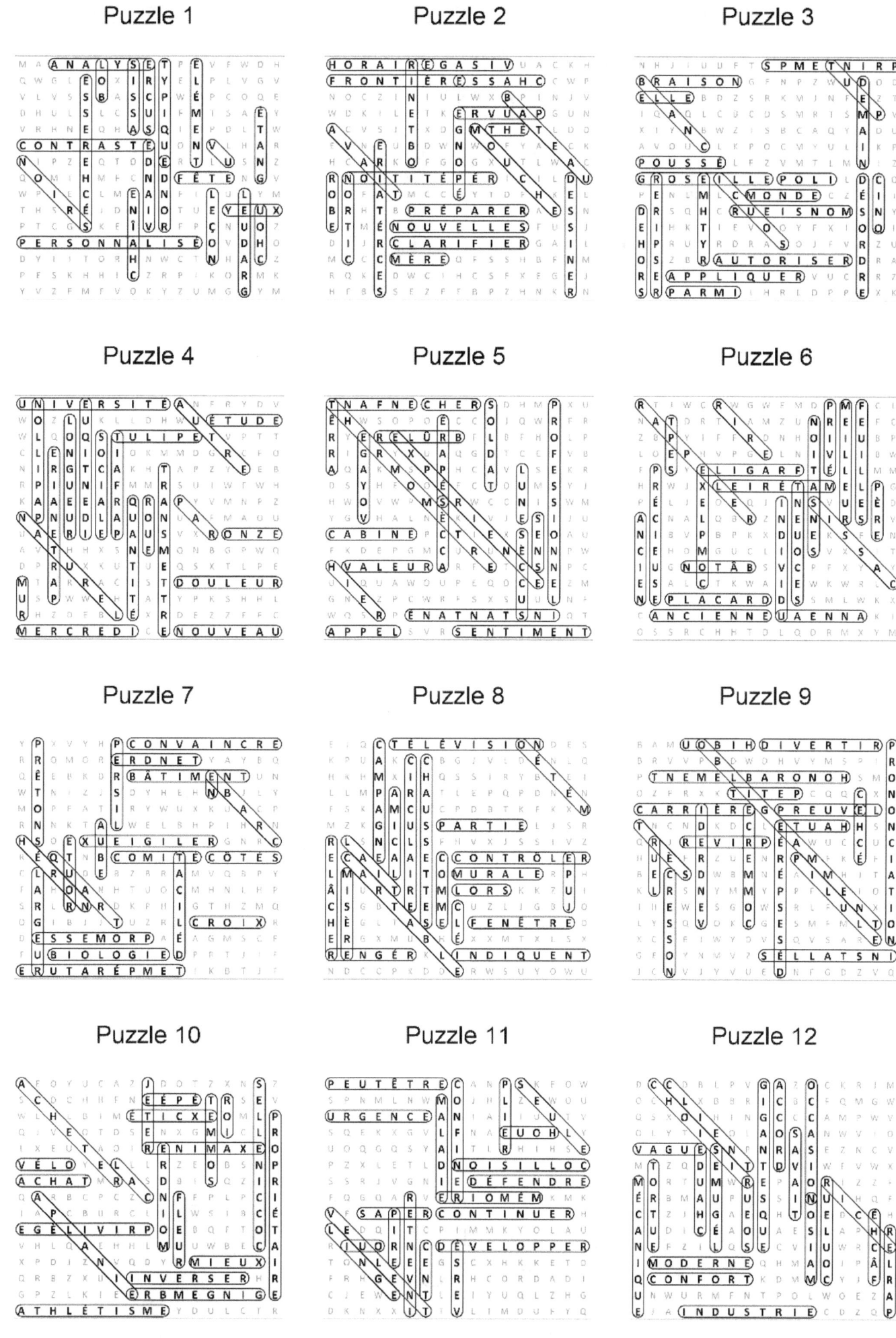

Puzzle 1

Puzzle 2

Puzzle 3

Puzzle 4

Puzzle 5

Puzzle 6

Puzzle 7

Puzzle 8

Puzzle 9

Puzzle 10

Puzzle 11

Puzzle 12

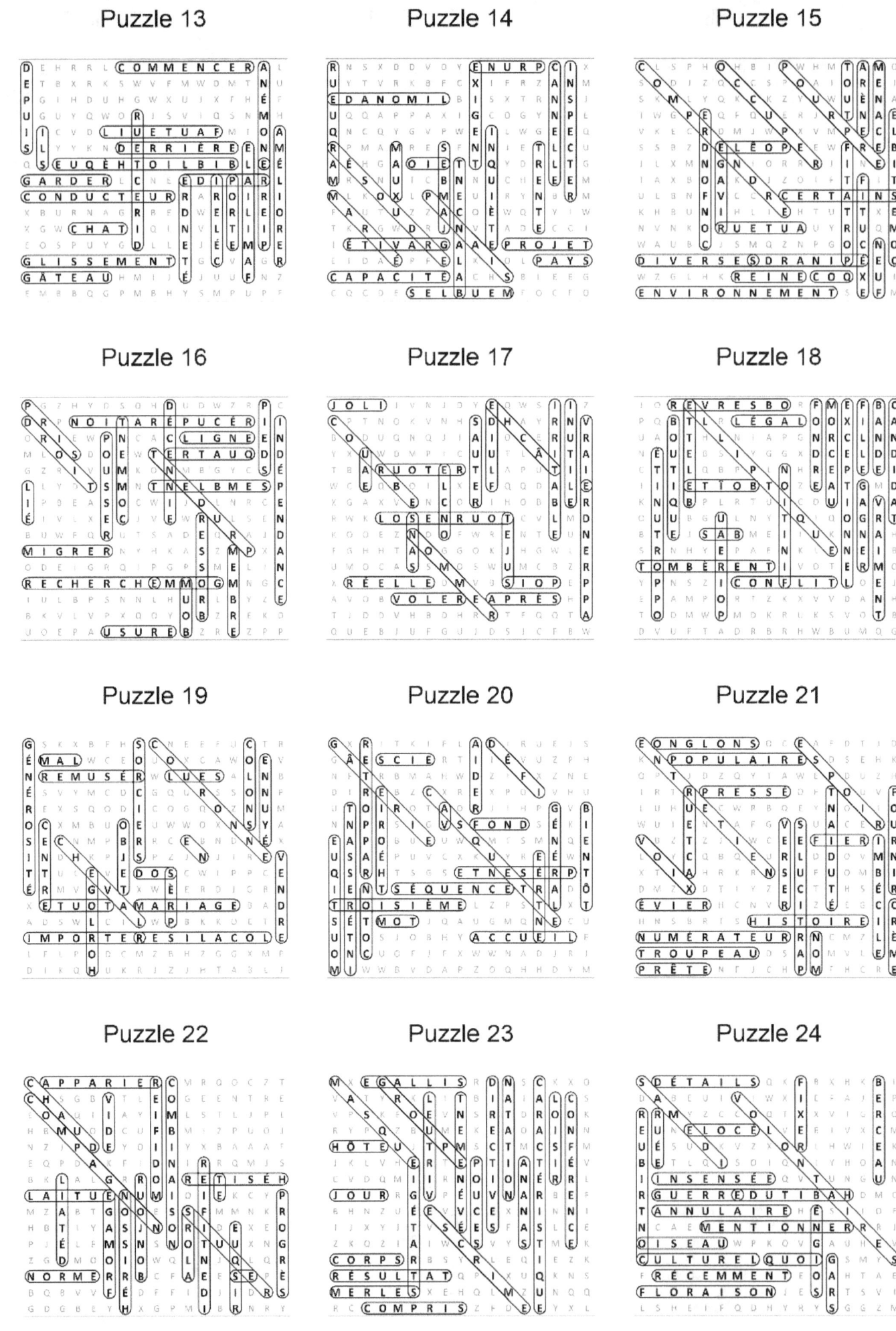

Puzzle 13

Puzzle 14

Puzzle 15

Puzzle 16

Puzzle 17

Puzzle 18

Puzzle 19

Puzzle 20

Puzzle 21

Puzzle 22

Puzzle 23

Puzzle 24

Puzzle 25

Puzzle 26

Puzzle 27

Puzzle 28

Puzzle 29

Puzzle 30

Puzzle 31

Puzzle 32

Puzzle 33

Puzzle 34

Puzzle 35

Puzzle 36

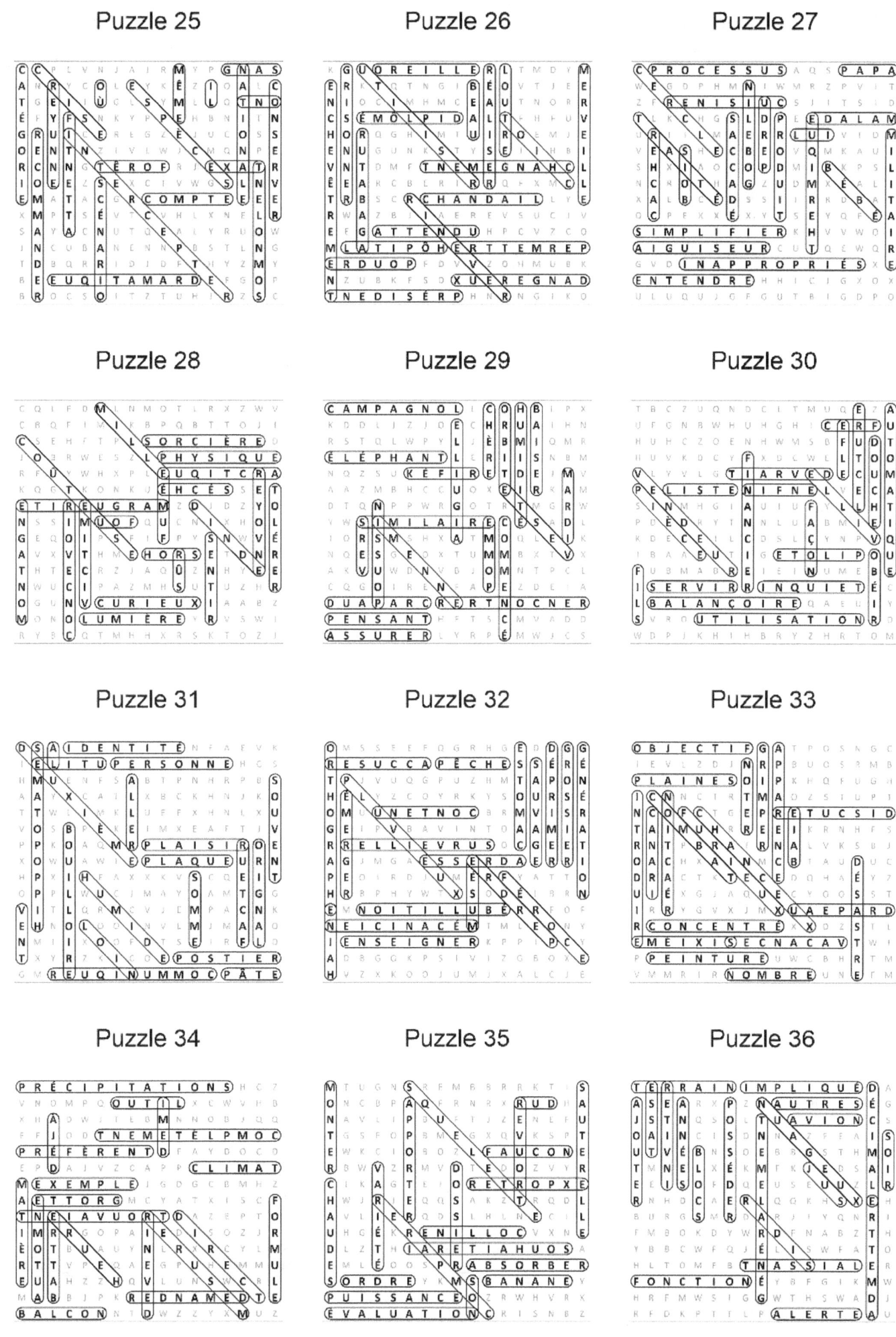

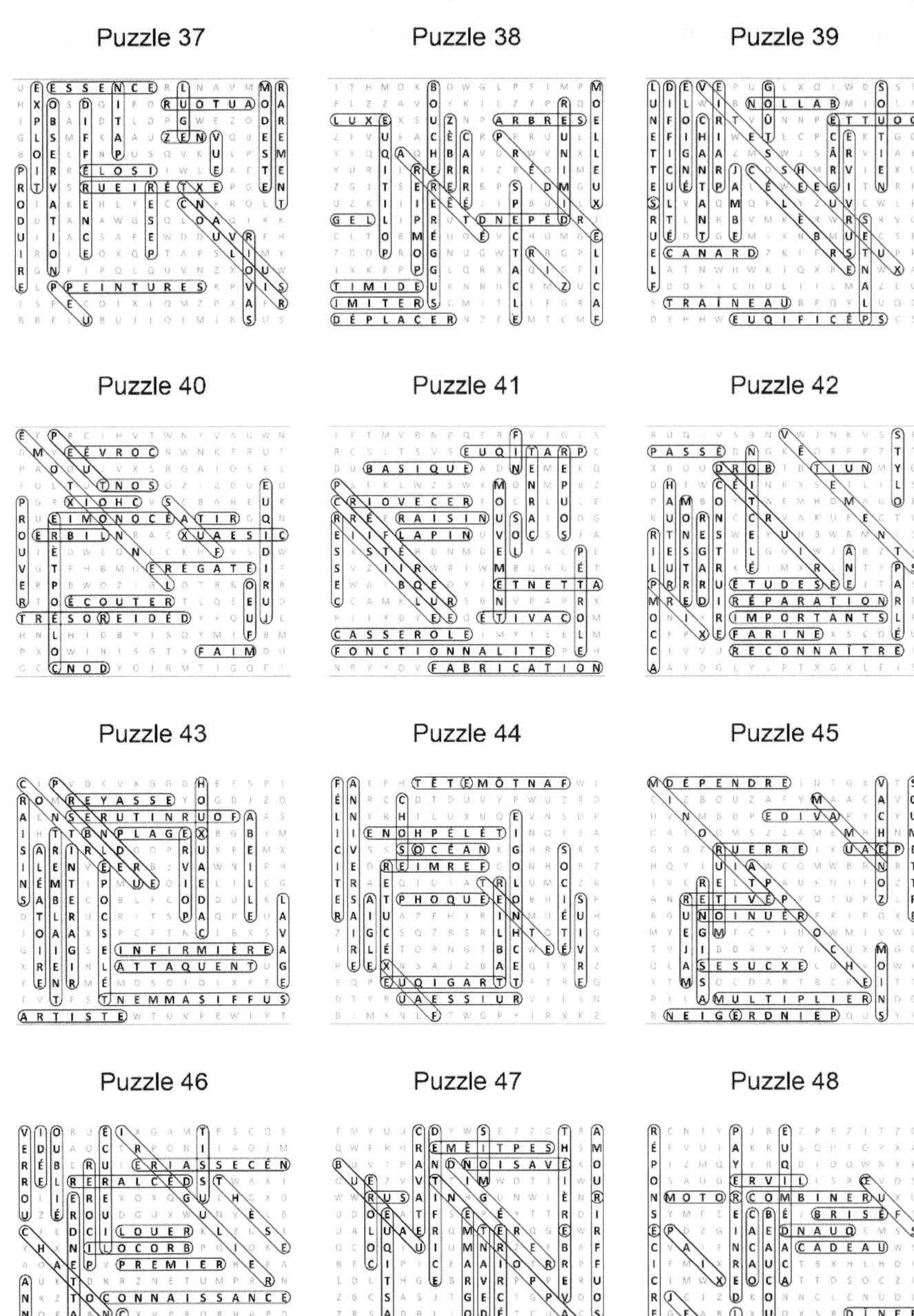

Puzzle 37

Puzzle 38

Puzzle 39

Puzzle 40

Puzzle 41

Puzzle 42

Puzzle 43

Puzzle 44

Puzzle 45

Puzzle 46

Puzzle 47

Puzzle 48

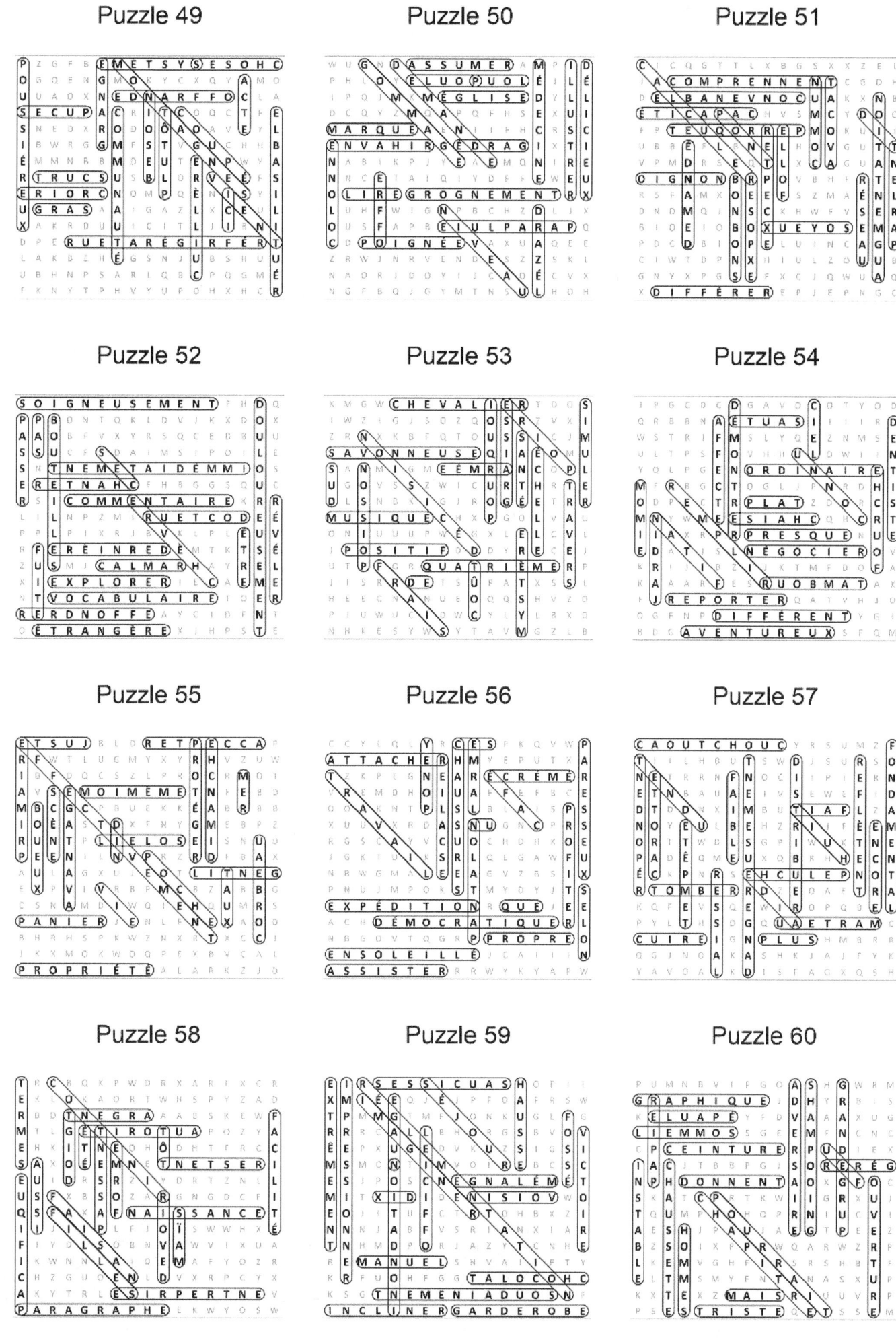

Puzzle 49

Puzzle 50

Puzzle 51

Puzzle 52

Puzzle 53

Puzzle 54

Puzzle 55

Puzzle 56

Puzzle 57

Puzzle 58

Puzzle 59

Puzzle 60

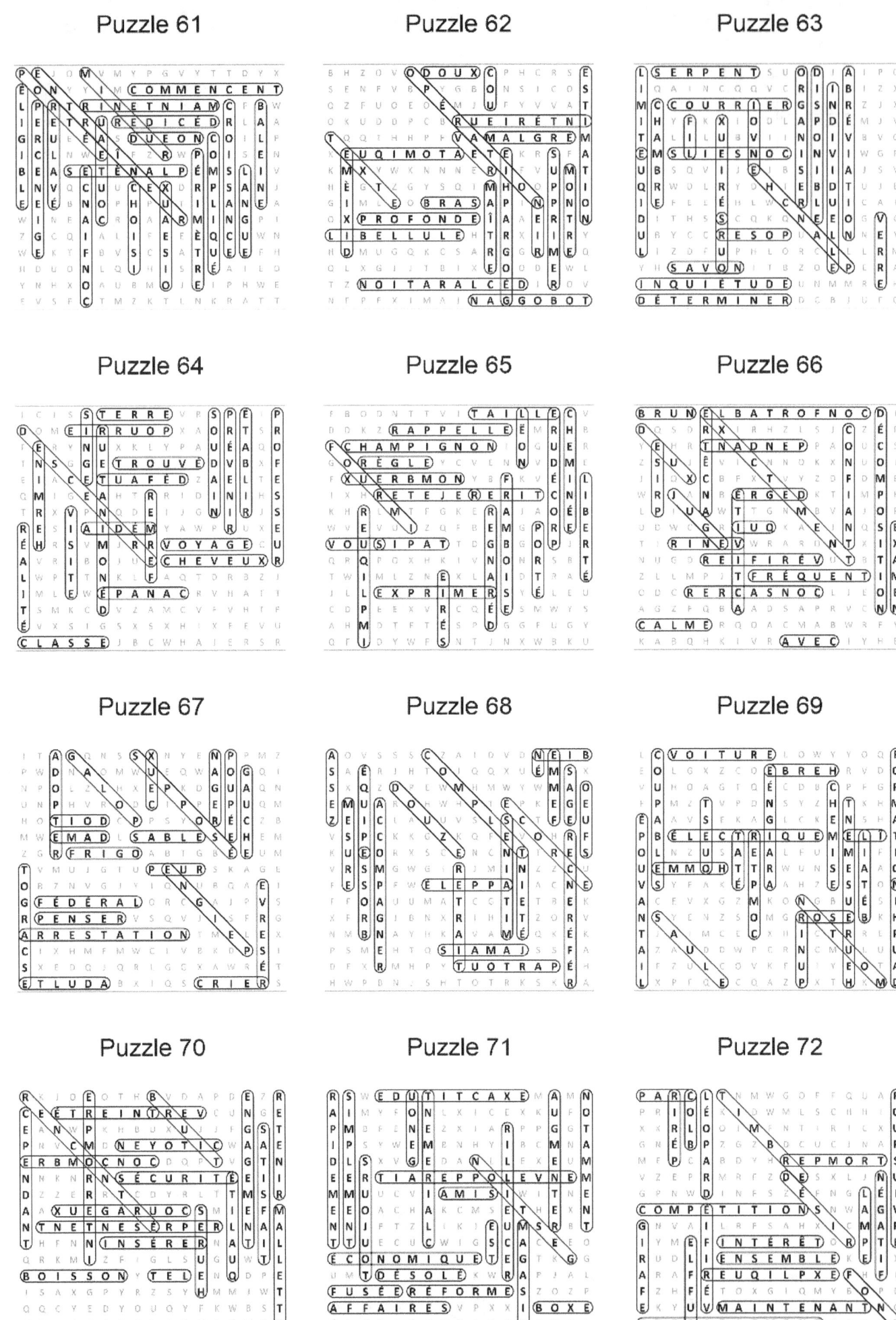

Puzzle 61

Puzzle 62

Puzzle 63

Puzzle 64

Puzzle 65

Puzzle 66

Puzzle 67

Puzzle 68

Puzzle 69

Puzzle 70

Puzzle 71

Puzzle 72

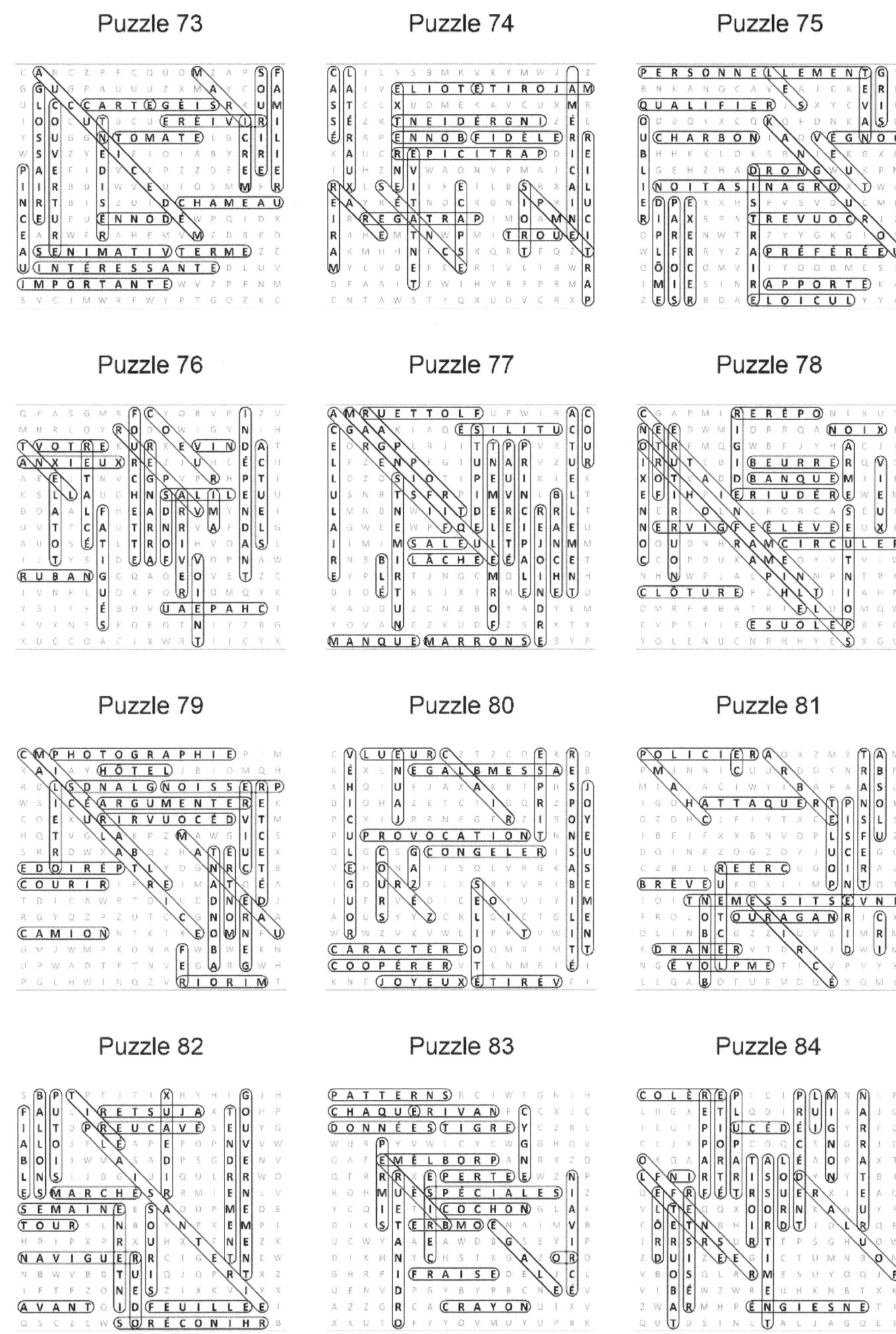

Puzzle 73

Puzzle 74

Puzzle 75

Puzzle 76

Puzzle 77

Puzzle 78

Puzzle 79

Puzzle 80

Puzzle 81

Puzzle 82

Puzzle 83

Puzzle 84

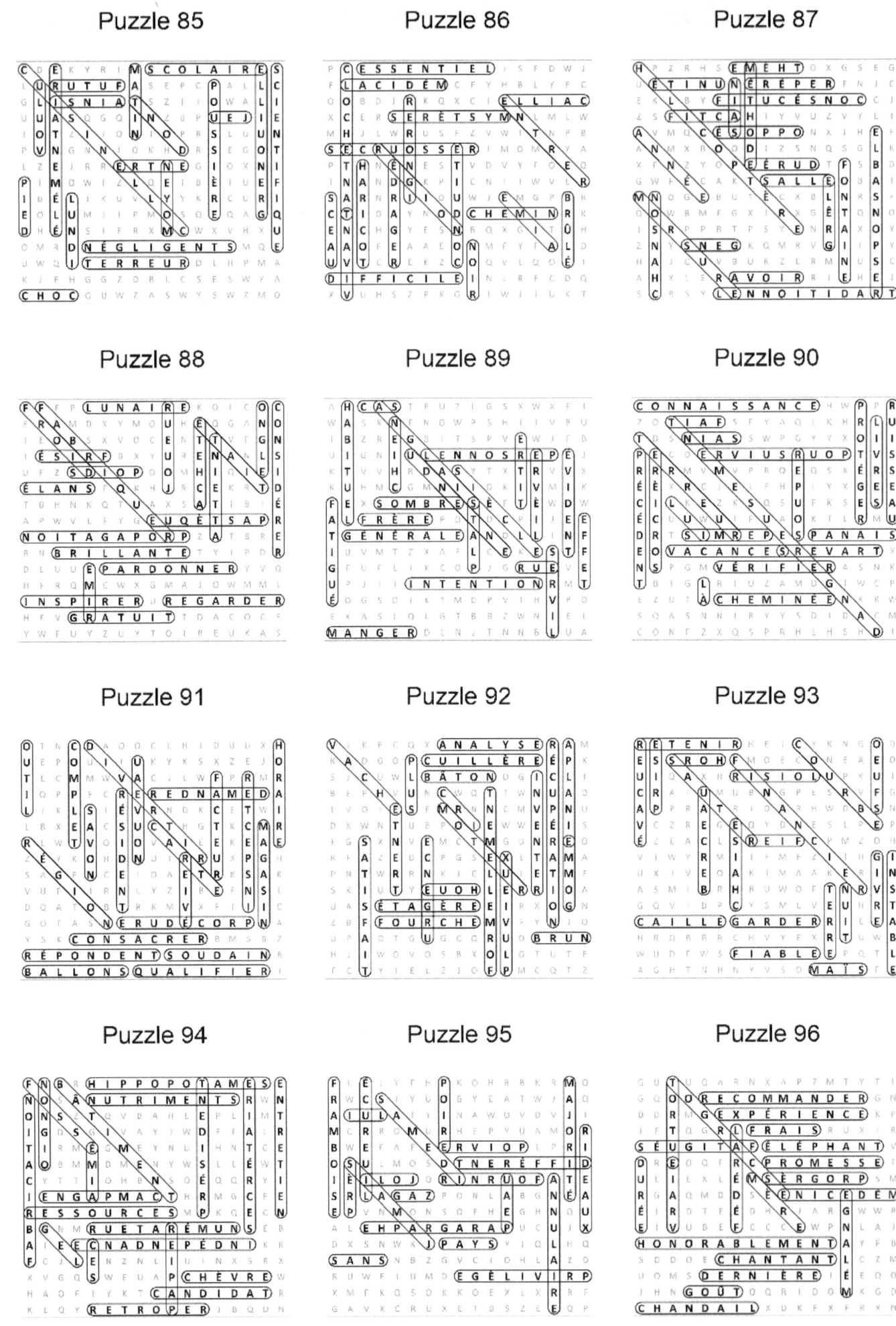

Puzzle 85

Puzzle 86

Puzzle 87

Puzzle 88

Puzzle 89

Puzzle 90

Puzzle 91

Puzzle 92

Puzzle 93

Puzzle 94

Puzzle 95

Puzzle 96

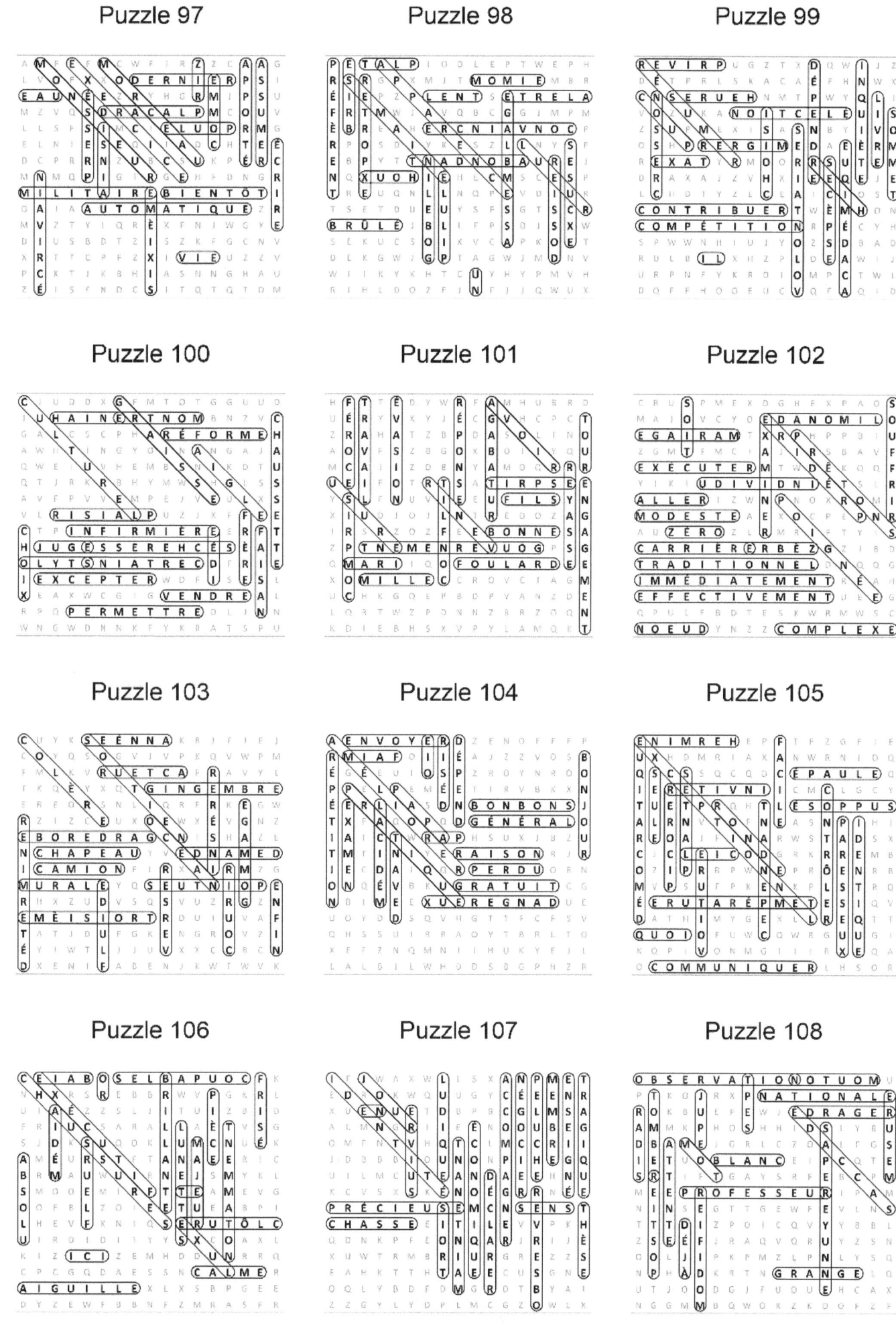

Puzzle 97

Puzzle 98

Puzzle 99

Puzzle 100

Puzzle 101

Puzzle 102

Puzzle 103

Puzzle 104

Puzzle 105

Puzzle 106

Puzzle 107

Puzzle 108

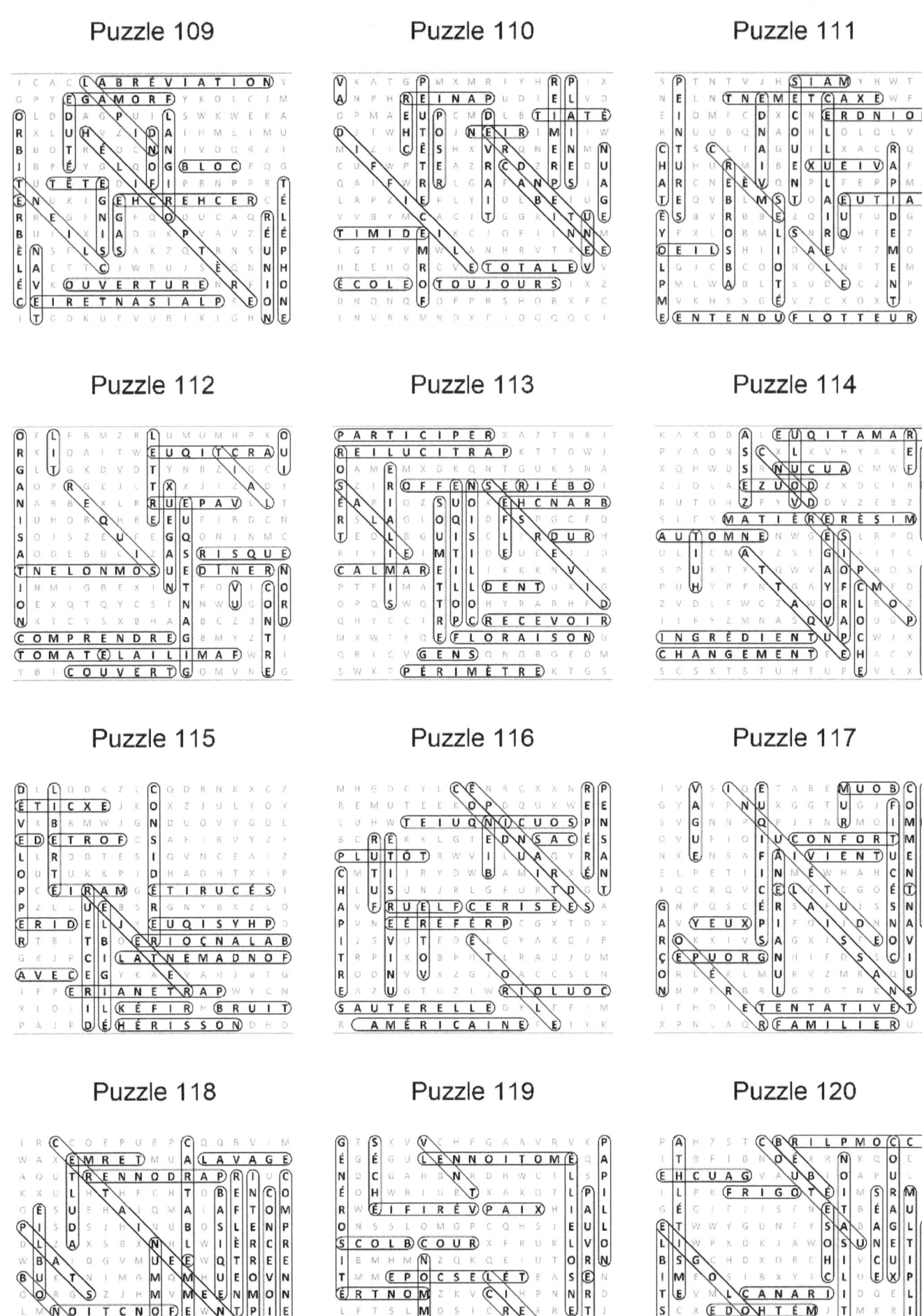

Puzzle 109

Puzzle 110

Puzzle 111

Puzzle 112

Puzzle 113

Puzzle 114

Puzzle 115

Puzzle 116

Puzzle 117

Puzzle 118

Puzzle 119

Puzzle 120

Puzzle 121

Puzzle 122

Puzzle 123

Puzzle 124

Puzzle 125

Puzzle 126

Puzzle 127

Puzzle 128

Puzzle 129

Puzzle 130

Puzzle 131

Puzzle 132

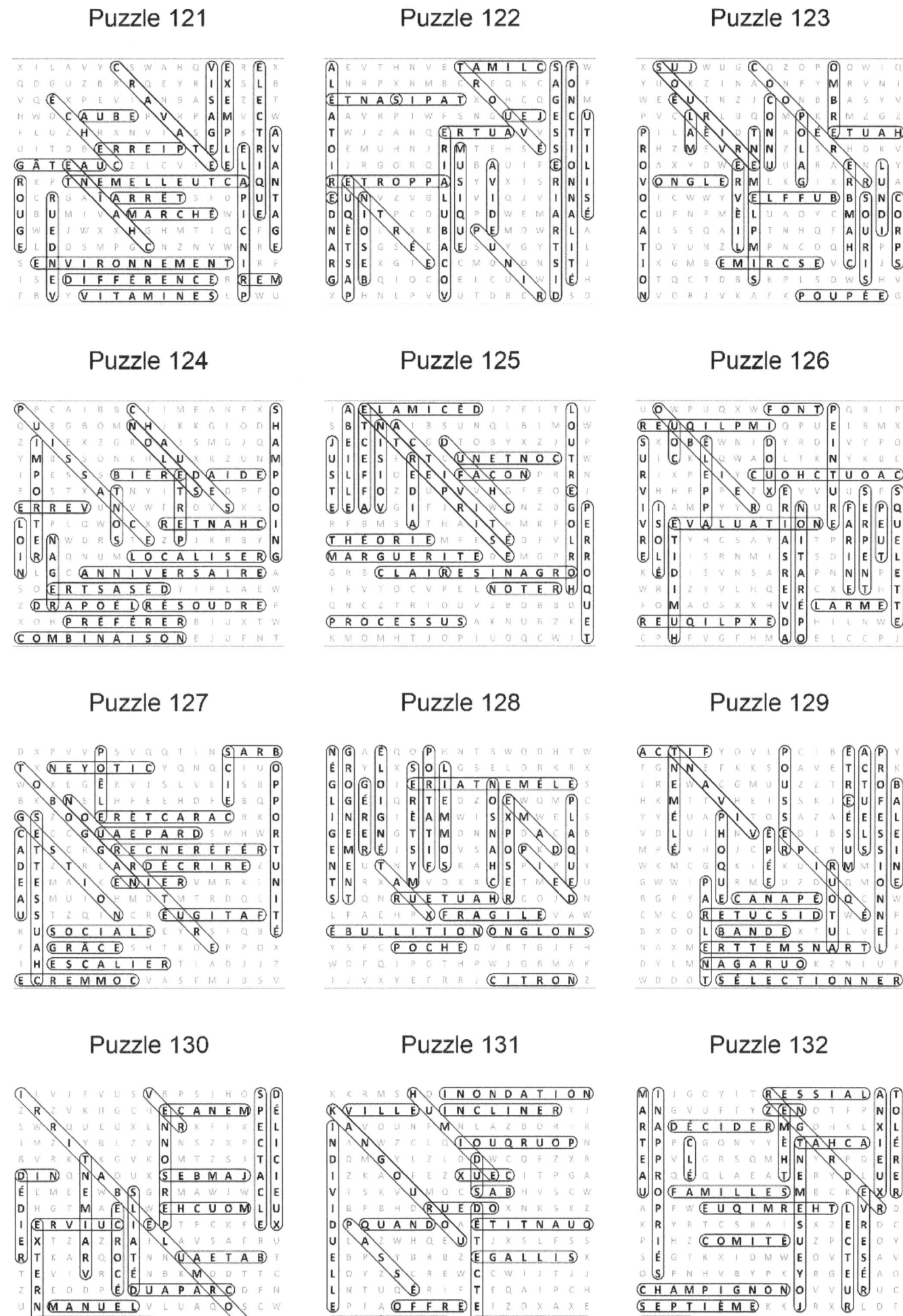

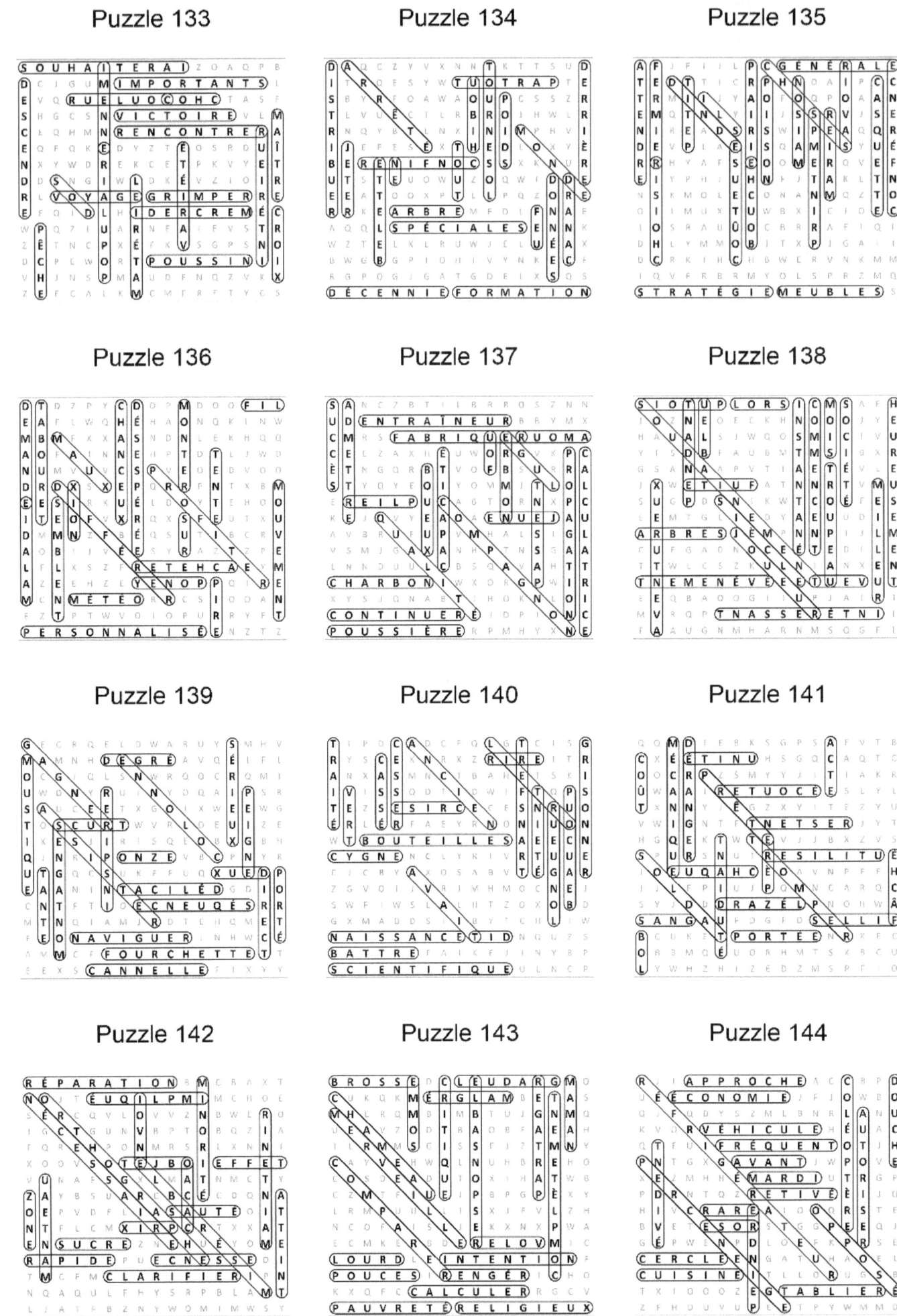

Puzzle 133

Puzzle 134

Puzzle 135

Puzzle 136

Puzzle 137

Puzzle 138

Puzzle 139

Puzzle 140

Puzzle 141

Puzzle 142

Puzzle 143

Puzzle 144

Puzzle 145

Puzzle 146

Puzzle 147

Puzzle 148

Puzzle 149

Puzzle 150

Puzzle 151

Puzzle 152

Puzzle 153

Puzzle 154

Puzzle 155

Puzzle 156

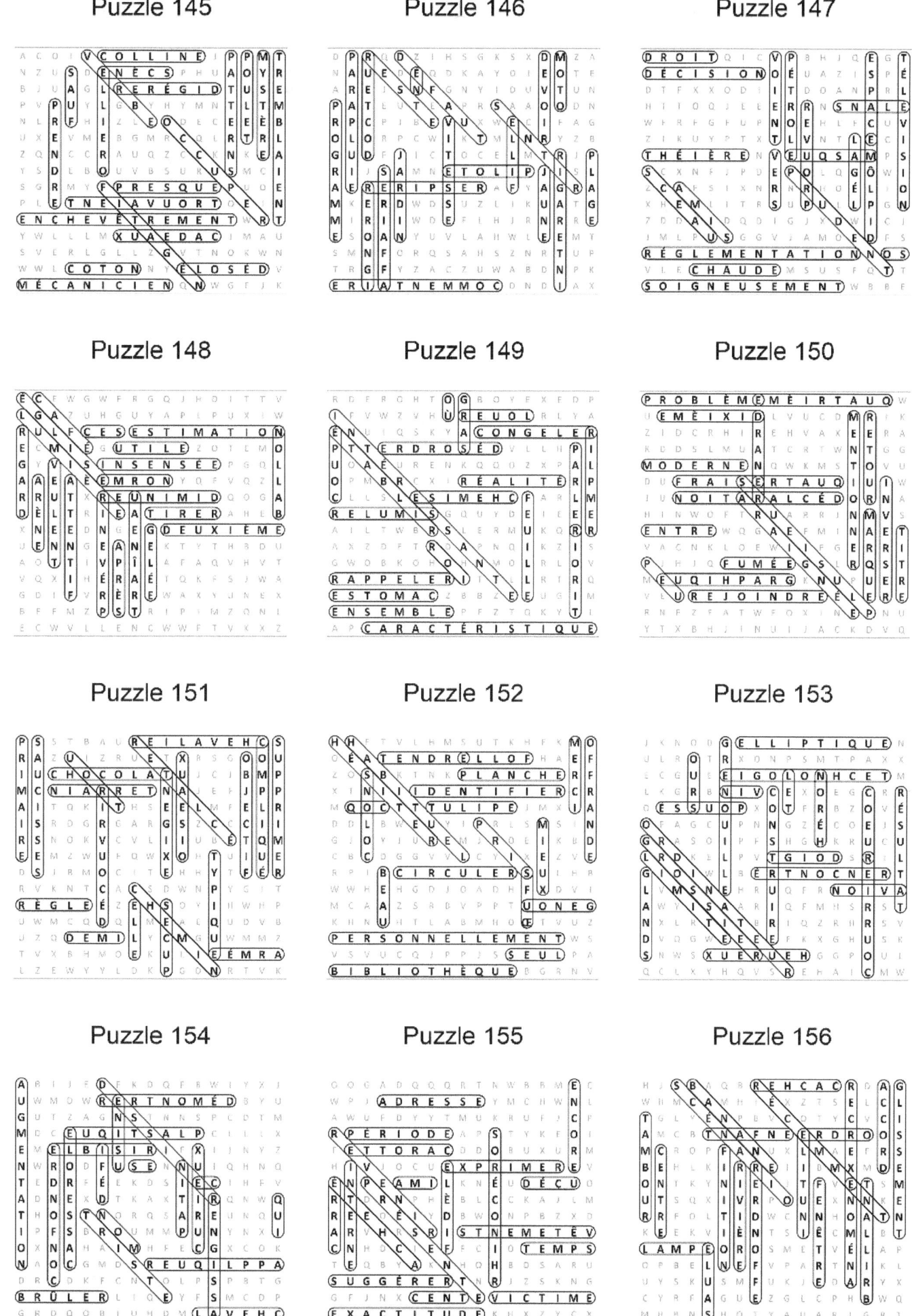

Puzzle 157

Puzzle 158

Puzzle 159

Puzzle 160

Puzzle 161

Puzzle 162

Puzzle 163

Puzzle 164

Puzzle 165

Puzzle 166

Puzzle 167

Puzzle 168

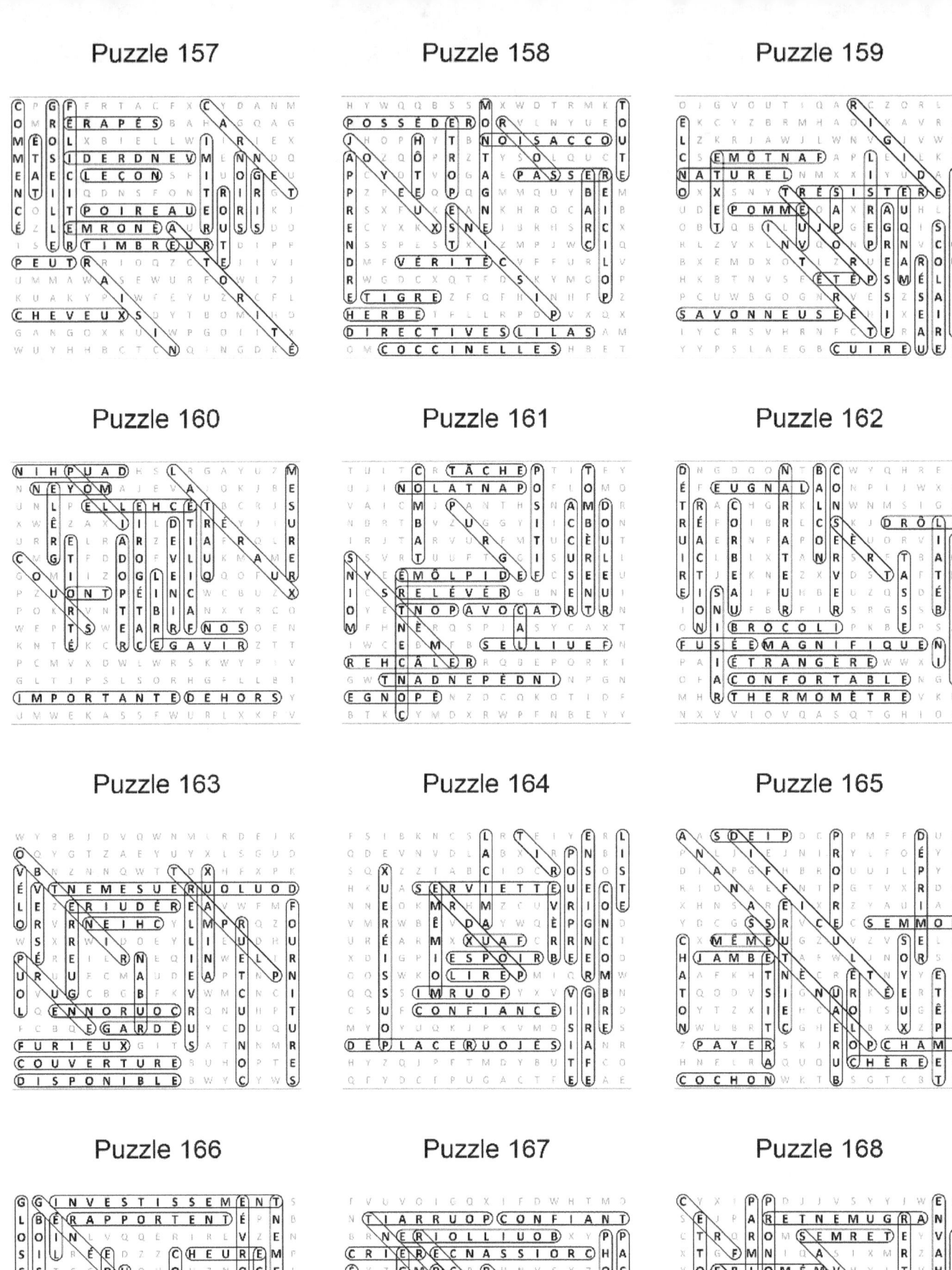

Puzzle 169

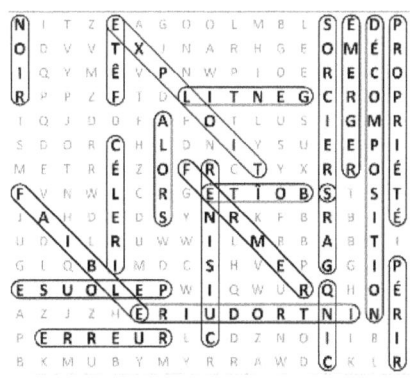

Puzzle 170

Puzzle 171

Puzzle 172

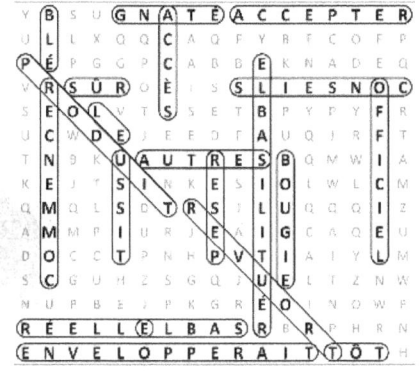

Puzzle 173

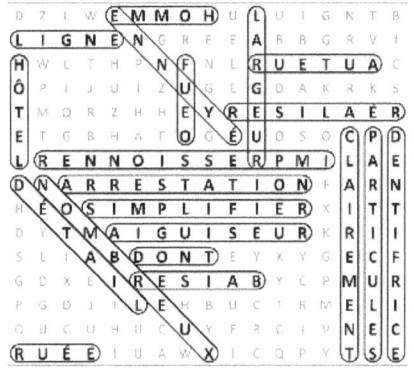

Puzzle 174

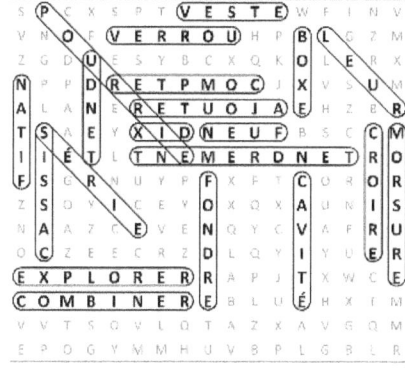

Puzzle 175

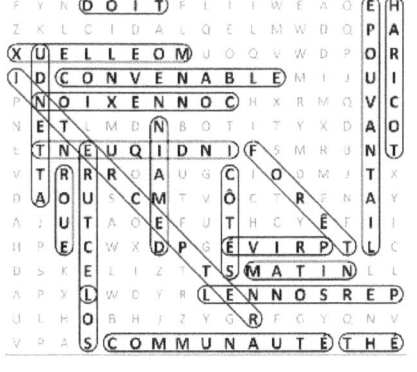

Puzzle 176

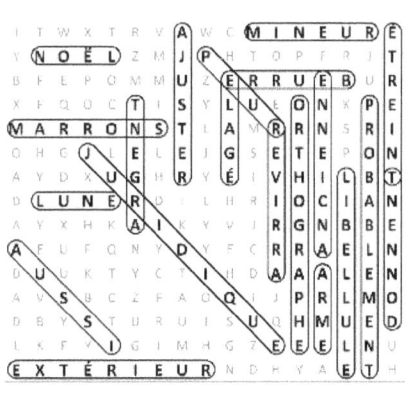

Puzzle 177

Puzzle 178

Puzzle 179

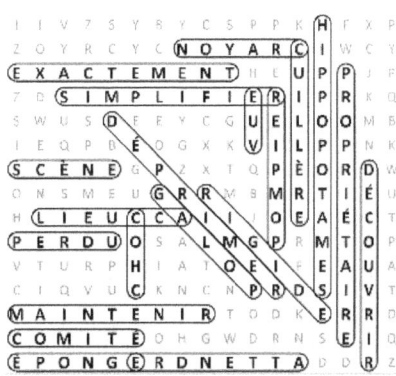

Puzzle 180

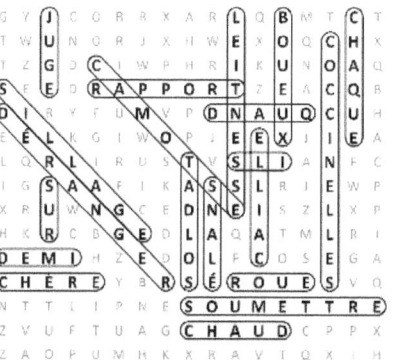

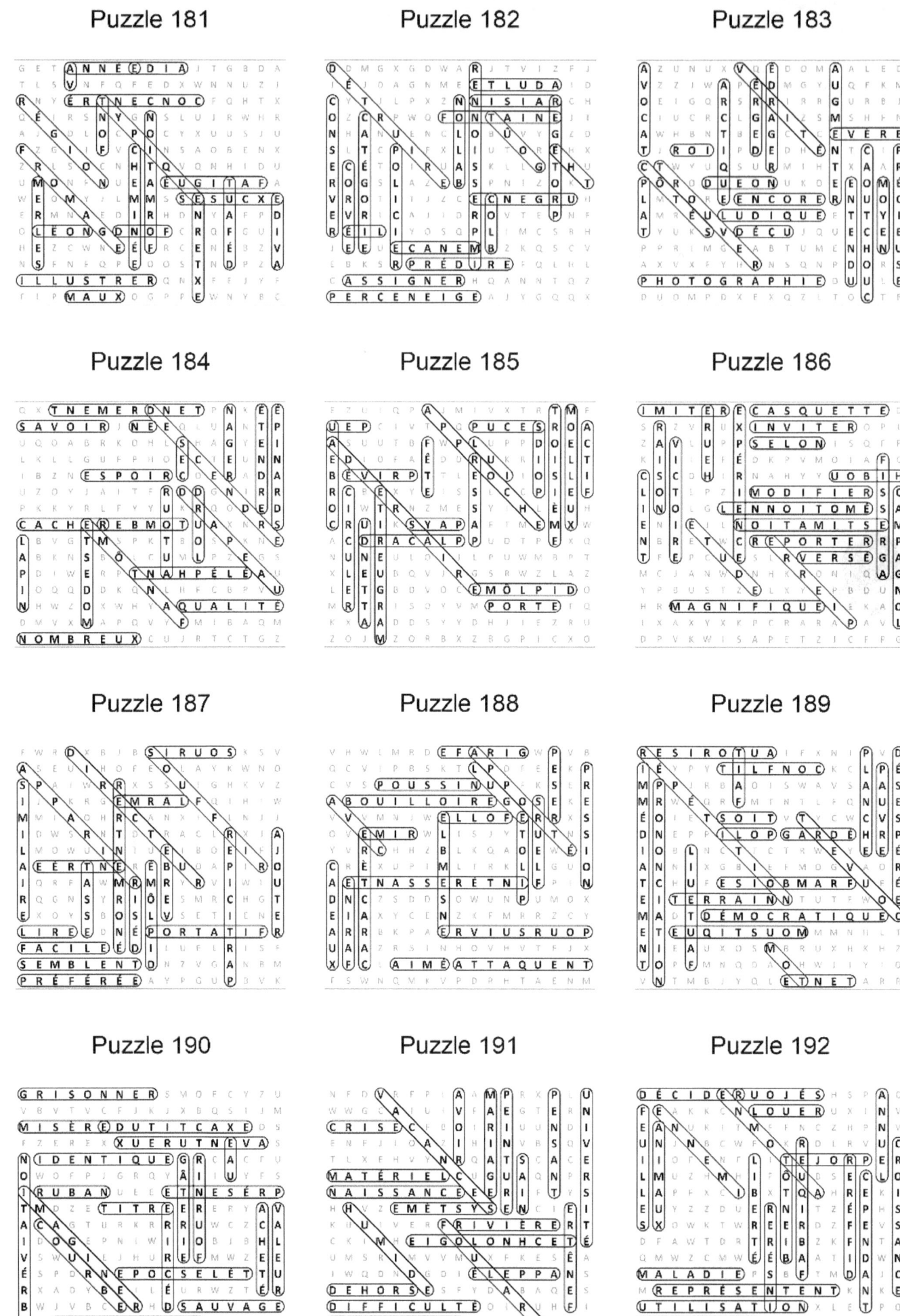

Puzzle 181

Puzzle 182

Puzzle 183

Puzzle 184

Puzzle 185

Puzzle 186

Puzzle 187

Puzzle 188

Puzzle 189

Puzzle 190

Puzzle 191

Puzzle 192

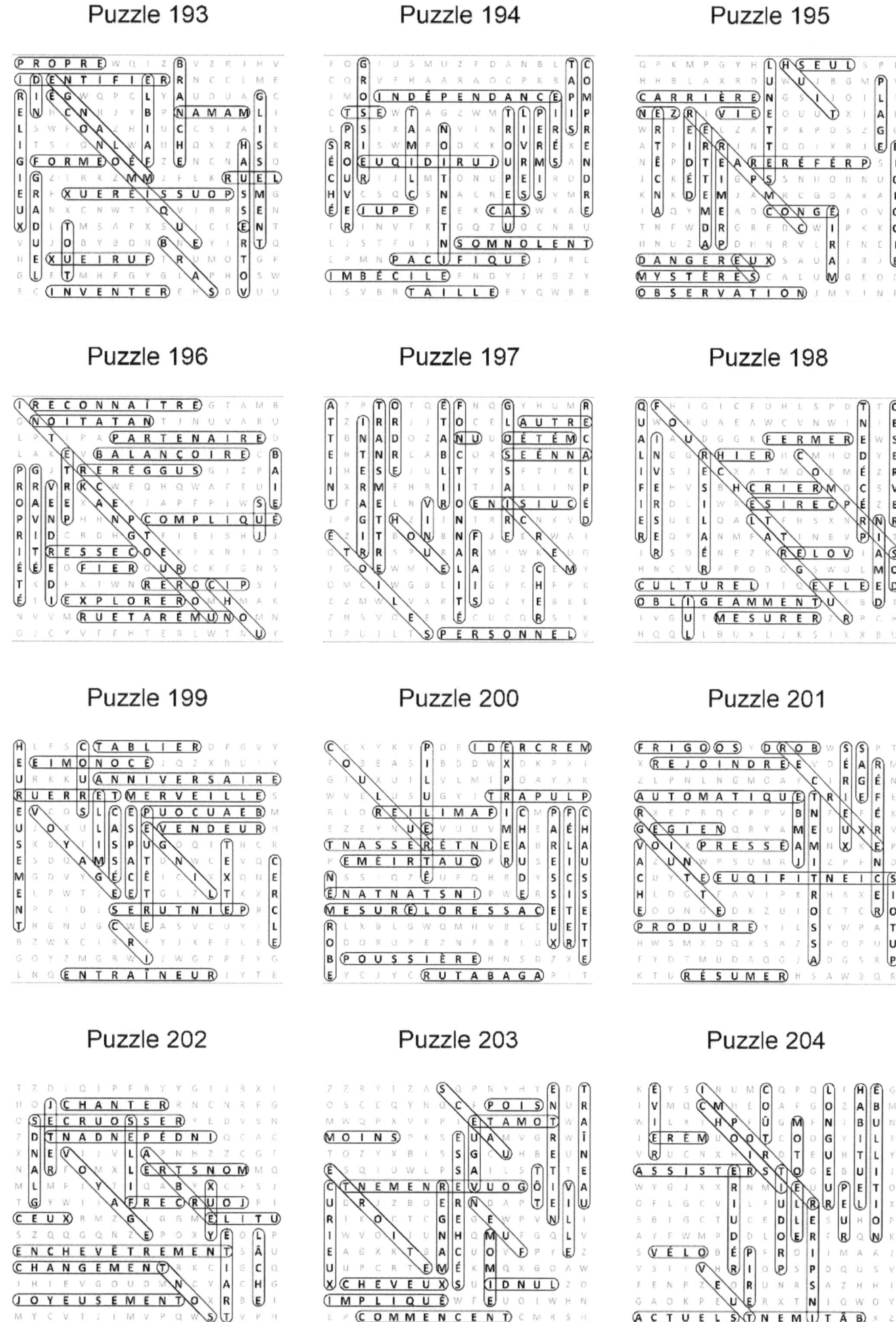

Puzzle 193

Puzzle 194

Puzzle 195

Puzzle 196

Puzzle 197

Puzzle 198

Puzzle 199

Puzzle 200

Puzzle 201

Puzzle 202

Puzzle 203

Puzzle 204

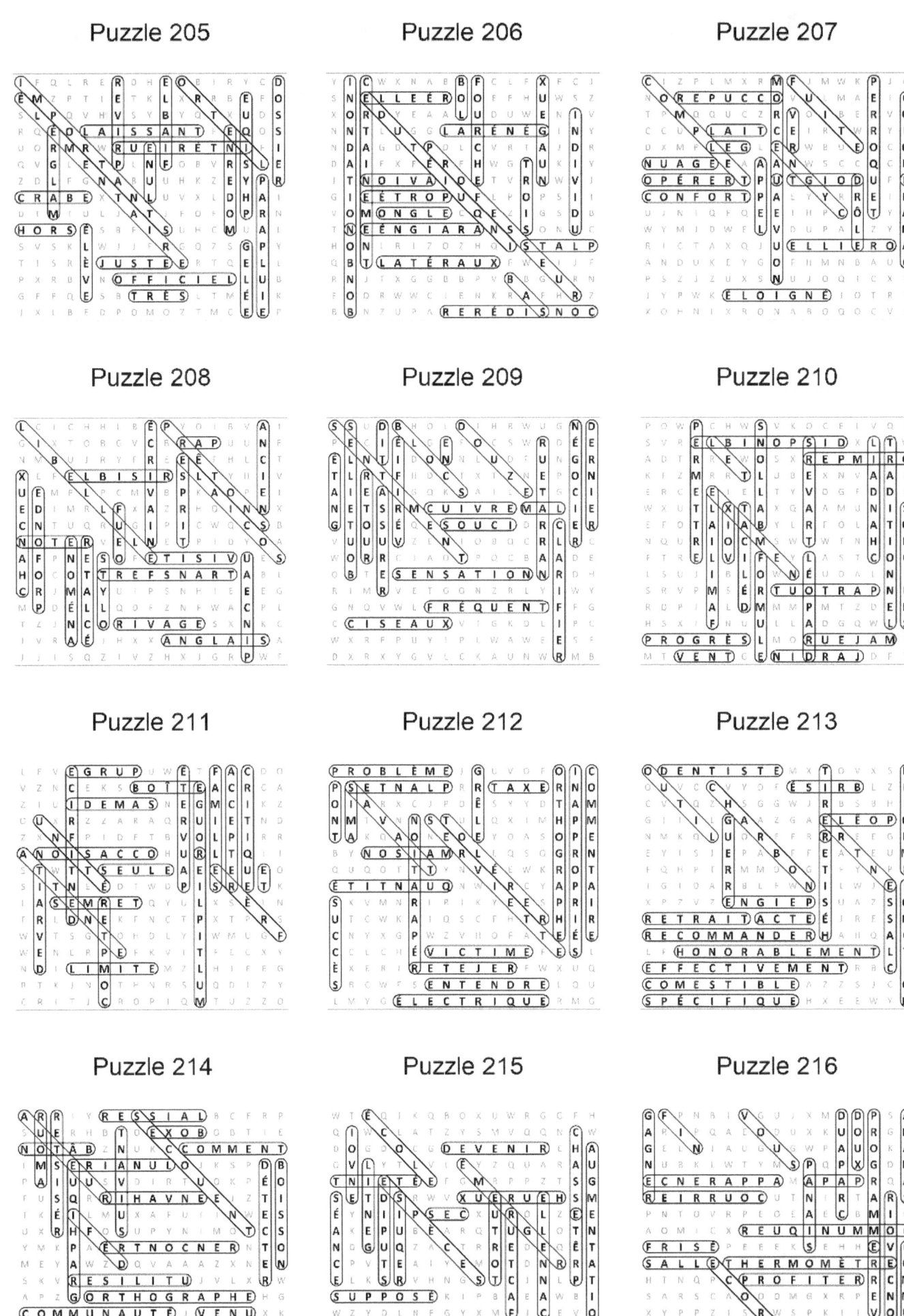

Puzzle 205

Puzzle 206

Puzzle 207

Puzzle 208

Puzzle 209

Puzzle 210

Puzzle 211

Puzzle 212

Puzzle 213

Puzzle 214

Puzzle 215

Puzzle 216

Puzzle 217

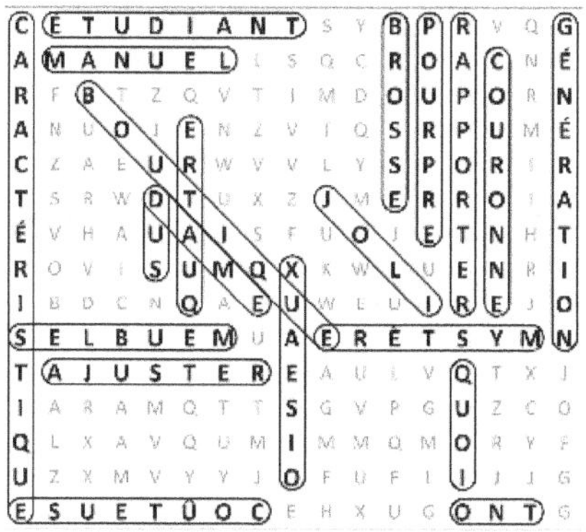

Puzzle 218

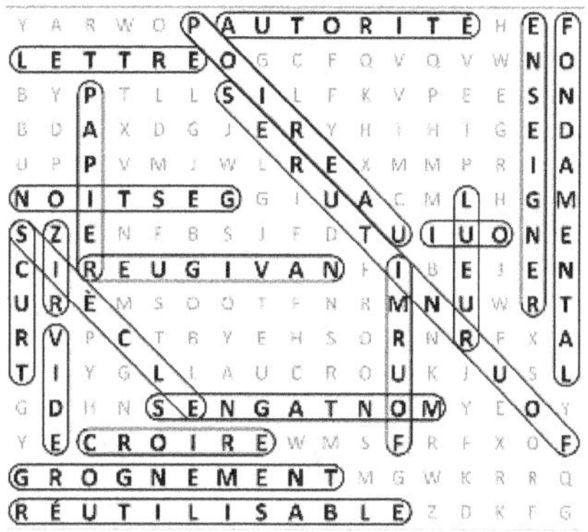

Puzzle 219

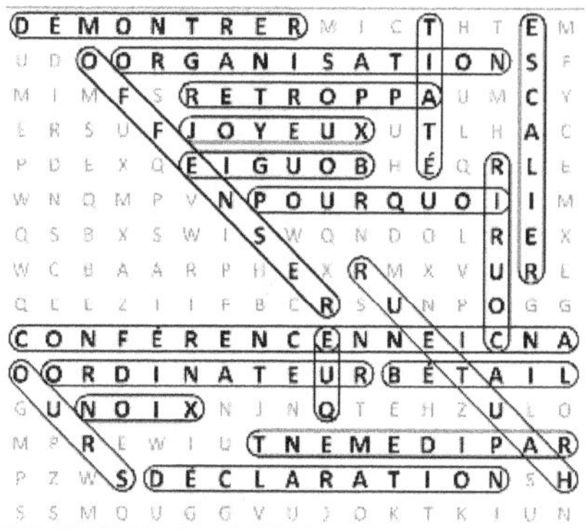

Puzzle 220

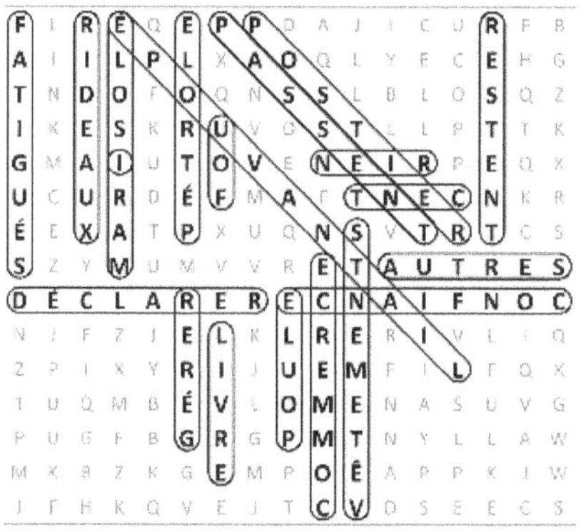

Puzzle 221

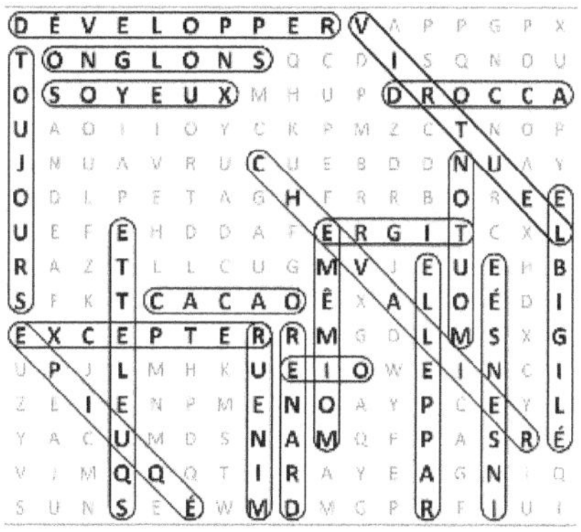

Puzzle 222

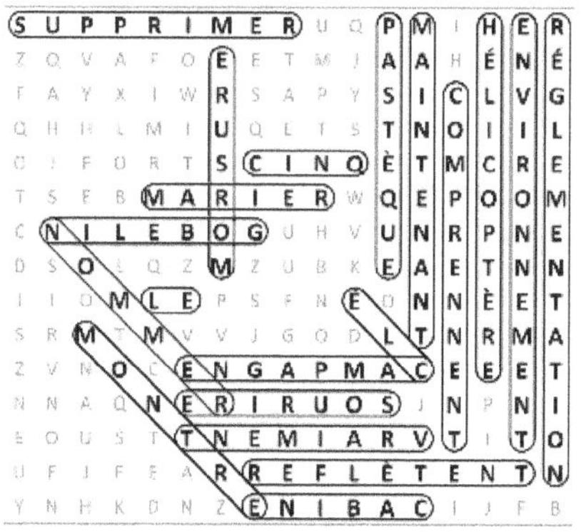

Puzzle 223

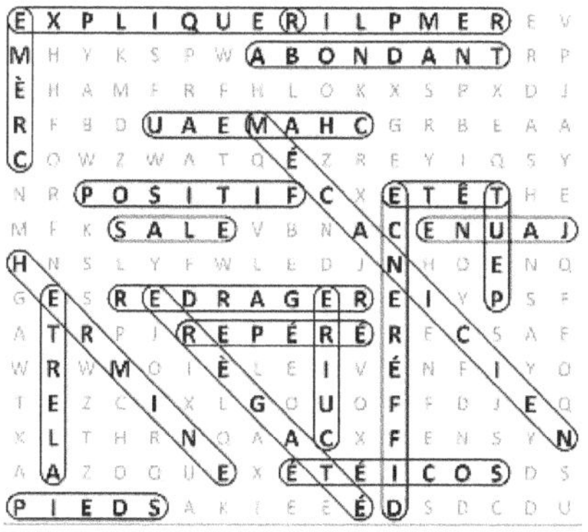

Puzzle 224

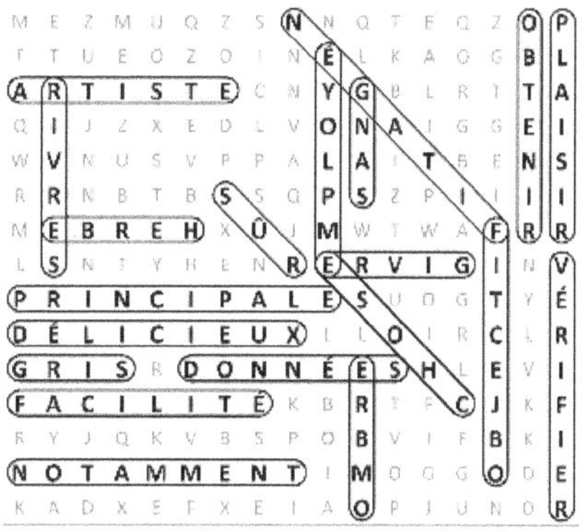

Puzzle 225

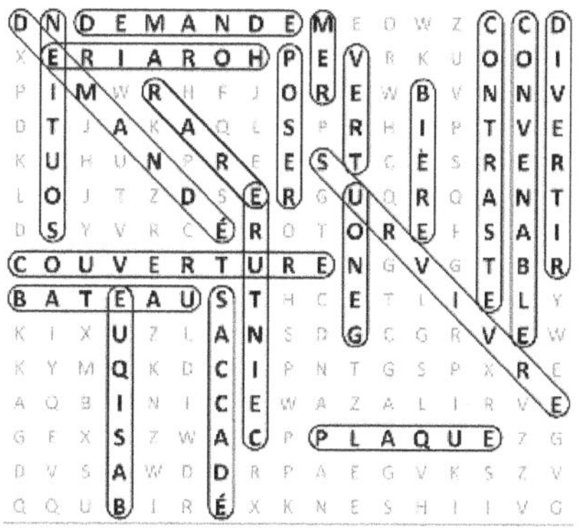

Puzzle 226

Puzzle 227

Puzzle 228

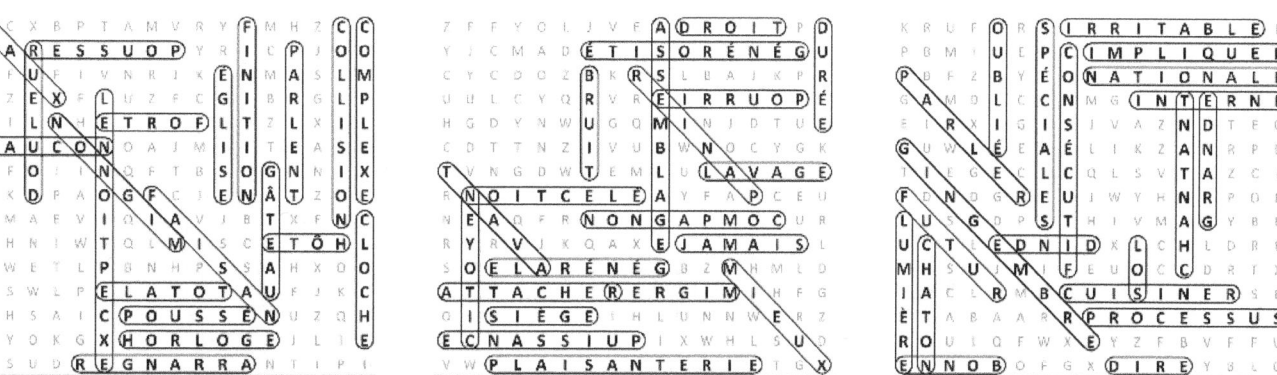

Puzzle 229

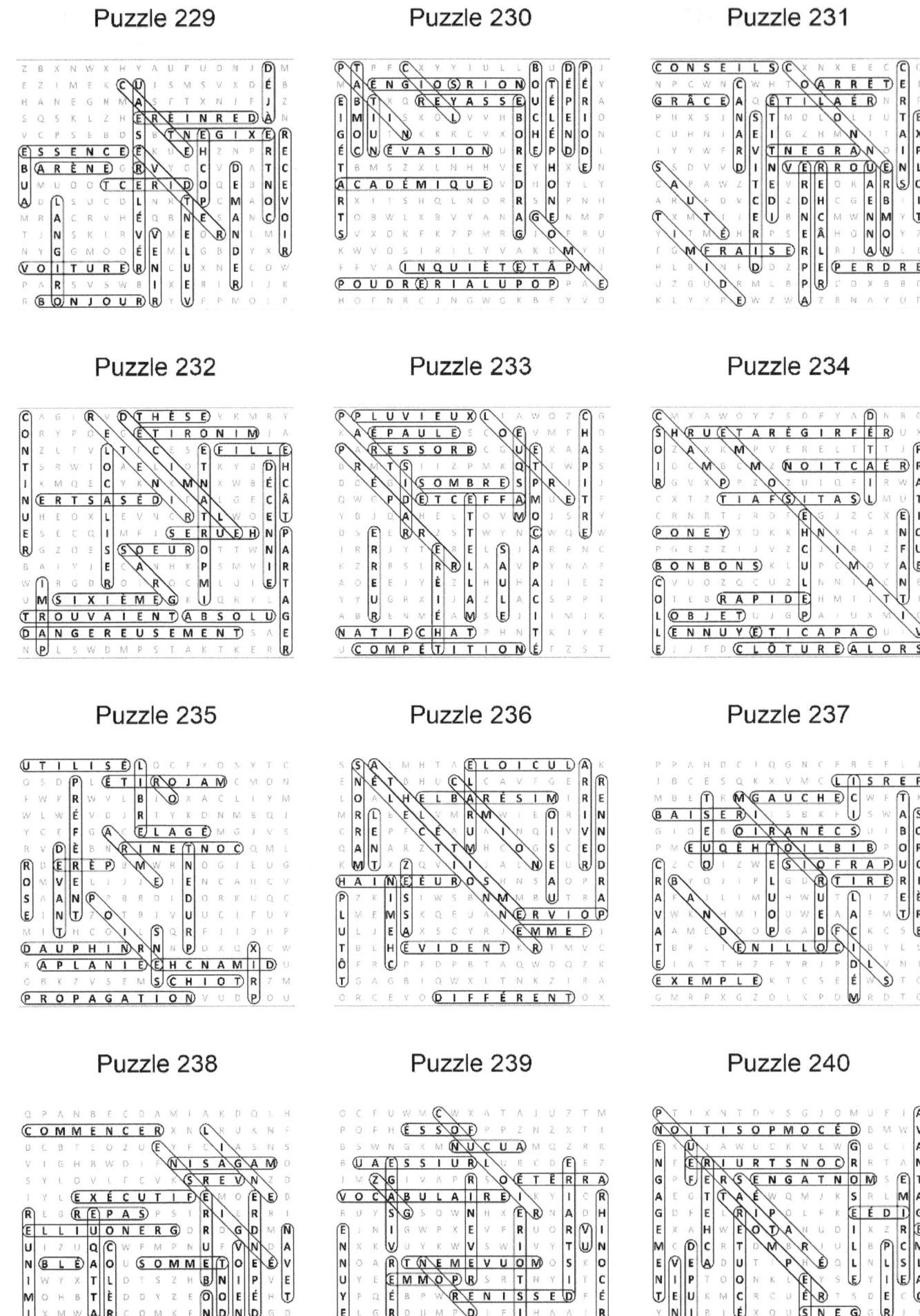

Puzzle 230

Puzzle 231

Puzzle 232

Puzzle 233

Puzzle 234

Puzzle 235

Puzzle 236

Puzzle 237

Puzzle 238

Puzzle 239

Puzzle 240

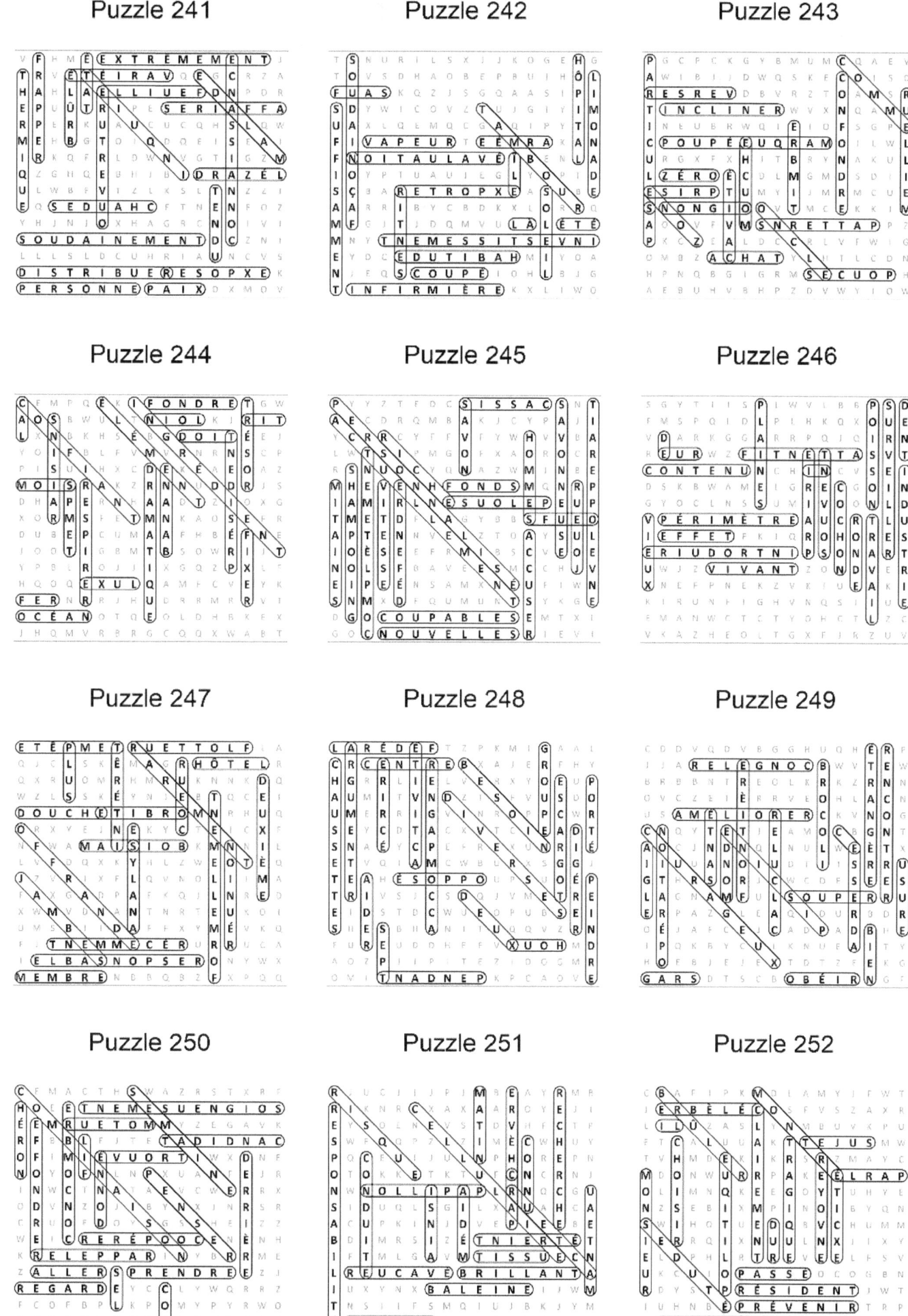

Puzzle 241

Puzzle 242

Puzzle 243

Puzzle 244

Puzzle 245

Puzzle 246

Puzzle 247

Puzzle 248

Puzzle 249

Puzzle 250

Puzzle 251

Puzzle 252

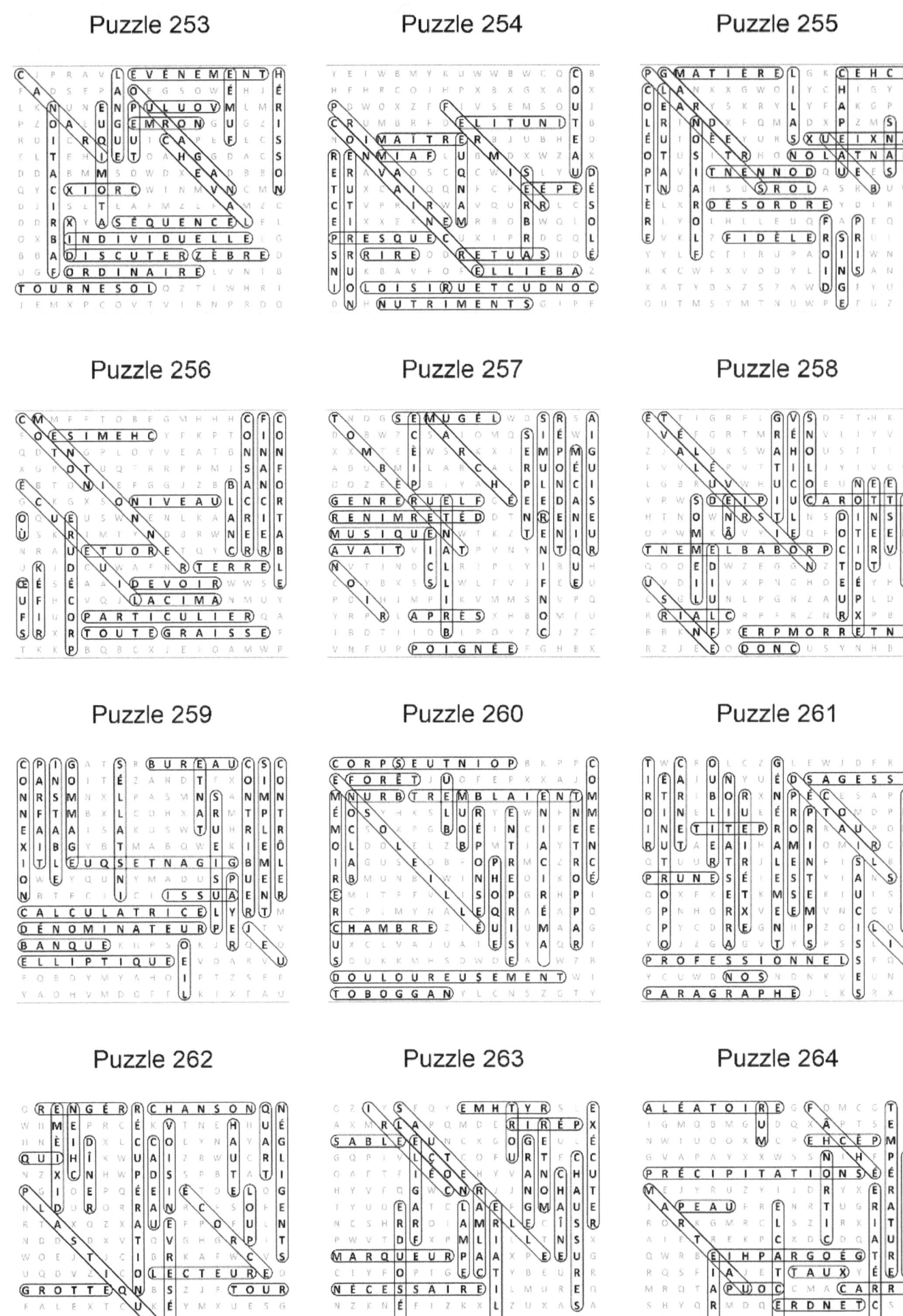

Puzzle 253
Puzzle 254
Puzzle 255
Puzzle 256
Puzzle 257
Puzzle 258
Puzzle 259
Puzzle 260
Puzzle 261
Puzzle 262
Puzzle 263
Puzzle 264

Puzzle 265

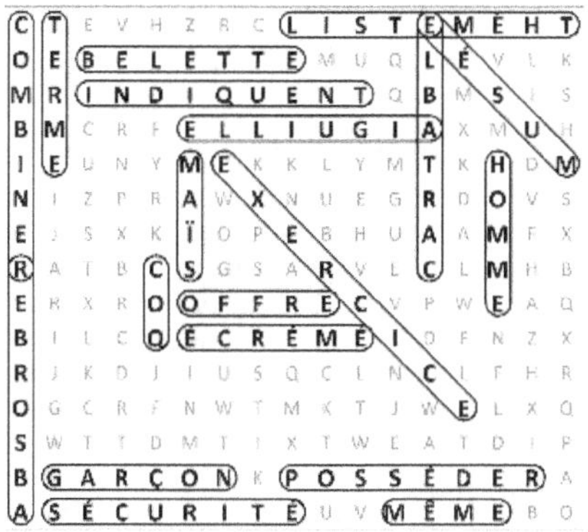

Puzzle 266

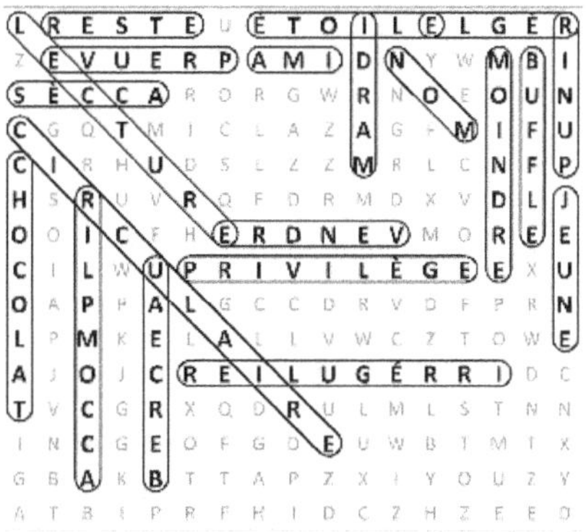

Puzzle 267

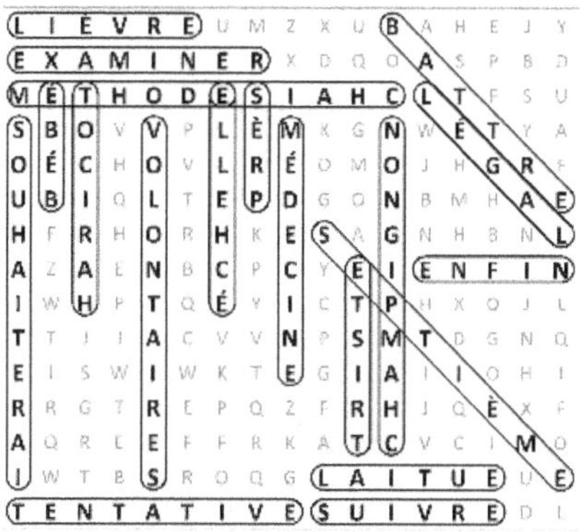

Puzzle 268

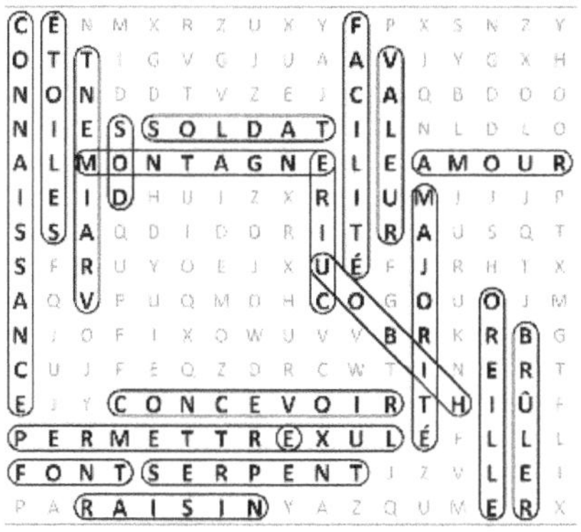

Puzzle 269

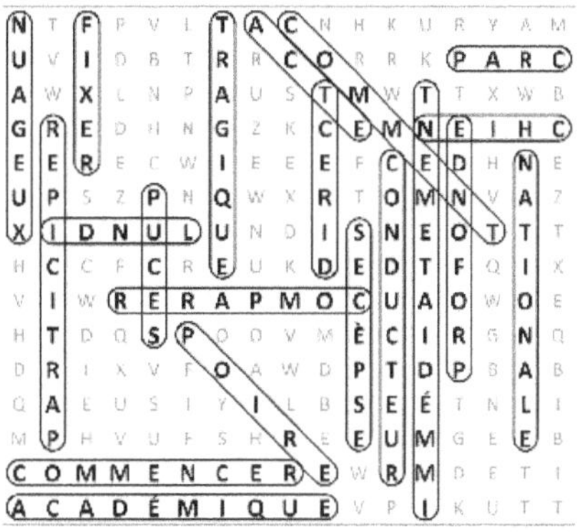

Puzzle 270

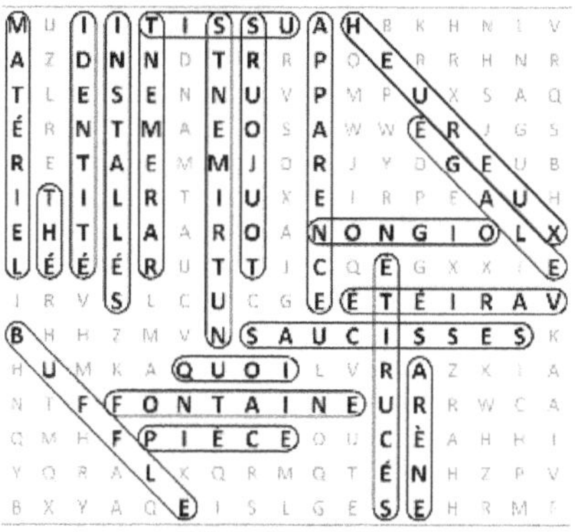

Puzzle 271

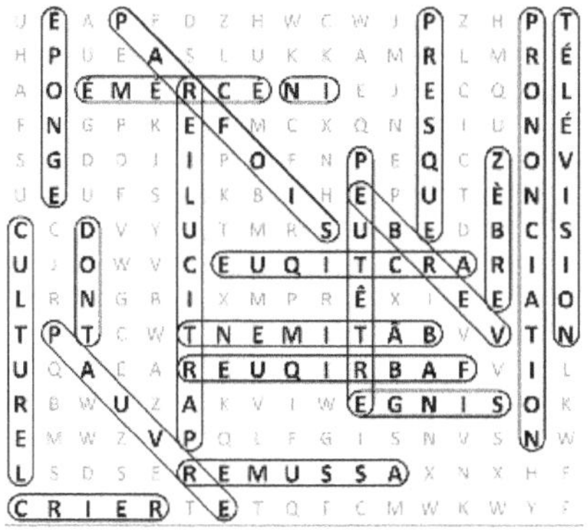

Puzzle 272

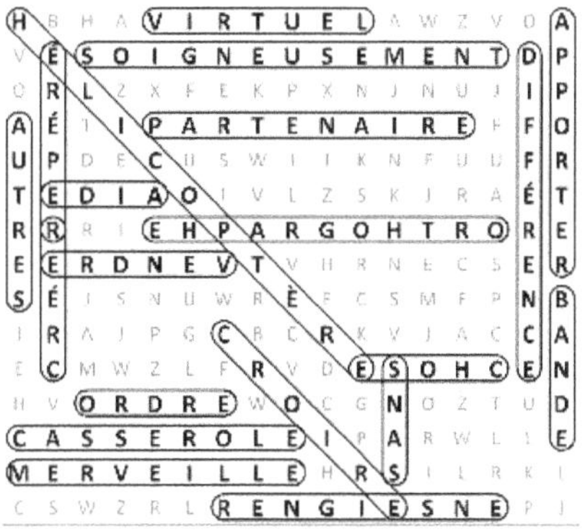

Puzzle 273

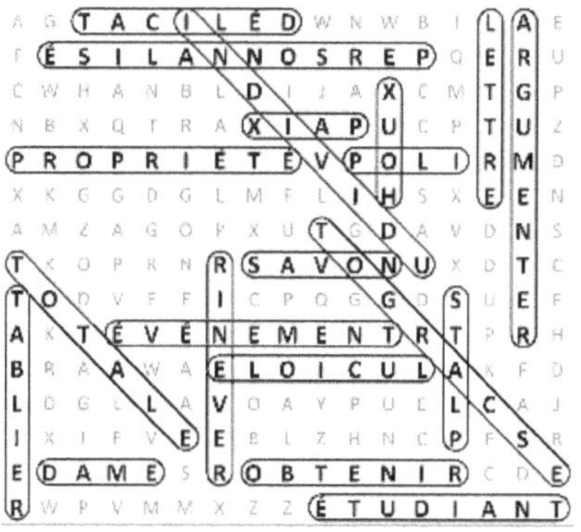

Puzzle 274

Puzzle 275

Puzzle 276

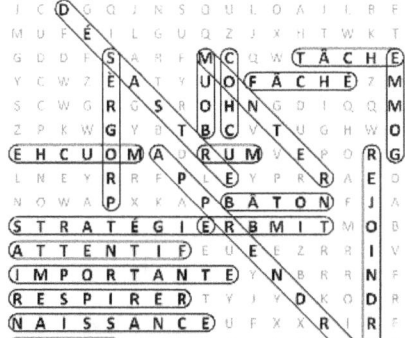

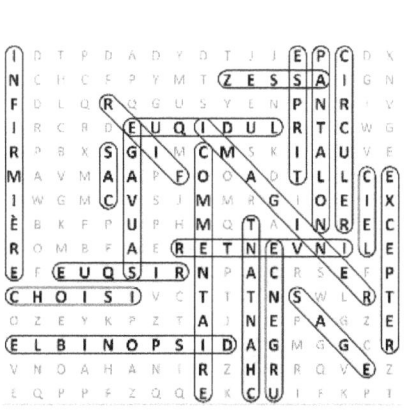

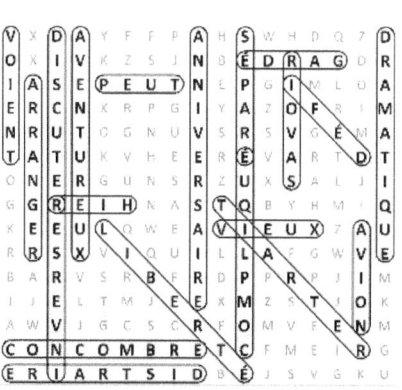

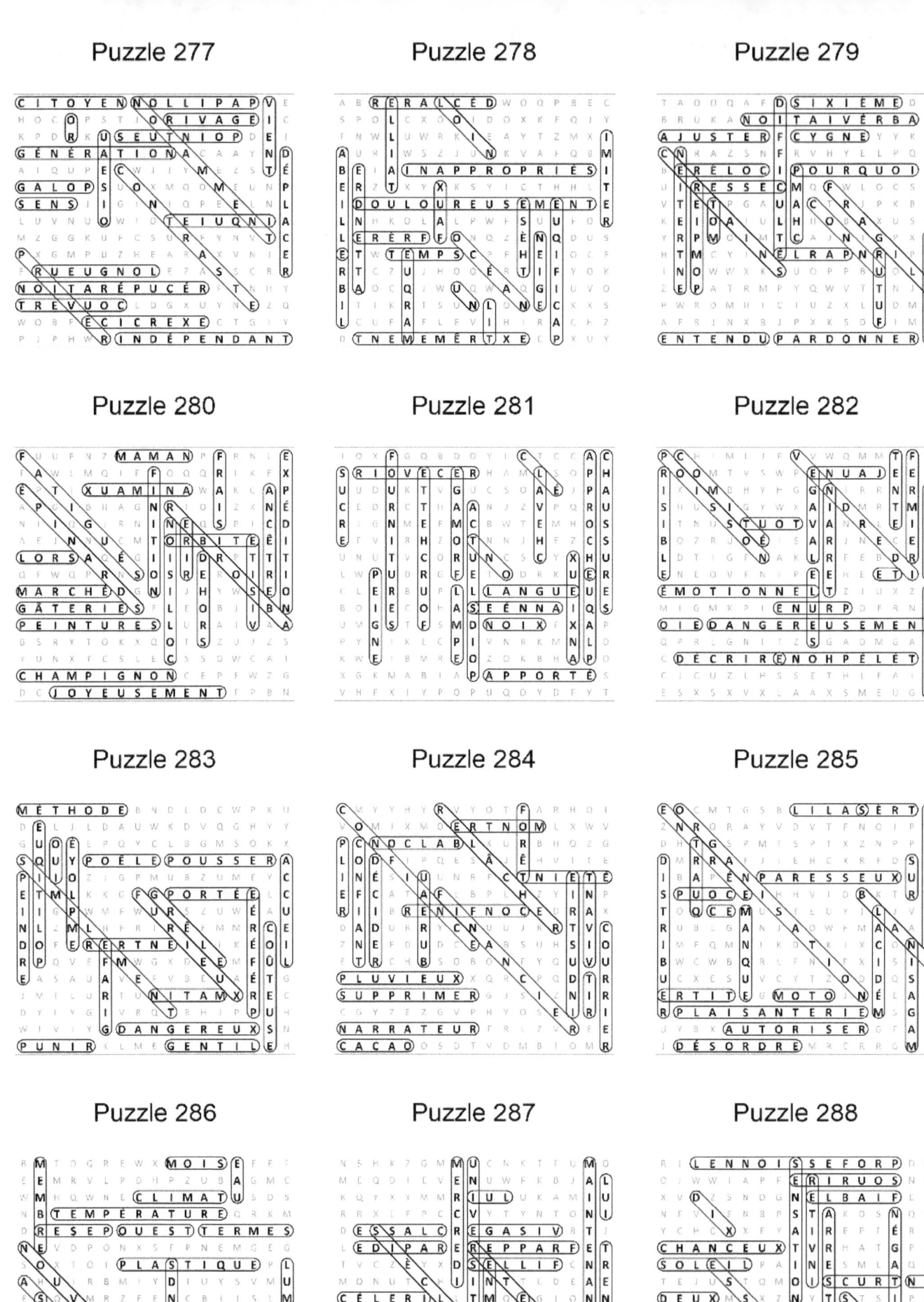

Puzzle 277

Puzzle 278

Puzzle 279

Puzzle 280

Puzzle 281

Puzzle 282

Puzzle 283

Puzzle 284

Puzzle 285

Puzzle 286

Puzzle 287

Puzzle 288

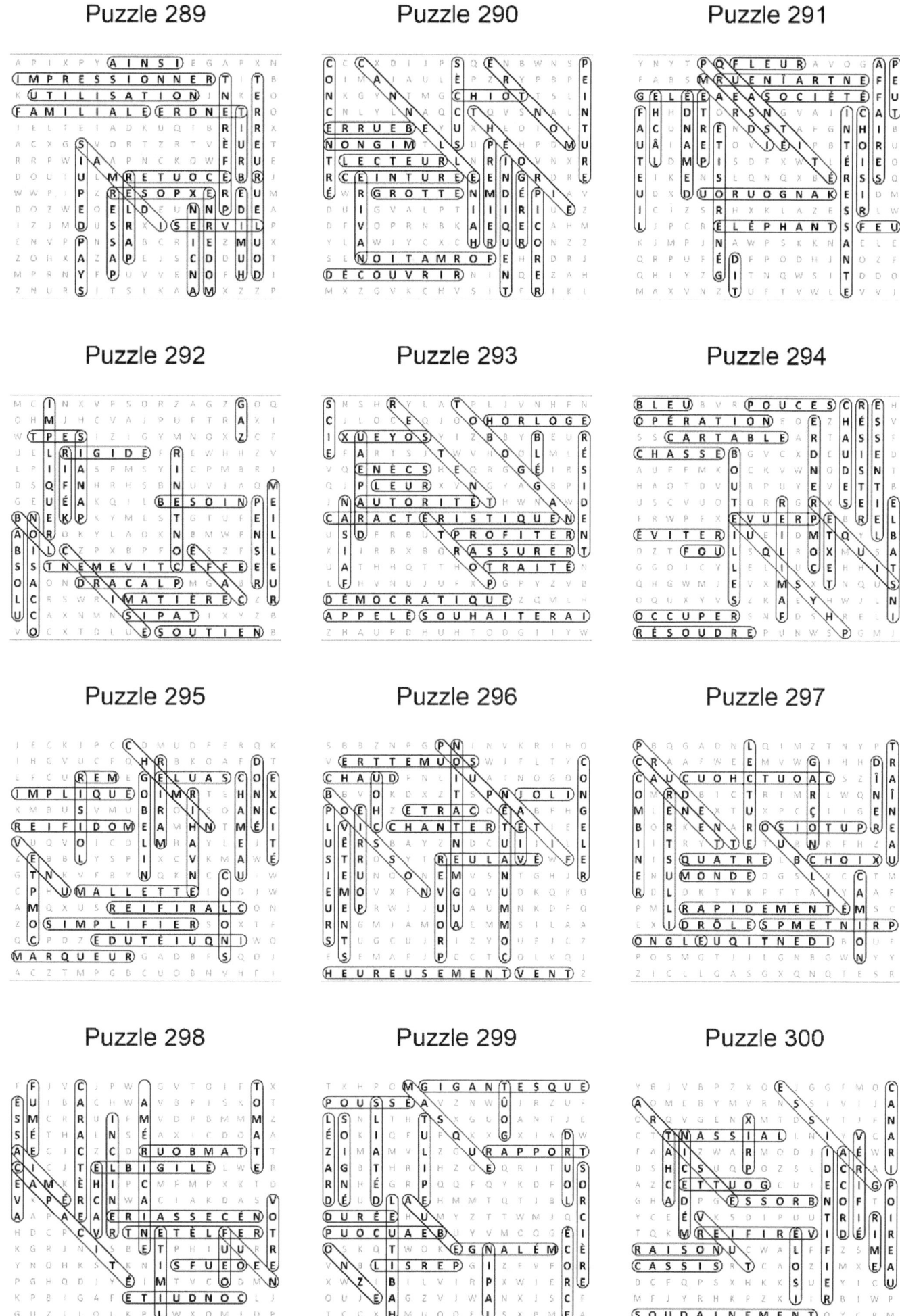

Puzzle 289

Puzzle 290

Puzzle 291

Puzzle 292

Puzzle 293

Puzzle 294

Puzzle 295

Puzzle 296

Puzzle 297

Puzzle 298

Puzzle 299

Puzzle 300

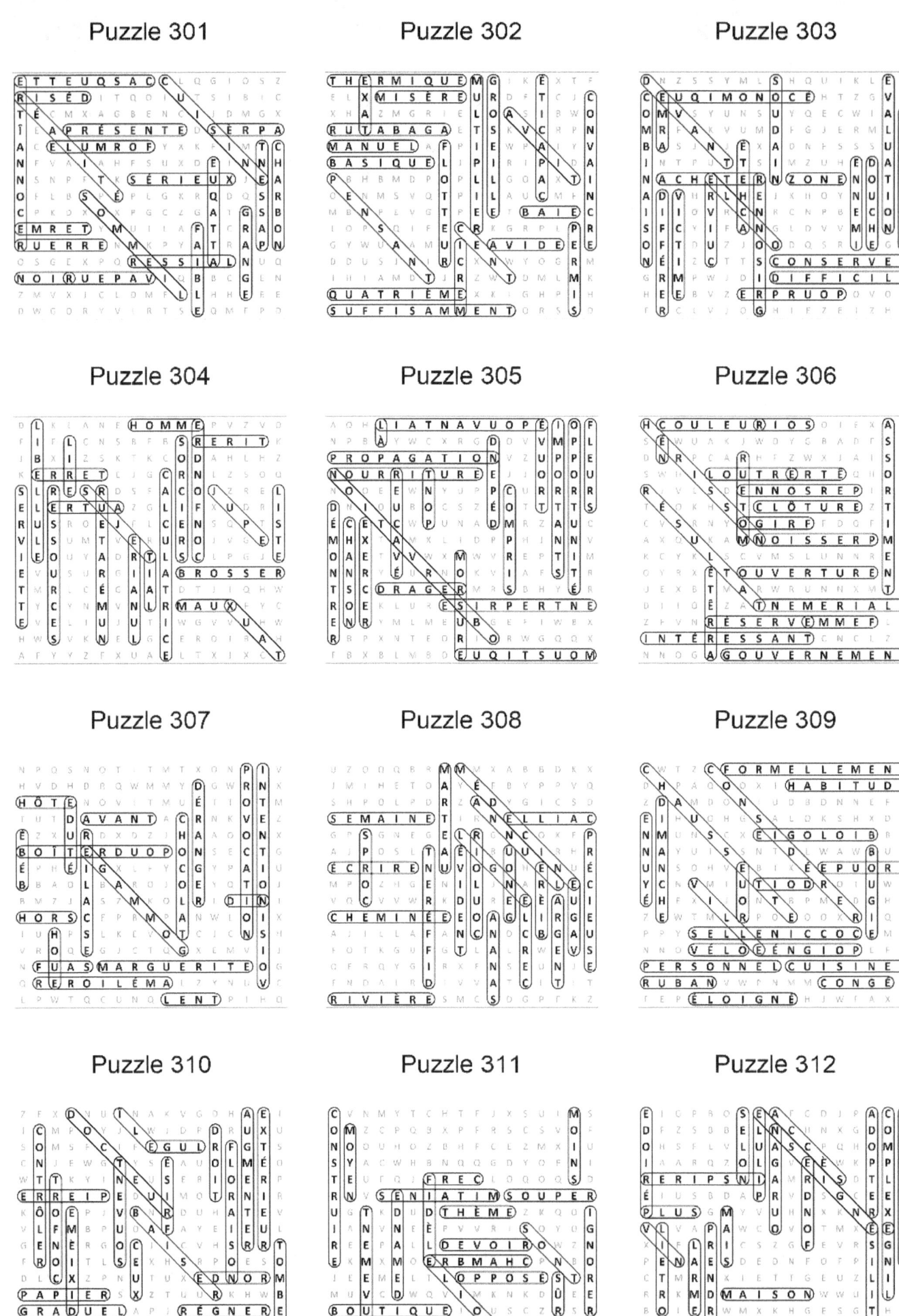

Puzzle 301

Puzzle 302

Puzzle 303

Puzzle 304

Puzzle 305

Puzzle 306

Puzzle 307

Puzzle 308

Puzzle 309

Puzzle 310

Puzzle 311

Puzzle 312

Puzzle 313

Puzzle 314

Puzzle 315

Puzzle 316

Puzzle 317

Puzzle 318

Puzzle 319

Puzzle 320

Puzzle 321

Puzzle 322

Puzzle 323

Puzzle 324

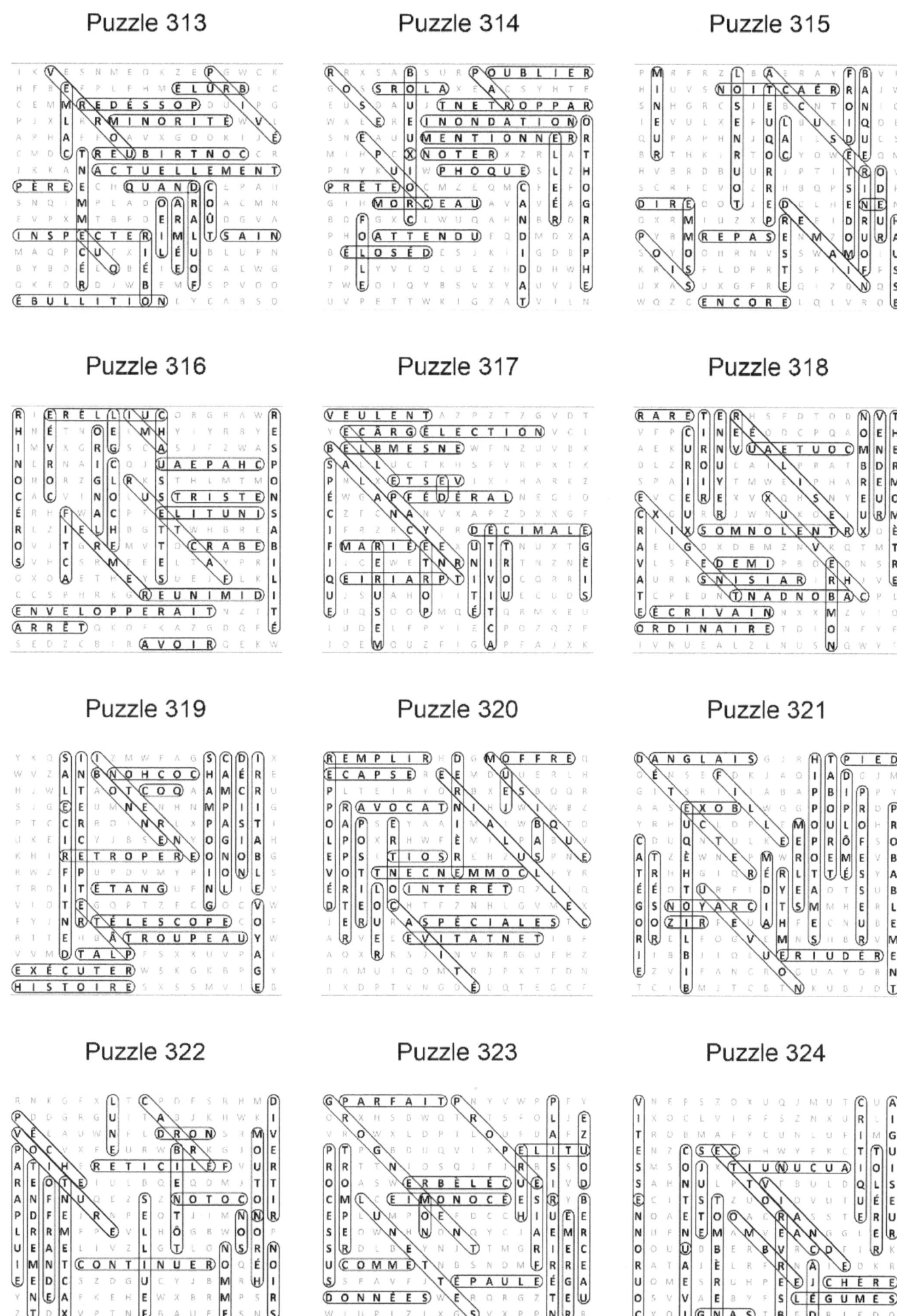

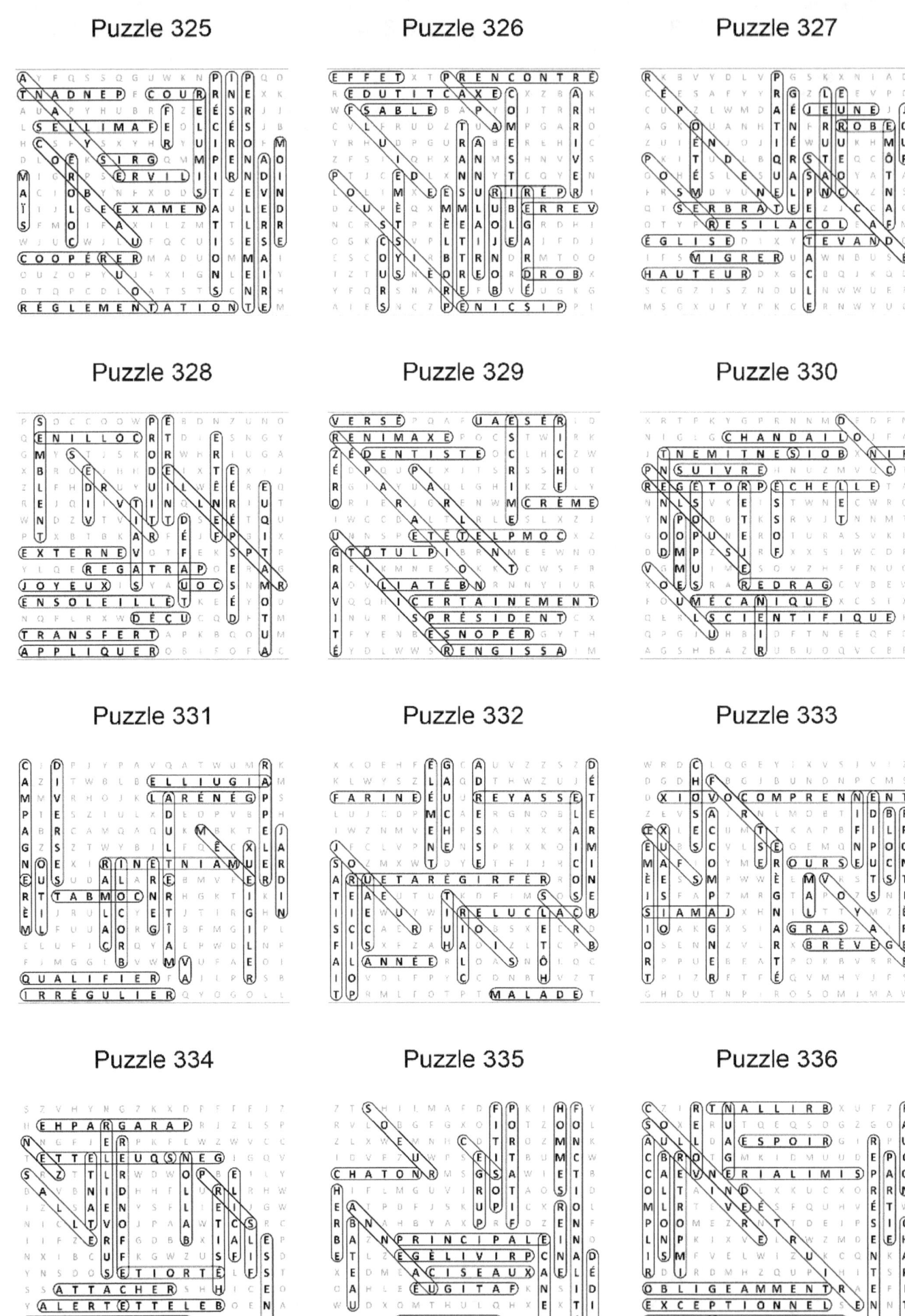

Puzzle 325

Puzzle 326

Puzzle 327

Puzzle 328

Puzzle 329

Puzzle 330

Puzzle 331

Puzzle 332

Puzzle 333

Puzzle 334

Puzzle 335

Puzzle 336

Puzzle 337

Puzzle 338

Puzzle 339

Puzzle 340

Puzzle 341

Puzzle 342

Puzzle 343

Puzzle 344

Puzzle 345

Puzzle 346

Puzzle 347

Puzzle 348

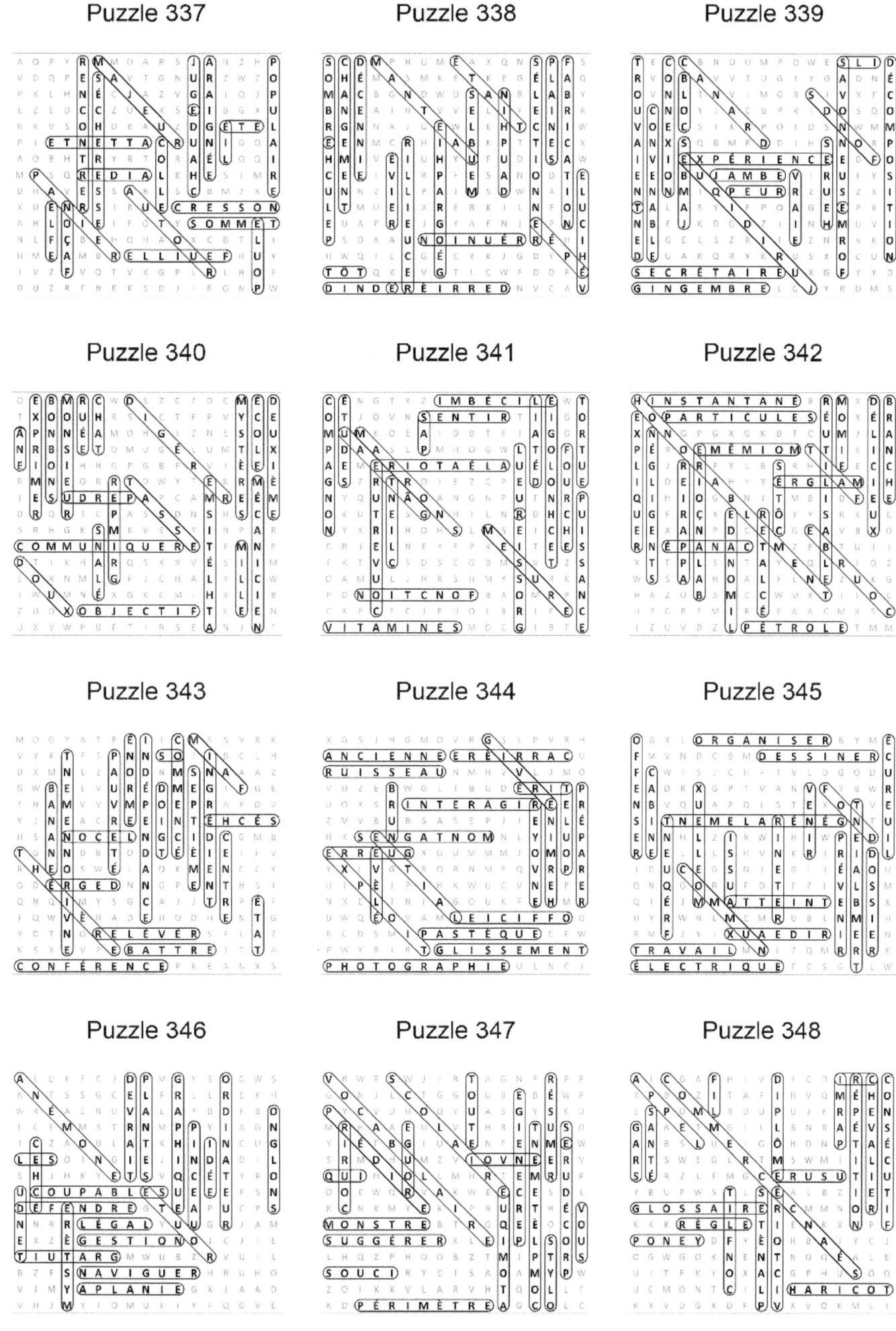

Puzzle 349

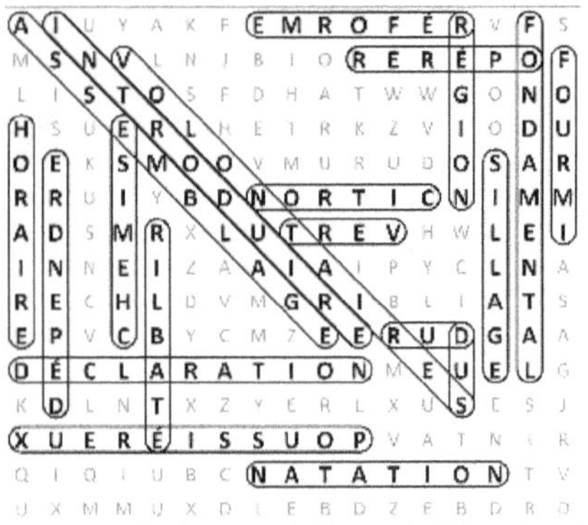

Puzzle 350

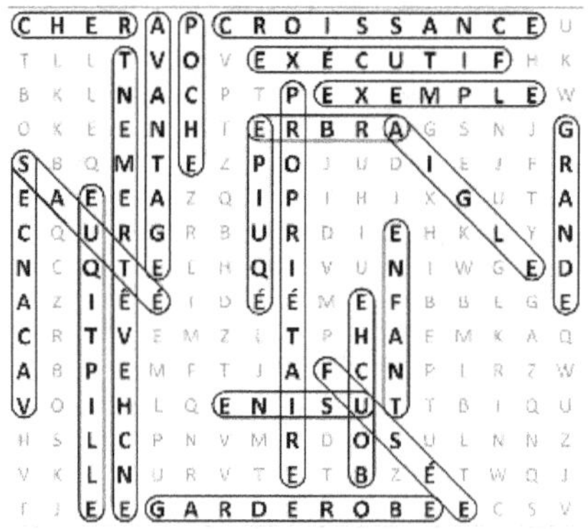

Puzzle 351

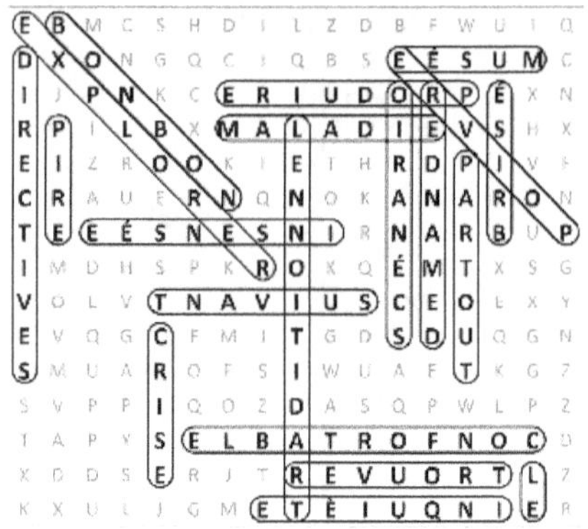

Puzzle 352

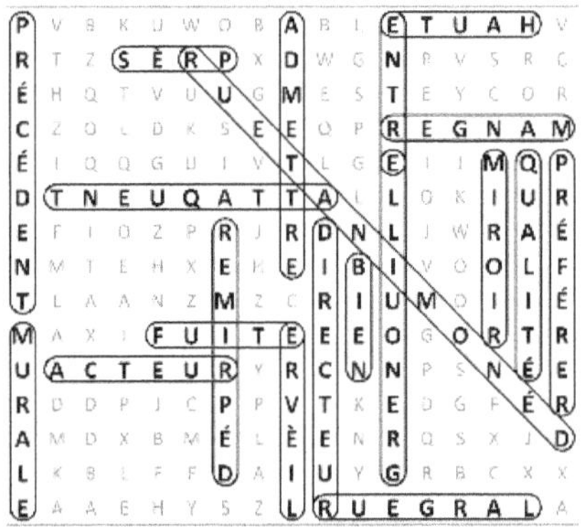

Puzzle 353

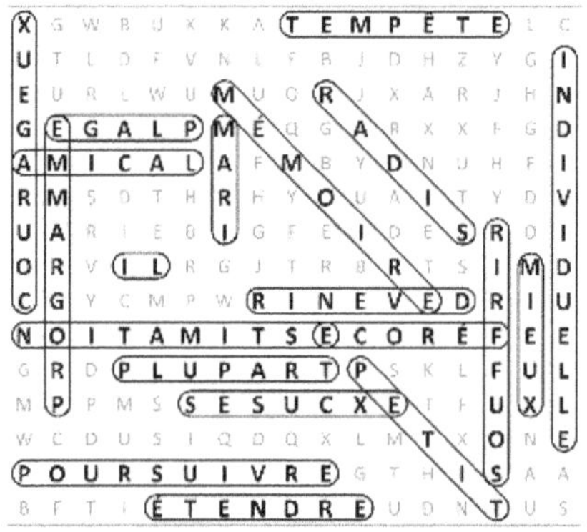

Puzzle 354

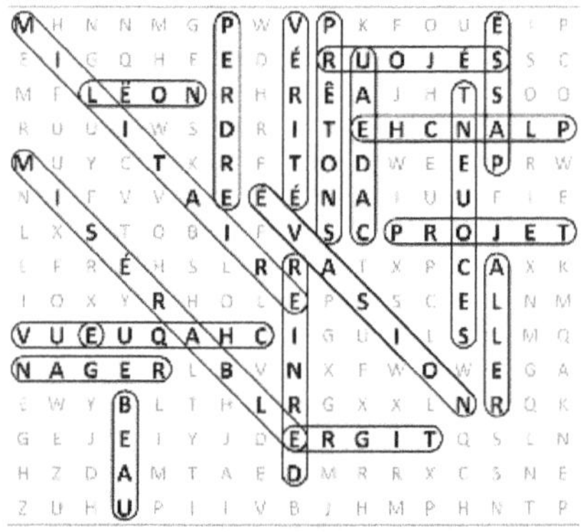

Puzzle 355

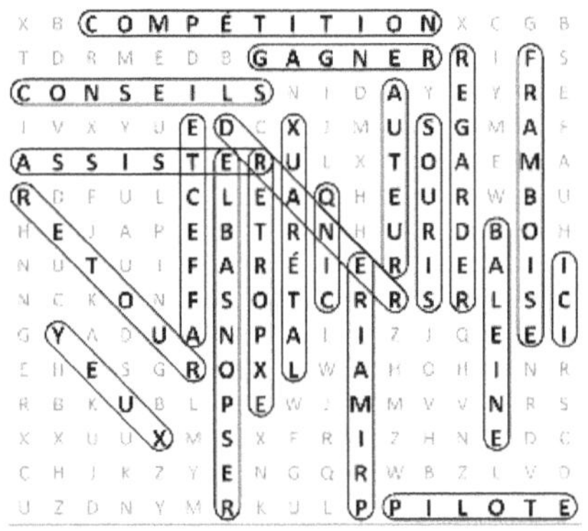

Puzzle 356

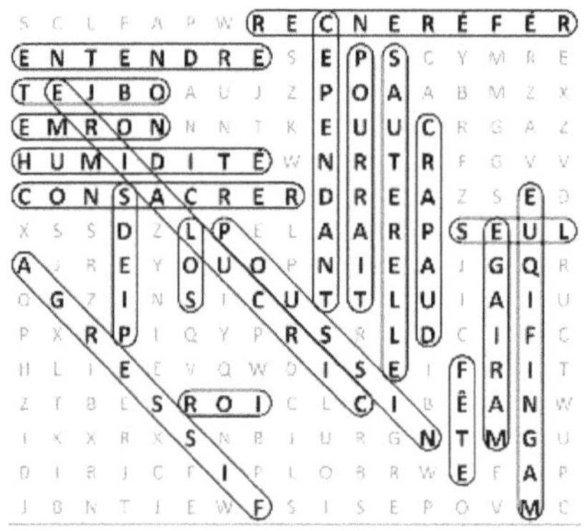

Puzzle 357

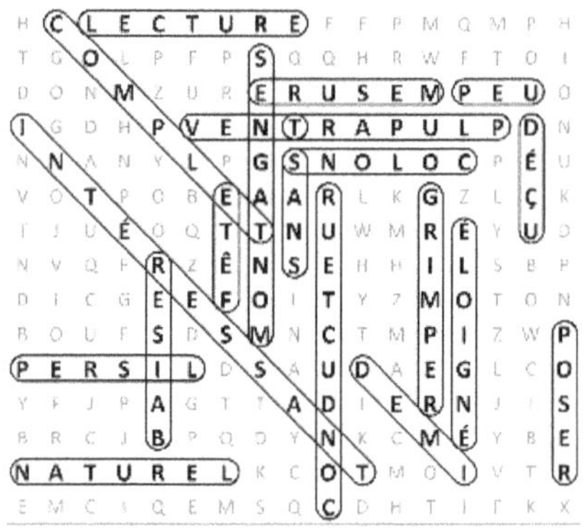

Puzzle 358

Puzzle 359

Puzzle 360

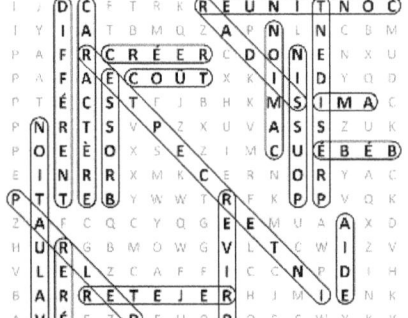

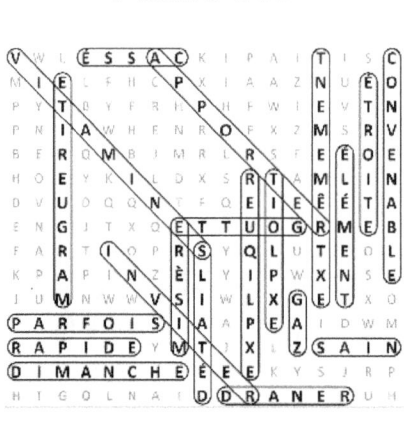

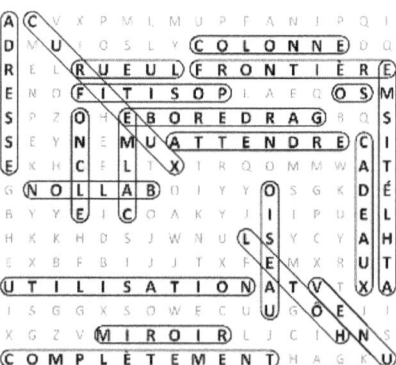

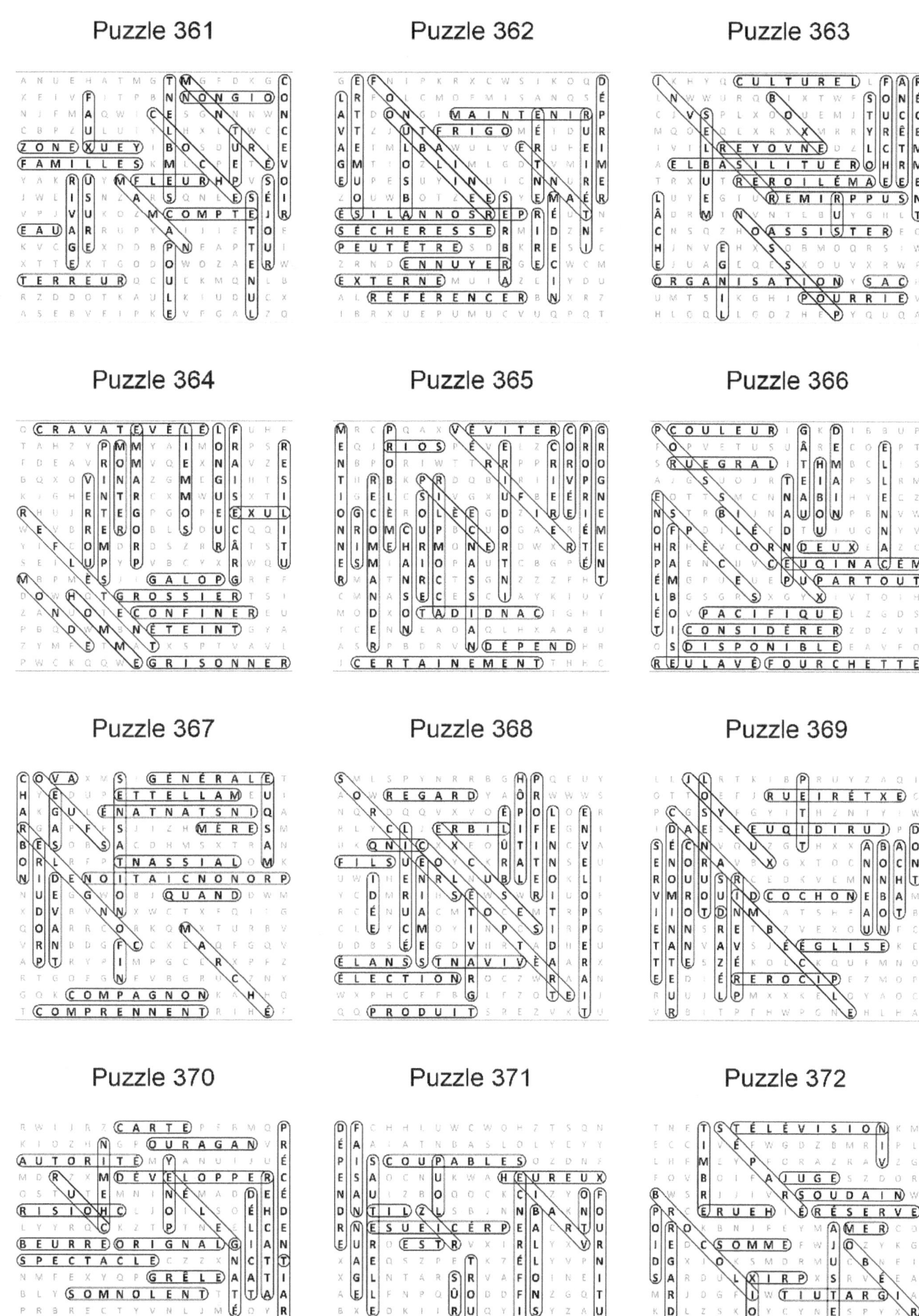

Puzzle 361

Puzzle 362

Puzzle 363

Puzzle 364

Puzzle 365

Puzzle 366

Puzzle 367

Puzzle 368

Puzzle 369

Puzzle 370

Puzzle 371

Puzzle 372

Puzzle 373

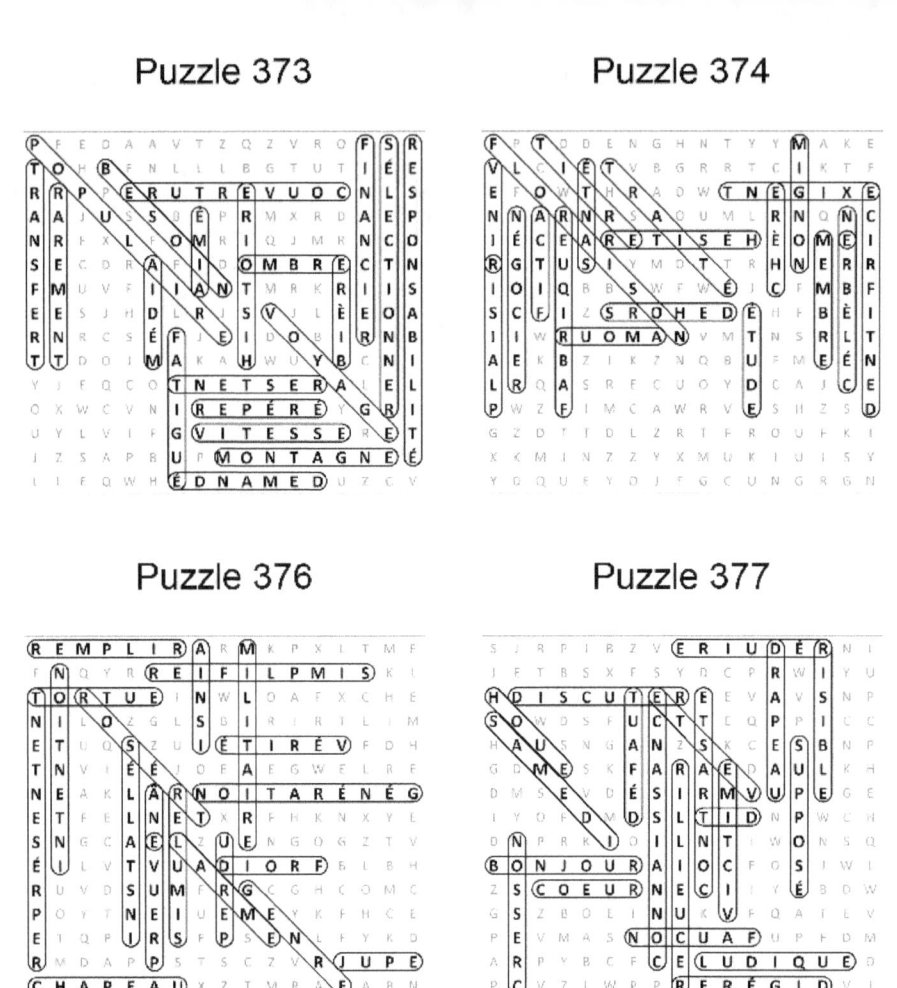

Puzzle 374

Puzzle 375

Puzzle 376

Puzzle 377

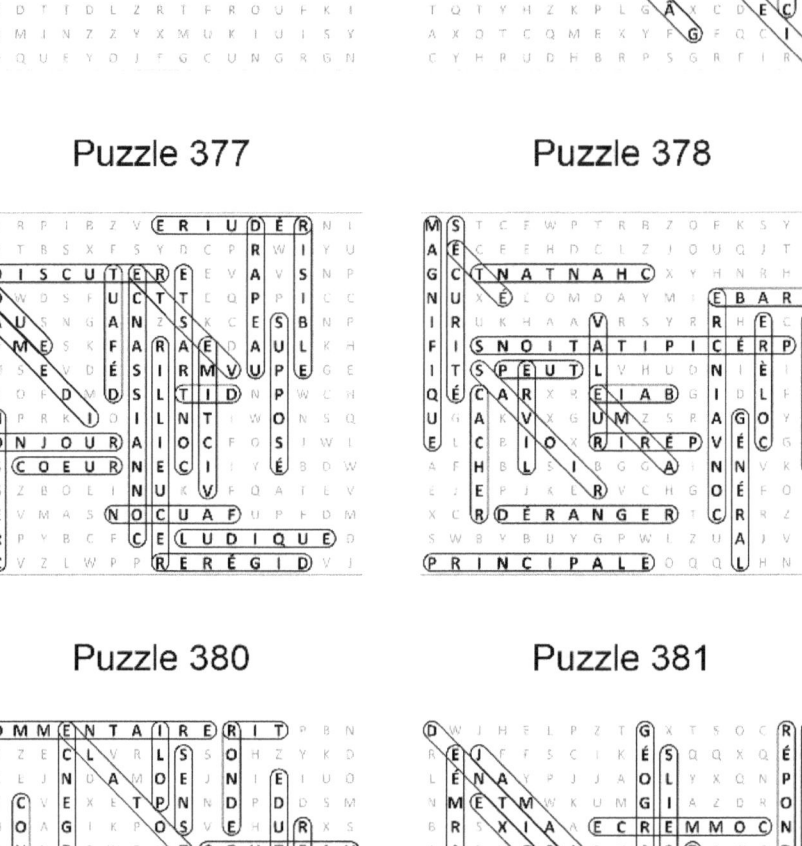

Puzzle 378

Puzzle 379

Puzzle 380

Puzzle 381

Puzzle 382

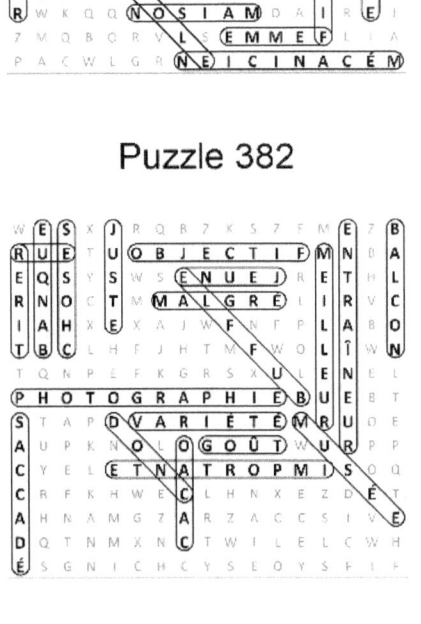

Puzzle 383

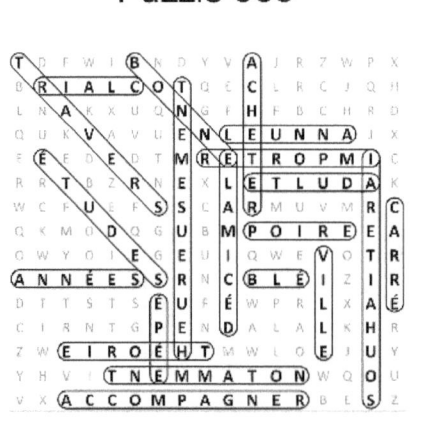

Puzzle 384

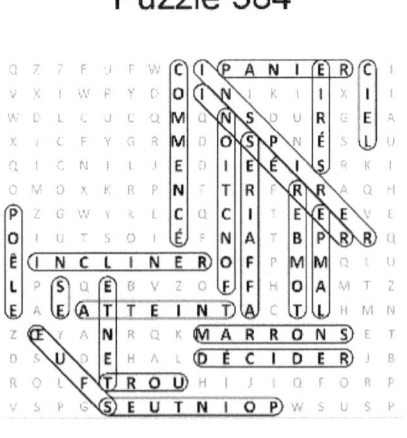

Puzzle 385

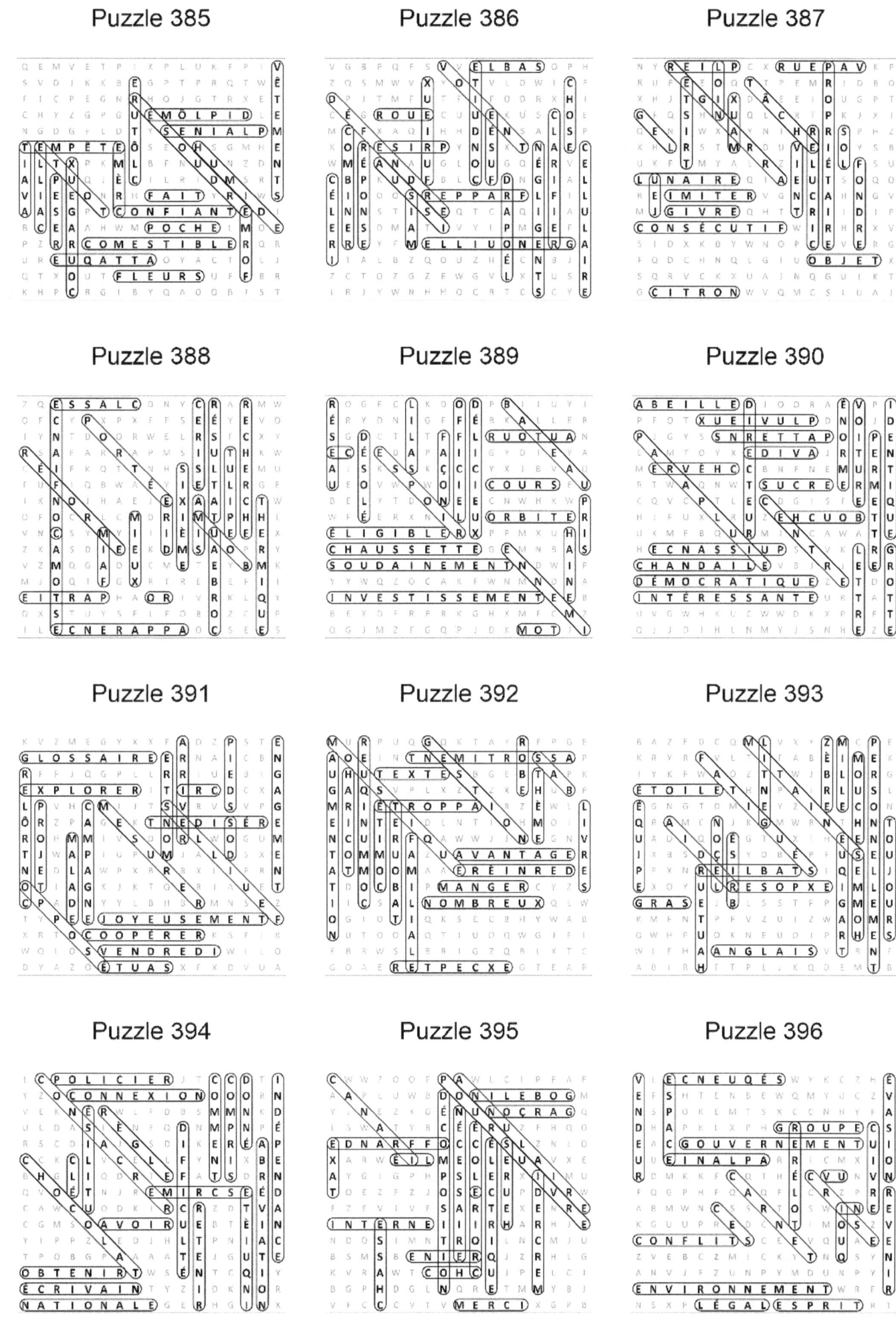

Puzzle 386

Puzzle 387

Puzzle 388

Puzzle 389

Puzzle 390

Puzzle 391

Puzzle 392

Puzzle 393

Puzzle 394

Puzzle 395

Puzzle 396

Puzzle 397

Puzzle 398

Puzzle 399

Puzzle 400

Puzzle 401

Puzzle 402

Puzzle 403

Puzzle 404

Puzzle 405

Puzzle 406

Puzzle 407

Puzzle 408

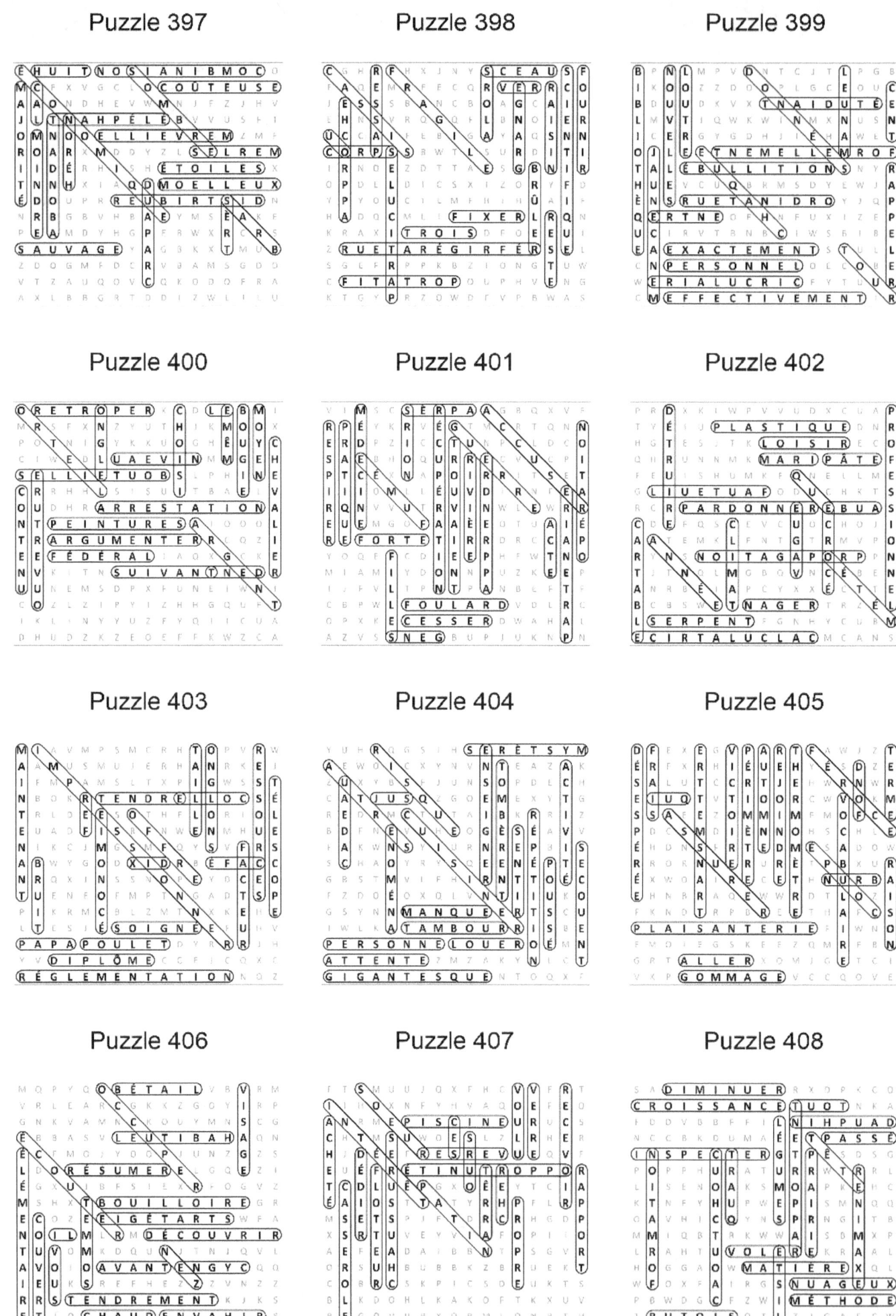

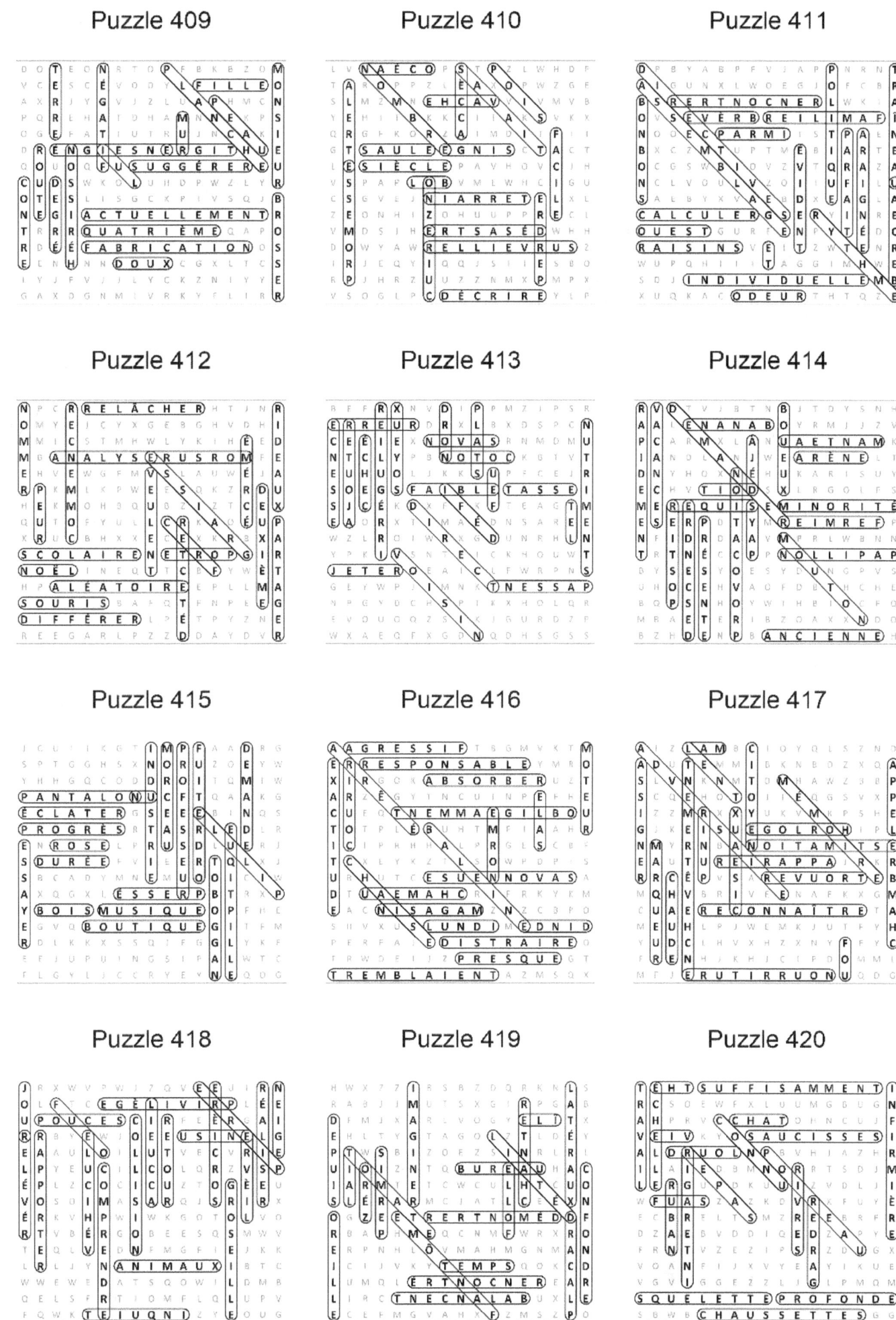

Puzzle 409

Puzzle 410

Puzzle 411

Puzzle 412

Puzzle 413

Puzzle 414

Puzzle 415

Puzzle 416

Puzzle 417

Puzzle 418

Puzzle 419

Puzzle 420

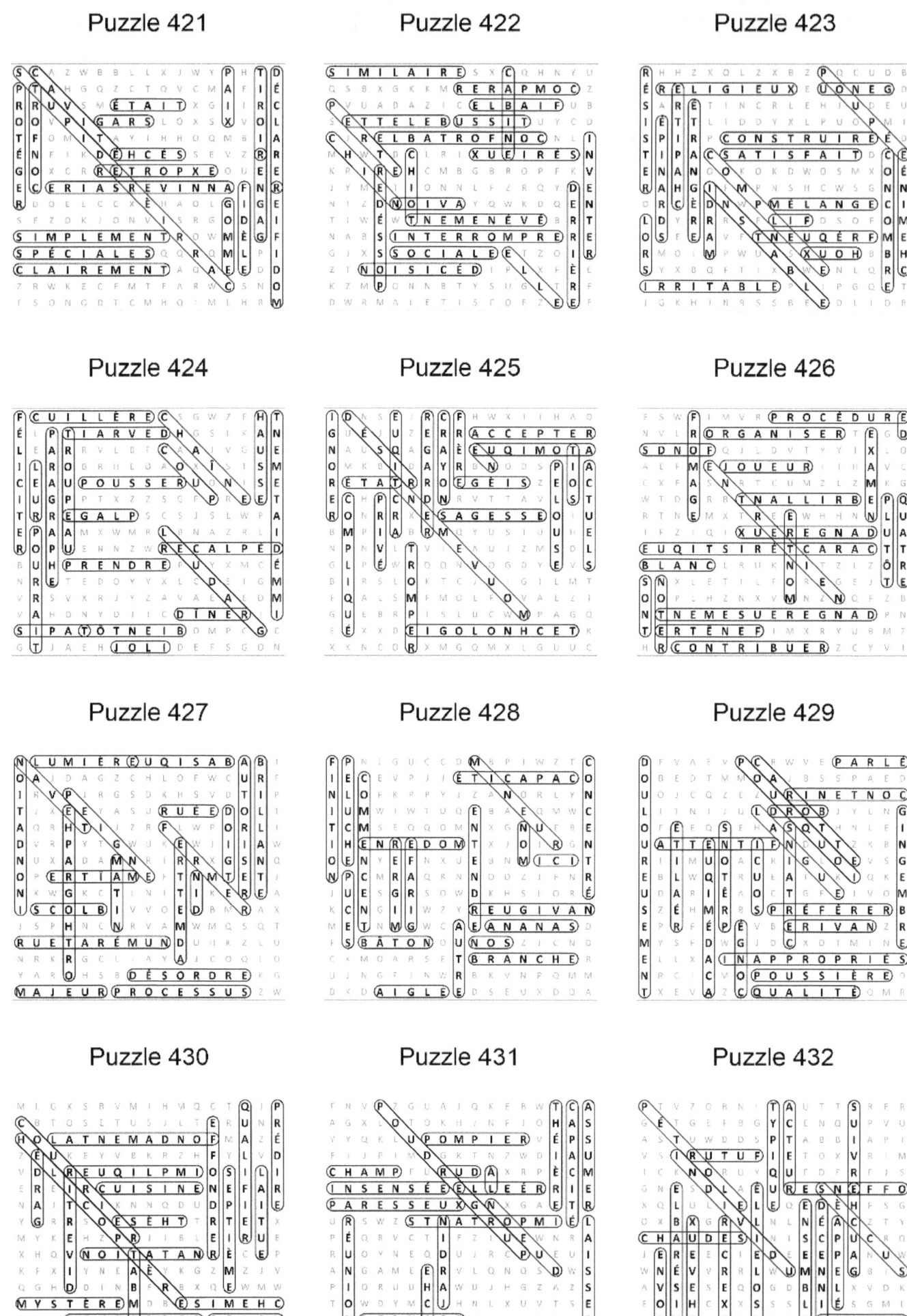

Puzzle 421

Puzzle 422

Puzzle 423

Puzzle 424

Puzzle 425

Puzzle 426

Puzzle 427

Puzzle 428

Puzzle 429

Puzzle 430

Puzzle 431

Puzzle 432

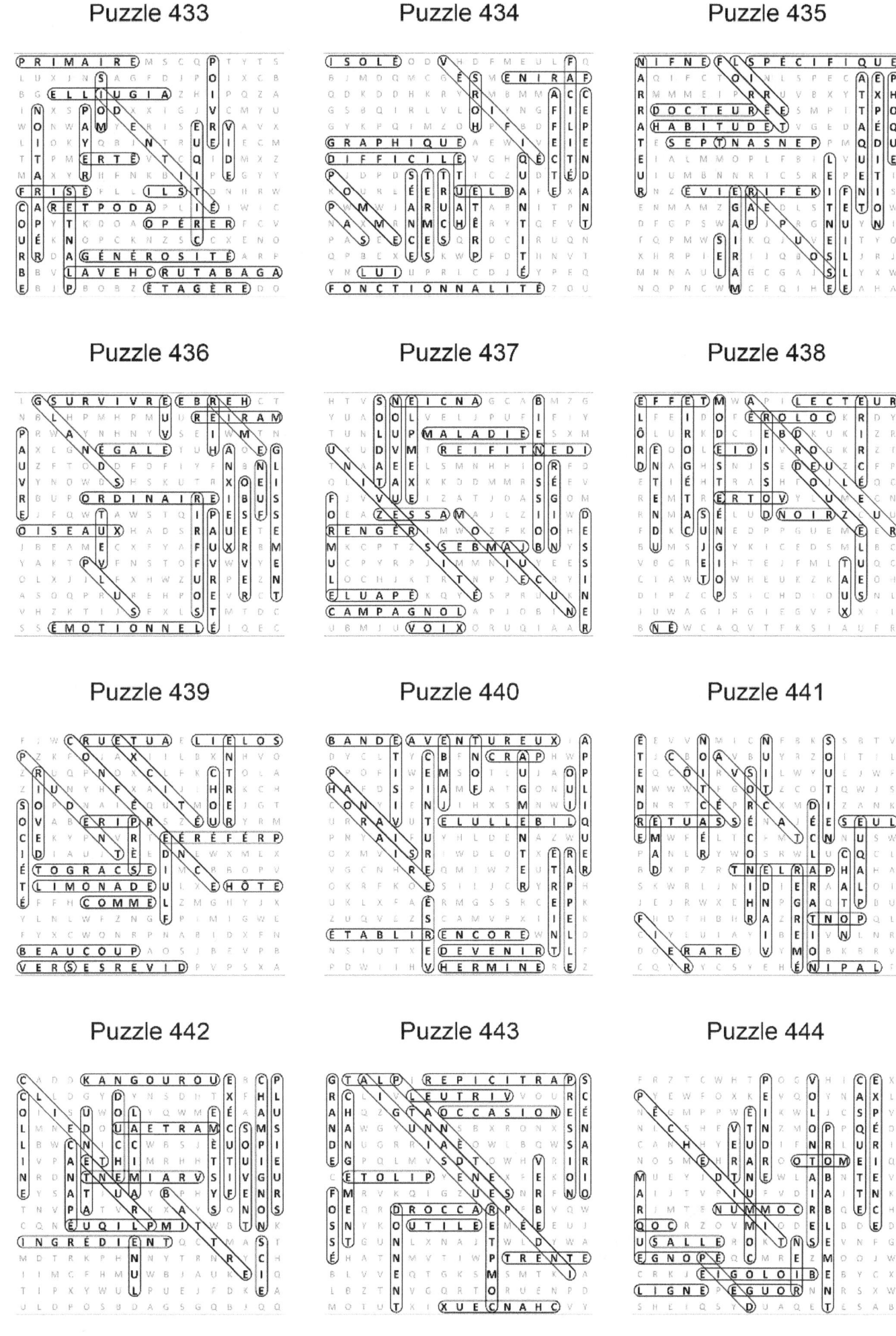

Puzzle 433

Puzzle 434

Puzzle 435

Puzzle 436

Puzzle 437

Puzzle 438

Puzzle 439

Puzzle 440

Puzzle 441

Puzzle 442

Puzzle 443

Puzzle 444

Puzzle 445

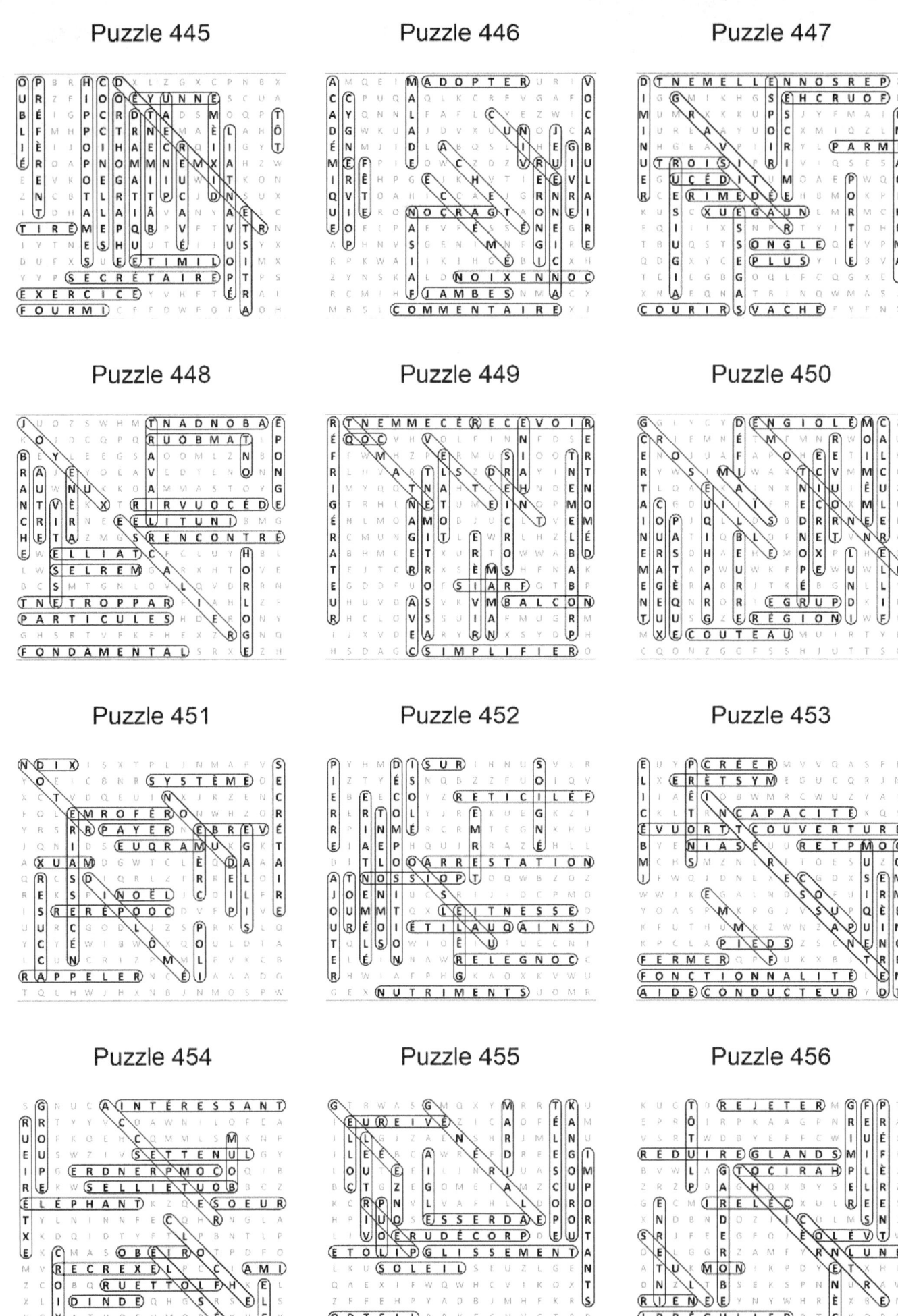

Puzzle 446

Puzzle 447

Puzzle 448

Puzzle 449

Puzzle 450

Puzzle 451

Puzzle 452

Puzzle 453

Puzzle 454

Puzzle 455

Puzzle 456

Puzzle 457

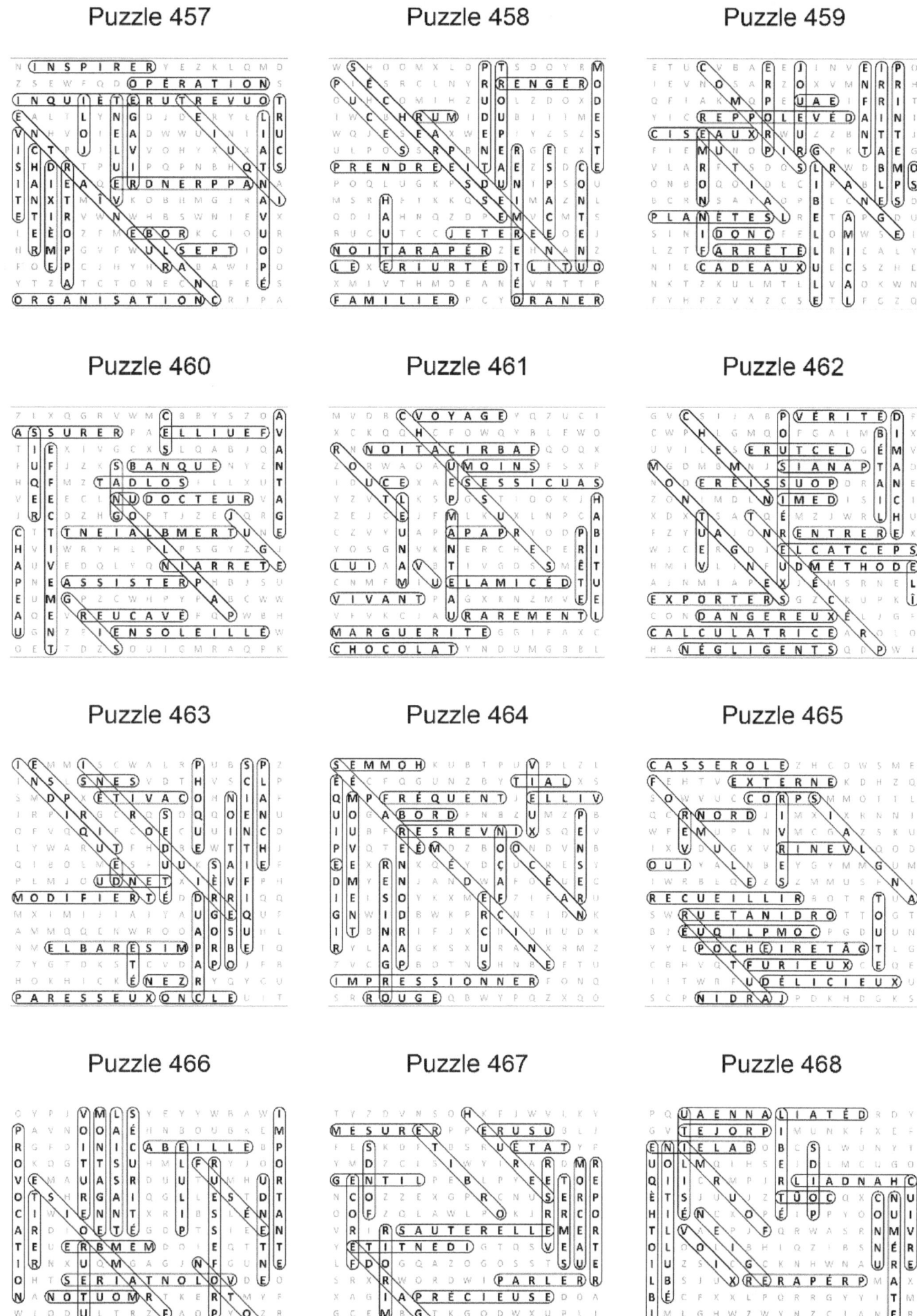

Puzzle 458

Puzzle 459

Puzzle 460

Puzzle 461

Puzzle 462

Puzzle 463

Puzzle 464

Puzzle 465

Puzzle 466

Puzzle 467

Puzzle 468

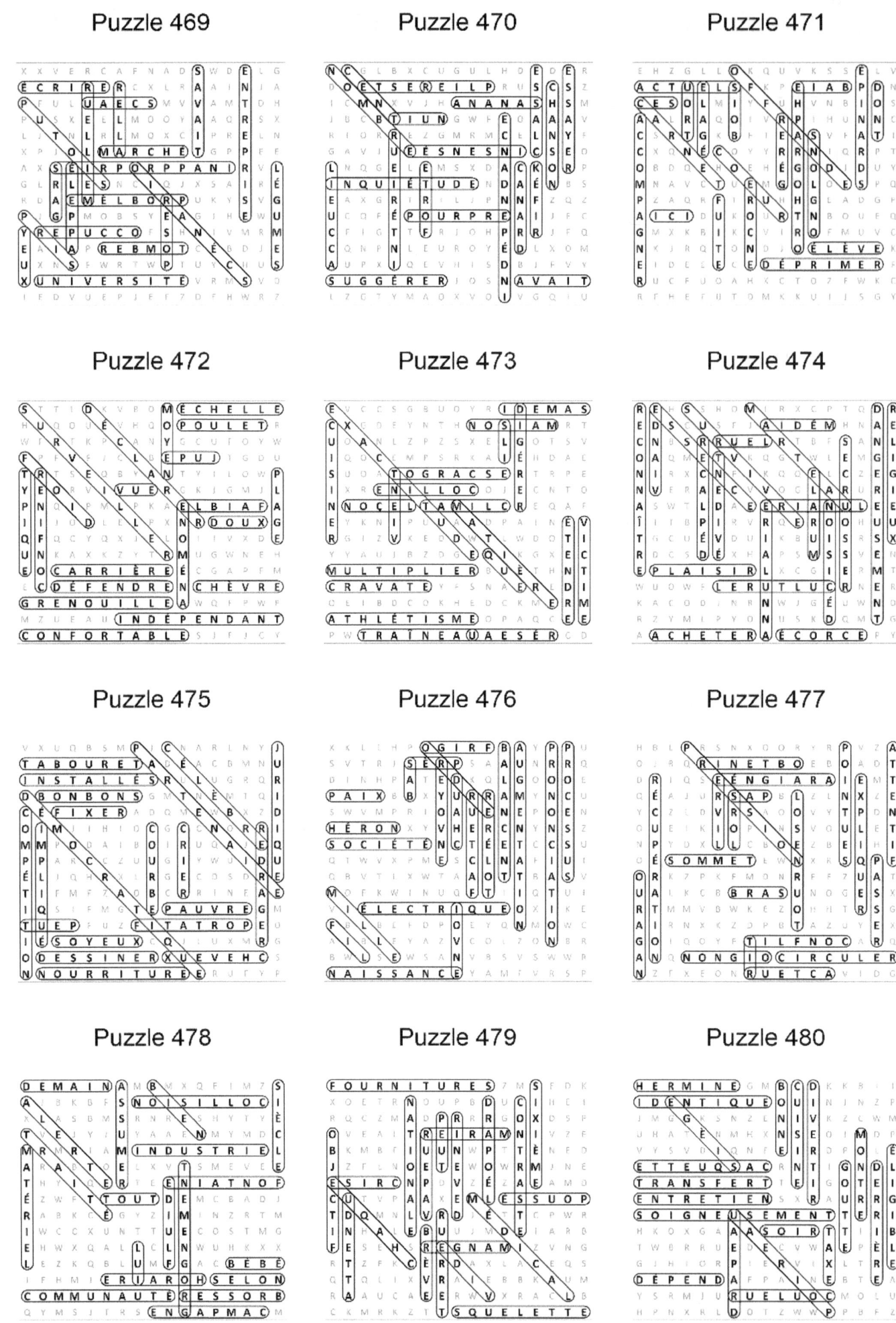

Puzzle 469

Puzzle 470

Puzzle 471

Puzzle 472

Puzzle 473

Puzzle 474

Puzzle 475

Puzzle 476

Puzzle 477

Puzzle 478

Puzzle 479

Puzzle 480

Puzzle 481

Puzzle 482

Puzzle 483

Puzzle 484

Puzzle 485

Puzzle 486

Puzzle 487

Puzzle 488

Puzzle 489

Puzzle 490

Puzzle 491

Puzzle 492

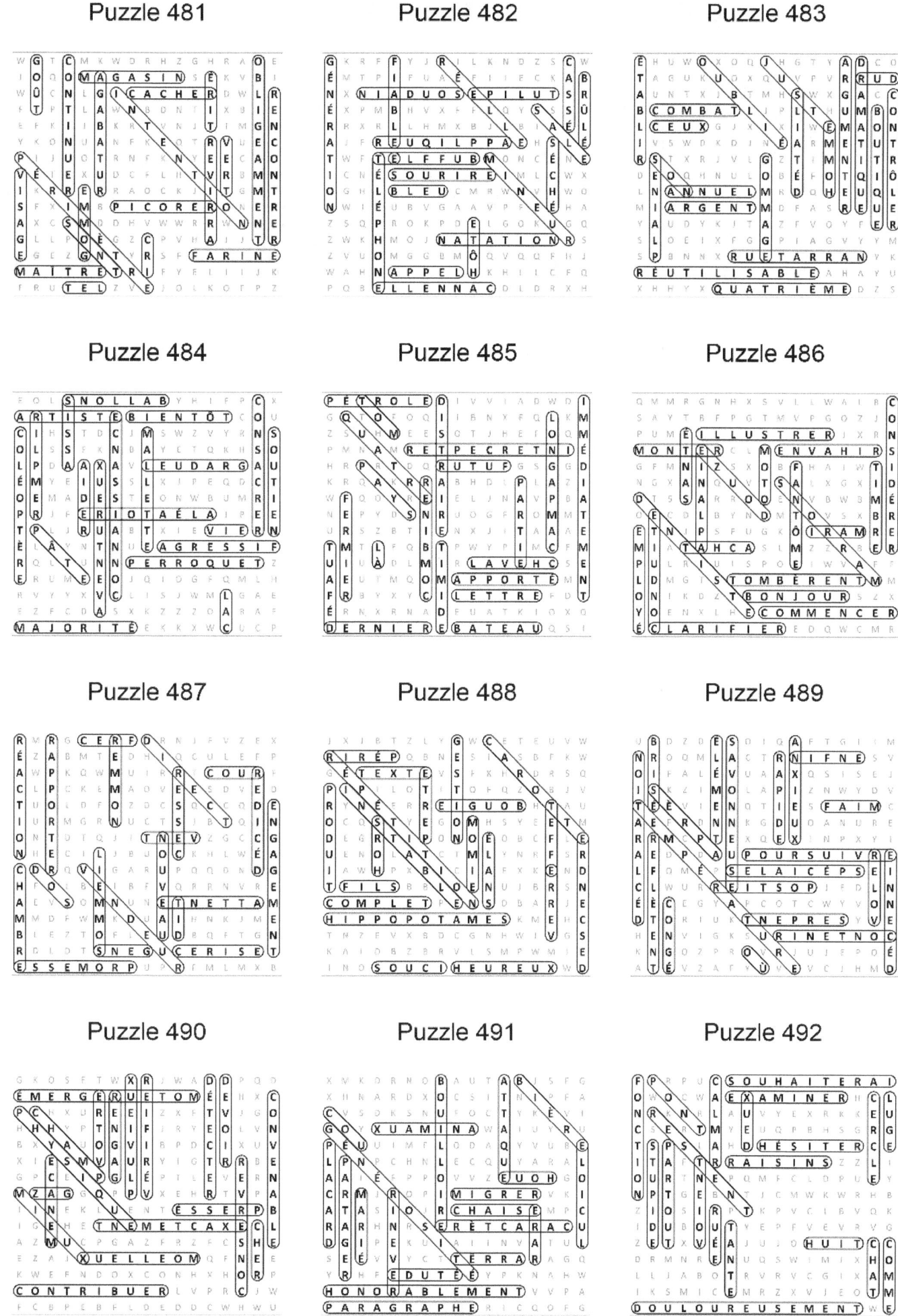

Puzzle 493

Puzzle 494

Puzzle 495

Puzzle 496

Puzzle 497

Puzzle 498

Puzzle 499

Puzzle 500

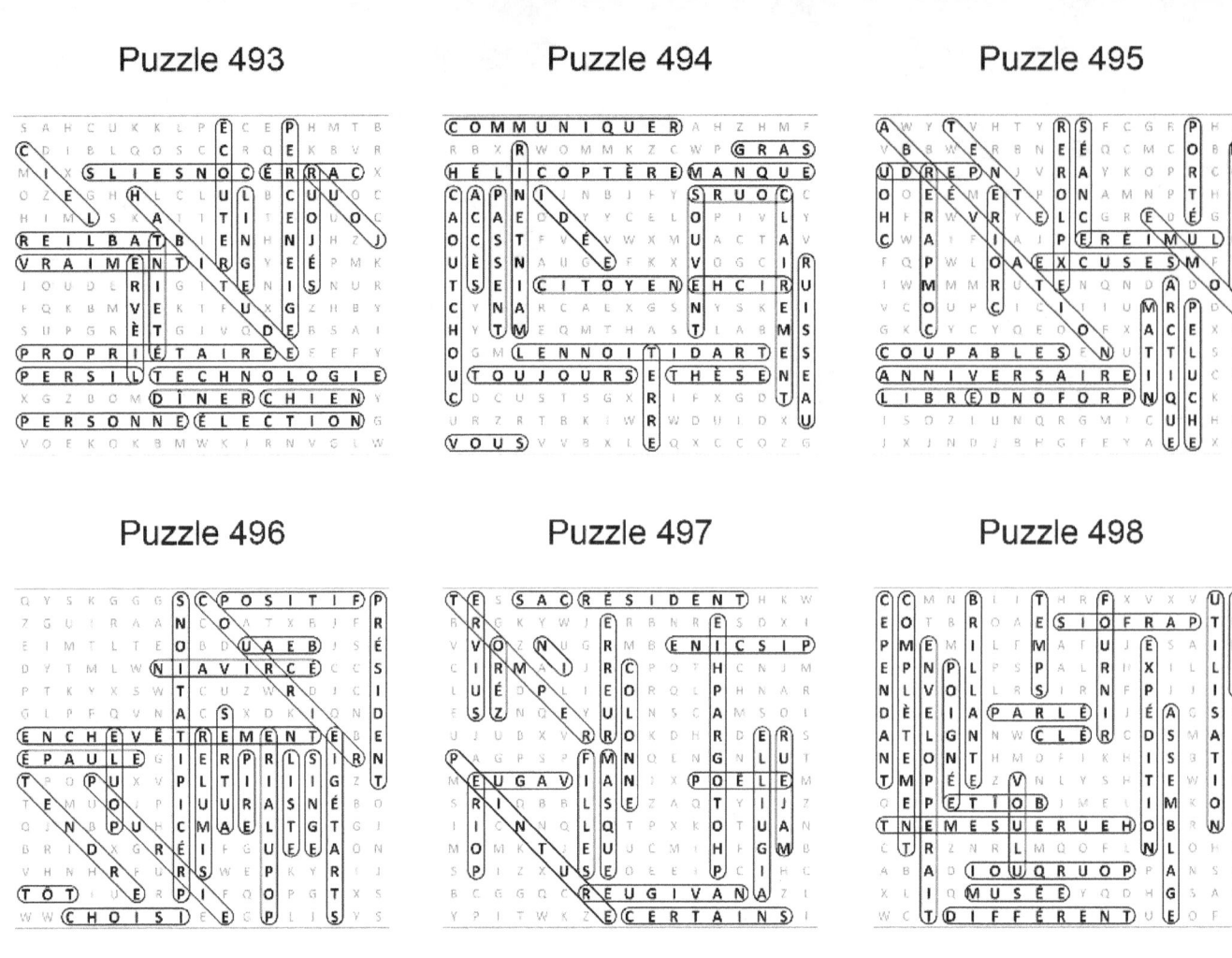

Félicitations

Vous avez réussi !

Nous espérons que vous avez apprécié ce livre autant que nous avons pris plaisir à le concevoir. Nous faisons de notre mieux pour créer des livres de la meilleure qualité possible. Ces jeux de mots mêlés sont conçus de façon intelligente pour stimuler le cerveau et le rendre plus vif et rapide ! Vous avez aimé ce livre ?

Une Simple Demande

Nos livres existent grâce aux avis que vous publiez sur Amazon.fr - Pourriez-vous nous aider en laissant un avis maintenant ?

Voici un lien rapide qui vous mènera à votre page d'évaluation de vos commandes Amazon.fr

BestBooksActivity.com/Avis50

CHALLENGE FINAL !

Défi n°1

Êtes-vous prêt pour votre jeu bonus ? Nous les utilisons tout le temps mais ils ne sont pas si faciles à trouver. Voici les **Synonymes** !

Notez 5 mots que vous avez trouvés dans les puzzles notés ci-dessous (n°21, n°36, n°76) et essayez de trouver 2 synonymes pour chaque mot.

Notez 5 Mots du **Puzzle 21**

Mots	Synonyme 1	Synonyme 2

Notez 5 Mots du **Puzzle 36**

Mots	Synonyme 1	Synonyme 2

Notez 5 Mots du **Puzzle 76**

Mots	Synonyme 1	Synonyme 2

Défi n°2

Maintenant que vous vous êtes échauffé, notez 5 mots que vous avez découverts dans les Puzzles n° 9, n° 17, n° 25 et essayez de trouver 2 antonymes pour chaque mot. Combien pouvez-vous en trouver en 20 minutes ?

Notez 5 Mots du **Puzzle 9**

Mots	Antonyme 1	Antonyme 2

Notez 5 Mots du **Puzzle 17**

Mots	Antonyme 1	Antonyme 2

Notez 5 Mots du **Puzzle 25**

Mots	Antonyme 1	Antonyme 2

Défi n°3

Formidable ! Ce défi monstre  n'est rien pour vous.

Prêt pour le dernier défi ? Choisissez 10 mots que vous avez découverts parmi les différents puzzles et notez-les ci-dessous.

1.	6.
2.	7.
3.	8.
4.	9.
5.	10.

Maintenant, composez un texte en pensant à une personne, un animal ou un lieu que vous aimez !

Astuce: Vous pouvez utiliser la dernière page de ce livre comme brouillon !

Votre Composition :

CARNET DE NOTES :

À TRÈS BIENTÔT !

Toute l'équipe

DECOUVREZ DES JEUX GRATUITS

GO

BESTACTIVITYBOOKS.COM/FREEGAMES